D1678318

Helmut Lammer / Marion Lammer

VERDECKTE OPERATIONEN

Helmut Lammer / Marion Lammer

VERDECKTE OPERATIONEN

*Militärische Verwicklungen
in UFO-Entführungen*

Mind Control / Bio-Chips
Untergrundbasen / Exotische Waffen

Vorworte:
KATHARINA WILSON
LEAH HALEY

Mit 35 Farbfotos,
9 Tabellen,
32 Textdokumenten und
21 Zeichnungen

Herbig

Bildnachweis:

Fotos:
Dr. Richard Sauder: Vor- und Nachsatz;
Amy/USAF: 19; Archiv Autoren: 8, 9, 12, 13, 25; Dave Bader: 7;
Brian Bard: 2; Dr. Richard Boylan: 24, 27; Gary Cocker: 14;
Foto Schmickl/Graz: 25; Leah Haley: 22, 23; Norio Hayakawa: 26, 28, 34;
Ed/Jay Kats: 1; John Lambros: 10; Dr. Lammer/Katharina Wilson: 35;
Lisa: 20, 21; Ed Light: 11; Robert Naeslund: 3, 4, 5; Newsteam: 6;
Ted Oliphant III: 15; Dr. Richard Sauder/Norio Hayakawa: 29, 31, 32, 33;
New Scientist: 30; Michael Strainic/MUFON-Kanada/UFO-BC: 16;
Katharina Wilson: 17, 18

Abbildungen:
Archiv Autoren: 3, 4, 6–17, 23, 32, 33, 35–41, 43, 44, 49–51, 53, 54, 56–58, 60–62;
Dr. Richard Boylan: 1, 2; Rick Jones (Jonesy): 5, 21, 42, 52, 55, 59;
Ed Kats: 30; John Lambros/Gruppen: 22, 24–29;
Robert Naeslund: 18, 19, 20, 31; Ted Oliphant III: 34;
Dr. Richard Sauder: 45, 46; Wild Flower Press: 47, 48

*Vor- und Nachsatz: Durch Einblicknahme
in den militärischen Untergrund erhalten wir Einsichten
über unsere Zukunft*

Gedruckt auf chlorfrei gebleichtem Papier

© 1997 F. A. Herbig Verlagsbuchhandlung GmbH, München
Alle Rechte vorbehalten
Umschlaggestaltung: Wolfgang Heinzel
Umschlagbild: Fotosammlung Dr. Richard Sauder,
UFO-ähnlicher Flugkörper im Test
Satz: Schaber Satz- und Datentechnik, Wels
Gesetzt aus 10,5/12,5 Punkt Stempel Garamond in PostScript
Druck: Jos. C. Huber KG, Dießen
Binden: Großbuchbinderei Monheim
Printed in Germany
ISBN 3-7766-2004-8

»Wir brauchen ein psychochirurgisches Programm, mit dem man unsere Gesellschaft politisch kontrollieren kann. Der Zweck ist die physikalische Kontrolle des Bewußtseins. Jeder, der von der vorgegebenen Norm abweicht, kann chirurgisch verändert werden. Das Individuum mag glauben, daß die wichtigste Realität seine eigene Existenz darstellt. Das ist aber nur sein persönlicher Standpunkt. Die Geschichte zeigt anderes. Die Menschheit hat nicht das Recht, ihr eigenes Bewußtsein zu entwickeln. Diese liberale Anschauung findet großen Zuspruch. Wir müssen die Gehirne elektronisch kontrollieren. Eines Tages wird es Armeen geben, deren Generäle die Gehirne der Soldaten durch elektronische Stimulation beeinflussen.«

Dr. Jose M. R. Delgado, Direktor für Neuropsychiatrie an der renommierten Yale University Medical School, Congressional Record, Nr. 26, Vol. 1118, 24. Februar, 1974.

»Eine verdeckte Operation ist ihrer Natur nach eine Lüge.«

Oliver North, bei einer Befragung über die Iran-Contra-Affäre vor dem amerikanischen Kongreß.

»Es gibt mehrere Hinweise, daß eine Gruppe innerhalb der Regierung in die Erforschung dieser Technologien (Bewußtseinskontroll-Technologien) in Zusammenhang mit angeblichen UFO-Phänomenen verwickelt ist. Wenn sich diese Vermutung bewahrheitet, wirst Du sofort einen Widerstand spüren, wenn Du an Informationen über UFOs herankommen möchtest. Nicht wegen der UFO-Angelegenheit, sondern weil unter diesem Deckmantel Bewußtseinskontroll-Technologien angewendet und eingesetzt werden.«

Auszug aus einem Brief vom 17. Februar 1994 von Dr. Scott Jones an den wissenschaftlichen Berater des amerikanischen Präsidenten Bill Clinton, Dr. John Gibbons, bezüglich Bewußtseinskontroll-Experimenten und UFOs.

Inhalt

Katharina Wilson: Vorwort 11
Leah Haley: Vorwort 15
Einleitung 21

I *Bewußtseinskontroll-Experimente* 27

1 Die Suche nach der Wahrheitsdroge 28
2 Projekt Paperclip: Deutsche Wissenschaftler im Sold
   der USA 30
3 Einheit 731: Japanische Kriegsverbrecher werden geheim
   in die USA geflogen 34
4 Frühe Mind Control-Experimente: Von Projekt
   CHATTER bis MKULTRA 37
5 Hypnotisch programmierbare Deckerinnerungen und
   künstlich erzeugte multiple Persönlichkeiten 42
6 Elektronische Mind Control-Verfahren 52
7 Synthetische Telepathie, Remote-Motor-Control und
   künstlich erzeugte Besessenheit 58
8 Remote-Neural-Monitoring: Wegbereiter für den
   globalen Cyberlink? 69

II *Implantate* 77

1 Blinde sehen, Taube hören, Lahme gehen: Biblische
   Wunder oder der Weg zum Robot-Soldaten 78
2 Dr. Delgados Traum von einer psychozivilisierten
   Gesellschaft 83
3 Bio-Telemetrie: Überwachung und Beeinflussung aus der
   Ferne 86

4 Hinweise auf geheime Implantierungs-Projekte 93
5 Implantieren Geheimdienste und Militärs
  Menschen? 99
6 Angebliche Alien-Implantate 122
7 Die Suche nach Alien-Implantaten beginnt 131

III *Das Mysterium der dunklen unmarkierten*
    Helikopter 137

1 Phantomhelikopter erscheinen in der Nähe von
  Tierverstümmelungen und angeblichen UFO-
  Landeplätzen 138
2 Milizen-Paranoia 141
3 Dunkle unmarkierte Helikopter, UFOs und
  Tierverstümmelungen über Fyffe, Alabama 144
4 Welche Behörde betreibt diese Helikopter, und wieso
  interessiert sie sich für Tierverstümmelungen? 149

IV *Hinweise auf eine verdeckt operierende militärisch/*
   geheimdienstliche UFO-Einsatztruppe 155

1 UFO-Entführungen: Ein Fall für die nationale
  Sicherheit? 156
2 Neue Majestic-12-Dokumente erscheinen in der
  Öffentlichkeit 170
3 Dunkle unmarkierte Helikopter belästigen
  Personen, die angeblich von UFO-Insassen
  entführt wurden 174
4 Kidnappen militärische Einheiten Personen, die
  behaupten, daß sie von UFO-Insassen entführt
  wurden? 185
5 Vergleiche zwischen UFO-Entführungen und
  angeblichen Kidnappings durch das Militär oder
  Geheimdienste 206

6 Unterirdische militärische Anlagen 212
7 Lassen sich Berichte über Kidnappings in unterirdische Militärbasen mit dem UFO-Entführungsphänomen in Einklang bringen? 220
8 Ungewollte militärische Kontakte 227
9 Die militärischen Kidnappings von Lisa 241

V *Mögliche Gründe für ein militärisch/geheimdienst-*
   liches Interesse an UFO-Entführungen 247

1 PSYWAR 248
2 Elektromagnetische Kriegsführung, verdeckte
   Einsätze und die COM-12-Dokumente 255
3 Von Projekt Lebensborn, Eugenik und anderen
   menschenverachtenden Experimenten 271
4 Überwacht eine militärische Einheit Personen
   während einer UFO-Entführung mittels Bio-
   Telemetrie? 284
5 Yellow Fruit: Arbeitsmethoden einer Schattenregierung 292

VI *High-Tech-Waffensysteme* 295

1 Von Tesla zu Star Wars 296
2 Strategic Defense Initiative (SDI) 298
3 Antimaterielle nicht lethale Waffen (NLW) 303
4 Elektromagnetische Pulswaffen (EMPs) 304
5 Werden EMP-Waffen gegen UFOs eingesetzt? 310
6 Die Eastlund-Patente: Leitfaden für einen globalen
   Schutzschirm? 314
7 Die Eastlund-Patente im Test: Das High-frequency
   Active Auroral Research Projekt (HAARP) 323

Nachwort 327

Anhang 329

Erklärung der wichtigsten Abkürzungen 330
Danksagung 332
UFO-Organisationen 335
Militärische Studien 335
UFO-Zeitschriften/UFO-Information 336
Organisationen gegen Mind Control-Experimente 337
Informationen über Mind Control 337
Bibliographie 338
Eine Bitte der Autoren 358
Register 359

Katharina Wilson: Vorwort

Ich werde diesen Sommer vor zehn Jahren niemals vergessen, als ich nach Antworten zu suchen begann. Ich bin mir nicht sicher, ob ich wirklich wußte, wonach ich suchte, doch ich ging in eine Buchhandlung und kaufte mein erstes Buch über das nun populäre UFO-Entführungsphänomen. Nachdem ich dieses Buch gelesen hatte, war mein Leben nicht mehr dasselbe. Jede Seite, die ich las, war wie das Umblättern einer Seite meines eigenen Lebens. Zum ersten Mal in 27 Jahren verstand ich, daß ich nicht alleine war … und dieses Verstehen ließ mein Weltbild zerbrechen.

Das UFO-Entführungsphänomen ist heute in viel größerem Umfang bekannt als in den sechziger Jahren, als es zum ersten Mal von einem brasilianischen Bauern namens Antonio Vilas Boas und anschließend von einem amerikanischen Ehepaar namens Betty und Barney Hill beschrieben wurde. In den Vereinigten Staaten meldete sich in den achtziger Jahren eine große Zahl von

Katharina Wilson wurde in einer kleinen Collegestadt im ländlichen Süden der USA geboren, besuchte eine renommierte Musikschule im Mittleren Westen und erhielt dort einen Bachelor of Music. Ein paar Jahre lang unterrichtete sie Klarinette, Flöte und Saxophon, bis sie nach einer Begegnung mit einem gelben hellen Licht ihre musikalischen Fähigkeiten verlor. 1983 begann Katharina Wilson, Tagebuch zu führen, um mit ungewöhnlichen Träumen und traumatischen, für sie sehr realen Rückblenden fertig zu werden. Vier Jahre später las sie ihr erstes Buch über das UFO-Entführungsphänomen. Was sie in *Eindringlinge* las, ähnelte in einigen Punkten dem, was sie in ihrem Tagebuch beschrieben hatte. Deshalb nahm Katharina mit dem bekannten UFO-Entführungsforscher Budd Hopkins Verbindung auf. Dies war der Beginn intensiver persönlicher Ermittlungen über das UFO-Entführungsphänomen. Katharina Wilson ist MUFON State Section Director, Herausgeberin des Nachrichtenblattes *MUFON The Oregon Observer* und Autorin von *The Alien Jigsaw* und *The Alien Jigsaw Researcher Supplement* (deutsch: *Tagebuch einer Entführten* und *Tagebuch einer Entführten/Ergänzendes Material*). In den vergangenen Jahren widmete Katharina Wilson ihre Zeit, ihre Energie und ihre Mittel dem Aufbau sich regelmäßig treffender Selbsthilfegruppen, in denen Personen mit UFO-Entführungserlebnissen die Wichtigkeit der Selbsthilfe und der Verbindung untereinander vermittelt wird.

Personen mit UFO-Entführungserlebnissen, die ihre Erfahrungen einer Handvoll wohlgesonnener Autoren/Forscher mitteilte. Die derzeitige Dekade brachte die Veröffentlichung vieler neuer Bücher über diese kaum zu fassenden Wesen, doch diesmal sind es die Entführten selbst, die ihre Stimmen erheben. In Ermangelung eines passenderen Begriffs bin ich eines dieser Entführungsopfer.

Das Phänomen der UFO-Insassen ist für die meisten Menschen ein schwer zu akzeptierendes und zu verstehendes Thema. Es ist widersinnig, zu glauben, man hätte Erfahrungen mit UFO-Insassen gehabt oder UFOs gesehen, wenn die eigene Regierung der Überzeugung ist, daß diese nicht existieren. Was macht man also, wenn man nicht nur Wesen sieht, die wie UFO-Insassen aussehen, sondern wenn neben ihnen auch noch *Menschen* in militärischen Uniformen der amerikanischen Streitkräfte stehen? Die Regierung der Vereinigten Staaten leugnet die Einmischung in das Leben amerikanischer Bürger. Sie leugnet auch die Existenz außerirdischer Lebewesen. Die Berichte von Entführten über die Sichtung von Militärpersonal, das mit den UFO-Insassen zusammenarbeitet, verleihen dem Phänomen der Entführung durch UFO-Insassen einen beängstigenden Aspekt. Dies drängt die Entführten zu der Frage: Sind es wirklich UFO-Insassen, die uns entführen, oder ist es unsere eigene Regierung? Beides ist richtig, so könnte ihr Urteil nach der Lektüre von *Verdeckte Operationen* lauten.

Dr. Helmut Lammer begann sich 1996 für meinen Fall zu interessieren, nachdem ich meine Erlebnisse mit nicht menschlichen Wesen, inklusive Militärpersonal, publiziert hatte. Einige dieser Vorfälle fanden an Orten statt, die ich als militärische Untergrundanlagen beschrieben habe. Die gründliche und tiefgehende Befragung meiner Erlebnisse durch Dr. Helmut Lammer zwang mich zu einer näheren Betrachtung dieser Begegnungen. Seine beständige Nachfrage nach von mir unbeachteten Details und sein Erwägen von Möglichkeiten, über die nachzudenken ich mir vorher nicht erlaubt hatte, motivierten mich zur Beschäftigung mit den Methoden der Bewußtseins- und Verhaltenskontrolle aus den Anfängen des United States Office of Strategic Services (OSS, Vereinigte Staaten, Büro für strategische Dienste), heutzutage als CIA bekannt. Ich begann zu verstehen, daß hinter einigen meiner Erlebnisse viel mehr stecken mag, als ich zu dem Zeitpunkt zuzugeben bereit war, zu dem ich meine Unterlagen in *The Alien Jigsaw* (deutsch: *Tagebuch einer Entführten*) veröffentlichte.

Die persönlichen Berichte von Opfern der Bewußtseinskontrolle waren weitere Informationen, auf die ich im Laufe meiner Auseinandersetzung mit dem Thema der Bewußtseins- und Verhaltenskontrolle stieß. Sehr zu meinem Entsetzen fand ich heraus, daß es nicht nur in den Vereinigten Staaten Personen gibt, die aussagen, daß an ihnen Experimente von Angehörigen ihrer Regierung durchgeführt wurden. Meine Nachforschungen zeigten, daß die Technologie der Bewußtseinskontrolle, im speziellen die der bio-telemetrischen Implantate, seit einigen Jahrzehnten existiert. Dies stützt die Aussagen der Betroffenen. Gerade als ich dachte, daß ich das Phänomen der UFO-Insassen in mein Leben integriert hatte, wurde abermals die Realität, so wie ich sie zu verstehen glaubte, erschüttert.

Verdeckte Operationen ist eine sehr gut recherchierte Dokumentation geheimer Aktivitäten, die seit vielen Jahrzehnten stattfinden. Helmut und Marion Lammer waren resolut in ihrer Suche nach der Wahrheit. Aus den Seiten von *Verdeckte Operationen* werden die Stimmen der Überlebenden sprechen, von Überlebenden der schlimmsten Form von Manipulation. Auf diesen Seiten werden Sie herausfinden, wie physiologische und psychologische Experimente an Unwissenden, Unschuldigen und Ahnungslosen durchgeführt wurden und werden. Wer sind diese Opfer? Wir sind Menschen so wie Sie. Wir sind Ihre Nachbarn, Ihre Kollegen, Ihre Brüder und Schwestern und selbst Ihre Kinder.

Lassen Sie sich von den Autoren auf eine Reise durch den Wahnsinn führen. Es ist eine Chronik, die von Dokumenten gestützt wird, die durch das amerikanische Gesetz zur Informationsfreiheit (Freedom of Information Act) zugänglich wurden: vom kontroversen Projekt *Paperclip* (Büroklammer) bis zu Bewußtseins- und Verhaltenskontrolle, von Implantaten bis zu Telepathie, UFO-Insassen und darüber hinaus. *Verdeckte Operationen* wird Sie mit der Geschichte der *Need to Know*-Befugnis (nur wissen, was unbedingt nötig ist) vertraut machen und darlegen, warum keine Regierung das Recht haben sollte, ihre Bürger auf einen solch niedrigen Status herabzusetzen. *Verdeckte Operationen* ist eine wichtige Arbeit, und ich gratuliere Helmut und Marion Lammer dazu, daß sie diese Informationen der Öffentlichkeit zugänglich gemacht haben. Nachdem Sie *Verdeckte Operationen* gelesen haben, werden Sie niemals wieder die Wahrheit oder Ihre Freiheit als selbstverständlich ansehen.

Katharina Wilson, Januar 1997,
Portland, Oregon, USA

14

Leah Haley: Vorwort

Im Jahr 1990 wurde mir die Tatsache bewußt, daß ich eine Person mit UFO-Entführungserlebnissen bin. Kurz danach bemerkte ich, daß ich das Interesse von augenscheinlich Angehörigen des US-Militärs und der Regierung geweckt hatte. Zuerst stellte ich Probleme mit dem Telefon fest. Anschließend verfolgten und beobachteten mich Militärpersonen in Restaurants und anderen öffentlichen Orten. Wiederholt versagte meine Hausalarmanlage. Schwarze unmarkierte Helikopter flogen gefährlich tief über mein Haus und mein Auto. Da diese Aktionen offensichtlich waren und Freunde sowie Familienangehörige Zeugen vieler dieser Vorfälle wurden, schloß ich daraus, daß sie zu meiner Einschüchterung dienen und mich soweit verängstigen sollten, daß ich über meine UFO-Entführungserlebnisse Stillschweigen bewahre.

Meine Schlußfolgerung wurde eines Nachts nach einem Entführungserlebnis bekräftigt. Die nicht menschlichen Wesen luden mich in einem Feld nahe meines Hauses ab. Kurz darauf landete

---

Leah Haley wurde in Alabama geboren, führte ein gewöhnliches Leben und hatte kein Interesse an UFOs. Als sie eines Tages mit ihren Eltern aufgrund eines Zeitungsartikels über UFOs sprach, drangen traumatische Erinnerungen von Entführungen durch UFO-Insassen und Kidnappings durch Militärpersonal an ihre Bewußtseinsoberfläche. Mehrere unabhängige Untersuchungen und psychiatrische Gutachten ergaben, daß Leah Haley keine psychischen Störungen oder Krankheiten aufweist. Diese Untersuchungen ergaben jedoch, daß Leah an einer Post-traumatischen Streßstörung (PTSS) leidet. Eine PTSS tritt auf, wenn die betreffende Person schreckliche Erlebnisse verdrängt hat, die aber nach einiger Zeit in Form von traumatischen Rückblenden wiederkehren. Leah Haley publizierte 1993 ihre Erlebnisse in ihrem Buch *Lost Was the Key*, das in Deutschland unter dem Titel *Meine Entführung durch Außerirdische und das Militär* erhältlich ist.

Leah Haley besitzt einen Bachelor of Science in Erwachsenenbildung von der Universität von Alabama, einen Magister in Lehramt von der Universität von Nord-Alabama und einen Magister in Betriebswirtschaftslehre von der State University in Mississippi.

ein Helikopter vor mir. Bewaffnete Männer sprangen heraus, stießen mich in den Helikopter und flogen mich zu einer Militärbasis. In einem Konferenzzimmer gab man mir eine Injektion, stieß mich in einen Stuhl, sagte mir wiederholt, daß ich kein Raumschiff gesehen hätte, und drohte mir mit Ermordung für den Fall, daß ich über meine Begegnung sprechen würde. Ein Tonbandgerät wurde während der Konfrontation ins Zimmer gebracht, doch ich erinnerte mich an sehr wenig, nachdem die Droge zu wirken begann.

Nie werde ich meine Gefühle nach diesem Vorfall vergessen. Ich befürchtete, daß diese militärischen Kidnapper ihre Todesdrohungen wahrmachen würden, falls ich über die Entführungen durch UFO-Insassen sprechen würde. Ich war auch wütend. Ich fühlte mich betrogen von diesen Soldaten, von denen ich dachte, daß sie eigentlich mich und meine Mitbürger beschützen sollten. Schließlich siegte mein Ärger über meine Angst. Weil ich der Meinung war, daß die Öffentlichkeit ein Recht darauf hat, von diesen Entführungen und Kidnappings zu wissen, und weil ein so von Angst erfülltes Leben nicht lebenswert ist, begann ich, über meine Erlebnisse zu sprechen und zu schreiben.

Meine UFO-Entführungserlebnisse setzten sich fort und gleichfalls meine Bemühungen, diese zu verstehen. Ich unterzog mich Hypnose-Regressionen, um Lücken in meiner Erinnerung zu füllen. Manchmal waren meine Versuche erfolgreich, manchmal nicht. Manche Menschen, die die Realität von UFO-Entführungen nicht akzeptieren wollen, argumentieren, daß Hypnose kein verläßliches Hilfsmittel sei und daher die dabei ans Licht gebrachten Erinnerungen an UFO-Entführungen nicht ernst genommen werden können. Was diese Kritiker nicht verstehen ist, daß manche Entführungsopfer alle ihre Entführungen bewußt in Erinnerung haben, ohne Hilfe durch Hypnose. Und andere unterziehen sich der Hypnose in der Erwartung, ein UFO-Entführungsopfer zu sein, nur um herauszufinden, daß dem nicht so ist. Ich konnte mich an einige meiner Erlebnisse völlig bewußt erinnern. Und in allen Fällen, wo ich mich hypnotischer Regression unterzog, war der Auslöser ein Teil einer bewußten Erinnerung an eine Begeg-

16

nung mit UFO-Insassen. Nach einigen Ereignissen erinnerte ich mich an nichts, selbst unter Hypnose, jedoch hatte ich mysteriöse Narben, Einstiche, Quetschungen oder andere physische Merkmale, die darauf hinwiesen, daß unerklärliche Geschehnisse stattgefunden hatten. Das, woran ich mich erinnerte, hat mein Leben auf den Kopf gestellt. UFO-Insassen entführten mich, wie es ihnen beliebte, führten medizinische Experimente an mir durch, nahmen Gewebeproben und entnahmen Eizellen. Doch konnte ich mich mit diesen Erfahrungen viel leichter abfinden als mit der Einflußnahme durch Militärpersonal.

In einem Fall wurde ich zu einer auf einem Hügel gelegenen getarnten militärischen Anlage gebracht. Man schnallte mich auf einem Tisch fest. Ein Mann in grüner Uniform fragte mich, was die UFO-Insassen an Bord ihres Raumschiffes mit mir machen. Jedes Mal, wenn ich die Antwort verweigerte, setzten sie meinen Körper elektrischen Schocks aus. Schließlich wurde ich bewußtlos.

Mehrmals befand ich mich meiner Meinung nach in einer Militärklinik. Ich kann mich nie erinnern, wie ich dorthin und wieder zurück komme. Aber sehr wohl erinnere ich mich daran, auf einen Untersuchungstisch festgeschnallt worden zu sein, wo man mir Injektionen verabreichte, Röntgenbilder von mir machte und wo mich Männer in weißen Labormänteln und ein Mann in khakifarbener Militäruniform beobachteten.

Die Erkenntnis, daß ich das Opfer von Kidnappings durch menschliche Wesen war, deren Aufgabe eigentlich der Schutz und die Verteidigung der Bürger ihres Landes ist, war sehr traumatisch. Jeder, der in seinem Leben ein traumatisches Ereignis erlebt hat, merkt, wie schwierig es ist, Emotionen beiseite zu lassen, objektiv zu bleiben und die größeren Zusammenhänge zu sehen. Angesichts dieser Tatsache habe ich mit Hunderten anderen UFO-Entführungsopfern zum Zwecke eines klareren Verständnisses gesprochen. Als Ergebnis meiner Untersuchungen fand ich heraus, daß nur ein Bruchteil der von angeblichen UFO-Insassen entführten Personen auch von Militär- und/oder Regierungspersonal gekidnapped worden ist. Ich fand heraus, daß einige dieser

Personen die Entführungen durchführen, um alles über diese außerirdischen Besucher und ihre Technologie herauszufinden. Manche Militärs scheinen zu diesem Zwecke sogar zu versuchen, UFOs abzuschießen.

Während einer UFO-Entführung spürte ich einen Ruck, als ob das Fahrzeug abstürzte. Scheinbar wurde es sofort von einer militärischen Spezialeinheit geborgen. Später von mir gesammelte Hinweise deuten darauf hin, daß der Vorfall nahe Gulf Breeze, Florida, am südlichen Rand der Luftwaffenbasis Eglin stattgefunden hat. Während meiner Untersuchung des möglichen Absturzortes fotografierte ich 1992 eine elektromagnetische Pulse (EMP) erzeugende Waffe in der Nähe dieses Ortes. Einige namhafte UFO-Forscher vermuten, daß die US-Luftwaffe solche EMP-Waffen zum Abschuß dieser unbekannten Fahrzeuge benutzt.

Ich fand heraus, daß einige Militär- und Regierungspersonen UFO-Entführungsopfer nicht deswegen entführen, um etwas über die UFO-Insassen herauszufinden, sondern um an diesen ahnungslosen Personen Experimente zur Bewußtseinskontrolle durchzuführen. Ich weiß, daß ich ein Opfer von Entführungen der ersten Art bin; ich vermute, daß ich auch ein Opfer der zweiten Art wurde. Mein Verdacht beruht auf eigenartigen Ereignisse in meinem Leben, die im Zeitraum zwischen 1991 und 1995 stattgefunden haben. Ich sah häufig Visionen, Bilder, Symbole und Hologramme. Ich erlebte *Virtual Reality*-Träume. Ich erhielt telepathische Botschaften von einem unhörbaren, unsichtbaren Sprecher, den ich die *Stumme Stimme* nannte. Ich wachte oft mit Einstichen an meinem Körper auf.

Während dieser Zeit begann ich, einem Morsecode ähnliche Töne in meinem rechten Ohr zu hören. Kurz danach führte Militärpersonal einen medizinischen Eingriff an diesem Ohr durch. Danach waren die Töne im rechten Ohr nicht mehr zu hören … aber ich nahm sie nun im linken Ohr wahr. Ebenfalls zu dieser Zeit drang ein kleines, aus Messing bestehendes Objekt aus meinem Gaumen heraus. Ich weiß nicht, wie lange es dort schon war, wer es dorthin gebracht hatte und welchem Zweck es diente.

Eines Tages im Frühjahr 1991 hatte ich ein *Missing Time*-Erlebnis (eine Zeit ohne bewußte Erinnerung). Ich bemerkte diesen leeren Fleck in meinem Leben erst durch Zufall drei Jahre später, als eine Freundin, die Immobilienmaklerin ist, zu mir ins Haus kam, um dessen Verkauf zu organisieren. Sie erzählte mir, sie würde nie den Tag vergessen, als ich bleich und aufgebracht in ihr Büro kam, nachdem ich eine Begegnung hatte und meine Vorlesung an der Universität verpaßte. Ich erinnere mich nicht an diese Begegnung oder daran, daß ich nachher meine Freundin aufgesucht hatte, aber ich habe Beweise dafür, daß sie die Wahrheit über mein Fehlen in der Vorlesung sagt. Nach meinem Wissen hatte ich jeden Tag die Vorlesung besucht, Notizen gemacht, relevante Kapitel gelesen und meine Hausaufgaben erledigt. Ich verstand den ganzen Lehrstoff. Und doch, eines Tages fühlte ich mich in der Vorlesung völlig fehl am Platz. Ich hatte das Gefühl, der Professor hätte einigen Stoff völlig ausgelassen und mir nie etwas davon erzählt.

Ich erinnere mich daran, während dieser Zeit einer Gehirnwäsche unterzogen worden zu sein. Ich war in einem kleinen Raum. Ein schmerzhaft grelles, weißes, Symbole projizierendes Licht schien mir in die Augen. Ein Mann in khakifarbener militärischer Uniform teilte mir mit, daß ihm nicht gefiel, was die UFO-Insassen mir beigebracht hatten, und daß er diese Dinge aus meinem Gedächtnis löschen würde. Zwischen 1991 und 1995 lebte ich in Mississippi, nur eine Meile von der Luftwaffenbasis Columbus entfernt. Ich frage mich, ob mein Wohnort mit den seltsamen Ereignissen, die mir zu dieser Zeit widerfahren sind, zu tun hatte.

Ich mache mir außerdem Gedanken über die möglichen Langzeiteffekte der Drogen und militärischen Experimente, denen jene militärischen Entführer ihre unfreiwilligen Opfer aussetzen. Derzeit leide ich an kurz- und langzeitigem Gedächtnisverlust, extremen Erschöpfungszuständen und einem Defizit an Blutplättchen. Meine Ärzte konnten bisher weder die Ursache dieser Beschwerden finden noch eine wirksame Behandlung. Ich frage mich, ob militärische Entführer für diese Probleme verantwortlich sind.

Ich werde oft gefragt, warum ich nicht versuche, die Schuldigen zu finden und aufzudecken. Ich bin nicht an Rache interessiert. Ich denke, ich kann meine Zeit besser damit verbringen, die Öffentlichkeit über die Existenz von UFO-Insassen, die damit verbundenen Entführungen und die merkwürdigen, von bestimmten Agenten der amerikanischen Regierung und des Militärs durchgeführten Aktivitäten aufzuklären. Wissen ist unsere beste Verteidigung.

Ich bin sehr dankbar für die wichtige Arbeit, die Helmut und Marion Lammer geleistet haben, um uns dieses Wissen in die Hand zu geben. Sie haben sorgfältig über geheime biochemische, psychologische, elektronische und Bewußtseinskontroll-Experimente recherchiert, über geheime Implantierungs-Projekte, mysteriöse unmarkierte Hubschrauber, verdeckt operierende militärische Einheiten und Untergrundbasen, militärische Entführungen von UFO-Entführten und die Entwicklung von hochgeheimen Waffensystemen.

In *Verdeckte Operationen* präsentieren sie die Ergebnisse ihrer genauen Recherche und bieten eine Vielfalt an Hinweisen zur Stützung ihrer Schlußfolgerungen an. Sie zeigen großen Mut mit der Veröffentlichung ihrer Funde. *Verdeckte Operationen* ist ein wichtiger Beitrag auf dem Gebiet der UFO-Forschung und sollte von jedem gelesen werden, der ernsthaft an einem umfassenden Verständnis des UFO-Phänomens und verdeckter militärischer Aktivitäten interessiert ist. Meine besten Wünsche auf ihrer Suche nach der Wahrheit.

Leah A. Haley, Januar 1997,
Murfreesboro, Tennessee, USA

Einleitung

Seit einiger Zeit tauchen in der Presse immer wieder Berichte über vormals geheim durchgeführte Experimente an unwissenden Menschen auf. Diese Experimente wurden in den USA, Kanada und England durchgeführt.[1, 2] Eine 1994 vom amerikanischen Präsidenten Bill Clinton zusammengestellte Untersuchungskommission fand heraus, daß das amerikanische Verteidigungsministerium, die Central Intelligence Agency (CIA), die Navy, das Department of Energy und andere Behörden zwischen 1944 und 1975 etwa 400 biomedizinische Experimente an unwissenden amerikanischen Einwohnern durchführten.[1] Diese Personen setzten sich aus Häftlingen, Soldaten, psychisch Kranken, schwangeren Frauen und Personen aus ärmeren Schichten zusammen.

Man fand heraus, daß Tausende Amerikaner ohne ihr Wissen radioaktiver Strahlung, Nervengas, LSD und anderen biologischen Kampfstoffen ausgesetzt wurden. Der Zweck dieser Experimente ist aus den freigegebenen Dokumenten nicht eindeutig ersichtlich. Die Kommissionsmitglieder konnten auch *nicht* eruieren, wann diese Experimente eingestellt wurden. Man weiß, daß man sie mit Sicherheit noch Mitte der siebziger Jahre durchführte.

Viele Experimente wurden an renommierten Forschungseinrichtungen, an Universitäten, Spitälern und Privatkliniken ausgeführt.[2, 3, 4, 5] Die Professoren, Wissenschaftler, Assistenten und das Hilfspersonal waren zum Schweigen verurteilt und besserten sich ihr Einkommen mit Geldern vom Militär, der CIA, der Navy etc. auf. Heute versucht man herauszufinden, wieso es in der freien Welt möglich war, diese schrecklichen Versuche unbemerkt durchführen zu können. Manche Politologen und Historiker meinen, daß der Kalte Krieg zwischen den westlichen Verbündeten und der ehemaligen Sowjetunion Schuld an diesen vom Staat geduldeten Verbrechen war. Da man wußte, daß in den kommunistischen Ländern ähnliche Experimente durchgeführt wurden, wollte der Westen nicht nachstehen.

Es stellt sich die Frage, ob diese oder andere Experimente wirklich Mitte der siebziger Jahre eingestellt wurden oder ob auch gegenwärtig solche Versuche an der Bevölkerung durchgeführt werden. Außerdem sollte man sich fragen, wer diese Personen sind, die sich über den Kongreß und den Präsidenten hinwegsetzen, um diese Forschungen im geheimen durchführen zu können, und wie werden die an diesen Projekten arbeitenden Wissenschaftler finanziert? Infolge der *Rockefeller-Initiative* bezüglich der Freigabe von UFO-Informationen kamen 1996 einige Briefe zwischen Dr. Scott Jones und dem wissenschaftlichen Berater von Präsident Bill Clinton, Dr. John Gibbons, an die Öffentlichkeit, die in diese Richtung weisen. Dr. Scott Jones ist promovierter Politologe, war Commander der amerikanischen Marine, Vize-Marineattaché in New Dehli, Indien, Mitarbeiter des Marine-Geheimdienstes, der Defense Nuclear Agency, der Defense Intelligence Agency, des Heeresgeheimdienstes und langjähriger Berater des amerikanischen Senators Clairborne Bell aus Rhode Island. Aufgrund seiner Vergangenheit besitzt Dr. Jones Kontakte zu den im Hintergrund agierenden Personen. Der UFO-Forscher Rick Coimbra bekam durch das Gesetz zur Informationsfreigabe (FOIA) einen Brief vom 17. Februar 1994 frei, in dem Dr. Scott Jones dem wissenschaftlichen Berater von Präsident Bill Clinton, Dr. John Gibbons, schrieb:

»Ich dränge Dich, daß Du einen weiteren Blick in meine Abhandlung über das UFO-Phänomen wirfst, die ich Dir voriges Jahr zur Verfügung stellte. Meine Erwähnung bezüglich Bewußtseinskontroll-Technologien bei unserem Treffen am 4. Februar war sehr kurz gefaßt. Bitte sei sehr vorsichtig in dieser Angelegenheit. Es gibt mehrere Hinweise, daß eine Gruppe innerhalb der Regierung in die Erforschung dieser Technologien in Zusammenhang mit angeblichen UFO-Phänomenen verwickelt ist. Wenn sich diese Vermutung bewahrheitet, wirst Du sofort einen Widerstand spüren, wenn Du an Informationen über UFOs herankommen möchtest. Nicht wegen der UFO-Angelegenheit,

Date Rec'd 2/25/94

video
to
Gitt@
.E
notebook

ACTION to
INFO to

February 17, 1994

Sig of
Secretary
DATE DUE

John H. Gibbons, Ph.D.
Assistant to the President for
Science and Technology
Old Executive Office Building
Room 424
17th and Pennsylvania Avenue NW
Washington, D.C. 20500

Dear Jack:

    In his letter to you dated February 14, 1994, Laurance Rockefeller
indicated that I could provide you with some documentation relating to the July
1947 Roswell incident. He specifically mentioned a current chronology of the
incident and a TV video of interviews with witnesses of the incident. This
material is attached. It has been assembled by the Fund for UFO Research, Inc.,
as part of their effort to support a thorough and open inquiry into the Roswell
incident. Representative Steve Schiff (R-NM) has received this material. He had
asked the Pentagon to conduct an inquiry. Apparently he felt that the Pentagon
was not forthcoming and subsequently the GAO has been asked and is
investigating the incident. From what I have been told, a military Pentagon
spokesman was less than civil in a verbal response to the GAO investigator when
asked about Roswell. The alleged response was "Go shit in your hat." If that is
accurate, it was in my opinion and unfortunate reply. It could reflect that he was
having a bad day, or perhaps a personal opinion about UFO phenomena; or it
could be a recent example of unwillingness to discuss the subject. I have attached
a group of press clips about the Schiff/GAO effort. Others on the Hill also have
been provided material about Roswell.

    Following our meeting on February 4, I spent some time with Edward J.
Reese in the Modern Military Branch of the National Archives, discussing
Roswell and where documentation about it might be located. When you start
your inquiry, Mr. Reese may be helpful in the process. In addition to what he
may suggest, I can recommend a strategy that if carried out from your office
should get to the bottom of the issue.

*Abb. 1: Erste Seite des Briefes von Dr. Scott Jones an den wissen-
schaftlichen Berater des amerikanischen Präsidenten Bill Clinton, Dr. John
Gibbons, bezüglich der Rockefeller-UFO-Initiative zur Freigabe von
UFO-Informationen. Auf dieser Seite läßt Dr. Jones Dr. Gibbons einige
Informationen über den Roswell-Zwischenfall zukommen.*

23

Jack, you will note that when you get into the attached material, mention is made that one of the witnesses on tape, Gerald Anderson, has admitted to falsifying a document about the incident, and therefore he can no longer bc considered a reliable witness. This is instructive about the material. A rigorous effort has been made by the people who assembled it to present as accurate a story as can be developed with the resources available. When you get the official documentation, all of this can be set aside.

Whatever Roswell turns out to be, it is only the opening round. I urge you to take another look at the UFO Matrix of Belief that I provided you last year. My mention of mind-control technology at the February 4 meeting was quite deliberate. Please be careful about this. There are reasons to believe that some government group has interwoven research about this technology with alleged UFO phenomena. If that it correct, you can expect to run into early resistance when inquiring about UFOs, not because of the UFO subject, but because that ha been used to cloak research and applications of mind-contol activity.

As before, if I can help, please give me a call.

Sincerely,

C.B. Scott Jones

Attachments as stated

Abb. 2: Zweite Seite des Briefes von Dr. Scott Jones an den wissenschaftlichen Berater des amerikanischen Präsidenten Bill Clinton, Dr. John Gibbons, bezüglich der Rockefeller-UFO-Initiative zur Freigabe von UFO-Informationen. Im letzten Absatz teilt Dr. Jones Dr. Gibbons mit, daß es Hinweise gibt, daß eine Gruppe innerhalb der amerikanischen Regierung existiert, die Bewußtseinskontroll-Technologien unter dem Deckmantel des UFO-Phänomens entwickelt.

sondern weil unter diesem Deckmantel Bewußtseinskontroll-Technologien angewendet und eingesetzt werden.«[6]
Seit Anfang der achtziger Jahre treten immer mehr Personen an die Öffentlichkeit, die so wie Katharina Wilson[7] oder Leah Haley[8] traumatische Erfahrungen mit angeblichen UFO-Insassen, aber auch mit irdischem Militärpersonal haben. Diese Personen berichten, daß sie traumatische Rückblenden erleben, bei denen sie sich in einem Spital wiedersehen oder von Militärs

durch unterirdische Forschungsanlagen eskortiert und danach von irdischen Medizinern untersucht werden. In manchen Fällen beobachten die Betroffenen angebliche UFO-Insassen und Militärs gemeinsam. Viele UFO-Entführungsforscher nehmen diese Informationen bewußt von der Veröffentlichung aus oder nehmen sie nicht ernst. Erst nachdem einige Betroffene selbst den Mut aufbrachten, über ihre unglaublichen Erlebnisse zu schreiben oder zu sprechen, kamen diese Hinweise ans Tageslicht.

Aus diesem Grunde haben wir *Mind Control*-Organisationen, UFO-Organisationen, *Mind Control*-Forscher, UFO-Forscher und Betroffene weltweit kontaktiert und folgendes herausgefunden:

1. Viele Techniken der Gehirnwäsche und Experimente stammen von Wissenschaftlern, die 1945 geheim durch Projekt *Paperclip* von Deutschland und Japan in die USA gebracht wurden.

2. Es gibt viele Hinweise, die nahelegen, daß die Bewußtseinskontroll-Experimente, so wie von Dr. Scott Jones angedeutet, Mitte der siebziger Jahre nicht beendet wurden.

3. Manche dieser Technologien stellen die von George Orwell und Aldous Huxley aufgestellten Zukunftsvisionen in den Schatten.

4. Eine militärisch/geheimdienstliche Einheit ist in das UFO-Entführungsphänomen verwickelt und verwendet bei ihren verdeckten Operationen modernste *Mind Control*-Technologien und bio-telemetrische Überwachungsmethoden.

5. Die Finanzierung dieser Projekte stammt zum Großteil aus den in *UFO-Geheimhaltung*[9] beschriebenen schwarzen Budgets.

6. Die Personen, die Informationen über das UFO-Phänomen von der Öffentlichkeit zurückhalten, exotische High-Tech-Waffen bauen und im militärischen Untergrund *Mind Control*-Technologien entwickeln, scheinen dieselben zu sein.

Der Grund, wieso man an diese Informationen nur sehr schwer oder gar nicht herankommt, ist die sogenannte *Need to Know*-Befugnis. Diese Sicherheitsklassifizierung ist ähnlich einer Pyramide aufgebaut und ermöglicht es nur bestimmten Personen, gewisse Geheimnisse zu erfahren, bestimmte Forschungseinrichtungen zu betreten etc. Diese Personen müssen keine Politiker sein. Es ist durchaus möglich, daß Wissenschaftler, die an streng geheimen Projekten arbeiten, eine höhere *Need to Know*-Befugnis haben als der Präsident. Es ist auch äußerst naiv, wenn man, so wie viele Journalisten, den Aussagen von militärischen Pressesprechern ungeprüft glaubt. Diese Personen haben nicht die nötige Befugnis oder das nötige Wissen, um über verdeckte Operationen, geheime Technologien, möglicherweise geborgene UFOs etc. Auskünfte zu erteilen.

Durch diese Befugnis ist es möglich, militärische Geheimnisse oder illegal durchgeführte Experimente von der Öffentlichkeit und den gewählten Politikern fernzuhalten. Die politischen Konsequenzen, die sich aus dem Inhalt dieses Buches ergeben, sind weitreichend. Auf der einen Seite werden so wie in den Nachkriegsjahren geheime Experimente an unwissenden Personen durchgeführt, und auf der anderen Seite scheinen Technologien wie bio-telemetrische Überwachungsmethoden, Implantate und elektronische *Mind Control*-Methoden von einer militärisch/geheimdienstlichen Elite verwendet zu werden, um Informationen über das UFO-Entführungsphänomen zu erhalten oder unter dessen Deckmantel illegale Experimente durchzuführen. Es mehren sich auch die Hinweise, daß diese Personen anscheinend in den Besitz von *Alien*-Gewebe kommen wollen. Diese vorläufigen Forschungsergebnisse würden bedeuten, daß UFO-Entführungen *real* ablaufen oder diese im Hintergrund agierende Gruppe dieses für möglich hält, damit sie ihre verdeckt durchgeführten Handlungen unter dem Vorwand der nationalen Sicherheit legitimiert.

Dr. Helmut Lammer, Marion Lammer, März 1997

I

Bewußtseinskontroll-Experimente

*»Wenn Sie das offizielle Adreßbuch der Mitglieder
der amerikanischen psychiatrischen Vereinigung
durchsehen, werden Sie feststellen, daß von den
1957 aufgelisteten 7104 Mitgliedern 1253 aus
Deutschland und osteuropäischen Ländern stammen. Zum Beispiel: 458 aus Deutschland und Österreich, 180 aus Rußland, 130 aus Polen, 68 aus
Ungarn ...*
Ich flog Flugzeuge für Operation Blowback, *der
Nachfolge-Mission von Projekt* Paperclip. *Wir
flogen Tausende Wissenschaftler von Europa zum
Luftwaffenstützpunkt Andrus in die USA.«*

*Colonel Lieutenant Fletcher Prouty über die Pro-
jekte* Paperclip *und* Blowback, *mit denen kurz nach
dem Zweiten Weltkrieg unter anderem auch
Wissenschaftler aus Deutschland geheim in die USA
gebracht wurden.*

1 Die Suche nach der Wahrheitsdroge

Die ersten bedeutenden Forschungen auf dem Gebiet der Bewußtseinskontrolle (*Mind Control*) und Verhaltensforschung wurden Anfang dieses Jahrhunderts vom Russen Pavlow auf dem Gebiet der Konditionierungsforschung durchgeführt. Weitere Experimente stellte Dr. John B. Watson an, der seinen Sohn Albert dahingehend konditionierte, daß er eine Phobie gegenüber weißen Ratten entwickelte. Kurz vor dem Zweiten Weltkrieg entdeckte der Schweizer Chemiker Dr. Albert Hofmann die in der Psychodelik-Bewegung weit verbreitete Substanz Lysergsäurediäthylamid (LSD). Er arbeitete für den Chemiekonzern Sandoz und kam 1943 zufällig mit den Auswirkungen dieser Droge in Berührung. Dr. Hofmann erlebte einen ununterbrochenen Schub an fantastischen Bildern, die ihm außerordentlich real und plastisch vorkamen. Die Symptome ließen nach einigen Stunden an Wirkung nach.[1]

Da Dr. Hofmann mehr über die seltsamen Wirkungen dieser Droge erfahren wollte, führte er Experimente an sich selbst durch und erlebte grauenhafte Dinge. Zu dieser Zeit war sich Dr. Hofmann allerdings noch nicht bewußt, welche Bedeutung seine Entdeckung für zukünftige *Mind Control*-Experimente haben würde.

Etwa zur selben Zeit experimentierten Ärzte in Deutschland in mehreren Konzentrationslagern (KZs) mit ähnlich gefährlichen Substanzen an den inhaftierten Menschen. Viele deutsche Ärzte, die mit der Schutzstaffel (SS) und der Gestapo zusammenarbeiteten, testeten die Droge Meskalin an Juden, Zigeunern und anderen im KZ Dachau gefangenen Personen.[2] Meskalin besitzt ähnliche Symptome wie LSD. Während Dr. Hofmann nicht wußte, wofür seine Entdeckung gut ist, wollten die Ärzte in Deutschland mittels solchen Drogen aufständische Personen unter ihre Kontrolle bringen, damit ihr freier Wille gebrochen wird. Andere schreckliche Versuche, die unter Aufsicht von Lager-

Ärzten durchgeführt wurden, beinhalteten Untersuchungen, bei denen man herausfinden wollte, wie lange es ein Fallschirmspringer aushält, wenn er im Februar in die eisigen Fluten des Nordatlantik fällt. Zu diesem Zweck wurden auf Anordnung von Heinrich Himmler Lager-Häftlinge in eigens gekühlte Wasserbecken gebracht. Die beobachtenden Mediziner stoppten, wie lange ihre Opfer überlebten. Andere Inhaftierte wurden als Versuchskaninchen für die Luftfahrtmedizin in Druckkammern ermordet.[3, 4]

Die Meskalin-Experimente in Dachau wurden von Dr. Kurt Plötner geleitet und endeten für die unfreiwilligen Teilnehmer ebenso fatal wie die für die Luftwaffe durchgeführten Tests. Auf Anordnung von Dr. Plötner wurden Getränke, die den Inhaftierten verabreicht wurden, mit Meskalin versetzt. Ähnlich wie Dr. Hofmann wußten die betroffenen Personen nicht, daß die Droge für ihre Orientierungsstörungen und Halluzinationen verantwortlich war. Viele der unfreiwillig an den Versuchen teilnehmenden Personen gaben anderen Umständen die Schuld für diese Zustände.

Nach dem Krieg erfuhren amerikanische Untersucher, daß die Testopfer eine Reihe von unterschiedlichen Reaktionen zeigten. Einige drehten völlig durch, andere wurden melancholisch oder torkelten, als ob sie betrunken wären. Manche Personen hatten solche Schmerzen, daß sie ihren Peinigern die intimsten Geheimnisse verrieten. Um die perfekte Kontrolle über ihre Opfer zu bekommen, begannen die Lager-Ärzte, Experimente mit Meskalin in Verbindung mit Hypnose durchzuführen. Während in Deutschland die grausamen Versuche an Juden, Russen und Zigeunern durchgeführt wurden, blieb man in den USA in Sachen *Mind Control* auch nicht untätig.

Das Office of Strategic Services (OSS), welches der amerikanische Geheimdienst während des Zweiten Weltkrieges war, setzte ein Komitee ein, das eine *Wahrheitsdroge* finden sollte.[1] Dieses Komitee stand unter der Leitung von Dr. Winfred Overholser vom St. Elizabeth-Spital in Washington DC. Es fand im Herbst 1943 heraus, daß Marihuana für diese Zwecke von großem Nutzen sein könnte. Die Amerikaner starteten ein Testprogramm in Kooperation mit dem *Manhattan*-Projekt. Das *Manhattan*-Projekt war für den Bau der Atombombe verantwortlich und lieferte die ersten Dutzend menschlicher Versuchskaninchen.

Die an den Tests teilnehmenden Personen mußten zum Beispiel Marihuana inhalieren. Die Versuche schienen am Anfang zum Scheitern verurteilt zu sein, da sich die Opfer übergeben mußten. Bald darauf fand das OSS heraus, daß sich mit Marihuana versetzte Zigaretten für diese Versuche besser eignen. Über die FOIA-Akte freigegebene Dokumente berichten von einem erfolgreichen Versuch, bei dem man von dem Gangster August Del Gracio Informationen erhielt. Aus den freigegebenen Dokumenten weiß man, daß das OSS die Experimente weiter fortführte und dabei kommunistische Soldaten, die in Lagern außerhalb von Atlanta, Memphis und New Orleans stationiert waren, als Testobjekte benützte.

Auch wenn man durch diese Experimente an unfreiwillig teilnehmenden Menschen beiderseits des Atlantiks nicht die perfekte *Wahrheitsdroge* fand, wurde nach Ende des Zweiten Weltkrieges mit Hilfe von illegal durch Projekt *Paperclip* in die USA gebrachten Lager-Ärzten aus Deutschland und Japan weitergeforscht.

2 Projekt Paperclip: Deutsche Wissenschaftler im Sold der USA

Als Ende April 1945 der amerikanische Militärarzt Lieutenant Marcus Smith einen Tag nach der Befreiung von Dachau das Lager betrat, fanden er und seine Begleiter etwa 32 000 gebrochene und schwer kranke Überlebende vor.[2] Lieutenant Marcus Smith war zu dieser Zeit der einzige Mediziner im Lager, da das Rote Kreuz erst einige Tage später eintraf. Als Smith die von den Lager-Ärzten verlassenen Forschungseinrichtungen betrat, fand er nur mehr Chaos vor. Er stieg über zerbrochene Bänke, Schubladen, abgebrochene Instrumente und zerschmetterte Gläser. Zwischen den Trümmern fand er jedoch einige intakte Reagenz-

gläser und Flaschen, die mit konservierten Gewebeteilen gefüllt
waren. Untersuchungen ergaben, daß diese Gewebeteile von
Menschen und von Insekten stammten. Smith fand heraus, daß er
sich in der Malaria-Station des Lagers befand. In diesen Labors
injizierte man den Gefangenen Blut, das durch Moskitos ver-
seucht war, um ein Serum gegen Malaria zu finden.[3] In anderen
Laboratorien wurden die zuvor beschriebenen Meskalin-Experimente durchgeführt.

Niemand weiß, wie viele Kriegsverbrecher es in Deutschland gegeben hat. Viele Dokumente wurden noch vor Kriegsende von
den Verantwortlichen selbst zerstört. Deshalb gelang auch vielen
Kriegsverbrechern, so wie Dr. Mengele, die Flucht ins Ausland.
Die Verantwortlichen des Holocaust wurden zwischen dem
20. November 1945 und dem 1. Oktober 1946 von einem Tribu-
nal in Nürnberg verurteilt. Insgesamt wurden zwischen 1945 und
1949 5025 Kriegsverbrecher in der amerikanischen, britischen
und französischen Zone verhaftet und etwa 80 000 Deutsche als
mitschuldig an den Verbrechen befunden.[4]

Bei den ersten Nürnberger Prozessen wurden die prominenten
Führer verurteilt. Hitler, Himmler und Göbbels verübten Selbstmord und konnten deshalb nicht zur Verantwortung der Verbrechen herangezogen werden. Bei den zweiten Nürnberger Prozessen wurden zwölf hochrangige Personen, die für Kriegsverbrechen verantwortlich waren, verurteilt. Unter diesen Personen
befanden sich Diplomaten, Minister, SS-Offiziere und Ärzte, die
an den zuvor beschriebenen Verbrechen in den KZs beteiligt
waren.[3, 4, 5] Wie sich jeder Leser vorstellen kann, waren für die in
den KZs verübten Kriegsverbrechen mehr Mediziner verantwortlich als die wenigen, die in Nürnberg verurteilt wurden.

Aus Dokumenten, die über die FOIA-Akte in den USA freigegeben wurden, weiß man, daß sich die Siegermächte unter den nicht
so bekannten Wissenschaftlern und Technikern aus Deutschland
bedient haben, ohne daß die Öffentlichkeit etwas davon erfuhr.
Interessanterweise brachte man diese Personen, darunter auch
den bekannten Raketenkonstrukteur Wernher von Braun, schon
vor den Nürnberger Prozessen in die USA. Auch England und

die Sowjetunion hatten ähnliche Projekte laufen. Unter diesen Wissenschaftlern befanden sich nicht nur Techniker, die der amerikanischen Luft- und Raumfahrt große Errungenschaften lieferten, sondern auch Mediziner, die in die Experimente in den KZs verwickelt waren.

Die US Naval Technical Mission hatte den Auftrag, die von den Deutschen angestellten Forschungen bezüglich Luftfahrttechnik, Luftfahrtmedizin und Gehirnwäsche zu sichten und festzustellen, ob die Ergebnisse für amerikanische Interessen brauchbar waren.[1, 6] Viele der an den Experimenten beteiligten Wissenschaftler wurden über Heidelberg geheim in die USA transportiert. Diese geheime Einwanderung erhielt die Bezeichnung Projekt *Paperclip*. Die an dem Projekt beteiligten Wissenschaftler wurden zum Beispiel zur Luftwaffenbasis Randolph in San Antonio, Texas, geflogen. Dort nahmen sie an den verschiedensten Projekten teil. Die Raketentechniker und Ingenieure konnten ihre in Deutschland begonnenen Forschungen weiterführen und die von ihnen entwickelten V-Raketen im White-Sands-Testgelände in New Mexico testen.

Die Mediziner stellten für die US Navy, CIA und den US Army Chemical Corps *Mind Control*-Experimente mittels Drogen an. Diesmal waren nicht Juden, Russen und Zigeuner ihre unfreiwilligen Testobjekte, sondern Häftlinge, Geisteskranke, Einwanderer, ethische Minderheiten und Personen, die als sexuell abnorm galten.[7] Ein durch die FOIA-Akte freigegebenes Dokument des War Department vom 1. Oktober 1945 bezeichnet die deutschen Wissenschaftler als *Outstanding German Scientists*. Die vollständige Übersetzung des Dokumentes lautet:

»Hervorragende deutsche Wissenschaftler wurden in die USA gebracht. Der Kriegssekretär hat ein Projekt eingesetzt, welches hervorragende deutsche Wissenschaftler und Techniker in unser Land bringt, damit wir sicherstellen können, ob wir ihre signifikanten Entdeckungen nützen können, welche für unsere nationale Sicherheit geeignet sind. Das Sichten von Dokumenten und das Untersuchen von Ausrüstungsgegenständen und Forschungseinrichtungen wurde verwendet, um den wissenschaftli-

WAR DEPARTMENT
Bureau of Public Relations
PRESS BRANCH
Tel. – RE 6700
Brs. 3425 and 4860

October 1, 1945

I M M E D I A T E R E L E A S E

OUTSTANDING GERMAN SCIENTISTS
BEING BROUGHT TO U.S.

The Secretary of War has approved a project whereby certain outstanding German scientists and technicians are being brought to this country to ensure that we take full advantage of those significant developments which are deemed vital to our national security.

Interrogation and examination of documents, equipment and facilities in the aggregate are but one means of exploiting German progress in science and technology. In order that this country may benefit fully from this resource a number of carefully selected scientists and technologists are being brought to the United States on a voluntary basis. These individuals have been chosen from those fields where German progress is of significant importance to us and in which these specialists have played a dominant role.

Throughout their temporary stay in the United States these German scientists and technical experts will be under the supervision of the War Department but will be utilized for appropriate military projects of the Army and Navy.

END

DISTRIBUTION: Aa, Af, B, Da, Dd, Dm, N,
4:30 P.M.

Abb. 3: Dokument des US War Department vom 1. Oktober 1945, das über »hervorragende« deutsche Wissenschaftler berichtet, die über Projekt Paperclip geheim in die USA gebracht wurden. Das US-Militär versprach sich mit Hilfe dieser illegal im Land befindlichen Wissenschaftler einen technologischen und wissenschaftlichen Vorsprung gegenüber anderen Ländern.

chen und technischen Fortschritt in Deutschland auszunutzen. Damit unser Land von diesen Ressourcen voll profitieren kann, wurde eine ausgesuchte Anzahl von Wissenschaftlern und Technikern auf freiwilliger Basis in die Vereinigten Staaten gebracht. Diese Individuen wurden aus den verschiedensten Forschungsgebieten ausgewählt, auf denen die Deutschen führend waren. Diese Angelegenheit ist für uns von signifikanter Wichtigkeit. Während ihres Aufenthaltes in den Vereinigten Staaten stehen die deutschen Wissenschaftler und Techniker unter der Aufsicht des War Department, wobei sie zu gegebener Zeit an Projekten der Armee und der Navy teilnehmen werden.«[8]

Interessant ist, daß die am Projekt *Paperclip* teilnehmenden Wissenschaftler schon vor Beginn der Nürnberger Prozesse in die USA gebracht wurden. Vor einiger Zeit wurde bekannt, daß nach dem Krieg nicht nur deutsche Wissenschaftler, sondern auch japanische Mediziner, die bei Kriegsverbrechen an Gefangenen beteiligt waren, in die USA gebracht wurden, damit sie dort ihre Experimente weiterführen konnten.

3 Einheit 731: Japanische Kriegsverbrecher werden geheim in die USA geflogen

Ähnlich wie in Deutschland führte die japanische Armee zwischen 1932 und 1945 Experimente an chinesischen und russischen Kriegsgefangenen durch. Die Japaner hatten eine Spezialeinheit mit der Bezeichnung *731*, die Forschungen auf dem Gebiet der biologisch-chemischen Kriegsführung anstellte, im Einsatz. Diese Einheit war unter anderem im besetzten Teil von Nordchina bei Harbin stationiert. In Harbin und anderen Städten wurden sogenannte *Todesfabriken* errichtet, in denen japanische Wissenschaftler ohne ethische Einschränkungen ihre Versuche an Tieren und Menschen durchführen durften. Die ganze Mandschurei wurde so zu einem gigantischen Laboratorium.

Der amerikanische Geschichtsprofessor Sheldon H. Harris beschreibt in seinem 1994 erschienenen Buch *Factories of Death*,[9] unter welchen Umständen diese Lager von den Kriegsgefangenen errichtet wurden. Diese unmenschlichen Forschungslabors waren von hohen Mauern mit aufgesetzten elektrischen Zäunen umgeben. Die Struktur dieser Lager ähnelte einem Gefängnis, in dem Versuchseinrichtungen untergebracht waren. Bei den Experimenten wurde den Gefangenen unter anderem ein Serum verabreicht, das mit einem Bakterium versetzt war, das man von Pestflöhen gewonnen hatte. Manchen Inhaftierten wurde konstant Blut entnommen, bis sie an Schwäche starben. An anderen Häftlingen wurden verschiedenste Gase und Elektroschocks angewendet. Prof. Sheldon berichtet, daß die *Einheit 731* Pestbomben, die in diesen Todesfabriken entwickelt wurden, über chinesischen Städten abwarf und daß dabei mehr als 200 000 Chinesen umkamen.

Nachdem Japan kapitulierte, befand sich das Land unter amerikanischer Besatzung. Während die Öffentlichkeit glaubte, daß man die an den Kriegsverbrechen beteiligten Ärzte verurteilt, wurden viele von ihnen ähnlich wie in Deutschland geheim in die USA gebracht, damit sie ihre grausam erworbenen Erkenntnisse für das amerikanische Militär anwenden und weiterentwickeln konnten. Dokumente, die sich in den Nationalarchiven in Washington DC befinden, bezeugen dieses Vorgehen. In einem Schreiben, das am 12. Dezember 1947 verfaßt wurde und an den Chef des Chemical Corps General Alden C. Waitt gerichtet ist, ist von außerordentlichen Entdeckungen der japanischen Ärzte die Rede. Ein Auszug des Schreibens lautet:

»Die Hinweise, die bei dieser Untersuchung gesammelt wurden, haben die Aspekte auf diesem Gebiet verstärkt und unterstützt. Sie repräsentieren Daten, die von mit Millionen Dollars finanzierten japanischen Wissenschaftlern gewonnen wurden. Die genauen Informationen über die Anfälligkeit dieser Krankheiten für Menschen wurden durch Verabreichen bestimmter Bakterien gewonnen. Solche Informationen könnten wegen der Skrupel gegenüber Experimenten an Menschen in unseren eigenen Laboratorien nicht gewonnen werden. Diese Daten wurden gesichert. Die dabei ausgegebenen 250 000 Yen sind im Vergleich zu den aktuellen Kosten dieser Studien ein Hungerlohn.«[10]

Diese Beispiele zeigen auf, daß die Verantwortlichen, die diese Wissenschaftler und Techniker unter dem Deckmantel der nationalen Sicherheit in die USA geholt haben, nicht viel besser waren als ihre »importierten« Mitarbeiter. Wie man im Laufe dieses Buches noch sehen wird, brachten es einige dieser *Paperclip*-Wissenschaftler soweit, daß sie angesehene Positionen in amerikanischen Forschungseinrichtungen einnehmen konnten. Jeder, der meint, daß nach Ende des Zweiten Weltkrieges in der freien Welt mit den gesetzlich verbotenen Experimenten an Menschen aufgehört wurde, wird beim Lesen der kommenden Kapitel eines Besseren belehrt werden.

Nach 1945 wurden andere Prioritäten in bezug auf *Mind Control*-Forschungen gesetzt. Die 1947 gegründete Central Intelligence Agency (CIA) wollte eine aus der Entfernung kontrollierbare politische Killermaschine kreieren, deren Verhalten von ihren Auftraggebern kontrolliert wurde. Bei der Arbeit an dieser Aufgabe stieß man in Bereiche vor, die an die unmenschlichen medizinischen Experimente in Dachau und anderen KZs erinnern.[1, 6] Mittlerweile gibt es genug Beweise und Hinweise, daß eine oder mehrere mächtige Institutionen innerhalb der amerikanischen Regierung diese *Mind Control*-Methoden mit Hilfe der *Paperclip*-Wissenschaftler weiterentwickelt haben und dabei in beängstigende Bereiche vorgestoßen sind, die schließlich uns alle betreffen. Damit diese Technologien entwickelt werden konnten, wurden und werden sie an *unwissenden* Einwohnern der verschiedensten Länder getestet.

Leser, die die Bücher *UFO-Geheimhaltung*[11] und *UFO-Nahbegegnungen*[12] kennen, wissen, daß ebenso mächtige Behörden wichtige Informationen über das UFO-Phänomen von der Öffentlichkeit zurückhalten. Wie man im Laufe des Buches sehen wird, liegt es nahe, daß es sich bei dieser militärisch-politischen Elite um dieselben Personen handelt, die auch fortgeschrittene *Mind Control*-Technologien wie militärische Implantate entwickelt haben und auch einsetzen. Finanziert werden diese Projekte wie die UFO-Programme aus einem schwarzen Budget, das vom Kongreß nicht einsehbar ist. Bevor wir auf diese modernen

Technologien und ihre gegenwärtigen Anwendungsbereiche genauer eingehen, wollen wir die ersten *Mind Control*-Projekte betrachten.

4 Frühe Mind Control-Experimente: Von Projekt CHATTER bis MKULTRA

Die Suche nach der Wahrheitsdroge wurde kurz nach dem Zweiten Weltkrieg von der amerikanischen Navy wiederaufgenommen. Viele der *Paperclip*-Importe wurden von der Navy kontaktiert und 1947 in Projekt *CHATTER* integriert. Bei diesen Projekten wurden die ethischen Regeln gegenüber Versuchen an Menschen, ähnlich wie in Diktaturen, gebrochen. Ein Dokument der Atom-Energie-Kommission vom 17. April 1947 beschreibt sehr gut, wie man diese Experimente vertuschte. Angesprochen wird ein gewisser Dr. Fidler, der Grund: medizinische Experimente an Menschen. Die vollständige Übersetzung des Dokumentes lautet:

»Angelegenheit: Medizinische Experimente an Menschen.

1. Es wird gewünscht, daß kein Dokument veröffentlicht wird, welches Experimente an Menschen beschreibt. Das würde die öffentliche Meinung nachteilig beeinflussen oder in gesetzlichen Klagen münden. Dokumente, die solche Angelegenheiten betreffen, sollen als *geheim* klassifiziert werden. Zukünftige Arbeiten auf diesen Gebieten sind von einem General Manager verboten worden. Anscheinend sind drei solcher Dokumente deklassifiziert worden. Es ist erwünscht, daß man diese Dokumente wieder klassifiziert und als *geheim* einstuft. Es soll kontrolliert werden, ob die Verteilung zum Department of Commerce oder Projekt-Personal anderer Behörden unabsichtlich erfolgte.

2. Diese Anordnungen betreffen keine Dokumente, die klinische oder therapeutische Anwendungen von Radioisotopen und ähnlichen Materialien beinhalten, da diese für menschliche Störungen und Krankheiten vorteilhaft sind.«[13]

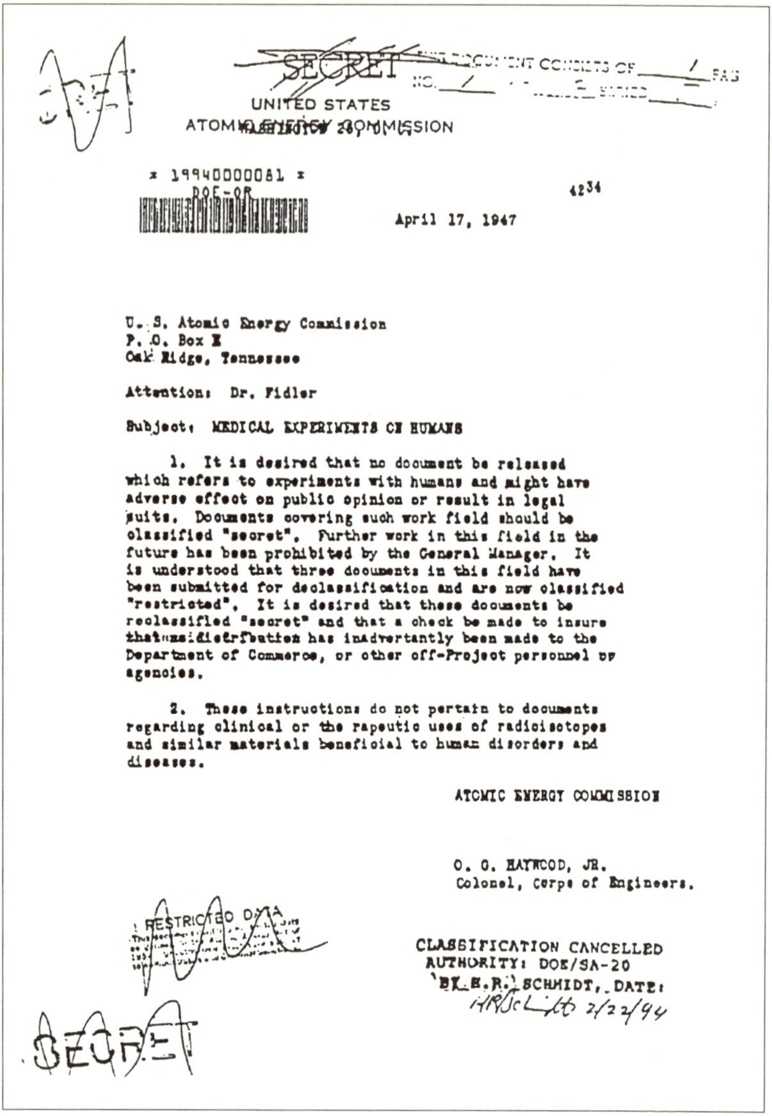

SECRET

UNITED STATES
ATOMIC ENERGY COMMISSION
WASHINGTON 20 D.C.

x 19940000081 x
DOE-OR

April 17, 1947

4234

U. S. Atomic Energy Commission
P. O. Box E
Oak Ridge, Tennessee

Attention: Dr. Fidler

Subject: MEDICAL EXPERIMENTS ON HUMANS

1. It is desired that no document be released
which refers to experiments with humans and might have
adverse effect on public opinion or result in legal
suits. Documents covering such work field should be
classified "secret". Further work in this field in the
future has been prohibited by the General Manager. It
is understood that three documents in this field have
been submitted for declassification and are now classified
"restricted". It is desired that these documents be
reclassified "secret" and that a check be made to insure
that no distribution has inadvertently been made to the
Department of Commerce, or other off-Project personnel or
agencies.

2. These instructions do not pertain to documents
regarding clinical or therapeutic uses of radioisotopes
and similar materials beneficial to human disorders and
diseases.

ATOMIC ENERGY COMMISSION

O. G. HAYWOOD, JR.
Colonel, Corps of Engineers.

RESTRICTED DATA

CLASSIFICATION CANCELLED
AUTHORITY: DOE/SA-20
BY H.R. SCHMIDT, DATE:
HRSchmidt 2/22/94

SECRET

*Abb. 4: Ein ehemals als geheim eingestuftes Dokument der Atom-
energie-Kommission vom 17. April 1947. In diesem freigegebenen Dokument
ist über geheime Versuche an Menschen die Rede.*

Anhand dieses Dokumentes sieht man, wie die offiziellen Behörden hintergangen wurden. Einer der führenden Wissenschaftler bei Projekt *CHATTER* war Professor Richard G. Wendt. Er experimentierte schon lange auf diesem Gebiet. Ende 1950 gab die Navy Wendt einen Vertrag über etwa 300 000 Dollar, damit er Studien über Barbiturate, Amphetamine, Alkohol und Heroin durchführen konnte. Professor Wendt testete die Drogen an sich selbst, an seinen Studenten und Assistenten.[1] Da seine Studenten nicht wußten, was sie einnahmen, wurden ihre Verhaltensänderungen durch venezianische Spiegel beobachtet. Da diese Substanzen nicht in großen Mengen von pharmazeutischen Konzernen erhältlich waren, wurden sie illegal beschafft. Neben der Navy und der Armee stieg bald nach ihrer Instandsetzung die CIA in *Mind Control*-Forschungen ein.

Aus freigegebenen CIA-Dokumenten weiß man, daß diese Behörde Heroin als sehr nützlich bezeichnete, da ein süchtig gemachter Gefangener aufgrund seiner Entzugserscheinungen seine intimsten Geheimnisse verraten würde. Die CIA wollte neben einem Wahrheitsserum vor allem einen Agenten kreieren, der Befehle ausführt, ohne daß er selbst davon wußte. Man wollte die Gehirnwäsche bis zur Vollendung treiben. Über die FOIA-Akte freigegebene Dokumente beweisen, daß die CIA Drogenexperimente am Mount Sinai Hospital, am Boston Psychopathic Hospital, der Universität von Minnesota, dem Valley Forge General Hospital, der Detroit Psychiatric Clinic und dem National Institute of Health durchgeführt hat.

Das erste Projekt trug den Namen *Bluebird*. Im August 1951 wurde Projekt *Bluebird* in Projekt *ARTICHOKE* umbenannt. Die CIA schürte die Propaganda, daß die kommunistischen Staaten Forschungen auf diesen Gebieten betreiben und man nicht hintanstehen sollte. Die *ARTICHOKE*-Agenten verwendeten für ihre Zwecke das vom Schweizer Dr. Albert Hofmann entdeckte LSD, Sodium Pentothal und andere Drogen in Verbindung mit Hypnose.

Ein CIA-Memorandum vom 14. Juli 1952 beschreibt den erfolgreichen Ausgang eines Verhöres zweier sowjetischer Doppelagenten mittels narkohypnotischer Methoden.[14] Die beiden Agenten wurden in ein Spital gebracht und mit *ARTICHOKE*-Techniken verhört. Nach dem Verhör wurde ein *totaler* Gedächtnisverlust mittels posthypnotischer Befehle hervorgerufen. Das Memorandum enthüllt, daß die Droge Sodium Pentothal und das Stimulans Desoxyn verwendet wurden, um das Hypnoseprogramm zu unterstützen.

Weitere mittlerweile freigegebene Dokumente, die der Forscher John Marks erhielt, beweisen, daß die CIA Mitte der fünfziger Jahre Experimente durchführte, die Sprachverlust, Schmerzverlust, Gedächtnisverlust und Willenlosigkeit verursachten. Eines dieser Memoranden zitiert einen Mediziner, dessen Name unkenntlich gemacht wurde. Dieser Arzt behauptet, daß er sich sicher ist, daß viele Psychiater in den USA einwilligen würden, seine bewußtseinsverändernden Drogen an ihren Patienten zu testen. Ein Dokument aus dem Jahre 1956 autorisierte Psychiater in Universitäten, Zuchthäusern und staatlich geleiteten Besserungsanstalten, neu entwickelte Drogen an unwissenden Insassen zu testen. Projekt *ARTICHOKE* wurde Mitte der fünfziger Jahre in *MKULTRA* und *MKDELTA* eingebunden.

Projekt *MKDELTA* beinhaltete verdeckte Operationen, bei denen biologisch-chemische Kampfstoffe eingesetzt wurden. Bei der Entwicklung dieser Kampfstoffe spielten die über *Paperclip* emigrierten japanischen Wissenschaftler eine große Rolle. Projekt *MKULTRA* beschäftigte sich wie *ARTICHOKE* mit Drogen, Gehirnwäsche und Hypnose. Unter den *ARTICHOKE-MKULTRA*-Mitarbeitern befand sich auch der bekannte Psychiater Dr. Even D. Cameron. Er war der Leiter des Allan Memorial Institute und Gründer der psychiatrischen Abteilung an der McGill-Universität.[15] 1953 wurde Dr. Cameron zum Präsidenten der American Psychiatric Association gewählt und schließlich sogar Präsident der World Psychiatric Association.

Niemand wußte, daß Dr. Cameron Versuche für die CIA durchführte. Er forschte nach neuen Methoden, um ein Gedächtnis völlig löschen zu können. Dr. Cameron verwendete für seine Experimente Elektroschocks, Schlafentzug und Drogen. Die

Schreie der Testpersonen wurden von den anderen Spitalinsassen nicht wahrgenommen, da man diese in einem anderen Gebäudetrakt unterbrachte. Nach Dr. Camerons Schockbehandlungen wußten seine Opfer nicht mehr, wo sie sich befanden oder wieso sie ins Spital eingeliefert wurden. Oft kamen die traumatischen Erinnerungen an diese grausamen Behandlungen Jahre später wieder an die Oberfläche des Bewußtseins.[1, 6, 15]

Wie schon erwähnt, befand sich unter diesen Drogen das von Dr. Albert Hofmann entdeckte LSD. Um 1953 begannen CIA-Wissenschaftler, LSD für ihre finsteren Experimente zu nutzen. In diesem Jahr lieferte die Schweizer Firma Sandoz große Mengen der Droge an die CIA und das amerikanische Verteidigungsministerium. Laut Dr. Hofmann besuchten Vertreter dieser Behörden alle zwei Jahre die Labors in der Schweiz, damit die LSD-Produktion angekurbelt wurde. Dr. Hofmann wurde niemals mitgeteilt, warum man solche großen Drogenmengen benötigte.

Um nicht von Sandoz abhängig zu sein, gab die CIA der Firma Eli Lilly & Company einen Auftrag, LSD herzustellen, wobei dieses Vorhaben 1954 gelang. Dr. Sidney Gottlieb und andere *MKULTRA*-Mitarbeiter holten jede Information bezüglich dieser Droge ein und führten Experimente an unwissenden Menschen durch, die für sie schwere Folgen hatten. Weitere Drogen-Tests wurden 1957 im Army Chemical Center in Edgewood durchgeführt. Den Testpersonen wurde unwissentlich LSD in einen Cocktail gemischt. Danach wurden sie verhört. Am Tag darauf wiederholte man die Prozedur ohne Drogeneinfluß. Andere Tests beinhalteten Untersuchungen des Erinnerungsvermögens unter LSD-Einfluß sowie Reaktions- und Bewegungstests. Die an den Experimenten teilnehmenden Personen waren danach körperliche und geistige Wracks.[1, 6, 7]

Während der sechziger Jahre benutzten die Geheimdienste Studenten und Patienten in Spitälern als Testobjekte für ihre LSD-Experimente. Eine 1969 verfaßte Studie des Bureau of Narcotic and Dangerous Drugs enthüllte, daß LSD von den *MKULTRA*-Forschern über kleine Gruppen von Professoren, die ihre Studenten versorgten, auf die Straße gelangte. Einer der Forscher mit

MKULTRA-Verbindung war Timothy Leary. Er führte in Harvard ein Forschungsprojekt durch, das von der CIA finanziert wurde. Er experimentierte in Gefängnissen und später an Künstlern in Greenwich Village, New York. Leary wollte herausfinden, ob LSD die Kreativität steigert.[6] Unter seinen Testobjekten befanden sich bekannte Künstler und Musiker wie Miles Davis, John Lennon, Jim Morrison, Aldous Huxley, Arthur Koestler und viele Maler, Bildhauer, Gurus, Mystiker und Medienstars. Timothy Leary behauptete 1979 in einem Interview für den amerikanischen Fernsehsender ABC, daß der CIA vollständig das Verdienst für die psychedelische Bewegung der sechziger Jahre zukommt.

Es gab fast keine Forschungsgebiete, die nicht von diesen Programmen gesponsert wurden. Das *MKULTRA*-Projekt war den gewöhnlichen wissenschaftlichen Forschungserkenntnissen um Jahre voraus, da sich die von der CIA gesponserten Wissenschaftler nicht an den Hippokratischen Eid oder an ethische Anstandsregeln hielten. Ein *MKULTRA*-Veteran teilte 1965 dem Forscher John Marks mit, daß es auch ein Genmanipulationsprojekt gab.[1] Die wissenschaftliche Gesellschaft diskutierte solche Themen erst zehn Jahre später. Das Office of Research and Development (ORD) finanzierte auch parapsychologische Arbeiten. Die Militärs wollten wissen, ob es Medien gibt, die in die Zukunft sehen oder außerkörperliche Erfahrungen für Spionagezwecke nützen können.

5 Hypnotisch programmierbare Deckerinnerungen und künstlich erzeugte multiple Persönlichkeiten

Viele dieser unter Projekt *MKULTRA* entwickelten *Mind Control*-Methoden beinhalteten Hypnose. Hypnose wird als entspannender Zustand beschrieben, in dem eine Person von einem Hypnotiseur geleitet werden kann. Weitere wichtige unter Hypnose erhaltene Effekte sind:

1. gesteigertes Erinnerungsvermögen,
2. Schmerzreduktion,
3. gesteigertes athletisches Verhalten,
4. gesteigerte Lernfähigkeit.

Manche Wissenschaftler sind auch der Meinung, daß ein Therapeut bei seinen Patienten eine gespaltene Persönlichkeit hervorrufen kann. Der von der CIA finanzierte Psychiater Dr. Morse Allen führte die unterschiedlichsten Hypnoseversuche an seinen Patienten durch. Am 19. Februar 1954 hypnotisierte er zwei Sekretärinnen, wobei er einer den Befehl erteilte, ihre Kollegin zu erschießen.[1, 16] Dr. Allen legte eine ungeladene Pistole neben die hypothetische Täterin, die er in einen schlafähnlichen Zustand versetzte. Die angehende Mörderin führte Dr. Allens Befehle unweigerlich aus. Sie nahm die Pistole und schoß auf ihre Kollegin. Nachdem er sie wieder aus der Trance erweckte, wußte sie nichts von ihrer Tat. Sie verleugnete sogar, daß sie auf ihre Kollegin schoß. Mit diesem Experiment gelang Dr. Allen der Beweis, daß man mittels autoritärer Hypnosebefehle eine Person zu einem unwissenden Killer programmieren kann. Das *ARTICHOKE*-Team sah nach diesen erfolgreichen Versuchen die Entstehung eines perfekten politischen Killers nahen.

Weitere Versuche beinhalten mittels Hypnose hervorgerufene Deckerinnerungen. Diese Deckerinnerungs-Experimente sind für verdeckte Operationen sehr wichtig, da man nicht wußte, ob die durch Hypnose erzeugte Amnesie einem Verhör, bei dem wiederum Hypnose und Drogen verwendet werden, standhielt. Die von den *ARTICHOKE*-Psychiatern durchgeführten Studien ergaben, daß man bei manchen Personen durchaus eine gespaltene Persönlichkeit erzeugen kann.[1, 6, 16]

Eine Möglichkeit, die die Psychiater in Betracht zogen, war das Trennen einer *imaginären* Person, zum Beispiel den imaginären Spielgefährten eines Kindes. Diese imaginäre Person kann durch entsprechende Behandlung zu einer zweiten Persönlichkeit werden. Der Hypnotiseur kommuniziert mit dem schizophrenen Teil der Versuchsperson und suggeriert ihr einen Auftrag ein. Die Hauptpersönlichkeit weiß von dieser Prozedur nichts. Beim

Träumen könnten Informationen ausgetauscht werden. Um das zu verhindern, kann ein geschickter Hypnotiseur Deckerinnerungen erzeugen.

Ähnliche Szenarien sind beim UFO-Entführungsphänomen im Spiel. Wie in den Büchern *UFO-Geheimhaltung*[11] und *UFO-Nahbegegnungen*[12] beschrieben wurde, können sich Personen, die behaupten, daß sie von UFO-Insassen entführt wurden, oft nicht an ihre Entführer erinnern. Manche dieser Personen meinen, daß sie eine große Eule, eine Katze oder ein anderes Tier vor einer UFO-Entführung sahen. Unter Hypnose wurde dieser Block meistens durchbrochen, und die wahren Entführer kamen zum Vorschein. Als Beispiel soll hier die von Forschern des Fund for UFO Research (FUFOR) untersuchte Entführte, Beth Collins, vorgestellt werden.

Beth Collins' erste Begegnung mit dem Unbekannten fand im Alter von vier Jahren statt.[17] Sie kann sich heute noch genau an dieses traumatische Erlebnis erinnern. Beth erwachte eines Nachts vor lauter Furcht in ihrem Bett. Danach sah sie aus dem Schlafzimmerfenster, das ans Bett ihrer Schwester angrenzte. Sie beobachtete, wie mehrere übernatürlich große Katzen durch das Fenster starrten. Da ihr dies sehr unheimlich vorkam, rief sie nach der Schwester, die ihre Schreie aber nicht wahrnahm. Danach rief Beth vergeblich nach ihrem Vater. Ihre Erinnerungen endeten nach diesem Erlebnis. Seither hat sie ein ungutes Gefühl, wenn sie ausgewachsene Katzen oder ein helles Licht sieht, obwohl sie Katzenkinder sehr gerne mag. Weitere traumatische Ereignisse legten nahe, daß sie im Laufe ihres Lebens weitere UFO-Entführungserlebnisse durchmachte.

Am 20. November 1992 wurde Beth unter Hypnose befragt. Die Hypnosesitzung ergab eine traumatische Wiederaufarbeitung ihres zuvor geschilderten Erlebnisses. Es stellte sich heraus, daß die Katzen nur eine Deckerinnerung waren und sich kleine graue, großköpfige Wesen dahinter verbargen. Beth fing unter Hypnose zu weinen an, als sie sah, wie diese Katzen-Wesen zu ihr ins Zimmer kamen. Bei der Befragung, wie groß diese Katzen waren, welche Farbe sie hatten, ob sie Haare hatten etc. antwortete

Beth: »... sie waren grau, haarlos oder hatten ganz kurze Haare. Ich glaube, sie gingen meinem Vater bis zu den Hüften.«

Beim Durchbrechen eines weiteren Traumas beschrieb Beth typische kleine graue UFO-Insassen, die ihr einen kleinen Gegenstand ins Ohr einführten. Andere Sitzungen enthüllten komplexe UFO-Entführungserlebnisse. Manche *Mind Control*-Forscher wie Martin Cannon[16] oder Kathy Kasten[18] sind der Meinung, daß möglicherweise alle UFO-Entführungen *Mind Control*-Experimente darstellen und sich hinter den kleinen grauen Wesen in Wirklichkeit Militärärzte verbergen. Martin Cannon stieß auf eine Entführte, die nach der vierten Hypnosesitzung eine Entführung schilderte, die sich nicht in einem UFO abspielte, sondern in einem Haus außerhalb von Los Angeles, USA. Da sie die Lage des Hauses sehr gut beschrieb, fuhr Cannon mit ihr die unter Hypnose geschilderte Gegend ab. Als sie das Haus fanden, mußten sie umkehren, da die Frau hysterisch wurde. Nachforschungen ergaben, daß der Hausbesitzer ein Wissenschaftler war, der für die CIA arbeitete und an verschiedenen *Mind Control*-Projekten teilnahm. Obwohl die Frau sich sehr gut an Details erinnern konnte, verleugnete sie später die mit Martin Cannon geführten Gespräche. Es ist durchaus möglich, daß sie Angst bekam und deshalb lieber schwieg.

Der bekannte UFO-Forscher Budd Hopkins stieß 1986 auf einen Fall, der an die zuvor geschilderten CIA-Hypnoseversuche von Dr. Morse Allen erinnert.[19] Earl (Pseudonym) war etwa fünfzig Jahre alt, als er 1986 unter Hypnose ein seltsames Erlebnis wiedererlebte. Nach einer in einem UFO durchgeführten Untersuchung berichtete er, daß ihn die UFO-Insassen in einen Raum brachten, in dem ein Mann in einem Sessel saß. Die fremden Wesen teilten Earl mit, daß dieser Mann sehr böse ist. Ein kleines graues Wesen händigte ihm daraufhin eine Pistole aus und befahl ihm, auf den Mann zu schießen. Der Mann flehte Earl an, daß er ihn verschonen soll. Er sagte, daß die Wesen lügen und er kein Verbrecher ist. Die UFO-Insassen befahlen Earl wieder, daß er den Mann töten soll. Während dieser Hypnosesitzung war Earl besonders aufgeregt, da das Erlebnis sehr traumatisch für ihn war.

Abb. 5: Diese Illustration gibt das traumatische Erlebnis von Earl wieder. Die von Earl geschilderte Szene erinnert an die CIA-Hypnoseversuche von Dr. Morse Allen und nicht an herkömmliche UFO-Entführungserlebnisse (© Jonesy).

Er berichtete auch, daß er nicht schoß und die Pistole auf die UFO-Insassen richtete. Als er das machte, stand der Mann vom Sessel auf und sah nun selbst wie ein UFO-Insasse aus; also nicht mehr wie ein Mensch. Danach wurde Earl von einem anderen UFO-Insassen entwaffnet. Dieser UFO-Entführte schien wirklich an einem ähnlichen Test teilgenommen zu haben wie die Sekretärinnen von Dr. Morse Allen.[1, 16] Ob sich hinter den von Earl wahrgenommenen UFO-Insassen in Wirklichkeit terrestrische *Mind Control*-Spezialisten verbargen, bleibt natürlich Spekulation.

Überraschenderweise berichtet auch Ed Walters während eines UFO-Entführungserlebnisses von einer Szene, die eher an einen CIA-Auftrag erinnert als an eine mentale Manipulation durch UFO-Insassen. Diese Szene kam während einer Hypnose-Regression, die vom klinischen Psychologen Dr. Dan Overlade durchgeführt wurde, ans Tageslicht. Ed Walters erlebte unter Hypnose, wie er in ein UFO entführt und darin von einem

46

männlichen und einem weiblichen Wesen mental getestet wurde.[20] Das weibliche Wesen hatte laut Walters einen etwas größeren Kopf als ein Mensch, große hypnotische mandelförmige Augen und kleine Brüste. Er beschrieb unter Hypnose, wie ihm die Wesen ein Gerät ähnlich einem Kopfhörer am Kopf anbrachten. Dieses Gerät paßte sich an seine Schläfen, seine Stirn und die Kopfrückseite an. Ed Walters meint, daß er mit diesem Gerät emotional mit dem weiblichen Wesen verbunden war.

Nachdem das Wesen seine Handfläche über seine Stirn legte, meinte Ed, durch die Augen einer anderen Person sehen zu können. Er beschrieb unter Hypnose ein Lagerfeuer und mehrere Hunde, die sich um einen menschlichen Vorderarm stritten. Die Szene wurde gestört, als ein Stein in die Hundemeute geworfen wurde. Ed Walters schätzt, daß er bei diesem Erlebnis etwa zwölf Jahre alt, barfüßig und ärmlich bekleidet war. Er war sich sicher, daß das Dorf, in dem er sich befand, zum Sterben verurteilt war. Er weiß nicht, ob diese Szene real stattfand oder ob sie von den UFO-Insassen künstlich hervorgerufen wurde. Eine andere unter Hypnose hervorgerufene Erinnerung gibt weitere Rätsel auf, da sie mit dem UFO-Entführungsphänomen nichts zu tun hat.

Ed Walters erinnert sich, daß er sich in Nicaragua befand und Zeuge eines Guerilla-Überfalles wurde, bei dem mehrere Kinder erschossen werden sollten. Walters weiß, daß er sich zu dieser Zeit in Nicaragua auf Geschäftsreise befand.[20] Er war etwa 29 Jahre alt und bei einer Familie privat einquartiert. Das Land befand sich in Aufruhr, da es Kämpfe zwischen der Nationalgarde von Diktator Somoza und seinen Gegnern, den Sandinisten, gab. Eines Tages kamen Sandinisten in das Haus der Gastgeber von Walters und wollten die Familie ermorden. Ed befand sich zu diesem Zeitpunkt auf der Toilette und wurde vorerst nicht bemerkt. Es gelang ihm, sich einen Revolver zu besorgen und auf einen Guerillero, der die Familienmitglieder erschießen wollte, zu feuern. Danach kann er sich an nichts mehr erinnern. Dieses Trauma konnte von Dr. Overlade leider nicht durchdrungen werden. Ed kann sich nur noch an die hypnotischen Augen des weiblichen UFO-Insassen erinnern.

Mind Control-Forscher würden solche Rückblenden sicher als Hinweise ansehen, daß Ed Walters ein hypnoprogrammierter Agent war und in dieser Region einen geheimen Auftrag ausführte, ohne davon etwas zu wissen. Danach könnte man ihm Deckerinnerungen einprogrammiert und ihn einer Gehirnwäsche unterzogen haben. Da die USA in den achtziger Jahren militärisch in Lateinamerika tätig waren, wäre es durchaus möglich, daß man auch in den siebziger Jahren Agenten im Einsatz hatte. Da Ed Walters, bevor er nach Florida verzog, eine Kaffeefarm in Costa Rica besaß und öfter geschäftlich in dieser Region zu tun hatte, kann man spekulieren, ob er vielleicht ein solcher programmierter Agent war. Seine seit Ende der achtziger Jahre stattfindenden UFO-Entführungserlebnisse und seine mit Film und Foto dokumentierten UFO-Sichtungen scheinen diese Spekulationen jedoch zu widerlegen.[20, 21, 22, 23] Wie wir noch im Laufe dieses Buches nachweisen, scheint es beim UFO-Entführungsphänomen genug Hinweise zu geben, die militärisch/geheimdienstliche Verwicklungen nahelegen.

Der Psychiater Dr. Martin Orne führte an der Harvard-Universität hypnotische *Mind Control*-Experimente durch. Er vertrat die Meinung, daß eine Person, die eine gute posthypnotische Amnesie entwickelt, auch für hypnotische Beeinflussung anfällig ist. Die entstehende Amnesie kann dann mit Deckerinnerungen aufgefüllt werden.[24]

Wenn man bedenkt, daß diese Experimente während der fünfziger und sechziger Jahren durchgeführt wurden, dürfte es gegenwärtig im Zusammenhang mit Drogen und Spezialeffekten kein Problem sein, Deckerinnerungen von kleinen grauen Wesen in einer Person zu installieren. Diese Tatsache muß man sich als seriöser UFO-Entführungsforscher immer vor Augen halten, obwohl wir (die Autoren) nicht der Meinung sind, daß das komplette weltweit auftretende UFO-Entführungsphänomen mit dieser Theorie zu erklären ist.

Ein weiteres von Gerüchten umranktes Projekt namens *Monarch* basiert auf künstlich erzeugten Traumata, die für eine Persönlichkeitsspaltung des Opfers verantwortlich sind.[6, 25, 26] Bei dieser

Prozedur spaltet sich das Bewußtsein in mehrere Persönlichkeiten. Die *Monarch*-Ärzte präparieren daraufhin eine Persönlichkeit, die im Auftrag des Geheimdienstes Handlungen durchführt, von denen die ursprüngliche Person nichts weiß. Projekt *Monarch* hat seinen Ursprung im Zweiten Weltkrieg. Unter deutschen Psychiatern, die während des Krieges in Deutschland arbeiteten, war diese Methode als *Marionetten-Programmierung* (MP) bekannt. Möglicherweise programmierten diese über Projekt *Paperclip* importierten MP-Spezialisten in *ARTICHOKE* und *MKULTRA* ihre Marionetten für die CIA.

Da Kinder am besten geeignet sind, nach einem schrecklichen Ereignis eine multiple Persönlichkeit zu erzeugen, ist dieses Projekt besonders schockierend. Mittlerweile melden sich immer mehr Personen bei *Mind Control*-Organisationen, die vorgeben, daß sie ehemalige *Monarch*-Sklaven sind. Ihre traumatischen Erinnerungen gehen bis in die Kindheit zurück, in der sie bei satanischen Ritualen oder Kinderpornofilmen mitwirken mußten. Diese Vergewaltigungen und Schocks werden vom Kind verdrängt, weil es eine andere Persönlichkeit erzeugt, die von diesen schrecklichen Erlebnissen nichts weiß.

Laut Informanten holen sich die Mitarbeiter von Projekt *Monarch* ihre Opfer aus den zuvor genannten Gruppen. Es gibt Hinweise und Gerüchte, wonach militärische *Mind Control*-Experten in satanische Sekten und Kinderpornoringe verwickelt sind, um so neue Rekruten für das *Monarch*-Projekt zu erhalten.[6, 25, 26] Wenn man weiß, daß der US Army PSYWAR-Colonel Lieutenant Michael Aquino der Gründer einer satanischen Sekte mit dem Namen *Temple of Seth*[6, 27] ist und Kinderpornoringe wie in Belgien Kontakte zur Justiz und Politik haben, scheinen diese Gerüchte nicht mehr so abwegig zu sein. Der Fall des möglichen Opfers Dan Harr könnte diese Vermutungen ebenfalls bestätigen.[28]

Der Großvater von Dan Harr arbeitete während des Zweiten Weltkrieges und zwischen 1947 und 1948 bei der Badger Ordinance Plant nahe Barboo, Wisconsin. In dieser Anlage wurden kurz nach dem Zweiten Weltkrieg *Paperclip*-Wissenschaftler untergebracht. Später arbeitete er auch für die Regierung und möglicherweise für die CIA.

Dan Harr behauptet, daß er 1984 während eines Studiums von einem CIA-Mann, der sich als Charlie McBride auswies, aufgesucht wurde. Dieser Mann offerierte Harr ein Angebot für ein Spezialprogramm. Zuerst lehnte Harr dieses Angebot ab. Später zwangen ihn finanzielle Probleme zuzusagen. McBride brachte Dan auf eine Farm in Virginia. Dort nahm er bei einem Trainingsprogramm des Non Official Cover (NOC) teil. Während dieses Trainings wurde Dan Harr das Gedächtnis gelöscht, und es wurden ihm Deckerinnerungen einprogrammiert. Mitte der neunziger Jahre bekam er traumatische Rückblenden, die einige Aufschlüsse über sein NOC-Training gaben. Er beschäftigte sich intensiv mit Elektronik, Computer-Hacken und der Bedienung von nachrichtentechnischen Geräten. Danach kam er nach Mare Island. In diesem Gebiet gibt es mehrere Forschungseinrichtungen der CIA und der National Security Agency (NSA). Dan Harr kann sich nicht mehr erinnern, was ihm während seines achtmonatigen Aufenthaltes in Mare Island widerfuhr.

Aufgrund von Anfragen erhielt das Büro von Senator Herb Kohl mehrere Dokumente über Harr, von denen manche stark zensiert sind und hauptsächlich als *top secret* klassifiziert waren. Einige Dokumente hatten auch eine zensierte Zusatzbezeichnung. Dan Harr meint, daß er möglicherweise im Oakland Naval Hospital behandelt wurde. Er hat mit Hilfe von Therapeuten klare Erinnerungen über ein Verhör aufgearbeitet. Laut seiner Beschreibung war er in einem rechteckigen Raum. In diesem Raum befanden sich ein Sessel, eine Filmleinwand, stroboskopische Lichter, eine Tür und ein Fenster, das möglicherweise ein venezianischer Spiegel war. Außer ihm befand sich mindestens noch eine Person in dem Zimmer.

Dan Harr wurde am Sessel angebunden. Von seiner rechten Hand verliefen mehrere Dräthe, und er konnte verschiedene Drogennamen wie Sodium, Pentothal etc. hören. Während ihm die Lichter ins Gesicht schienen, wurde er von einer männlichen

Person mit verschiedenen Fragen konfrontiert. Weitere Erinnerungen betreffen einen Film, den er sah. Dieser Film beinhaltete abwechselnd gute und böse Szenen. Dan hat mittlerweile auch Rückblenden über satanische Rituale, bei denen er im Mittelpunkt stand. Bei diesen Ritualen spielen drei Männer in roten Kapuzenmänteln und Kerzen eine große Rolle. Dan Harr kann nicht unterscheiden, ob diese Rituale zum NOC-Programm gehörten oder ob sie in seiner Kindheit stattfanden. Weitere Rückblenden legen nahe, daß Dan Harr, ohne daß er es wußte, seit seiner Kindheit an *Mind Control*-Programmen wie *Monarch* teilnahm und verschiedene Aufträge ausführte.

Im Dezember 1988 verließ Dan Harr das NOC-Programm. Seiner damaligen Frau fiel auf, daß er sich danach mit dem Gedankengut rechtsextremer christlich-fanatischer Milizen identifizierte. Er hatte davor nichts mit diesen Personen zu tun und vertrat auch nicht deren Meinungen. Heute glaubt er, daß man ihn als Spion in diese Kreise einschleuste. Anfang 1995 hatte er das letzte Mal einen fehlenden Zeitabschnitt für einen Zeitraum von etwa 24 Stunden. Er kann sich nur noch erinnern, daß er in einem Restaurant in Madison saß. Ihm gegenüber befand sich eine unbekannte Frau, die zu ihm sagte: »Gut, daß du zurück bist.« Etwas später bemerkte er einen Nadeleinstich am rechten Arm und eine punktförmige Schwellung an der rechten Hüfte. Die Erlebnisse von Dan Harr scheinen viele für das *Monarch*-Projekt geforderte Kriterien aufzuweisen. Diese fünf Punkte sind:

1. eine Verbindung zum Projekt *Paperclip* durch seinen Großvater,
2. eine CIA-Verbindung des Großvaters,
3. Mißbrauch bei rituellen Handlungen während seiner Kindheit,
4. auf Traumata beruhende *Mind Control*-Programme,
5. fehlende Zeitabschnitte.

Niemand weiß, wie viele abrufbare *Monarch*-Opfer es in den USA gibt. Schätzungen gehen jedenfalls in die Tausende.[6, 25, 26] Es ist auch durchaus möglich, daß sich unter den von UFOs Entführten Personen befinden, die nach dem Lesen eines Buches oder Besuch einer Entführungsselbsthilfegruppe meinen, daß sie von UFO-Insassen entführt wurden und in Wirklichkeit *Mind Control*-Opfer sind. Wie wir in den folgenden Unterkapiteln zeigen werden, trieb die Suche nach dem perfekt programmierbaren Agenten oder Soldaten noch perversere Blüten als die künstliche Erzeugung von multiplen Persönlichkeiten.

6 *Elektronische Mind Control-Verfahren*

Die Forscher Walter Bowart, Martin Cannon und andere stießen im Laufe ihrer Recherchen auf eine psychoelektrische Methode, die bei verdeckten Operationen eine sehr große Rolle spielen könnte. Wie es scheint, haben CIA-Wissenschaftler eine Technologie entwickelt, die man Radio Hypnotic Intracerebral Control-Elektronic Dissolution of Memory (RHIC-EDOM) nennt.[6, 16]
Diese Techniken können aus der Entfernung hypnotische Trancezustände erzeugen, Befehle suggerieren oder das Gedächtnis vollständig auslöschen. Das RHIC benötigt ein intramuskuläres Implantat, das dahingehend stimuliert wird, daß posthypnotische Befehle ausgelöst werden. Wir werden in Kapitel II ausführlich auf die *terrestrische* Implantat-Technologie eingehen. Mit dem EDOM wird ein wie bei UFO-Entführungen auftretender Zustand der *verlorenen Zeit* künstlich hervorgerufen. Bei dieser Methode wird die Erinnerung vollständig gelöscht, da die synaptischen Übertragungen der Informationen von bestimmten Gehirnregionen blockiert werden. Gegen Ende des 19. Jahrhunderts dachten viele Wissenschaftler, daß das menschliche Gehirn wie ein Schwamm aus einem großen zusammenhängenden Netzwerk bestünde. Später wurde herausgefunden, daß es zwei Zelltypen gibt:[29]
1. Nervenzellen – ihre Anzahl wird auf etwa 100 Milliarden geschätzt,
2. Gliazellen – davon gibt es etwa zehn- bis 50mal mehr als Nervenzellen.

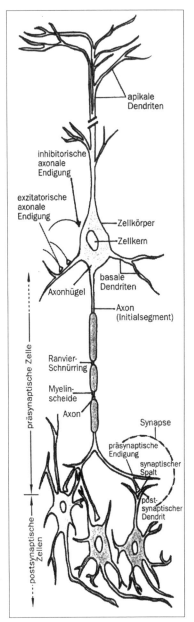

apikale
Dendriten

inhibitorische
axonale
Endigung

exzitatorische
axonale
Endigung

Zellkörper

Zellkern

basale
Dendriten

Axonhügel

Axon
(Initialsegment)

Ranvier-
Schnürring

Myelin-
scheide

Axon

Synapse

präsynaptische
Endigung

synaptischer
Spalt

post-
synaptischer
Dendrit

präsynaptische Zelle

postsynaptische
Zellen

Abb. 6: Schematischer Aufbau der Neuronen und ihrer Verbindungen untereinander. Das Aktionspotential eines Neurons wird über ein Axon weitergeleitet und über die Synapsen an andere Neuronen weitergegeben. Manche Axone erreichen eine Länge von einem Meter und eine Dicke von wenigen Mikrometern.

Die Nervenzellen sind verantwortlich für das Speichern und Weiterleiten von Informationen. Die Gliazellen üben andere Funktionen aus, wie den Abbau giftiger Stoffwechselprodukte. Die Nervenzellen können elektrische und chemische Signale empfangen, integrieren, als Stromsignale weiterleiten und schließlich an andere Zellen weitergeben. Auf einer Seite befindet sich meist ein feinverästeltes Geflecht vieler Fortsätze, sogenannte *Dendriten.* Diese Seite kann man als Empfänger, ähnlich einer Rundfunkstation, bezeichnen. Hier kommen die Signale an. Auf der anderen Seite geht ein langer Fortsatz, der sogenannte *Axon,* vom Zellkörper ab. Axone können sich an ihrem Ende stark verzweigen und dienen als Sender, der Signale weitergibt. An den verzweigten

Enden bilden sie Kontakte zu anderen Nervenzellen aus. Diese Kontaktstellen nennt man *Synapsen*.

Im Gegensatz zu Rundfunkstationen leiten Nervenzellen Signale nicht mit elektromagnetischen Wellen weiter, sondern mit elektrischem Strom. Beim EDOM werden die Synapsen gestört, und die Informationsübertragung zwischen den Nervenzellen wird somit verhindert. Diese Störung kann laut RHIC-EDOM-Fachleuten etwa durch psychophysiologische Effekte von Mikrowellen ausgelöst werden.[16] Wenn die Synapsen, die Kontaktstellen der Nervenzellen, untereinander gestört sind, können die aufgenommenen Informationen im Gehirn nicht mehr verarbeitet werden.

Ende der sechziger Jahre tauchten das erste Mal Gerüchte über RHIC-EDOM-Technologien in der Öffentlichkeit auf. Ein ehemaliger FBI-Agent schrieb unter dem Pseudonym Lincoln Lawrence 1969 ein Buch mit dem Titel *Were We Controlled?*.[30] In diesem Buch wird ausführlich auf Gehirnwäschetechniken eingegangen. Die Forscher Walter Bowart und James Moore erhielten ebenfalls Informationen über diese Technologie. James Moore behauptet, daß diese Technologie vom Militär entwickelt wurde, um Zombie-Soldaten zu kreieren.

Im Normalfall erhalten Teile des Gehirns die verschiedensten elektrischen Signale von den verschiedensten Quellen, wie Sehen, Hören etc. Diese Wahrnehmungen erzeugen Emotionen. Die Militärs könnten mit dieser Technologie Aggressionen stimulieren und so einen Soldaten programmieren, der wie ein Roboter seine Arbeit auf dem Schlachtfeld verrichtet und Befehle gedankenlos ausführt. Falls RHIC-EDOM existiert, meinen *Mind Control*-Forscher, daß diese Technologie viele Rätsel des UFO-Entführungsphänomens erklären könnte.[6, 16]

1. EDOM verursacht die bei UFO-Entführungen auftretenden fehlenden Zeitabschnitte.

2. Die bei UFO-Entführten entdeckten Implantate könnten für das RHIC bestimmt sein.

3. Man könnte mit dem RHIC hypnotische Zustände erzeugen und möglicherweise wiederkehrende UFO-Entführungserlebnisse künstlich hervorrufen.

Dagegen kann man einwenden, daß es auch UFO-Nahbegegnungen mit UFO-Insassen gibt, die man nicht einfach mit der RHIC-EDOM-Technologie erklären kann. Solche sind:

1. UFO-Nahbegegnungen der dritten Art. (CE3: Bei einem CE3 sieht der Zeuge bewußt fremdartige Wesen neben einem UFO. Er wird von diesen Wesen nicht in ein UFO entführt und kann sich an das Ereignis bei vollem Bewußtsein ohne Hypnose-Regression erinnern.)

2. UFO-Entführungen (CE4, diese werden von unabhängigen Zeugen beobachtet, die somit eine CE3 hatten).

3. Komplexe UFO-Entführungserlebnisse, in die mehrere Personen verwickelt sind, die unabhängig voneinander das Erlebte bestätigen.

Im Buch *UFO-Nahbegegnungen*[12] wurden CE3-Fälle ausführlich behandelt. Zu Punkt 2. zählt mit Sicherheit der UFO-Entführungsfall von Linda Cortile, der in *UFO-Geheimhaltung*[11] und in mehreren Publikationen von Budd Hopkins ausführlich beschrieben wurde. Bei diesem Fall gibt es mehrere unabhängige Zeugen, die berichten, daß sie Linda Cortile sahen, wie sie aus dem 12. Stockwerk ihrer Wohnung in einem Lichtstrahl in ein darüber schwebendes UFO transportiert wurde.[31] Ihre restlichen Erlebnisse gleichen denen von anderen Entführten bis ins Detail. Neben mehreren Briefen, Aussagen und Interviews der in den Fall verwickelten Personen gibt es psychologische Gutachten und Expertisen von Fachleuten, die die verschiedensten Aspekte des Falles geprüft haben. Neben diesen Fakten macht die Anwesenheit von Sicherheitsagenten und hochrangigen politischen Persönlichkeiten unter den Zeugen diesen Fall besonders interessant. Wenn das UFO-Entführungserlebnis bei Linda Cortile mit einer RHIC-EDOM-Technologie ausgelöst wurde, kann man die Aussagen der an dem Fall beteiligten Zeugen nicht erklären. Diese Zeugen wurden nämlich nicht von den UFO-Insassen entführt, sondern sie beobachteten die UFO-Entführung inklusive den UFOs von verschiedenen Standorten und bei vollem Bewußtsein.

Ähnlich kompliziert verhält es sich bei sehr gut untersuchten multiplen UFO-Entführungsfällen. Bei diesen UFO-Entführungen sind zwei oder mehrere Personen zur gleichen Zeit in ein UFO entführt worden. Die Erlebnisse der an der UFO-Entführung beteiligten Personen stimmen bei unabhängigen Befragungen minutiös bis ins Detail überein. Der klinische Psychologe John Carpenter untersuchte mehrere solcher Fälle und präsentierte einen davon auf der 1992 am Massachusetts Institute of Technologie (MIT) abgehaltenen UFO-Entführungskonferenz.[32] Bei diesem Fall waren zwei Frauen beteiligt, die während einer Autofahrt durch eine einsame Gegend in Kansas am 7. November 1989 gemeinsam ein UFO-Entführungserlebnis hatten.

Beide Frauen zeigten nach dem traumatischen Erlebnis Symptome wie *verlorene Zeit*, physikalische Spuren am Auto, Alpträume sowie Schlechtigkeitsgefühle und Nasenbluten. Sie wurden von John Carpenter unabhängig voneinander in Hypnose versetzt und befragt. Die Tabelle in Abbildung 7 gibt eine Zusammenfassung der von den Frauen erlebten Ereignisse wieder. Ein Großteil der Erinnerungen wurde unter Hypnose wiedergewonnen. Es ist sehr unwahrscheinlich, daß man diese *übereinstimmenden* Geschichten mehreren an dem Erlebnis beteiligten Personen mittels Hypnose-Programmen oder RHIC-EDOM-Technologien von *Mind Control*-Spezialisten ins Gedächtnis der Frauen einsuggeriert hat. Bei gewöhnlichen UFO-Entführungen könnte diese Technologie allerdings eine große Rolle spielen, damit Agenten verdeckte Operationen durchführen können und der Beteiligte glaubt, daß er ein Opfer von UFO-Insassen wurde.

1977 fanden wegen illegaler CIA-Drogenexperimente Anhörungen vor dem amerikanischen Kongreß statt. Senator Richard Schweicker führte mit dem *MKULTRA*-Mediziner Dr. Sidney Gottlieb über RHIC-Technologie ein Gespräch. Dr. Gottlieb verneinte vor den Kongreßmitgliedern, daß Projekt *MKULTRA* mit RHIC-EDOM arbeitete. Er bestätigte aber, daß es ein Interesse daran gab, ob Menschen, die einem elektrischen Feld ausgesetzt werden, leichter zu hypnotisieren sind.[6, 16] Auf die Frage,

Susan	Jennifer
Sieht einen hellen Stern mit aufblitzenden Lichtern.	Sieht ein helles Objekt am Himmel.
Sieht ein helles »V« und zwei Wesen neben dem Auto.	Sieht einen hellen Lichtkegel durch die Windschutzscheibe.
Sieht das UFO von sehr nahe und nimmt wahr, wie das Auto immer kleiner wird.	Fühlt, als ob sie himmelwärts gezogen wird. Das Auto wird unter ihr immer kleiner.
Befindet sich innerhalb eines diffusen beleuchteten kleinen runden Raumes.	Befindet sich in einem kleinen runden Raum, mit Fenster und diffusem rötlichen Licht.
Sieht viele Wesen und hochliegende Fenster. Außerhalb befindet sich ein blauer Planet. Sie ist von den hypnotisch schwarzen mandelförmigen Augen der UFO-Insassen beeindruckt.	Sieht kleine Wesen mit grünen Kapuzen oder Kappen. Weiters sieht sie die Erde außerhalb der Fenster. Die Kommunikation erfolgt über Telepathie. Sie ist von den großen schwarzen Augen der Wesen beeindruckt.
Sieht seltsame Wesen mit großen mandelförmigen Augen bei einer weißen Gestalt (Jennifer).	Sieht dieselben Wesen wie Susan, nur viel genauer.
Beschreibt, wie die Wesen Jennifer wegbringen. Danach sieht sie einen großen Raum mit Sitzen und zwei Plattformen.	Wird in einen größeren Raum gebracht. Dort befinden sich Sitze und eine schwebende Plattform, Fenster in einem gewölbten Raum und weiß/oranges Licht.
Sieht, von einem Sessel aus, wie zwei Wesen Jennifer auf einem Tisch untersuchen.	Spürt eine Hand und ist danach paralysiert. Liegt auf einem Tisch unter einem hellen Licht. Sie kann von dieser Position aus Susan nicht mehr sehen. Sie sieht drei Wesen nahe ihres Kopfes.
Sieht wie die Wesen ein kleines Objekt durch Jennifers Nase einführen.	Fühlt sich unwohl und kann sich an das traumatische Ereignis nicht mehr erinnern.

Abb. 7: Diese Tabelle zeigt einen Vergleich zwischen den beiden Frauen Susan und Jennifer, die gemeinsam ein UFO-Entführungserlebnis hatten. Die Informationen wurden zum Großteil unter Hypnose gewonnen und stimmen bis ins Detail überein. Es ist daher sehr unwahrscheinlich, daß beiden Frauen mittels Hypnoseverfahren und Drogen durch Geheimdienste dieses komplexe Erlebnis als Deckerinnerung einprogrammiert wurde.

ob Mikrowellen das Gedächtnis von Tieren auslöschen können, beantwortete Dr. Gottlieb die Frage mit *Ja*. Da diese *Mind Control*-Projekte auf *Need to Know*-Befugnissen beruhen, ist es möglich, daß diese Technologien unter Subprojekten wie *MKNAOMI, MKACTION, MKSEARCH* etc. entwickelt wurden. Da Dr. Gottlieb nur über CIA-Experimente Bescheid wußte, kann es durchaus sein, daß andere Behörden diese Technologien entwickelten. Wir werden in späteren Kapiteln noch genauer auf diese Hinweise eingehen und aufzeigen, daß militärische Einheiten wirklich in das UFO-Entführungsphänomen verwickelt sind und solche psychotronischen Technologien einsetzen.

7 Synthetische Telepathie, Remote-Motor-Control und künstlich erzeugte Besessenheit

Am 10. Januar 1997 brachte das österreichische Wissenschaftsmagazin *Modern Times* in ORF 2 einen Beitrag über *Innere Stimmen*. Zwei bis fünf Prozent aller Menschen hören Stimmen in ihrem Kopf – Stimmen, die ihre Mitmenschen nicht hören. Manche fühlen sich von inneren Quälgeistern verfolgt, kommandiert, kontrolliert und in die Enge getrieben. In der niederländischen Universitätsklinik von Maastricht wird das Phänomen der *Inneren Stimmen* erforscht. Die Patienten werden mittels Kernspintomographie und anderen modernen Techniken, wie dem bildgebenden PET-Scanner, untersucht. Bei diesem Verfahren wird der Testperson eine Zuckerlösung gespritzt, die sichtbar macht, welche Hirnregionen zu welchem Zeitpunkt besonders aktiv sind. Die Wissenschaftler, die an diesem noch ungelösten Phänomen arbeiten, sind zur Zeit der Meinung, daß Personen, die Stimmen hören, manche in Worte gefaßte Gedanken nicht als solche erkennen können. Deshalb rechnen sie sie fälschlicherweise der Außenwelt zu. Wie wir in den kommenden Zeilen zeigen werden, gibt es durchaus Verfahren, mit denen solche unverstandenen Phänomene künstlich erzeugt werden können. Es gibt durchaus Anzeichen, daß an der Entwicklung von Waffen gearbeitet wird, die solche schizoparanoiden Symptome verursachen. In den frühen sechziger Jahren war Dr. Patrick Flanagan noch ein Teenager, als ihn das *Life Magazine* unter den Top-Wissenschaftlern führte. Im Alter von 15 Jahren erfand er das *Neurophone*.[33] Dieses Gerät ist ein elektronisches Instrument, das Töne oder Botschaften über Hautkontakt ins Gehirn übertragen kann. Die Haut weist piezoelektrische Effekte auf, wenn sie vibriert oder gerieben wird. Sie erzeugt elektrische Signale und Skalarwellen. Wärme, Elektrizität und andere Empfindungen werden durch die Haut vom Nervensystem aufgenommen und in Signale umgewandelt, die in das Gehirn transportiert werden. Wenn sie dort angelangt sind, werden sie dekodiert und in Informationen umgewandelt. Das *Neurophone* nutzt diese Funktionsweise aus, um Töne direkt in das Gehirn einspielen zu können. Die so erhaltenen Töne sind viel klarer, als wenn sie mit den Ohren aufgenommen werden. Eine Testperson nimmt diese Töne wahr, als ob sie wie bei Telepathie im Gehirn entstehen würden.[34]

Für Personen, die einen Gehörschaden haben, ist diese Entdeckung außerordentlich hilfreich. Dr. Flanagan wollte mit seiner Erfindung tauben Menschen helfen. Bevor seine Erfindung als Patent anerkannt wurde, mußte er eine Vorführung abhalten. Als ein tauber Angestellter des Patentamtes mit Hilfe des *Neurophons* hören konnte, wurde es patentiert.

Kurz nachdem die Erfindung als Patent geführt wurde, wurde sie von der Defense Intelligence Agency (DIA) konfisziert. Anscheinend war die DIA von dieser Erfindung so beeindruckt, daß sie geheime Anwendungsbereiche für diese Technologie im Sinn hatte. Die nationale Sicherheitsklassifikation verbot Flanagan, über seine Erfindung zu sprechen oder daran weiter zu arbeiten. Mittlerweile wurde dieses Verbot wieder aufgehoben, so daß jeder ein *Neurophone* bei der Firma Earthpulse kaufen kann. Daß die DIA oder andere Behörden diese Erfindung nicht für medizinische oder wohltätige Zwecke benutzten, liegt auf der Hand. Möglicherweise wurde es gemeinsam mit Drogen bei *Mind Control*-Experimenten eingesetzt.

Etwa zur selben Zeit, als Dr. Flanagan das *Neurophone* erfand, publizierte der Biophysiker Dr. Allan Frey vom General Electric Advanced Electronic Center der Cornell-Universität in der Zeitschrift *Aerospace Medicine* eine Entdeckung, die als *Hören durch Mikrowellen* in die Geschichte einging.[35] Dr. Frey fand heraus, daß das Gehörsystem eines Menschen auf eine bestimmte elektromagnetische Frequenz reagiert. Diese Reaktionen erfolgen sofort. Personen, die von Dr. Frey mit niederfrequenten elektromagnetischen Wellen bestrahlt wurden, hörten *Summen* und *Klopfen* in ihren Köpfen. Dr. Frey stellte sogar fest, daß wie beim *Neurophone* auch taube Menschen diese Töne wahrnahmen. Er schloß von seinen Versuchen darauf, daß das Gehirn ein leistungsstarker Empfänger ist. Der empfindlichste Bereich für elektromagnetische Wellen befindet sich nahe der Temporallappen.

Weitere Forschungen führten 1973 zu der Entdeckung von Dr. Joseph Sharp. Dr. Sharp führte im Walter Reed Army Hospital Versuche mit gepulsten Mikrowellenaudiogrammen durch. Unter einem Audiogramm versteht man die computerisierte Umwandlung von gesprochenen Wörtern. Er ließ sich in eine Isolierungskammer sperren und mit diesen Wellen bestrahlen. Dr. Sharp berichtete nach diesen Versuchen, daß er Wörter in seinem Kopf hörte. Kurz nach dieser Entdeckung meinte der für die Advanced Research Project Agency (APRA) arbeitende Dr. Robert O. Becker, daß diese Experimente für verdeckte militärische Operationen von Bedeutung sein könnten. Er vertrat die Ansicht, daß die künstlich erzeugten Stimmen im Kopf eines Feindes diesen verrückt machen würden.[36]

Andererseits könnten durch Mikrowellen übertragene posthypnotische Befehle für politische Killer als Handlungsauslöser dienen. Wenn jemand von diesen künstlich in den Kopf eingespielten Stimmen geplagt wird, wird er im allgemeinen als schizophren oder paranoid angesehen. Mittlerweile sind den diversen *Mind Control*-Organisationen mehrere solcher Fälle bekannt, sodaß man sogar eine Bezeichnung für sie gefunden hat. Man nennt diese möglichen *Mind Control*-Opfer *Wavies*.[6, 16] Einer dieser *Wavies* ist der Amerikaner Dave Bader.[37, 38] Dave wurde

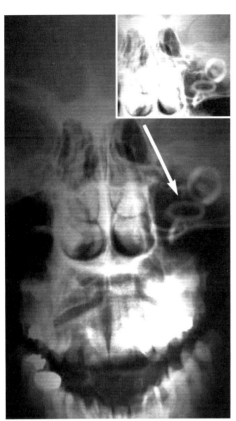

1 Diese Röntgenbilder zeigen einen Elektroden-ähnlichen Fremdkörper im Kopf von Jay Kats. Das Objekt wurde ihm am 11. März 1982 während einer Mandeloperation im Stanford-Spital unwissend implantiert.
Im Insert ist das Objekt im Detail zu sehen. Sein Vater, Ed Kats, hat einen ähnlichen Fremdkörper an derselben Stelle von unbekannten Personen implantiert bekommen (© Jay Kats).

2 Das Bild zeigt eine Magnetresonanzaufnahme des amerikanischen Mind Control-Opfers Brian Bard. Der Pfeil zeigt auf einen stimmgabelförmigen Fremdkörper, der Brian, ohne davon zu wissen, in sein Gehirn implantiert wurde (© Brian Bard).

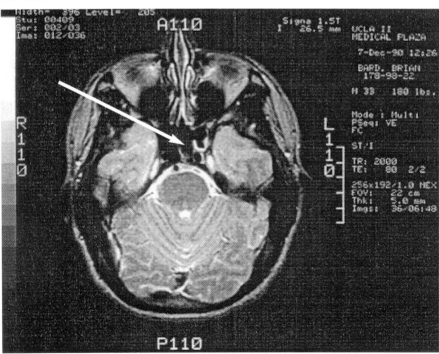

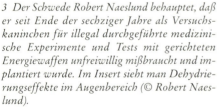

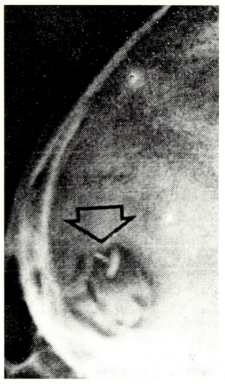

3

4

3 Der Schwede Robert Naeslund behauptet, daß er seit Ende der sechziger Jahre als Versuchskaninchen für illegal durchgeführte medizinische Experimente und Tests mit gerichteten Energiewaffen unfreiwillig mißbraucht und implantiert wurde. Im Insert sieht man Dehydrierungseffekte im Augenbereich (© Robert Naeslund).

4 Röntgenaufnahme eines pilzförmigen Fremdkörpers, der Robert Naeslund von unbekannten Personen während eines Spitalaufenthaltes in Djakarta, Indonesien, unter grausamen Umständen implantiert wurde. Neurologische »Epidurale Peg Elektroden« sehen diesem Objekt sehr ähnlich. Solche Elektroden registrieren die elektrischen Gehirnaktivitäten eines Menschen (© Robert Naeslund).

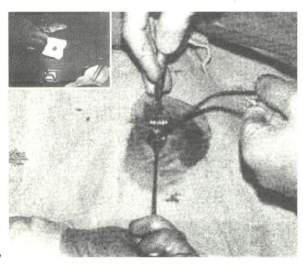

5 Dieses Foto zeigt die Entnahme einer illegal implantierten Elektrode aus Robert Naeslunds Kopf. Die Operation wurde von griechischen Ärzten durchgeführt und fand 1978 statt. Im Insert ist der entnommene Fremdkörper zu sehen (© Robert Naeslund).

5

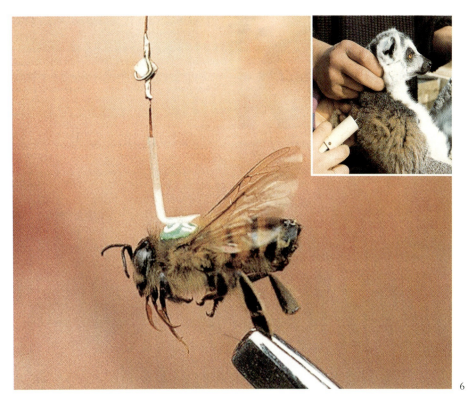

6 Es häufen sich die Hinweise, daß mikrominiaturisierte Sender und Empfänger, wie sie in der Zoologie eingesetzt werden (Reichweiten bis zu 35 Kilometer), bei verdeckten Operationen eine große Rolle spielen. Bei einer Konferenz für Ordnungshüter, die 1996 in Boston (SPIE-Konferenz) abgehalten wurde, präsentierten Wissenschaftler eine Arbeit, bei der ein 2,2 x 2,2 Millimeter großer Transmitter, inklusive Antenne, vorgestellt wurde.
Die Reichweite wurde mit etwa 3,5 Kilometer angegeben. Im Insert wird einem Bären mittels einer Spritze ein Lokalisierungs-Implantat eingesetzt (© Newsteam).

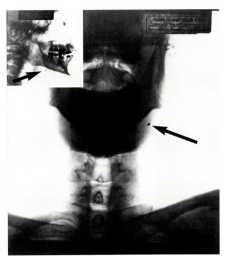

7 Diese Röntgenaufnahme stammt vom Amerikaner Dave Bader, der 1992 bei einer für das Militär auf Vertragsbasis arbeitenden Firma als Computer-Betreuer beschäftigt war. Als er nach einem Besuch des firmeneigenen Dentisten schrille Töne und synthetische Stimmen in seinem Kopf zu hören begann, ließ er sich röntgen. Auf dem Foto ist ein metallischer Fremdkörper im Kiefergewebe unter der vom Dentisten behandelten Stelle zu sehen (© Dave Bader).

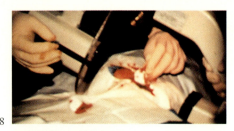

8

8 Dieses Foto zeigt die Entnahme des angeblichen militärischen Implantates, das sich in Dave Baders linkem Unterkiefer befand. Die Operation dauerte etwa eine halbe Stunde und wurde von Derrel Sims und Dr. Roger Leir im August 1996 geleitet. Da man auf Dave Baders Haut keine Narben fand, meinten die Ärzte, daß der Fremdkörper durch Daves Mund implantiert wurde.

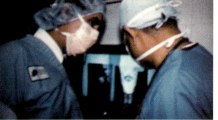

9

9 Zwei Ärzte betrachten den von Dave Bader entnommenen Fremdkörper. Derrel Sims teilte uns mit, daß das Objekt metallischen Ursprungs ist und die Form einer flachen Scheibe mit einem Durchmesser von etwa drei Millimeter aufweist. Eine genaue Analyse des Objektes steht zur Zeit noch aus.

10 Dieses Foto zeigt die Röntgenaufnahme des amerikanischen Häftlings John Gregory Lambros, auf der mehrere 1 Millimeter große Fremdkörper zu sehen sind. Diese Fremdkörper sind im Insert vergrößert und kontrastverstärkt. Drei voneinander unabhängig durchgeführte radiologische Reporte bestätigen das Vorhandensein der Objekte im Ohrbereich, sowie einen Verlust von Sauerstoff (© John Gregory Lambros).

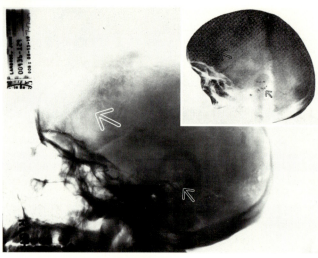

10

11

11 Der rechte Teil des Fotos zeigt mehrere Friedensaktivistinnen, die vor der amerikanischen Luftwaffenbasis Greenham Common in England gegen die Stationierung von Cruise Missile-Marschflugkörpern demonstrierten. Die Militärs bestrahlten die Aktivistinnen mit Mikrowellen, wobei die Frauen danach Kopfschmerzen, Ohrenschmerzen und Unwohlgefühle wahrnahmen. Der linke Teil zeigt Dehydrierungseffekte im Kopf des Mind Control-Opfers Ed Light. Auch er scheint gerichteten Energiewaffen ausgesetzt zu sein (© Ed Light).

United States Patent [19]

Stocklin

[11] Patent Number: 4,858,612

[45] Date of Patent: Aug. 22, 1989

[54] HEARING DEVICE

[76] Inventor: Philip L. Stocklin, P.O. Box 2111, Satellite Beach, Fla. 32937

[21] Appl. No.: 562,742

[22] Filed: Dec. 19, 1983

[51] Int. Cl.⁴ A61N 1/36

[52] U.S. Cl. .... 128/422; 178/419 S

[58] Field of Search .... 128/419 R, 419 S, 422, 128/653, 771, 732, 741, 746, 791, 804; 340/407

[56] References Cited

U.S. PATENT DOCUMENTS

3,490,458	1/1970	Allison	128/421
3,751,605	8/1973	Michelson	128/1 R
3,951,134	4/1976	Malech	128/131
4,428,377	1/1984	Zollner et al.	128/419 R

FOREIGN PATENT DOCUMENTS

893311	2/1972	Canada	128/422
2811120	9/1978	Fed. Rev. of Germany	128/419 R
591196	1/1978	U.S.S.R.	128/419 R

OTHER PUBLICATIONS

Gerkin, G., "Electroencephalography & Clinical Neurophysiology", vol. 135, No. 6, Dec. 1973. pp 652–653. Frye et al., "Science", vol. 181, Jul. 27, 1973. pp. 356–358.
Disc, William, "Low Power Radio-Frequency and Microwave Effects on Human Electroencephalogram and Behavior", Physiol. Chem. & Physics 10 (1978).

Primary Examiner—William E. Kamm
Attorney, Agent, or Firm—Wegner & Bretschneider

[57] ABSTRACT

A method and apparatus for simulation of hearing in mammals by introduction of a plurality of microwaves into the region of the auditory cortex is shown and described. A microphone is used to transform sound signals into electrical signals which are in turn analyzed and processed to provide controls for generating a plurality of microwave signals at different frequencies. The multifrequency microwaves are then applied to the brain in the region of the auditory cortex. By this method sounds are perceived by the mammal which are representative of the original sound received by the microphone.

29 Claims, 7 Drawing Sheets

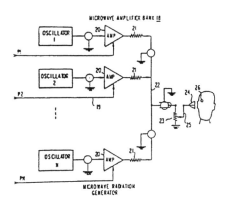

Abb. 8: Dieses amerikanische Patent von 1989 beschreibt, wie man mit Hilfe von gepulsten Mikrowellen Geräusche und Stimmen in den auditorischen Cortex eines menschlichen Gehirns übertragen kann.

61

1992 von einer Firma als Computer-Betreuer eingestellt. Diese Firma arbeitete auf Vertragsbasis für das Militär. Nachdem Dave zum firmeneigenen Dentisten geschickt wurde und Sicherheitsbestimmungen unterschreiben mußte, begannen sich Dinge zu ereignen, die Dr. Beckers Bedenken zu bestätigen scheinen.

Seit damals wird Dave nämlich von schrillen Tönen und fremden Stimmen Tag und Nacht gepeinigt. Am Anfang sagten die Stimmen in seinem Kopf, daß sie seine Freunde sind. Danach wollten sie ihn überzeugen, daß sie von religiösen Personen, von überirdischen Wesen oder Außerirdischen stammen. Es hilft nichts, die Ohren zu verstopfen, da die Stimmen vom Zentrum des Kopfes kommen. Dave Bader teilte uns mit, daß sich niemand vorstellen kann, was er gerade durchmacht. Wäre er religiös oder ein *New Age*-Anhänger, würde er glauben, daß diese Stimmen von Göttern oder Außerirdischen herrühren. Vielleicht würde er dann diese mentale Folter leichter ertragen. Er hingegen kommt sich vor, als ob er psychologisch vergewaltigt wird.

Nach einiger Zeit ließ Dave Röntgenaufnahmen von seinem Kopf anfertigen. Diese Aufnahmen sind im Bildteil abgebildet und zeigen einen metallischen Fremdkörper im Kiefergewebe unter der Stelle, an der der Dentist einen Zahn entfernte. Wir werden im nächsten Kapitel genauer auf dieses angebliche Implantat eingehen, das Dave mittlerweile operativ entfernen ließ. Obwohl der Fremdkörper entnommen wurde, hört Dave Bader noch immer die Stimmen im Kopf. Diese Tatsache läßt auf fokussierte Radio-/Mikrowellen als Ursache für die Stimmen schließen. Das entfernte Implantat hatte möglicherweise eine andere Funktion. Durch die Stimmen kann er nicht mehr richtig schlafen und ist unkonzentriert. Dave hört abwechselnd weibliche und männliche Stimmen. Eine synthetisierte männliche Stimme sagte pausenlos wie in einer Computerschleife gefangen: »Ich bin in deinen Gedanken ...« Andere Stimmen sind weiblich und sagen zum Beispiel: »Ich lasse es nicht zu, daß du es ruinierst ...« Weitere Sätze scheinen genauso sinnlos zu sein und lauten:

»Deine Gedanken gehören mir, David.«

»Da ist ein Draht in deiner Retina.«

»Mach deine Hausaufgaben.«
»Du bist ein Bastard.«
»Sei ein Mann.«
»Kaufe eine Waffe.«
»Fuck you, David.«
»Töte dich selbst.«

Es wäre kein Wunder, wenn diese scheinbar künstlich erzeugte Besessenheit eine Testperson zum Selbstmord treiben würde. Dave Bader meint, daß man ihn mental vernichten will. Ein ähnlicher *Wavie* ist der Finne Martti Koski.[39] Martti wanderte Mitte der siebziger Jahre nach Kanada aus. Ende der siebziger Jahre wurde er anscheinend für synthetische Mikrowellen-Telepathie-Experimente benützt. Auch er fing plötzlich an, einige Stunden am Tag Stimmen zu hören. Mit der Zeit wurde Martti immer stärker von diesen Stimmen geplagt. Im selben Jahr hielt er die Belastung nicht mehr aus und erlitt einen Herzanfall.

Er wurde in ein Spital in Alberta, Kanada, eingeliefert und behandelt. Martti behauptet, daß er etwa drei Tage im Spital blieb und dort mehrere Tests durchmachte. Wenn er Medikamente zu sich nahm, warnte ihn eine Stimme jedesmal, daß das nicht gut für ihn sei. In einem Krankenzimmer wurden Marttis Sexualorgane untersucht. Als er nach Hause kam, litt er sofort wieder an Kopfschmerzen und Atmungsproblemen. Aufgrund dieser Probleme kehrte er wieder in das Spital zurück. Dort wurden weitere Tests an ihm durchgeführt. Nach dem Spitalaufenthalt kehrte er nach Finnland zurück, da er seinen Peinigern entkommen wollte. Es half allerdings nichts. Während seines Aufenthaltes in Finnland wurde er von finnisch sprechenden Frauenstimmen belästigt.

Interessanterweise teilten ihm die Stimmen in Finnland mit, daß sie Außerirdische sind und vom Stern Sirius stammen. Nach eineinhalb Monaten kehrte Martti wieder nach Kanada zurück. Die psychische Folter hält bis zum heutigen Tag an. Martti ist der Meinung, daß sich seine Peiniger hinter der Royal Canadian Mountain Police (RCMP) und der CIA verbergen, da er früher die amerikanische Gesellschaft kritisiert hat. Martti ist alleinste-

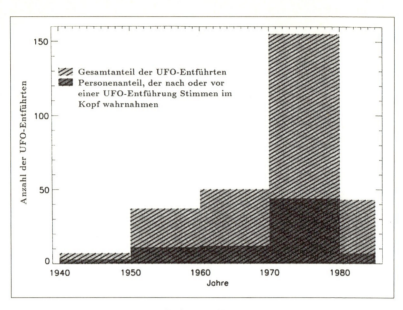

Abb. 9: Dieses Histogramm stellt die Anzahl der von Dr. Thomas Bullard untersuchten UFO-Entführungsfälle zwischen 1940 und 1984 dar. Dabei wird zwischen dem Gesamtanteil der UFO-Entführten und dem Personenanteil, der vor oder nach einer Entführung im Kopf Stimmen wahrnahm, unterschieden. Falls diese Personen Opfer künstlicher Telepathie-Experimente wären, sollte man erwarten, daß dieser Effekt in den letzten Jahrzehnten aufgrund ausgereifterer Technologien ansteigen sollte. Prozentuell betrachtet erhält man aber einen gegenläufigen bzw. eher gleichbleibenden Trend.

hend, ein Einwanderer und spricht nicht gut Englisch. Bisher waren seine Versuche, die Öffentlichkeit auf seinen anscheinend künstlich verursachten schizophrenen Zustand aufmerksam zu machen, vergeblich.

Es ist interessant, daß Personen mit UFO-Entführungserlebnissen ebenfalls Stimmen in ihrem Kopf hören, obwohl sie nicht schizophren sind. Diese Tatsache ließ manche *Mind Control*-Forscher spekulieren, daß diese Personen Versuchskaninchen der zuvor beschriebenen Technologien sind. Dr. Thomas Bullard verglich etwa 270 UFO-Entführungen bis 1983 auf ihre Gemeinsamkeiten. Er fand heraus, daß sich 98 UFO-Entführte unter diesen Fällen befinden, die vor UFO-Entführungen Stimmen in ihren Köpfen wahrnahmen. Wenn diese Personen Opfer von Mikrowellen- oder *Neurophone*-Technologien wurden, müßte man seit Anfang der sechziger Jahre einen Anstieg der Fälle erwarten. Die Abbildung 9 zeigt einen gegenläufigen oder eher gleichbleibenden Trend dieser Entwicklungen. In den siebziger Jahren befanden sich zwar die meisten Personen, die Stimmen in ihren Köpfen hörten, unter der Studie. Dieser Eindruck wird aber entkräftet, da sich während dieses Zeitraumes die meisten Fälle ereigneten. Vergleiche mit den vierziger und fünfziger Jahren zeigen sogar eine Abnahme an.

Außer der Erzeugung von synthetischer Telepathie kann man Mikrowellen für Verhaltensänderungen verantwortlich machen. Die Anwendung dieser *Soft Kill*-Waffen erstreckt sich auf den gesamten militärischen Bereich. Die Einsätze beinhalten das Auflösen großer Menschenansammlungen, Einsätze gegen Terroristen und taktische Kriegführung, sowie die Überwachung von Häftlingen. Wenn der *Output* dieser elektromagnetischen Wellen mit dem Zentralnervensystem gekoppelt wird, erhält man Effekte, die einer satanischen Besessenheit ähnlich sehen.[40, 41, 42]
Diese Effekte werden als *Remote-Motor-Control* (RMC) bezeichnet. Dem Betreiber dieser Waffen ist es möglich, die verschiedensten Muskelreaktionen aus der Entfernung zu kontrollieren. Unter diese fällt auch das Sprechen. RMC kann dazu verwendet werden, einen Herzinfarkt künstlich zu erzeugen, Erstickungsanfälle zu simulieren und die Muskeln, die für das Sprechen verantwortlich sind, zu kontrollieren. Man kann sein Opfer neutralisieren, indem man durch Muskelstimulierung Wörter erzeugt, die aus dem Mund kommen, obwohl die betroffene Person nicht sprechen möchte.
Mr. American Experiment (Pseudonym) ist ein amerikanischer Staatsbürger, der zur Zeit in Deutschland lebt.[43] Nachdem er das Buch *UFO-Geheimhaltung*[11] las, kontaktierte er uns, da sich darin ein Unterkapitel über *Mind Control*-Experimente befindet. Mr. American Experiment arbeitete 1989 als Verkäufer bei einer

Low-Intensity Conflict and Modern Technology

LT COL DAVID J DEAN, USAF
Editor

With a Foreword by
CONGRESSMAN NEWT GINGRICH

Air University Press
Center for Aerospace Doctrine, Research, and Education
Maxwell Air Force Base, Alabama

June 1986

Abb. 10: Deckblatt einer Publikation des »Center for Aerospace Doctrine, Research and Educations« der Maxwell Air Force Base in Alabama. In dieser vom rechtskonservativen Kongreßabgeordneten Newt Gingrich gelobten Abhandlung befindet sich eine Arbeit von Capt. Paul E. Tyler über elektromagnetische Wellen in Verbindung mit neuartigen biologischen Waffen und deren Einflüsse auf das menschliche Verhalten.

großen amerikanischen Ladenkette in Corpus Christi, Texas. Im Dezember dieses Jahres fand in dem Geschäft, in dem er arbeitete, ein Raubüberfall von Jugendlichen statt. Die Diebe wurden von der Polizei gefaßt. Mr. American Experiment wurde als Zeuge ins Jugendgericht in Corpus Christi, Texas, geladen. Während dieser Vorkommnisse kamen auf einmal Rückblenden eines ähnlichen Ereignisses an die Oberfläche seines Bewußtseins.

Seit er die Rückblenden wahrnimmt, wird es ihm immer mehr bewußt, daß er auch im November oder Dezember 1986 für eine Ladenkette gearbeitet hat. Er kann sich mittlerweile genau erinnern, daß sich auch damals ein ähnlicher Raubüberfall mit Jugendlichen ereignete. Mr. American Experiment mußte nach seiner Erinnerung 1986 vor demselben Jugendgericht aussagen, da er als Zeuge vorgeladen wurde. Mr. American Experiment behauptet, daß er einen der Jugendlichen *nicht* hundertprozentig identifizieren konnte. Ein Anwalt des Jugendlichen zwang mit einer Verfügung Mr. American Experiment zu einer Geldstrafe von 5000 Dollar. Daraufhin wurde ihm mitgeteilt, daß man sein Bankschließfach beschlagnahmt, wenn er die 5000 Dollar nicht zahlt.

Kurz nachdem er die Strafe beglichen hatte, wurde er in weitere seltsame Vorkommnisse verwickelt. Er kann sich noch erinnern, wie 1986 im Haus seines Vaters eine Stimme in englischer Sprache zu ihm sagte: »Aber kann er kontrolliert werden?« Während er dies halb bewußt wahrnahm, hatte er das Gefühl, als ob ihm jemand einen Fremdkörper in sein Ohr einführte. Danach fühlte er sich unwohl und benommen. Er verlor seine Erinnerung und wußte nicht einmal mehr, wo er arbeitete oder daß er 5000 Dollar Strafe zahlen mußte. Er will auch nicht ausschließen, daß der Fremdkörper eventuell auch später durch die Nase oder in der Nähe der Zähne implantiert wurde, als er noch bewußtlos war. Mr. American Experiment kann sich erst aufgrund des Überfalles im Dezember 1989 langsam wieder an diese Ereignisse erinnern. Da man beim Überfall im Dezember 1989 Diebesgut bei den jugendlichen Tätern fand und der Gerichtstermin auf 1990 verschoben wurde, waren die Behörden nicht mehr auf seine Aussage angewiesen. Mr. American Experiment zog nach Verschiebung des Gerichtstermines zu Verwandten nach Ohio. Da er dort keine Arbeit fand, kehrte er wieder nach Corpus Christi, Texas, zurück. Diesmal bekam er nur noch einen Job als Küchengehilfe. Ab August 1991 begann er so wie Dave Bader, Martti Koski und andere, 24 Stunden lang Stimmen in seinem Kopf zu hören. Es dauerte nicht lange, und er konnte seiner Arbeit nicht mehr nachgehen. Manchmal wurde die Lautstärke dieser Stimmen geändert. Wenn die Stimmen ganz laut waren, bekam er solche Schmerzen, daß er sogar an Selbstmord dachte. Ähnlich wie bei Dave Bader sagten die Stimmen zu ihm, daß er sich umbringen soll. Er bekommt auch politische Botschaften und anderes Geschwätz zu hören. Einmal wurde er als *amerikanisches Experiment* bezeichnet – deshalb auch dieses ungewöhnliche Pseudonym. Ein anderes Mal bezeichneten ihn die Stimmen als deutschen Spion, oder er hört das spanische Wort *Amigo*. Ähnlich wie bei Martti Koski sprechen die Stimmen in der jeweiligen Sprache des Landes, in dem sich Mr. American Experiment gerade aufhält. Deutsch in Deutschland und Englisch in den USA. Mr. American Experiment weist darauf hin, daß sich niemand vorstellen kann, welchen Psychoterror er ertragen muß. Er vergleicht den Terror mit einer drahtlosen psychobiologischen Gefügigmachung seiner Person. Einige Ärzte meinen, daß Mr. American Experiment schizoparanoid ist und unter Verfolgungswahn leidet. Sein Hals-Nasen-Ohrenarzt meint, daß sich möglicherweise ein Fremdkörper im hinteren Teil seiner Nase befindet. Einige weitere verdächtige Stellen, die man bei Röntgen, CT- und MR-Untersuchungen fand, möchte er demnächst mit einem Laserverfahren behandeln lassen. Sein Arzt meint, daß die Laserstrahlen die Elektronik eines eventuell vorhandenen künstlichen Fremdkörpers zerstören müßten.

Mr. American Experiment besitzt auch Symptome, die auf das zuvor erwähnte *Remote-Motor-Control* hinweisen. Wenn er seinen Mund schließt und sich entspannt, bewegt sich seine Zunge von selbst. Da sich seine Zunge ständig bewegt, kann man metallisch klingende Knirschgeräusche wahrnehmen, wenn er den Mund schließt. Er muß sich jedesmal konzentrieren, um den Zungenbewegungen entgegenwirken zu können, wenn er spricht, damit er die Zunge kontrollieren kann. Tut er das nicht, kommen Geräusche wie *Schau, Schau, er durchschaut uns, Schweineland, Schweineland, er kommt nicht rein in Schweineland,* oder *Miau, Miau, Miau* aus seinem Mund. Mr. American Experiment wußte nicht, daß man diese künstliche Besessenheit mittels RMC hervorrufen kann. Möglicherweise wurde ihm 1986 auch ein Implantat eingesetzt, damit man ihn lokalisieren oder bestimmte Körperfunktionen aus der Entfernung beeinflussen kann. Wie es aussieht, scheinen seine Peiniger in der Lage zu sein, die Zungenmuskeln kontrollieren zu können. Gegenwärtig versucht er, diesen Fremdkörper in seinem Kopf zu finden und mit Hilfe von Ärzten zu entfernen.

Wenn man nur einen Fall dieser Art hätte, könnte man meinen, daß es sich bei diesen Personen um schizoparanoide Symptome handelt. Da mehrere Leute unabhängig voneinander diese Erlebnisse und Symptome aufweisen, sollte man sie so wie UFO-Entführte ernst nehmen. Dem Opfer wird ein Gefühl vermittelt, als ob es einem elektronischen Terror ausgesetzt ist, vor dem es kein Entrinnen gibt. Diese Opfer können anscheinend in ihren Wohnungen mental und psychologisch gepeinigt werden. Der *Mind Control*-Forscher Harlan Girard schätzt, daß gegenwärtig weltweit etwa 300 Menschen diese Folter durchmachen.[41]

8 Remote-Neural-Monitoring: Wegbereiter für den globalen Cyperlink?

Überall auf der Erde versuchen Wissenschaftler herauszufinden, wie man das Gehirn mit Computern, Datenbanken und Videokameras verbinden kann. Die Wissenschaftler versuchen, Computer zu entwickeln, die mit den Gedanken eines Operators gesteuert werden können. Ein weiteres Ziel besteht darin, mittels Gedanken über Computernetzwerke zu kommunizieren. Diese Errungenschaft hätte vor allem für behinderte Menschen große Vorteile. Behinderte könnten mit Hilfe ihrer Gehirnwellen Rollstühle steuern oder Geräte bedienen. Im Mai 1996 stellten Wissenschaftler der University of Technology in Sydney, Australien, den sogenannten *Mind Switch* (MS) vor.[44] Beim MS kann eine Versuchsperson mittels ihrer Gehirnwellen Elektrogeräte steuern.

Die Kommunikationsprozesse von Milliarden Neuronen produzieren im Gehirn Stromstöße, die man außerhalb des Kopfes mit einem Elektroenzephalogramm (EEG) messen kann. Die Interpretation dieser Signale ist extrem schwierig zu handhaben, da eine Unmenge an Signalen erzeugt wird. Die Frequenzen, bei denen die verschiedenen Gehirngebiete ansprechen, liegen zwischen drei Hertz und 50 Hertz. Wenn man sich entspannt, produziert das menschliche Gehirn elektromagnetische Wellen in einem Frequenzbereich zwischen acht und 13 Hertz. Andere Frequenzen entsprechen Schlafzuständen oder einer intellektuellen Tätigkeit. Wenn ein Mensch aufgeregt ist, produziert er Wellen im Frequenzbereich zwischen 13 und 15 Hertz. Die Tabelle in Abbildung 11 gibt die bioelektrischen Frequenzen an, die von verschiedenen Gehirngebieten erzeugt werden.

Den australischen Wissenschaftlern ist es gelungen, diese Signaländerungen zu verstärken, damit man Schalter betätigen kann. Die Versuchsperson hat mehrere Elektroden, die Signaländerungen zwischen fünf und 15 Mikrovolt registrieren und 150 000fach verstärken, an ihrem Kopf befestigt. Jede Bewegung

Gehirnbereiche	Bioelektrische Resonanzfrequenzen	Hervorgerufene Effekte
Motorischer Cortex	10 Hertz	Beeinflußung von motorischen Nerven
Auditorischer Cortex	15 Hertz	Geräusche gelangen direkt in das Gehirn
Visueller Cortex	25 Hertz	Bilder gelangen direkt in das Gehirn
Somatosensorisch	9 Hertz	Sinn für Phantomglieder
Gedankenzentrum	20 Hertz	Unterbewußte Gedanken

Abb. 11: Diese Tabelle gibt die bioelektrischen Resonanzfrequenzen der verschiedenen Gehirnbereiche und die dadurch hervorgerufenen Effekte wieder.

wird vom Gehirn gesteuert und erzeugt Stromstöße. Bei den in Sydney durchgeführten Versuchen ist es gelungen, Spielzeugroboter zu bewegen und elektrische Spielzeugautos zu steuern. Aufgrund dieses Erfolges haben amerikanische und japanische Spielzeughersteller schon ihr Interesse an dieser Erfindung angemeldet.

An der Universität von Tottori, Osaka, in Japan, analysierten Wissenschaftler EEG-Signale, die von einer Person erzeugt werden, wenn diese ein spezielles Wort spricht.[45] Ein Computer ordnet dem Wort eine bestimmte Frequenz zu. In anderen Worten heißt das, daß die Signale, die von gedachten Wörtern erzeugt werden, registriert, von einem Computer erkannt und eventuell wiedergegeben werden. Diese Methode soll Personen helfen, die an Krankheiten des degenerativen Nervensystems leiden und ihren Körper nicht zum Kommunizieren kontrollieren können. Die Forschungen befinden sich noch in einem Anfangsstadium und würden mit besseren Computern schneller zum Erfolg führen.

Die Militärs setzen ebenfalls alles daran, Computer zu entwickeln, die durch *Mind Control*-Technologien kontrollierbar werden.[45, 46] Am Alternative Control Technology Laboratory an der Luftwaffenbasis Wright Patterson in Dayton, Ohio, versuchen Wissenschaftler, EEG-Signale für Flugsimulatoren zu nutzen. Am Armstrong-Labor wurde ein Cockpit entwickelt, das sich auf Achsen bewegen läßt. In Tests gelang es immer wieder, die Lage des Cockpits allein durch Verstärken oder Unterdrücken der Gehirnströme zu verändern. Laut Experimentatoren steckt die Übersetzung von Gehirnströmen in menschliche Befehle noch in den Kinderschuhen. Dr. Hohnsbein von der Bundesanstalt für Arbeitsmedizin in Berlin ist überzeugt, daß es nicht möglich sein wird, daß man irgendwann einmal *links* oder *schnell geradeaus* denken könnte und anschließend in diesen Richtungen fahren kann. Eines bestätigen aber alle Wissenschaftler: Mit der fortschreitenden Computertechnologie und Speicherkapazität rückt der Tag immer näher, an dem das Gehirn vollständig mit einem Computer verbunden wird.

Nach diesem kurzen Ausflug in die offizielle Wissenschaft wollen wir nun Hinweisen nachgehen, ob dieses Unterfangen im geheimen schon gelungen ist. Man muß sich vorstellen, daß es vor allem in den USA *zwei* Arten von Wissenschaftsfinanzierung gibt.
1. Die offiziellen wissenschaftlichen Forschungen werden von den jährlich genehmigten Budgets der Regierungen finanziert. Diese Budgets sind auf dem Gebiet der Grundlagenforschung nicht immer überwältigend und erleiden infolge von globalen Sparmaßnahmen immer mehr Kürzungen.
2. Inoffizielle wissenschaftliche Forschung wird aus einem schwarzen Budget finanziert, das nach Schätzungen in den USA jährlich etwa 30 Milliarden US Dollar beträgt. Dieses Budget steht nicht unter der staatlichen Aufsicht.[47]
Man weiß heute, daß in den USA *Mind Control*-Technologien, militärische UFO-Forschung, die Entwicklung von fortgeschrittenen Antriebssystemen, Computertechnologien, der Bau von militärischen Untergrundbasen und exotische High-Tech-Waffen zum Großteil von diesen schwarzen Budgets finanziert werden. Die an diesen Projekten beteiligten Wissenschaftler arbeiten unter höchster Sicherheitsklassifikation in abgeschiedenen Forschungseinrichtungen oder in den im Bildteil des Buches abgebildeten unterirdischen militärischen Anlagen. Da diese Wissenschaftler nicht auf die von den gewählten Volksvertretern beschlossenen Budgets angewiesen sind, sind ihre Forschungsergebnisse den Entwicklungen in der offiziellen Wissenschaft etwa 15 bis 20 Jahre *voraus*. Wenn in der Öffentlichkeit von Nanotechnologien gesprochen wird, ist es möglich, daß diese Technologien für manche Geheimdienste oder Militärs schon im Einsatz sind oder sich in einer Testphase befinden.
Seit 1996 findet zum Beispiel ein Prozeß (Civil Action 92-0449) zwischen John St. Clair Akwei und der National Security (NSA) in den USA statt. Herr Akwei verklagt die NSA wegen der verdeckten Überwachung von amerikanischen Bürgern mit Hilfe von Remote-Neuronal-Monitoring-Technologien. Die drei Hauptaufgaben der NSA lauten:[48, 49]

1. *Communications Intelligence (COMINT)*: Die vollständige Überwachung und Abhörung von elektronischer Kommunikation auf bestimmte Wortkombinationen oder Schlüsselwörter (Fax, Telefon, e-Mails etc.), die in die USA transferiert werden, sowie das Abhören suspekter Personen oder Organisationen aus Gründen der nationalen Sicherheit. Die NSA besitzt seit den frühen sechziger Jahren die leistungsstärksten Computer, die im geheimen entwickelt wurden.

2. *Signals Intelligence (SIGNIT)*: Die Aufgabe von SIGNIT ist es, Programme zu entwickeln, die durch Dekodierung elektromagnetischer Wellen ein drahtloses Einklinken in Computersysteme erlaubt. Herr Akwei behauptet, daß die NSA Möglichkeiten besitzt, die biomagnetischen Felder einer individuellen Person zu registrieren und für Überwachungszwecke auszunützen.

3. *Domestic Intelligence (DOMINT)*: Die NSA hat über alle amerikanischen Bürger, die für diese Behörde von Interesse sein könnten, Datensammlungen angelegt.

Laut mehreren Quellen soll die NSA ein elektronisches Überwachungsnetzwerk aufgebaut haben, das das gesamte elektromagnetische Spektrum überwacht. Diese Technologie soll es der NSA ermöglichen, Computer, Telefone, Funk- und Videogeräte, Drucker etc. und sogar die elektrischen Felder von Menschen zu registrieren, zu überwachen und zu beeinflussen. Die elektromagnetischen Emissionen von Computern beinhalten digitale Informationen. Die SIGNIT-Spezialisten der NSA sollen diese Emissionen dekodieren können und enthalten daher Zugriff zu Computerinformationen, ohne daß sie das Paßwort wissen oder herkömmliche Hackereien betreiben müssen. Ebenfalls soll es ihnen möglich sein, mit der umgekehrten Methode von außen die Emissionen zu beeinflussen und die im Computer gespeicherten Daten oder Programme zu ändern.

John Akwei und andere Forscher sind der Meinung, daß *Wavies* und andere *Mind Control*-Opfer durch NSA-SIGNIT-Remote-Neural-Monitoring-Technologien für Testzwecke gepeinigt werden. Das bioelektrische Feld einer Testperson soll aus der Entfernung registriert werden, so daß die Person aus der Ferne überwacht und beeinflußt werden kann. Die von den Neuronen produzierten Stromstöße werden in einem Elektroenzephalogramm (EEG) überspielt und die Signale dekodiert.

Die Stimulation von Gehirnwellen wurde schon seit Projekt *MKULTRA* erforscht.[1] In den Nationalarchiven befinden sich Dokumente, die diese Forschungen unter *Radiation Intelligence* führen. Sollten SIGNIT-Spezialisten infolge von bioelektrischen Kriegsführungs-Projekten im geheimen eine RNM-Technologie entwickelt haben, ist der *Link* vom Gehirn zum Computer gelungen. Mit dieser Technologie soll es ebenfalls möglich sein, die Symptome von *Wavies*, künstliche Besessenheit und Muskelkontrolle, zu erzeugen. Die modulierte Information kann unterbewußt oder wahrnehmbar in die Person eingespielt werden. Da jeder Mensch ein spezifisches bioelektrisches Feld erzeugt, reagiert jede Person auf bestimmte Frequenzen. Deshalb nimmt eine Person, die sich neben einem RNM-*Mind Control*-Opfer aufhält, nichts von den Vorgängen wahr. Das wiederum bedeutet, daß eine Person (A), der die RNM-Operatoren Informationen mit der Frequenz einer anderen Person (B) in den Audio-Cortex einspielen, nicht auf diese anspricht. Mit dieser Technologie kann man etwa erklären, wieso nur ein *Wavie* diese Stimmen hört, nicht aber Personen, die sich in seiner Nähe befinden.

John Akwei behauptet, selbst ein Opfer dieser RNM-Technologie zu sein, und verklagte deshalb die NSA. Akwei und andere Forscher behaupten, daß RNM-Anwender die elektrischen Emissionen, die im visuellen Cortex des Gehirnes erzeugt werden, auffangen, verstärken, dekodieren und auf einem Videoschirm sichtbar machen. Das würde bedeuten, daß das SIGNIT-Personal sieht, was die jeweilig überwachte Person wahrnimmt, ohne daß es mit ihr über Drähte oder Elektroden in Verbindung steht. Den RNM-Betreibern soll es auch möglich sein, Bilder in das Gehirn der überwachten Person einzuspielen.

Die UFO-Forscherin Dr. Karla Turner untersuchte einen Fall, in dem es drei Zeugen einer virtuellen UFO-Entführung gab.[50] Zwei Zeugen wurden in der Wohnung ihrer Gastgeberin durch deren Schreie aufgeweckt. Als sie ins Schlafzimmer liefen, sahen sie, wie ein bläuliches Licht die Frau vollständig einhüllte. Ihre Freundin Amelia (Pseudonym) befand sich in einem Trancezustand und schien mit jemandem zu sprechen. Nach einigen Minuten erlosch das Licht und gab sie aus einem Paralysezustand frei. Amelia erzählte ihren Freunden, daß das Ereignis begann, nachdem sie ein Helikoptergeräusch über dem Haus wahrnahm. Ihr kam es vor, als ob sie durch das Dach ihres Hauses sehen konnte. Sie behauptete, daß sie den Helikopter sah, bevor er verschwand. Danach sah sie ein reptiloides und ein kleines blauschwarzes Wesen neben dem Bett stehen. Ihre beiden Gäste sahen hingegen keine weiteren Lebewesen in dem Zimmer. Für Amelia war dieses *Virtual Reality (VR)*-Szenario hingegen völlig real.

Solche VR-Szenarien könnten mit einer RNM-Technologie erzeugt werden. *Mind Control*-Forscher haben mehrere Personen unter ihren Opfern, die solche VR-Szenarien erlebten. Ed Light teilte uns mit, daß ein typisches VR-Szenario einsetzt, wenn sein Bewußtsein abrupt geändert wird und er plötzlich eine andere Umgebung wahrnimmt. Danach sieht er manchmal Personen, kann Aktionen ausführen und durch virtuelle Landschaften spazieren. Während dieser Szenarien können Ed und seine Leidensgenossen nicht mehr unterscheiden, was wirklich ist und was nicht.

Auch Mr. American Experiment behauptet, daß ihm hin und wieder Bilder in den Kopf eingespielt werden.[43] Diese Bilder erscheinen wie auf einer Leinwand direkt in seinem Kopf, so als ob sie von einer anderen Bewußtseinsebene stammen würden. Manchmal sieht er fremde Menschen, Häuser, Bilder aus der Vergangenheit oder mögliche Zukunftszenarien. Einmal sah er ein Wasserflugzeug, ähnlich dem Flugboot *Clipper*. Falls es diese RNM-Technologie wirklich gibt, sollten manche UFO-Entführungen in einem anderen Licht betrachtet werden.

John Akwei behauptet, daß sich seine Peiniger aus der *Kinnecome*-Einheit der NSA zusammensetzen.[48] Diese Einheit soll aus etwa 100 Personen bestehen, die in einer 24-Stunden-Schicht in der NSA-Zentrale in Ft. Meade die mit der RNM-Technologie verbundenen *Mind Control*-Opfer überwachen. Da *Wavies* ihren Peinigern nicht entkommen können, liegt es nahe, daß Satelliten oder andere breitenwirkende Sendeanlagen bei diesen *Mind Control*-Technologien eine Rolle spielen, damit der Cyperlink zwischen Testobjekt und Operator immer erhalten bleibt.

Der Fall von John Akwei ist der erste, bei dem es einer Person, die behauptet, von dieser Technologie gefoltert zu werden, gelungen ist, eine Klage gegen die mutmaßlichen Peiniger einzubringen. Sollte es der NSA oder einer anderen Behörde wirklich gelungen sein, Gedanken, Hören, Sehen, Reaktionen und Muskelbefehle durch eine Registrierung, Verstärkung und Dekodierung von Gehirnwellen aufzunehmen und zu beeinflussen, dann könnte früher oder später jeder Mensch ein Opfer dieser Technologie werden, und der Wegbereiter für eine globale *Cyberlink*-Kontrolle der Menschheit ist gelegt. Weitere Hinweise, die in diese gefährliche Richtung weisen, liegen in der Entwicklung von Implantaten, mit denen wir uns im nächsten Kapitel ausführlich auseinandersetzen werden.

Im August 1996 veröffentlichte die US Air Force eine strategische Studie mit dem Titel »Air Force 2025«. In dieser Abhandlung werden die Aufgabenbereiche und technologischen Möglichkeiten der Luftwaffe für das Jahr 2025 dargelegt. Im Information Operations-Report wird eine »Cyber Situation« gefordert. Darin beschreiben Militärs Soldaten, die sich mit Hilfe von Gehirnimplantaten und Satelliten virtuell in ein Schlachtfeld begeben können. Dieser Cyber-Soldat soll danach durch seinen Bio-Chip gerichtete Energiewaffen von einem Satelliten aus bedienen können. Die Verfasser des Artikels betonen, daß man die zur Zeit bestehenden ethischen Bedenken bezüglich solcher Bio-Chips bis zum Jahr 2025 ausgeräumt haben wird. Wie wir in den folgenden Kapiteln aufzeigen, scheinen solche Bio-Chips, holographische Projektionen und virtuell erzeugte Umgebungen bereits entwickelt und an unwissenden Personen getestet zu werden.

II

Implantate

»Der Zweck von biomedizinischer Telemetrie besteht darin, Tiere und Menschen unter geringster Beeinflussung ihrer gewöhnlichen Körperfunktionen aus der Ferne zu überwachen oder zu studieren. Diese Methode wurde während der verschiedensten Situationen wie Schlafen, Geschlechtsverkehr, Arbeit, Essen, Vorträge und Tauchen angewendet.«

Auszug aus einem Artikel mit dem Titel: Telemetry Is Coming of Age. *Diese wissenschaftliche Publikation wurde 1983 von Dr. Dean C. Jutter und Kollegen in der Fachzeitschrift »Engineering in Medicine and Biology Magazine« veröffentlicht.*

»Die Entwicklung von miniaturisierten elektronischen Geräten mit der Bezeichnung Stimoceiver *hat die Anwendung dieser Behandlungsmethoden verstärkt und zugleich vereinfacht. Diese Geräte erlauben ein sofortiges Senden von Radiowellen aus dem Gehirn einer Testperson, deren Bewegungen nicht mehr durch Drähte eingeschränkt werden.«*

»Southern California Law Review«, 1977.

1 Blinde sehen, Taube hören, Lahme gehen: Biblische Wunder oder der Weg zum Robot-Soldaten?

Bevor wir die Entwicklung der militärisch/geheimdienstlichen Implantat-Technologien und deren verdeckte Anwendungen aufzeigen oder über angebliche *Alien*-Implantate spekulieren, wollen wir über die medizinischen Anwendungsbereiche dieser Geräte berichten. Weltweit forschen Neurotechniker auf dem Gebiet der Informatik, Mikrosystematik und Hirnforschung an einer Augenprothese für Blinde.[1] Die Wissenschaftler wollen mit diesen High-Tech-Produkten invalide Stellen der Bildübertragung im Auge drahtlos überbrücken. Die Koppelung von krankem Menschen und helfender Maschine scheint keine Vision mehr zu sein.

Eine miniaturisierte Videokamera auf einer Brille fängt Bilder ein, die ein Neuro-Computer in Signale umwandelt. Diese in Signale umgewandelten Bildinformationen werden mit einem Laserstrahl drahtlos zu einer Mikrokontaktfolie auf der Netzhautoberfläche an der Augenrückwand gesendet. Dort befinden sich implantierte Elektroden, die den künstlich erzeugten Reiz als elektrische Impulsfolge an die Nervenzellen der Netzhaut weitergeben. Kommt die Information an eine intakte Zelle, erzeugt diese einen Impuls über den Sehnerv zum Gehirn.

Wissenschaftler des Fraunhofer Instituts für Mikroelektronische Schaltung und Systeme in Duisburg, Deutschland, meinen, daß mit dieser Anordnung blinde Menschen ein Fenster von einer Tür unterscheiden könnten. Die Duisburger Forscher entwickelten nach mehrjähriger Forschung ein Retina-Implantat, wobei das deutsche Bundesforschungsministerium etwa 20 Millionen DM für die Entwicklung zweier unterschiedlicher Augenprothesen zur Verfügung stellte.

Wissenschaftler der Universität von Utah kommen der Neurokompatibilität zwischen Mensch und Computer noch näher.[2] Die

Wissenschaftler um Dr. Richard Normann haben das bisher beste System entwickelt, mit dem Videobilder direkt in das Gehirn von blinden Menschen übertragen werden können. Diese Methode ist nur anwendbar, wenn Menschen keinen beschädigten visuellen Cortex haben. Die von Dr. Normanns Team entwickelten Geräte können direkt ins Gehirn eines Patienten implantiert werden. Diese Mikroimplantate bestehen aus einer Fläche, an der 100 nadelförmige Elektroden angebracht sind. Jede Nadel ist kürzer als zwei Millimeter und von jedem Nachbarn mit einer feinen Glasschichte isoliert.

Die Arbeitsweise dieser Implantat-Anordnung funktioniert ähnlich wie beim deutschen Produkt. Die Entwicklung solcher Augenprothesen ist deshalb sehr schwierig, da für die Weiterleitung einer Bildinformation etwa 1,2 Millionen Nervenzellen im Einsatz sind. Die nadelförmigen Mikroelektroden scheinen für diese Vorhaben am besten geeignet zu sein, da es gelang, Nervenzellen so zu stimulieren, daß sie den Reiz ans Gehirn melden und blinde Patienten eine kleine, helle Erbse und einen gelben Leuchtring erkennen konnten. Bis ein blinder Mensch mit einem Retina-Implantat einzelne Buchstaben in einem Buch genau erkennen kann, haben die Wissenschaftler noch einige Probleme zu lösen. Bis jetzt sehen Testpersonen bestenfalls ihre Umgebung, ähnlich den Bildern einer Anzeigentafel, wie sie bei Großveranstaltungen verwendet werden.

Im Gegensatz zu diesen Augenprothesen sind Ohr-Implantate für Taube viel leichter zu entwickeln. Bei einem gesunden Menschen senden etwa 30 000 Nervenzellen im Innenohr Impulse ins Gehirn.[1] Bisher gibt es auf dem Markt eine neuronale Hörprothese, das sogenannte *Cochlea*-Implantat. Weltweit haben ungefähr 9000 Gehörlose ein solches Gerät implantiert. Einige dieser Personen sind sogar in der Lage, zu telefonieren. Bei dieser Methode wandelt ein Gerät Schall je nach Frequenz der empfangenen Töne in verschiedene Hochfrequenzsignale um. Der verschlüsselte Sinnesreiz wird drahtlos über einen Empfänger hinter dem Ohr zur implantierten Elektrode gesendet. Diese modulierten Stromimpulse werden über den Hörnerv ins Gehirn übertragen. Anders als bei den im vorigen Kapitel beschriebenen Technologien muß beim *Cochlea*-Implantat-Träger der Hörnerv funktionsfähig sein.

Ein weiterer Schritt zum *Interface* zwischen Computer und Menschen sind elektronische Gehhilfen. Diese Technologie trägt die Bezeichnung Computer Aided Locomotion by Implanted Elektro-Stimulation (CALIES) und soll Querschnittgelähmten das Gehen wieder ermöglichen.[1] Bei Querschnittgelähmten sind die Nervenfasern und Neuronen im Rückenmark zerstört. Da die Befehle vom Gehirn nur bis zur Verletzungsstelle kommen, erhalten die Muskeln der Arme und Beine keine Befehle mehr. Bei der elektronischen Gehhilfe, die zur Zeit von einer französischen Firma in Montpellier entwickelt wird, trägt der Behinderte ein Gerät an einem Gürtel. Ein Computer steuert über ein Implantat unterhalb des Bauchnabels die Bewegung der Beine. Die entsprechenden Befehle werden über Computer an die zuständigen Muskeln weitergeleitet. Weitere Forschungsprojekte beschäftigen sich mit Schrittmaschinen, die einen Behinderten davor schützen, daß er nicht umfällt, wenn er beispielsweise von jemandem angerempelt wird. Diese für behinderte Menschen nützlichen Erfindungen wurden nur durch die fortschreitenden Mikrotechnologien ermöglicht. Wo die Grenze dieser Technologien liegt, ist nicht nur eine technische und biologische Frage, sondern auch eine ethische. Wie sich jeder vorstellen kann, hören ethische Bedenken auf, wenn militärische Interessen ins Spiel kommen. Die amerikanische Armee entwickelt zur Zeit tragbare Computer und kleine Mikroprozessoren, die den perfekten *Robot-Soldaten* kreieren sollen.[2, 3] Dieser Soldat soll mit miniaturisierten Computersystemen, Kommunikationssystemen, Displays, Infrarotsichtgeräten und Lokalisierungseinrichtungen ausgestattet werden.

Wie wir noch zeigen werden, scheinen solche Ausrüstungsgegenstände auch Implantate zu beinhalten. Wissenschaftler des Royal Institute of Technology in Schweden wollen Gehirnimplantate entwickeln, über die man mit dem Träger kommunizieren sowie Texte und Bilder in das Gehirn einspielen kann. Die Aussagen der schwedischen Wissenschaftler sind ein weiterer Hinweis, daß

80

Chip will plug human minds into computers

THE THEORY
The implanted chip reads signals from the brain and translates them into computer code. The transmitter and receiver allow messages to be sent from the head to external computers, and vice versa.

Nerves
Computer-chip
Transmitter
Receiver

DAWN OF THE CYBERMAN

How scientists plan to put a computer in our nervous system

ENTERTAINMENT
Recreational uses include virtual tourism, where a signal to the brain evokes familiar smells and feelings. Pictures viewed by putting on a headset would be made vivid by the illusion of touching and smelling what you see

■ Scientists are working on a method to implant electronic chips in humans so we can talk to machines.

Abb. 12: Zeitungsschlagzeilen und Illustrationen, die über Forschungen berichten, wie man »Virtual Reality«-Szenen ins Gehirn einspielen kann (Interface: Mensch/Maschine).

mögliche *Mind Control*-Opfer, die behaupten, solche Erfahrungen durchzumachen, keine Phantasten sind. Der schwedische Wissenschaftler Chip Maguire ist der Ansicht, daß die erste Gruppe, die sich für diese Implantat-Generation interessieren wird, das Militär sein wird.[2] Der schwedische Forscher prophezeit die erste Anwendung dieser Biochip-Generation in etwa fünf Jahren.

In den USA forschen Wissenschaftler der Computerfirma Sun Micro Systems nach Möglichkeiten, wie man durch einen im Nacken implantierten Biochip virtuelle Landschaften und Szenarien in das Gehirn eines Trägers einspielen kann.[4] Laut Dr. During von Sun Micro Systems wird das Implantat im Nacken eingesetzt. Diese Stelle ist ein Punkt, wo sich das Nervenzentrum eines Menschen befindet. Die Nervenstränge verlaufen laut Dr. During durch den Biochip. Die Wissenschaftler versprechen sich dadurch ein *Interface* zwischen Psyche und Materie. Der Biochip wird mit kleinen Empfängern und Sendern versehen, damit er mit bestimmten Signalen stimuliert werden kann. Der implantierte Chip liest die vom Gehirn ausgehenden Signale und übersetzt sie in einen Computercode. Danach sendet er die Signale zu einem Computer oder umgekehrt. Mit dieser Technik soll es auch möglich sein, Bilder in das Gehirn einer Testperson einzuspielen. Bevor diese Technologien einsatzbereit sind, müssen sie in der Praxis getestet werden. Freiwillige werden sich für solche Experimente nicht zur Verfügung stellen. Infolge unserer Recherchen sind wir auf mehrere Fälle gestoßen, die es als sehr wahrscheinlich erscheinen lassen, daß derzeit geheime Implantierungs-Projekte stattfinden. Wie bei den illegal durchgeführten Drogenversuchen der CIA scheinen die betroffenen Personen unwissend an diesen Projekten teilzunehmen. Wie wir in den folgenden Kapiteln nachweisen, scheint die Entwicklung von Mikroimplantaten für verdeckte Operationen der Geheimdienste und Militärs seit den sechziger Jahren eine große Rolle zu spielen. Weiter scheinen Implantate auch bei UFO-Entführungen nicht nur durch angebliche UFO-Insassen verwendet zu werden.

Interessanterweise stießen *Mind Control*-Organisationen auf mehrere unfreiwillig implantierte Personen in Schweden. Anhand dieser Hinweise kann man spekulieren, ob die von Dr. Maguire entwickelten neurokompatiblen Computer unter Ausschluß der Öffentlichkeit an ausgewählten Personen bereits getestet werden. Bevor wir im Detail auf diese Hinweise eingehen und Vergleiche mit angeblich entfernten *Alien*-Implantaten ziehen, wollen wir die Geschichte der militärisch/geheimdienstli-

chen Implantat-Entwicklung und deren mögliche Anwendungsbereiche beleuchten.

2 Dr. Delgados Traum von einer psychozivilisierten Gesellschaft

Dr. Jose Delgado begann seine Forschungen auf dem Gebiet der
Mind Control während des Zweiten Weltkrieges unter der
Schirmherrschaft des faschistischen Franco-Regimes in Spanien.
Nach dem Krieg ging Dr. Delgado in die USA, wo er sogar zum
Direktor der Neuropsychiatrie an der renommierten Yale-Universität ernannt wurde. Aus dieser Zeit stammen von ihm schrift-
lich festgehaltene Aussagen, daß man ein Programm benötigt, mit
dem die Gesellschaft unter politisch-psychochirurgischer Kontrolle gehalten werden kann.[5] Dr. Delgado sah in jedem indivi-
duell denkenden Menschen eine Gefahr für die nationale Sicherheit eines Staates. Da er ein Befürworter der elektronischen Ge-
hirnbeeinflussung ist, gehen seine Forschungen mit implantierbaren Elektroden bis in die späten fünfziger Jahre zurück.
In dieser Zeit entwickelte er den sogenannten *Stimoceiver*.[6] Dieses Gerät ist eine miniaturisierte Elektrode, die mittels modulier-
ter Radiowellen elektrische Signale empfangen, aber auch senden
kann. Dr. Delgado schrieb 1969 ein Buch mit dem Titel *Physical
Control of the Mind, Toward a Psychocivilized Society*,[7] in dem er
die Funktionsweise eines *Stimoceivers* erklärt. In seinem Buch
beschreibt er auch die Anwendung dieser Geräte bei Tieren und
Menschen. Da feine Drähte, die von den anfänglichen Geräten
wegliefen, behindernd wirkten, ging man auf drahtlose implantierbare Technologien über.
Diese *Stimoceiver* besitzen keine Batterien und werden je nach
Bedarf mittels Radiowellen aktiviert. Sie sind somit lebenslang
einsetzbar. Dr. Delgado demonstrierte die Wirkung eines *Stimoceivers* anhand eines implantierten Stieres in Madrid. Er hatte das
Tier wie mit einer Fernsteuerung unter Kontrolle. Der Druck
auf einen Knopf genügte, und der Stier blieb vor ihm stehen.[8]

83

PHYSICAL CONTROI
OF THE MIND

Toward a Psychocivilized Society

JOSÉ M. R. DELGADO, M.D.

i8i7

HARPER & ROW, PUBLISHERS

NEW YORK, EVANSTON, AND LONDON

Abb. 13: Deckblatt des von Dr. Jose Delgado 1969 publizierten Buches über die physikalische Kontrolle der Gedanken. In diesem Buch beschreibt Dr. Delgado seinen implantierbaren »Stimoceiver« und propagiert eine psychozivilisierte Gesellschaft

Dr. Delgados Experimente zeigten klar auf, daß ein Experimentator elektronisch Emotionen und das Verhalten eines Lebewesens beeinflussen kann. Diese Methoden können in der Medizin gegen Epilepsie, Geisteskrankheiten, willkürliche Bewegungen oder Schmerzen eingesetzt werden. Natürlich kann man mit diesen Implantaten bei einem gesunden Menschen gerade diese Symptome auslösen.

Seine Forschungen ergaben, daß im *Hippocampus* und der *Amygdala* (Bereiche im Gehirn) implantierte, mittels Radiowellen stimulierbare Elektroden die seltsamsten Effekte beim Menschen auslösen.[9] Diese verursachen Entspannung, Konzentration, seltsame Gefühle, farbige Visionen und sogar ein Gefühl, als ob man schweben würde. Dr. Delgado bewies mit seinen Forschungen, daß menschliche Empfindungen aus der Ferne beeinflußt und gesteuert werden können. Er prophezeite, daß der Tag kommen wird, bei dem Soldaten ferngesteuert in den Krieg ziehen.

Wenn man einen *Stimoceiver* in den Ohrbereich implantiert, kann man das Ohr in ein Mikrophon oder einen Lautsprecher umwandeln. Versuche haben gezeigt, daß man mit dieser Methode auch Stimmen im Kopf eines Menschen erzeugen kann. Dr. Delgados Experimente wurden auch von der CIA unterstützt. Einmal wollte die CIA eine Wanze in das Ohr einer Katze einpflanzen, damit man mit ihrer Hilfe den Besitzer ausspionieren konnte.[10] Andererseits könnten die im vorigen Kapitel behandelten *Wavies* mit solchen Geräten implantiert sein, sofern man sie nicht mit Mikrowellen belästigt oder sie wirklich schizophren sind. Bei vielen Versuchen wurden nicht nur Patienten als Versuchskaninchen verwendet, sondern, ähnlich wie bei den *MKULTRA*-Experimenten, Häftlinge und andere von der Gesellschaft ausgestoßene Menschen.

Der *Mind Control*-Forscher Martin Cannon vertritt die Meinung, daß man bei einer mit einem *Stimoceiver* implantierten Person in Kombination mit der im vorigen Kapitel vorgestellten RHIC-Technik sogar UFO-Entführungserlebnisse künstlich hervorrufen kann. Dieser Aspekt ist sicher sehr interessant, kann aber aus unserer Sicht wegen der in Kapitel I angeführten

Gründe nicht als die vollständige Lösung des UFO-Entführungsphänomens angesehen werden.

Dr. Delgado war mit seinen Forschungen nicht alleine. Andere Wissenschaftler wie Dr. Ralph Schwitzgebel oder Dr. Robert G. Heath führten ähnliche Versuche mittels Implantaten an ihren Patienten durch. Beide Wissenschaftler wollten mit diesen Technologien Homosexualität heilen.[10, 11] Dr. Heath führte mehr als 125 Elektroden in seine Testpersonen ein. Durch die fortschreitende Miniaturisierung dieser implantierbaren Elektroden und die Anwendung von *Bio-Telemetrie* kann die Stimulation bestimmter Gehirnregionen von beliebiger Entfernung durchgeführt werden. Andererseits ist es möglich, Informationen eines Implantierten in einen Computer (Empfänger) zu übertragen und zu analysieren. Im folgenden Unterkapitel werden wir uns mit diesen Bio-Telemetrie-Technologien beschäftigen und aufzeigen, daß es *Hinweise* und *Trends* gibt, daß diese Überwachungsmethoden nicht nur bei Tieren angewendet werden.

3 Bio-Telemetrie: Überwachung und Beeinflussung aus der Ferne

Unter Bio-Telemetrie versteht man biomedizinische Geräte, die eine physiologische drahtlose Übertragung von Daten von den unmöglichsten Orten zu einem weit entfernten Empfänger ermöglichen. Das Ziel der Bio-Telemetrie ist es, Körperfunktionen von Tieren oder Menschen aus der Entfernung zu überwachen oder zu beeinflussen.[12, 13, 14] Dr. Stuart Mackay ist ein Pionier dieser Technologie. Er forscht auf diesem Gebiet seit den fünfziger Jahren. Nachdem es ihm 1954 gelang, die ersten Signale durch ein Körpergewebe zu senden, entwickelte Dr. Carter Collins 1963 ein sehr kleines Telemetrie-System. Der Sender paßte in eine kleine Plastikblase mit einem Durchmesser von zwei Millimeter und einer Dicke von etwa einem Millimeter.[15]

Mit diesem Mikroimplantat gelang es Dr. Collins, Änderungen des Augendruckes bei einem Hasen nachzuweisen, wenn dieser einem bestimmten Geräusch ausgesetzt wurde. Laut Dr. Mackay wurde dieser miniaturisierte Transmitter chirurgisch in das Auge des Tieres implantiert. Es gelang ihm 1957 mit dem schwedischen Kollegen Dr. Bertil Jacobson das erste Mal, starke Signale eines Transmitters aus einem menschlichen Magentrakt zu empfangen. Heute wird diese Methode bei fast allen Tieren angewendet, wenn man sie überwachen möchte. Die Übertragungsdistanzen der Sender reichen von einigen Metern bis zu Tausenden Kilometern. Die Sendezeiten von Minuten über Jahre bis zum Lebensalter eines implantierten Tieres.

Dr. Dean C. Jutter berichtet in einem 1983 in der Fachzeitschrift *Engineering in Medicine and Biology Magazine* erschienenen Artikel über *Biomedical Telemetry*, daß fast alle Trägermedien für die Signalübertragung ausgenutzt werden können.[15] Radio- oder elektrische Transmissionen können solche Signale tragen. Ultrasonische Energien können für die Signalübertragung im Wasser verwendet werden. Typische Telemetrie-Frequenzen beinhalten einen Bereich zwischen 50 und 250 Kilohertz. Die Signale sind Frequenz- oder Puls-moduliert. Sie können zur Überwachung von Fischen oder eines menschlichen Tauchers benutzt werden. Dr. Wen beschreibt in seiner Arbeit drei Methoden, wie man einen implantierten Transmitter aktivieren kann:

1. durch eine magnetische Anregung,
2. mittels einer externen Kraft, die in den Transmitter induziert wird,
3. durch ein externes Signal, das den Transmitter durch einen implantierten Empfänger aktiviert.

Zur Anwendung von Bio-Telemetrie-Methoden meint Dr. Jutter, daß man diese Technologie überall einsetzen kann und die Grenzen den Vorstellungen der Experimentatoren entsprechen.

Dr. Carl W. Sanders ist ein Elektronik-Ingenieur, der bei IBM, General Electric, Honeywell und Teledyne arbeitete. Er forschte 32 Jahre auf dem Gebiet von implantierbaren Biochips für biomedizinische Zwecke. Dr. Sanders ist der Meinung, daß die Technologie, die er mitentwickelte, in Zukunft als Identifizierungsmethode von Menschen eingesetzt wird.[16] Der von seinem etwa

100 Mann starken Team entwickelte Biochip lädt sich durch die menschliche Körpertemperatur immer wieder auf. Laut Dr. Sanders wurden über 1,5 Millionen Dollar aufgewendet, um die für diese Methode beim Menschen am besten geeigneten Körperstellen ausfindig zu machen. Diese Stellen sind der Vorderkopf und die Handrückseite. Sein Team bestand aus Wissenschaftlern der Firmen Motorola, General Electric und des Boston Medical Centers, wobei Dr. Sanders das Design des Implantats übernommen hatte. Als man merkte, daß der aktivierte Biochip das Verhalten einer Testperson veränderte, wurde die Forschung laut Dr. Sanders in diese Richtung geleitet.

Das Projekt ging in Richtung elektronische Akupunktur. Mittels der Signale des implantierten Biochips wurden verschiedene Gehirnbereiche stimuliert. Diese Methode erinnert an Dr. Delgados *Stimoceiver*, der über Telemetrie aus der Ferne aktiviert wird. Laut Dr. Sanders dauerte es nicht lange, bis das Militär den Chip für Testzwecke einsetzte. Das *Phönix*-Projekt hatte mit Vietnam-Veteranen zu tun. Weiter wurde ein Implantat entwickelt, das die Bezeichnung *Rambo-Chip* erhielt, da man mit den empfangenen Signalen den Adrenalinausstoß von Soldaten beeinflussen konnte. Mit dieser Methode kann man Soldaten aggressiver machen oder ihr Schmerzzentrum im Gehirn beeinflussen, wenn das Implantat dementsprechend stimuliert wird.

Dr. Sanders behauptet, daß die Firma Motorola mit russischer Beteiligung in naher Zukunft 66 Satelliten in Betrieb nehmen will. Diese in einem niederen Orbit befindlichen Satelliten sollen unter anderem für die bio-telemetrische Überwachung von implantierten Mikrochips dienen. Weiter behauptet er, daß man den Intelligence Manned Interface (IMI)-Biochip bei Soldaten im Golfkrieg testete. Dr. Sanders gibt vor, zu wissen, daß bei geheimen Treffen über die Entwicklung dieses Implantates Henry Kissinger und hochrangige Vertreter der CIA anwesend waren. Es wurden Gründe gesucht, damit die Bevölkerung bezüglich des Gebrauches dieser Biochips nicht ablehnend reagiert. Die CIA kam mit der Idee, daß die Bevölkerung zusagen wird, wenn man mit dem IMI-Chip das Problem der vermißten Kinder lösen

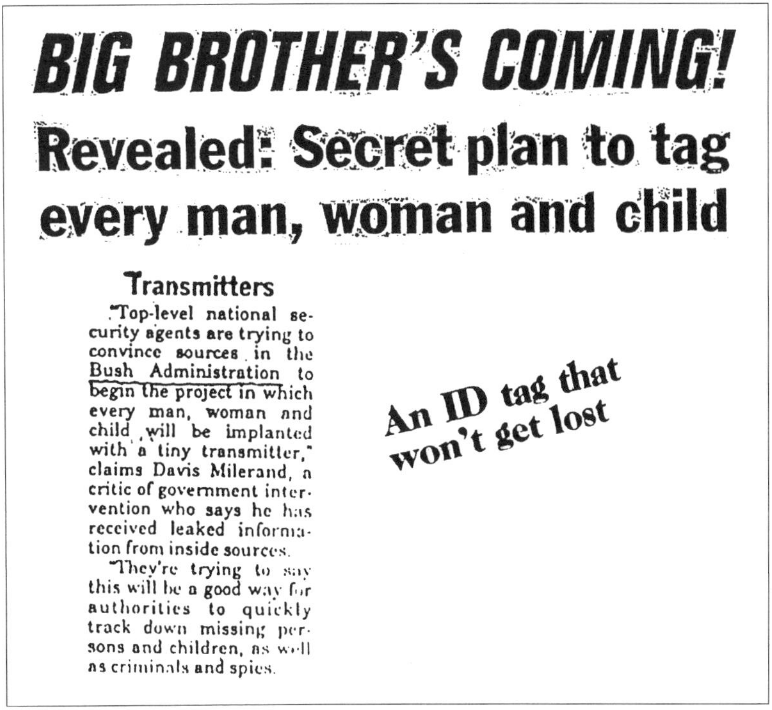

BIG BROTHER'S COMING!

Revealed: Secret plan to tag every man, woman and child

Transmitters

"Top-level national security agents are trying to convince sources in the Bush Administration to begin the project in which every man, woman and child will be implanted with a tiny transmitter," claims Davis Milerand, a critic of government intervention who says he has received leaked information from inside sources.

"They're trying to say this will be a good way for authorities to quickly track down missing persons and children, as well as criminals and spies.

An ID tag that won't get lost

Abb. 14: Zeitungsschlagzeilen über geheime Implantierungsprojekte, Identifikationschips und Lokalisierungstransmitter.

kann. Mittlerweile scheinen sich Trends abzuzeichnen, die die von Dr. Sanders aufgestellten Behauptungen bestätigen.
Seit 1989 besitzt der Amerikaner Dr. Daniel Man ein Patent für ein Implantat, mit dem man vermißte Kinder aufspüren kann.[17] Er entwickelte speziell für das zuvor genannte Problem einen über Telemetrie arbeitenden Biochip. Das Implantat ist etwas größer als ein Reiskorn und wird dem Träger mit einem kleinen chirurgischen Eingriff implantiert. Dr. Man gibt an, daß die beste Stelle für die Lokalisierung seines Implantates der Ohrbereich ist. Man benötigt drei *Satelliten* oder *Helikopter*, um mittels Triangulation die vermißte Person wiederzufinden. Bei dieser Me-

thode wird das Signal vom Implantat empfangen und mit Hilfe der Satelliten oder der Helikopter der Ort des vermißten Kindes lokalisiert. Bevor das Patent von Dr. Man von der Bevölkerung verwendet werden darf, muß es allerdings noch von der US Food and Drug Administration geprüft und bewilligt werden.

Ähnliche Triangulierungsmethoden verwendet ein satellitengestützter Computer, der in Zukunft blinde Menschen sicher durch die Städte lotsen soll.[18] Ein vierköpfiges Forscherteam aus Deutschland, England und Schweden investierte bisher zwei Millionen DM in das *MOBIC*-Projekt. Die Wissenschaftler erstellten Computerprogramme, die Stadtpläne und markante Punkte wie Supermärkte, Kioske oder Hydranten beinhalten. Eine auf Band gesprochene Beschreibung gibt dem Blinden über Kopfhörer die Anweisungen, wo es langgeht. Ein ähnlich wie von Dr. Man vorgeschlagenes Funkpeilsystem, das mit drei Satelliten gekoppelt ist, macht die Anwendung des Systems komplett. Beim MOBIC-Projekt werden der Sender und Empfänger in einem Rucksack getragen und nicht im Träger implantiert.

Neben den vorher erwähnten Erfindungen wird zur Zeit auch die Firma Eagle Eye von der Defense Advanced Research Projects Agency (DARPA) finanziell unterstützt, um ein Lokalisierungssystem für vermißte Kinder und bedingt entlassene Häftlinge zu entwickeln.[19] Die Zeitschrift *Space News* berichtete am 26. August 1996, daß Eagle Eye einen Vertrag mit dem Low-Earth-Orbit-(LEO)-Satelliten-Telefonsystem schließen möchte. Dieses Satellitensystem verwendet einen breiten Frequenzbereich, bei dem Eagle Eye aufspringen möchte.

Der Gründer dieser Firma, Matthew Schor, sieht in dieser Entwicklung einen großen Markt, ähnlich dem für die Ortsbestimmung wichtigen Global Positioning System (GPS), auf sich zukommen. Wenn man bedenkt, daß sich in Kalifornien etwa 100 000 auf Bewährung entlassene Häftlinge befinden, muß man ihm recht geben. Die Miniaturempfänger dieses Multimillionen-Dollar-Projektes werden von der Firma Sirius Communications in Rotselaar, Belgien, entwickelt. Die erste Generation dieses Überwachungssystemes wird in kleinen Armbändern unterge-

US005166676A

United States Patent [19]
Milheiser

[11] **Patent Number: 5,166,676**
[45] **Date of Patent: Nov. 24, 1992**

[54] IDENTIFICATION SYSTEM

[75] Inventor: **Thomas A. Milheiser**, Littleton, Colo.

[73] Assignee: **Destron/IDI, Inc.**, Boulder, Colo.

[21] Appl. No.: **484,458**

[22] Filed: **Feb. 16, 1990**

Related U.S. Application Data

[60] Continuation of Ser. No. 388,761, Aug. 2, 1989, abandoned, which is a continuation of Ser. No. 165,310, Mar. 8, 1988, abandoned, which is a division of Ser. No. 814,492, Dec. 30, 1985, Pat. No. 4,730,188, which is a continuation of Ser. No. 580,401, Feb. 15, 1984, abandoned.

[51] **Int. Cl.**[5] **H04Q 1/00**
[52] **U.S. Cl.** **340/825.540**; 340/825.34
[58] **Field of Search** 340/825.54, 825.55, 340/825.69, 825.72, 825.34, 825.94, 572; 455/118, 41; 375/45, 46, 62, 49; 370/53

[56] **References Cited**

U.S. PATENT DOCUMENTS

3,022,492	2/1962	Kleist et al.	340/825.54 X
3,137,847	6/1964	Kleist	340/825.69 X
3,689,885	9/1972	Kaplan et al.	455/41 X
3,890,581	6/1975	Stuart et al.	375/62 X
3,898,619	8/1975	Carsten et al.	340/572 X
4,114,151	9/1978	Denne et al.	
4,129,855	12/1978	Rodrian	340/825.54
4,287,596	9/1981	Chari	375/49
4,313,033	1/1982	Walker et al.	370/53
4,333,073	6/1982	Beigel	340/825.54
4,368,439	1/1983	Shibuya et al.	375/62 X
4,388,524	6/1983	Walton	340/825.72 X

OTHER PUBLICATIONS

Ray Ryan "Basic Digital Electronics", Tab Books, Blue Ridge Summit, Pa. pp. 52–55, 1975.

Primary Examiner—Ulysses Weldon
Attorney, Agent, or Firm—Earl C. Hancock; Francis A. Sirr

[57] **ABSTRACT**

A passive integrated transponder (PIT) is attached to or embedded in an item to be identified. It is excited via an inductive coupling from an interrogator. The PIT responds to the interrogator via the inductive coupling with a signal constituting a stream of data unique to the identified item. The signal is in the form of two different frequencies, a shift from one frequency to the second during a bit cell representing a data "one", and a shift from the second frequency to the first frequency representing a data "zero". The responsive signal is then detected and processed for utilization in a data storage or display device.

10 Claims, 7 Drawing Sheets

Abb. 15: Dieses amerikanische Patent von 1992 beschreibt ein implantierbares Identifikationssystem (Transponder und Scanner) der Firma Destron/IDI Inc. aus Boulder in Colorado.

bracht. Man darf damit rechnen, daß schon jetzt getestete, implantierbare Empfänger dieses System in Zukunft ablösen werden, damit der Träger seinen Sender nicht entfernen kann.

Der zuvor genannte Dr. Sanders stieg aus der Entwicklung dieser Technologien aus, als er mitbekam, daß man in Zukunft ein implantierbares Identifikationssystem einführen möchte. Er behauptet, daß hochrangige Politiker in Zukunft jeden Staatsbürger mit einem Mikrochip versehen wollen. Dieses Implantat soll Namen, Versicherungsnummer, Foto, Arbeitgeber, Fingerabdruck, Einkommensinformationen und ein Vorstrafenregister enthalten. Die Informationen werden mit einem *Scanner*, wie es bei den modernen Supermarktkassen üblich ist, abrufbar sein.

Dr. Sanders gibt an, daß er in Brüssel und in Luxemburg an mehreren Konferenzen teilnahm, bei denen dieses Identifikationssystem zur Sprache gebracht wurde.

Die amerikanische Firma Elektronic ID Inc. entwickelte ein solches System für Tiere. Gegenwärtig sind etwa drei Millionen Tiere mit einem Destron-Identifikations-Chip implantiert.[20] Dieses Implantat hat die Größe eines Reiskorns und besteht aus drei Komponenten:

1. einem miniaturisierten Mikrochip, der die Identifikationsnummern gespeichert hat und die Informationen an den *Scanner* weiter sendet,

2. eine kleine Antennenanlage, die das Signal vom *Scanner* empfängt,

3. einen Kondensator für die Feineinstellung.

Diese Anordnung ist mit einem Glas umgeben und wird mittels einer Spritze dem Tier injiziert. Bei Katzen und Hunden befindet sich diese Stelle zwischen den Schulterplatten. Der *Scanner* aktiviert das Implantat mit einer Frequenz von 125 Kilohertz. Diese niederfrequenten Radiowellen durchdringen feste Objekte, Mauern und Metalle. Die eingespeicherten Daten werden am *Scanner* digital wiedergegeben. Das Implantat besitzt keine Batterie und wird wie beim *Stimoceiver* von den empfangenen Radiowellen aktiviert. Die Firma Electronic ID Inc. entwickelt auch externe Sender und Identifizierungsgeräte für Sicherheitseinrichtungen.

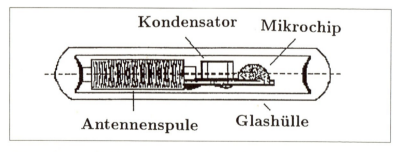

Abb. 16: Diese Abbildung zeigt ein Implantat der Firma Destron/IDI Inc., das die Größe eines Reiskorns (links) hat und für Identifikationszwecke zur Zeit Tieren implantiert wird.

Zur Zeit werden diese Implantate laut offiziellen Stellen nur für Tiere verwendet. Die von Dr. Sanders aufgestellten Behauptungen sind zur Zeit nicht leicht zu überprüfen, da die Entwicklung des IMI-Biochips im geheimen durchgeführt wird. Im folgenden Unterkapitel werden wir aufzeigen, daß es in der Tat viele Hinweise auf solche geheimen Implantierungs-Projekte gibt. Als unwissende Versuchspersonen scheint man Häftlinge, Soldaten, Asylsuchende, Einwanderer, aber auch gewöhnliche Einwohner zu verwenden.

4 Hinweise auf geheime Implantierungs-Projekte

Parallel zu den in Kapitel I beschriebenen *Mind Control*-Experimenten der CIA interessierte man sich für implantierbare Methoden, um das Verhalten einer Person aus der Ferne beeinflussen zu können. Die schwedische Forschungsorganisation *Gruppen*, die sich massiv gegen illegale *Mind Control*-Experimente einsetzt, hat sehr viel Material gesammelt, das nachweist, daß in den letzten 50 Jahren viele unwissende Personen Elektroden implantiert bekamen. *Gruppen* besitzt Röntgenaufnahmen aus dem Jahre 1946 vom Karolinska Spital und von 1948 vom Sachska Kinderspital in der Nähe von Stockholm, die illegal in Menschen implantierte Elektroden zeigen.[21]
Bei einem Fall entdeckte die Mutter während eines unangemeldeten Spitalbesuches, wie ein Chirurgenteam und einige Schwestern unter der Leitung des Chefarztes Dr. Alm mehrere Elektroden in das Gehirn ihres Sohnes Bengt einführten. Dr. Alm war außer sich, als er die Mutter des Kindes sah, und ließ sie aus dem Operationssaal führen. Seit der illegal durchgeführten Gehirnoperation begann ein Leidensweg für Bengt. Er mußte viele Jahre in einer psychiatrischen Klinik verbringen, damit er die von Dr. Alm verursachten Schäden ausheilen konnte.
Gruppen fand weiter heraus, daß man seit den sechziger Jahren Substanzen entwickelt, die es erleichtern, Radiowellen aus dem Körperinneren von Patienten zu senden. Diese Substanzen kön-

nen einem Patienten mittels pharmazeutischer Produkte, wie Tabletten, Pulver und Lösungen, verabreicht werden. Die von Geheimdiensten und Militärs durchgeführten Experimente wurden seit der Nachkriegszeit an unwissenden Personen durchgeführt. Zu der Zeit, als Dr. Delgado in den USA den *Stimoceiver* erfand, wurden Implantate entwickelt, die es den Experimentatoren ermöglichen, kleine Transmitter durch die Nasenlöcher in das Gehirn eines Menschen zu implantieren.

Mittlerweile ist diese *transnasale* Implantation in der Neurochirurgie eine anerkannte Methode.[22, 23, 24] Interessanterweise berichten auch Personen, die angeblich von UFO-Insassen entführt wurden, wie fremde Wesen kleine Objekte durch die Nase in ihr Gehirn einführen.[25, 26, 27] Das ist sehr wichtig, da diese Prozedur nur in der Neurochirurgie bekannt ist und gewöhnliche Personen das nicht wissen. Das wiederum bedeutet, daß diese Handlungsweisen der UFO-Insassen als Hinweis für einen realen Ablauf des UFO-Entführungsphänomens gedeutet werden können. Forscher auf dem Gebiet der *Mind Control* meinen hingegen, daß man diesen Hinweis als illegale Implantierung durch Geheimagenten, die in der Maske von UFO-Insassen agieren, ansehen kann.[10, 28]

Die Forscher von *Gruppen* fanden heraus, daß sich die schwedische Verteidigungseinrichtung FOA seit 1965 mit Bio-Telemetrie beschäftigt hat. Zur selben Zeit, als der FOA-Wissenschaftler Dr. Person einen Artikel über Bio-Telemetrie verfaßte, gibt es Röntgenaufzeichnungen von Transmittern in den Köpfen schwedischer Staatsbürger.[21] Zu dieser Zeit wurden laut *Gruppen* mehrere Personen im Sundswall Spital ohne deren Wissen implantiert. Diese Personen befanden sich unter den ersten Opfern, die mit einem Computer über Telemetrie verbunden wurden. Diese Hinweise scheinen die zuvor behandelten Aussagen von Dr. Carl W. Sanders bezüglich der Entwicklung und Tests solcher Biochips zu bestätigen. Weiter zeigen diese von *Gruppen* gesammelten Beweise auf, daß man nicht nur in den USA, sondern auch in Europa mit dieser Technologie experimentiert.

Seit kurzem wurden durch das FOIA-Gesetz in den USA Doku-

NASA SP-5094

IMPLANTABLE
BIOTELEMETRY SYSTEMS

A REPORT

By
Thomas B. Fryer
Ames Research Center

Technology Utilization Division
OFFICE OF TECHNOLOGY UTILIZATION   1970
NATIONAL AERONAUTICS AND SPACE ADMINISTRATION
Washington, D.C.

Abb. 17: In diesem 1970 publizierten NASA-Report SP-5094 beschreibt Dr. Thomas Fryer implantierbare Bio-Telemetrie-Überwachungseinrichtungen.

mente von der amerikanischen Weltraumbehörde NASA freigegeben, die beweisen, daß am NASA-Ames Forschungszentrum seit Ende der sechziger Jahre implantierbare Bio-Telemetrie-Technologien entwickelt wurden.[29] Das Deckblatt des NASA-Reportes SP-5094 ist in Abbildung 17 abgebildet. In diesem Report wird beschrieben, wie Daten durch diese Methoden übertragen werden. Weiter sind darin auch Implantate abgebildet, die etwa die Größe von kleinen Münzen besitzen.

Gruppen und die Freedom of Thought Foundation besitzen Röntgenaufnahmen, auf denen außer den Fremdkörpern auch dunkle Bereiche in deren Nähe erkennbar sind. Diese Stellen sind Hinweise, daß dort der Sauerstoffgehalt aufgrund der eindringenden Radiowellen reduziert wurde. Die Schwedin Vera Dannborg war ebenfalls ein Bio-Telemetrie-Opfer. Sie wurde im Akademika Spital ohne ihr Wissen mit Elektroden implantiert. Die Operation wurde laut Gruppen von Prof. Tord Skoog durchgeführt. Auf ihren Röntgenbildern sind diese dunklen Stellen ausführlich zu erkennen.[21]

Leider starb Vera vor einigen Jahren aufgrund von reduzierter Blutzirkulation im Gehirn. Sie versuchte, so wie viele Mind Control-Opfer, die schwedische Regierung auf ihre Situation aufmerksam zu machen. Leider wurde ihr kein Gehör verschafft.

Mind Control-Organisationen haben ebenfalls Hinweise gesammelt, die belegen, daß Personen, die sich in Polizeigewahrsam befanden, implantiert und als Bio-Telemetrie-Testobjekte benutzt werden. Die Röntgenbilder eines weiteren Schweden zeigen solche Fremdkörper im Stirnbereich. Der Häftling behauptet, daß man ihm ein Schlafmittel verabreichte und einen Transmitter durch die Nase in sein Gehirn einführte. Viele dieser Testopfer berichten, daß sie glauben, von ihren Peinigern völlig kontrolliert zu werden. Ein solches Opfer scheint der Häftling Derek Vinson zu sein. Er schrieb 1994 folgendes:

»Das Texas-Gefängnis in Columbus verwendet Bio-Telemetrie, um meine Gedanken zu kontrollieren. Diese Technologie wurde von der CIA entwickelt ... Das Gefängnispersonal liest meine Gedanken 24 Stunden am Tag. Ich höre Stimmen in meinem

Kopf, mit denen ich über meine politische Aktivitäten kommunizieren kann. Manchmal glaube ich, daß sie meine Gedanken kontrollieren und meinen Herzschlag beeinflussen.«[21]
Derek Vinson hat 1993 eine Klage zwischen ihm und dem Texas Department of Criminal Justice Institution mit der Bezeichnung B-93-1342-D-CV-B eingereicht. Ähnliche Erfahrungen wie Derek Vinson macht zur Zeit ein Häftling im Gefängnis von Utah durch. David Fratus behauptet, daß man ihn in seiner Zelle mit High-Tech-*Mind Control*-Technologien testet.[30] Unter diese Methoden fallen Halluzinogene, elektromagnetische Wellen und Bio-Telemetrie. Fratus gibt an, daß er anfing, hochfrequente Töne zu hören. Die Lautstärke dieser Töne scheint regulierbar zu sein. Er beschreibt Situationen, bei denen er vor lauter Schmerzen an die Zimmerdecke gehen könnte. David Fratus ist auch ein *Wavie*, da er Stimmen in seinem Kopf hört, die scheinbar künstlich erzeugt werden und zu ihm die folgenden Sätze sagen:
»Wie genießen Sie Ihre Kopfschmerzen?«
»Haben Sie heute gut geschlafen, Herr Fratus?«
»Brauchen Sie ein Aspirin?«
So wie alle *Wavies* kann Fratus nicht mehr richtig schlafen. Die Gefängnisbehörden behaupten natürlich, daß in ihrem Gefängnis keine illegalen Tests an den Insassen durchgeführt werden. Da sich für Gefangenenhilfsorganisationen solche Foltermethoden wie *Science-fiction* anhören, zeigen sie an diesen Fällen kein Interesse.
Der Türke Yaggi Haci Ömer suchte in Schweden um Asyl an und wurde laut *Gruppen* vom schwedischen Geheimdienst SÄPO mit Elektroden implantiert.[21] *Gruppen* fand heraus, daß man Yaggi zum psychologischen Wrack machte. Ein Elektrotechniker aus Stockholm untersuchte ihn mit einem Frequenzanalysegerät. Die Forscher konnten bestätigen, daß Radiowellen mit einer Frequenz von 38 Kilohertz und einer Spannung von etwa zehn Mikrovolt seinen Kopf durchdrangen. Die Symptome von Yaggi waren denen von Mr. American Experiment, Dave Bader und Martti Koski ähnlich.

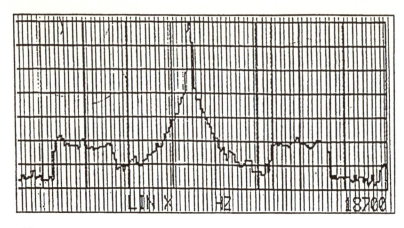

Abb. 18: Dieser Frequenzplot zeigt einen Anstieg von elektromagnetischer Strahlung im Bereich von 18,5 Kilohertz, nachdem man mit einem Frequenzmeßgerät nahe Naeslunds Kopf Messungen vornahm. Es ist anzunehmen, daß sein Implantat in diesem Frequenzbereich mittels bio-telemetrischer Methoden aktiviert und betrieben wird. Untersuchungen an anderen angeblich implantierten Personen brachten ähnliche Resultate.

Die Abbildung 18 zeigt einen Frequenzplot, der von einem angeblichen Bio-Telemetrie-Testopfer stammt. Man kann einen deutlichen Anstieg in einem Frequenzbereich von etwa 18,5 Kilohertz sehen. Andere angeblich unfreiwillige Opfer weisen ähnliche Frequenzen in Kopfnähe auf. Im Januar 1985 unterschrieben mehr als 50 Personen, darunter Juristen, Naturwissenschaftler und Friedensorganisationen, eine Petition, die den schwedischen Generalanwalt Magnus Sjöberg auf diese Experimente aufmerksam machen sollte.[31] Die Antwort seines Vertreters gab indirekt zu verstehen, daß man aus Gründen der nationalen Sicherheit solche Prozeduren toleriere. Scheinbar nimmt Schweden bei der Entwicklung dieser Technologien neben den USA eine Vorreiterrolle ein.

Wie es scheint, existiert schon seit Jahren eine *irdische* Implantat-Technologie, die im Zusammenhang mit Dr. Delgados *Stimoceiver* und RHIC-EDOM-Technologien für verdeckte militärische

Operationen, Identifikationsmethoden und Überwachungskontrolleinrichtungen für Häftlinge von großer Bedeutung ist. Im Anschluß wollen wir uns mit einigen Einzelschicksalen genauer auseinandersetzen. Die Entwicklung dieser bio-telemetrischen Überwachungsmethoden ist jedenfalls beängstigend, da sie früher oder später jeden von uns betreffen können.

5 Implantieren Geheimdienste und Militärs Menschen?

In diesem Unterkapitel wollen wir einige Menschenschicksale genauer betrachten. Den Anfang macht der Schwede Robert Naeslund, der uns bei den Recherchen zu diesem Buch sehr unterstützte und auch eine große Menge Forschungsmaterial zur Verfügung stellte.

Robert Naeslund:[32] Er ist seit Ende der sechziger Jahre ein Versuchskaninchen für illegal durchgeführte medizinische Experimente. Ihm wurde während eines Aufenthaltes im Söder-Spital in Stockholm von Dr. Curt Strand ein Implantat durch sein rechtes Nasenloch in das Gehirn eingeführt. Robert Naeslund versuchte mehrere Jahre, Hilfe von schwedischen Ärzten, der schwedischen Gesundheitsbehörde und der Fürsorge zu bekommen. Seine Bemühungen blieben jedoch ohne Erfolg, obwohl er Röntgenaufnahmen besitzt, die mehrere implantierte Fremdkörper zeigen. Schließlich gelang es ihm, ein Ärzteteam in Griechenland ausfindig zu machen, das ihm 1978 und 1982 je ein Implantat entfernte. Wissenschaftler der Universität von New York analysierten den ersten entfernten Gegenstand und ließen ihn daraufhin verschwinden. Die an der Analyse beteiligten Wissenschaftler meldeten sich nie mehr bei ihm und gaben den entnommenen Fremdkörper nicht mehr zurück. Robert Naeslund besitzt mehrere Fotos, die während der Operationen gemacht wurden. Weiter ist er im Besitz eines Fotos, das das entfernte Objekt zeigt.

Der zweite Fremdkörper wurde ihm 1982 aus dem Nasenloch entfernt. Während dieser Prozedur ging er leider zu Bruch und zersplitterte in mehrere Teile. Robert Naeslund teilte uns mit, daß es ihm nach der Entfernung dieser Fremdkörper gesundheitlich viel besser ging. Auch er hörte wie die im vorigen Kapitel beschriebenen *Wavies* – Stimmen in seinem Kopf. Diese Stimmen schienen wie bei anderen Opfern seine Gedanken zu kennen. Er begann sie zu hören, nachdem er sich 1972 in Polizeigewahrsam befand. Interessanterweise verstummten die Stimmen seit 1985.[33]

Robert Naeslund kam 1983 zufällig mit Professor P. A. Lindstrom von der Universität von Kalifornien in San Diego in Kontakt, der seine Röntgenaufnahmen untersuchte. Während schwedische Ärzte schriftliche Statements abgaben, daß die Röntgenaufnahmen keine Fremdkörper in Robert Naeslunds Kopf zeigten, kam Prof. Lindstrom zu einem anderen Ergebnis. Er schrieb in einem seiner Briefe an Naeslund:

»Nachdem ich Ihre Röntgenaufnahmen sah, kann ich Ihnen bestätigen, daß einige Fremdkörper, wahrscheinlich Gehirntransmitter, in der Basis ihres Vordergehirns und in der Hirnschale implantiert wurden.

Das Risiko solcher Implantationen ist beträchtlich, da chronische Infektionen und Meningitis auftreten können, wenn die Implantation durch die Nase oder den Sinus stattfand. Meiner Meinung nach sind solche Implantationen nicht gerechtfertigt, wenn der Patient über den Zweck der Operation, die Betäubungsmethoden und die Risiken nicht informiert wurde. Ich stimme mit Lincoln Lawrence überein, wenn er auf Seite 27 seines Buches schreibt: ›Es wurden fürchterliche Prozeduren entwickelt. Diejenigen, die damit im geheimen spielen, nennen sie RHIC und EDOM – Radio Hypnotic Intracerebral Control und Electronic Dissolution of Memory.‹ Vor einigen Jahren führte ich mit Delgado mehrere Diskussionen. Er fragte, ob ich meine ultrasonische Technik für verhaltensändernde Zwecke bei seinen Patienten zur Verfügung stellen würde. Ich verneinte, da wir völlig unterschiedliche Ziele und Ansichten verfolgten. Ich

100

P. A. LINDSTROM, M.D.
1695 CALLE DELICADA
LA JOLLA, CA 92037
(714) 270-1350

Mr. Robert Naeslund

Dear Mr. Naeslund:

In response to your most recent letter regarding the roentgen films I can only confirm that some foreign objects, most likely brain transmitters, have been implanted at the base of your frontal brain and in the skull.

The risk of such implantations is considerable and the risk of chronic infections and meningitis when the implantation has been made through the nose or the sinuses are real issues.

In my opinion, there is no excuse for such implantations if the patient has not been fully informed about the procedures, the purposes, the risks, the method of anesthesia, etc, and then gives a clear written consent.

I fully agree with Lincoln Lawrence, who in his book on page 27 wrote: "There are two particularly dreadful procedures which have been developed. Those working and playing with them secretly call them R.H.I.C. and E.D.O.M.--Radio-Hypnotic Intracerebral Control and Electronic Dissolution of Memory."

Many years ago I had some discussions with Delgado. He asked me to apply my ultrasonic technique for his particular purpose of altering patient's behavior but I declined because we had entirely different aims and approaches. However, I found Delgado to be an intelligent but somewhat strange man.

Best wishes!

P. A. Lindstrom, M.D.

PAL/mjt

Abb. 19: Brief von Dr. Lindstrom an Robert Naeslund. Dr. Lindstrom ist nach Betrachtung des Röntgenfilmes, so wie viele andere Ärzte, der Meinung, daß Robert Naeslund ein Transmitter durch den Nasenbereich ins Gehirn implantiert wurde.

101

denke, Delgado ist ein intelligenter, aber etwas seltsamer Mann.«[34]

Seit diesem Statement erhielt Robert Naeslund mittlerweile zehn weitere Einschätzungen, von anderen Ärzten aus den verschiedensten Ländern, die bestätigen, daß er künstliche Fremdkörper in seinem Kopf hat. Da Dr. Lindstrom Dr. Delgado kannte, wußte dieser über seine Versuche und Kontakte zur CIA Bescheid. Er war sich sicher, daß Robert Naeslund implantiert und ein Opfer elektronischer *Mind Control*-Technologien ist. Die schwedischen Ärzte gaben entweder aus dem einen oder anderen Grund falsche Statements ab:

UNIVERSITY HOSPITAL
University of California
Medical Center, San Diego

TO WHOM IT MAY CONCERN:

Recently I reviewed a skull film marked: NASLUND, ROBERT and dated 26-11, 1981. That film shows a couple of unusual foreign bodies at the base of the skull, possibly some form of brain transmitters.

However, I have not examined or talked to this patient and do not know the pertinent history.

San Diego, CA
October 6, 1983

Ingmar Wickbom

Ingmar Wickbom, M.D.
Professor of Radiology
U.C.S.D.

Abb. 20: Dieser Brief stammt von Dr. Ingmar Wickbom, der ein Professor für Radiologie an der Universität von Kalifornien ist. Auch er vertritt wie Dr. Lindstrom die Meinung, daß Robert Naeslund ein Transmitter in sein Gehirn implantiert wurde.

102

1. Sie wollen es nicht wahrhaben, daß jemand in Schweden ohne ihr Wissen mit Elektroden implantiert wird.
2. Sie wissen von diesen Experimenten und machen mit den Experimentatoren gemeinsame Sache.

Da Robert Naeslund in Schweden keinen Arzt fand, der ihm weitere Implantate entfernte, suchte er in Djakarta, Indonesien, um Hilfe.[32, 33] Am 4. August besuchte er das St. Carolus-Spital in Djakarta, wo er Professor Hendayo traf. Diesem zeigte er die Röntgenaufnahmen, auf denen man die Fremdkörper klar erkennen kann. Dr. Hendayo stimmte schließlich einer Entnahme der Implantate zu. Robert Naeslund blieb deshalb bis zum nächsten Tag im Spital, um Bluttests durchzuführen. Die Ärzte informierten ihn, daß er am 11. August für die Operation in das Spital kommen muß.

Am 12. August zeigte man ihm den Operationssaal. Dort teilte Dr. Hendayo ihm mit, daß sich *etwas* ereignet hat, das die Operation erschweren könnte. Er sagte ihm aber nicht, was dieses *etwas* war. Robert Naeslund stimmte einer Entnahme des Implantates trotzdem zu, da dieses 24 Stunden am Tag aktiviert war.

Weiter merkte Naeslund, daß der Arzt sehr unter Streß stand und nervös war. Sobald sie den Operationssaal betraten, kamen zwei europäisch aussehende Männer von einer anderen Tür ins Zimmer und gaben ihm mit einer Spritze eine Injektion. Robert Naeslund erwachte einige Sekunden während der Operation, da er schreckliche Kopfschmerzen hatte. Er erinnert sich noch genau an das, was er sah, und teilte uns folgendes mit:
»Meine Arme und Füße waren an dem Tisch festgebunden. Eine Person hielt meinen Kopf, während eine andere einen etwa fünf Zentimeter langen Schnitt an meiner Stirn durchführte. Ein dritter Mann hielt einen Gegenstand, der einem Brenneisen ähnlich sah, in der Hand und fuhr mit diesem in meinen Kopf ... Ich hatte ein Gefühl, als ob mein Kopf explodieren würde und in Stücke zerspringt. Ich schrie vor Schmerzen und wollte mich von meinen Fesseln befreien. Danach verlor ich vor lauter Schmerzen und Schock das Bewußtsein.«

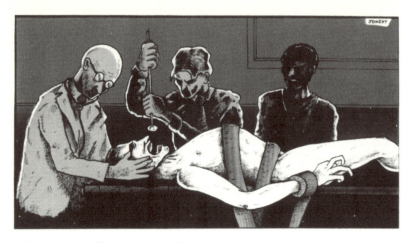

Abb. 21: Diese Illustration stellt die von Robert Naeslund geschilderte Szene im St. Carolus-Spital in Djarkata dar, bei der ihm Geheimagenten einen pilzförmigen Fremdkörper ins Gehirn implantierten (© Jonesy).

Robert Naeslund erwachte 18 Stunden nach der Operation aus der Bewußtlosigkeit. Am Morgen ging er sofort in die Radiologieabteilung und ließ Röntgenbilder anfertigen. Die Bilder zeigen deutlich ein fremdartiges *pilzförmiges* Objekt in der verletzten Gehirnregion.[32, 21] Im Bildteil des Buches ist eine Röntgenaufnahme abgebildet, die dieses Implantat in Robert Naeslunds Kopf zeigt. Interessanterweise publizierte Dr. Gene H. Barnett in der Fachzeitschrift *Neurology and Biomedical Engineering*[35] 1990 einen Artikel mit dem Titel »Epidural Peg Electrodes«. In dieser Arbeit wird eine pilzförmige implantierbare Elektrode beschrieben, die dem Fremdkörper in Naeslunds Röntgenbild sehr ähnlich sieht.

Als Naeslund nach diesem schrecklichen Erlebnis Dr. Hendayo aufsuchte, teilte ihm dieser mit, daß er ihm von der Operation abriet. Daraufhin gestand er Naeslund unter vier Augen, daß der schwedische Geheimdienst in die Aktion verwickelt war und er nichts dagegen unternehmen konnte. Naeslund nimmt an, daß die SÄPO ihre Kollegen vom CIA verständigten und diese

Dr. Hendayo zu dieser Handlung zwang. Robert Naeslund leidet noch heute unter der Nachwirkung dieses Eingriffes und fand bis jetzt keinen Arzt, der ihm diesen pilzförmigen Fremdkörper aus dem Gehirnbereich entfernt.

John Gregory Lambros:[36] Ein neuerer Fall betrifft den gegenwärtig im Gefängnis von Fort Levenworth wegen Drogenschmuggels verurteilten John Lambros. Lambros wurde vor sechs Jahren in Brasilien verhaftet, eingesperrt, gefoltert und danach an die USA ausgeliefert. Laut der Gefangenenhilfe-Organisation Amnesty International sind Folterungen in brasilianischen Gefängnissen an der Tagesordnung. Der Lambros-Fall ist aber eine Ausnahme, da man ihn mit elektronischen Feldern bestrahlte und High-Tech-Mikrochips chirurgisch in sein Gehirn implantierte, um ihn über Bio-Telemetrie überwachen und kontrollieren zu können.

Seit er in die USA überstellt wurde, versuchen die CIA, das Department of Justice und das State Department diese Prozeduren zu vertuschen. Lambros behauptet, daß er gegenwärtig noch immer implantiert ist und von seinen Peinigern drahtlos gefoltert wird. Er besitzt Röntgenbilder, auf denen mehrere einen Millimeter große Fremdkörper zu sehen sind. Drei unabhängig durchgeführte radiologische Reporte bestätigen das Vorhandensein der Objekte im Ohrbereich. Weitere Aufnahmen bestätigen, daß sich ein weiterer Fremdkörper im Frontallappen von John Lambros befindet. Da sich diese Plazierung in direkter Linie über dem Nasenfortsatz befindet, scheint dieses Implantat *transnasal*, wie bei Robert Naeslund, in sein Gehirn eingeführt worden zu sein.[32, 33]

Wie bei anderen unfreiwillig Implantierten sind dunkle Stellen kurz darüber zu erkennen. Diese Bereiche scheinen auf den zuvor erwähnten verminderten Sauerstoffgehalt hinzuweisen. Dieser Effekt kann durch eine Dehydrierung, ausgelöst durch die elektromagnetische Strahlung, entstehen. Die Fremdkörper in John Lambros Ohrbereich verursachen Schwellungen an der rechten Seite seines Gesichtes. Interessanterweise gelang es den Klägern, zusätzliche Informationen bezüglich der Zellen und

RADIOGRAPHICAL REPORT

In comparison to the previous report published on the radiographic cranial examination of Mr. John Lambros, the present report, including radiographs numbered 7/17 and 7/27, will discuss additional opinions on what can be identified and what would most likely appear in the pictures if they were of normal quality. We can find no other explanation for the very poor exposure other than it was a deliberate act to hide the facts. The pictures are wrongly exposed and would normally never be accepted as the basis of a radiological examination. However, despite this, there is a great deal that we can establish.

Examination of radiograph 7/17 give us good reason to believe that a transmitter has been inserted in John Lambros sinus and is attached to the frontal lobes. This area is marked with three arrows in the radiograph. In this area can be seen certain faint shadowy formations which correspond to the shape of the transmitter as we know it from previous studies of implanted transmitters. This area is also in a direct line from the opening of the nasal passages. Moreover, in the frontal lobes, just above the previously mentioned area, there are large dark spots which have been caused by oxygen deficiency. This area has also been marked with an arrow in the radiograph. Reduced oxygen balance is a normal consequence of radiowaves penetration of biological tissue through the heat-energy and dehydrating effects of the electromagnetic energies. Oxygen deficiency can also cause a change in physiological conditions and has a detrimental effect of health.

Finally, we can also verify the appearance of what the U.S. doctors refer to as: "...Clusters of punctate radiopaque foreign bodies." These objects have absolutely no natural origin and are most probably some kind of transmitters. These foreign bodies are also visible in radiograph 7/17 and have been marked with an arrow. It also seems natural to suppose that these objects are the cause of the problem Mr. Lambros has at the right side of his face, which we can see from the enclosed photograph as swollen and which also causes him pain judging by what has been referred to us. We would like to recommend that Mr. Lambros undergo an new radiological examination of his skull.

Stockholm, February 21, 1995

Abb. 22: Diese Abbildung zeigt einen radiographischen Report der Röntgenaufnahmen des amerikanischen Häftlings John Gregory Lambros. Mehrere Ärzte bestätigen, daß auf den Röntgenaufnahmen zwei Cluster mit mehreren etwa einen Millimeter großen Fremdkörpern zu sehen sind. Ein Cluster befindet sich im Gehörbereich, ein weiterer im Bereich der Frontallappen. Die Mediziner meinen, daß Lambros sowie Naeslund durch die Nase implantiert wurden. Weiter bestätigen sie die durch die eindringende elektromagnetische Strahlung hervorgerufenen dehydrierten sauerstoffarmen Bereiche.

der Implantierungs-Projekte durch brasilianische Behörden zu erhalten. Diese Informationen stammen von einem ehemaligen Bediensteten der US Army Corps of Engineers, der behauptet, daß er Ende der siebziger Jahre beim Bau der Zellen beteiligt war. Die klagende Partei gab die Informationen mit der Bezeichnung Case No. 94-1332 MNMI an das Gericht weiter. Wir wollen aus diesen Dokumenten die brisanten Zeilen übersetzen.

»Purvis Cartwright besitzt persönliches Wissen und Erfahrungen

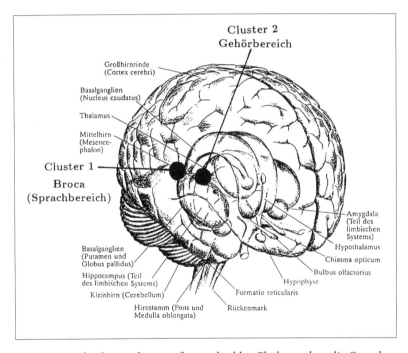

Abb. 23: Die beiden stark vergrößerten dunklen Flecken geben die Orte der beiden Cluster-Elektroden in John Lambros' Gehirn an. Die Elektroden in Cluster 1 beeinflussen seinen Sprachbereich und die in Cluster 2 befindlichen Fremdkörper den Gehörbereich. Jeder Cluster ist ungefähr einen Zentimeter groß und besteht aus etwa zehn bis 15 Objekten mit einem Durchmesser von einem Millimeter. Die beiden Cluster sind nur mit einem kontraststarken Aufnahmegerät zu erkennen.

107

mit dem Einsetzen von Implantaten in Menschen und der Errichtung der Zellen, während er 1969 und 1970 bei der US Army Rangers Intelligence Division unter Colonel Blacksheaa in Brasilia diente. Purvis Cartwright lebte während dieser Zeit in der amerikanischen Botschaft in Brasilia...

3. Purvis Cartwright sprach mit Anwalt Ceisel während eines Telefonates, das der Kläger mit dem Anwalt am Freitag, dem 28. April 1995, führte.

4. Purvis Cartwright informierte Anwalt Ceisel über die Zellen der Bundespolizeistation in Brasilia.

5. Purvis Cartwright erzählte Anwalt Ceisel folgende Fakten, die der Kläger während des Telefonates hören konnte:

a) Cartwright diente bei der US Army Rangers Intelligence Division.

b) Die US Army Corps of Engineers bauten die Zellen in Brasilia.

c) Colonel Blacksheaa, US Army Rangers Intelligence Division, führte das Kommando und war der Direktor des Implantierungs-Projektes in Südamerika. Er schulte die Behörden ein und brachte ihnen das Einsetzen von Implantaten und die Verwendung der Zellen bei.

d) Cartwright schlug Anwalt Ceisel vor, durch das FOIA-Gesetz weitere Informationen über den Bau der Zellen innerhalb des Polizeigebäudes ausfindig zu machen.

e) Die US Army Rangers Intelligence Division unterwies die brasilianischen Behörden, wie man Menschen über eine Entfernung von 250 Kilometern von der Polizeistation überwachen kann. Andere Systeme besitzen eine globale Reichweite.

f) Der Kläger konnte keine weiteren Gespräche zwischen Cartwright und Anwalt Ceisel mitverfolgen. Diese dauerten etwa fünf bis sieben Minuten.

6. Am Donnerstag, dem 2. Mai 1995, wurde Cartwright benachrichtigt, sein Eigentum zu packen, weil er zu einer anderen Institution versetzt wurde.

7. Der Kläger sprach mit Cartwright, um weitere Informationen

bezüglich der Implantierungs-Projekte Ende der sechziger Jahre zu erhalten:

a) Die unter Colonel Blacksheaa arbeitenden Teams hatten auch Personal von der Navy, der Marine und der Luftwaffe beschäftigt.

b) Frankreich, die Sowjetunion und Deutschland waren in das Implantierungs-Training der brasilianischen Polizei und des Militärs ebenfalls verwickelt.

c) Französisches und sowjetisches Personal lehrte die brasilianischen Behörden, wie man die Implantate durch die Nasenlöcher ins Gehirn einsetzt.

d) Diese Operationen wurden von der US Army in Fort Riley während 1969 und 1970 koordiniert.

e) Der Pharmakonzern UPJOHN PHARMACEUTICAL COMPANY verkaufte Materialien an die US Army und Brasilien, um die Implantate in den Testpersonen besser implantieren zu können.

f) Die UPJOHN PHARMACEUTICAL COMPANY verkaufte einen Ballonkatheter, damit die Arterien vergrößert werden konnten. Die Implantate können mit Hilfe dieser Geräte besser implantiert werden.

g) Andere Pharma-Firmen stellten Implantate und Gerät für die Implantierungs-Prozeduren in der Polizeistation zur Verfügung.

h) Cartwright behauptete gegenüber dem Kläger, daß die Brasilianer niemals amerikanische Staatsbürger implantieren würden.«[37]

Es ist interessant, daß die zeitliche Datierung dieser angeblichen Projekte mit den ersten offiziellen bio-telemetrischen Forschungsergebnissen von Dr. Jose Delgado zusammenfallen. Es könnte möglich sein, daß diese von Delgado entwickelten Technologien anfänglich in Ländern der *Dritten Welt*, an Regimegegnern und Häftlingen, getestet wurden. Außerdem behauptet Cartwright, daß mehrere Pharmafirmen für diese Implantierungs-Projekte Materialien zur Verfügung stellten. Da die Pharmaindustrie ihre neuen Medikamente oft in der *Dritten Welt* testet, scheint auch diese Behauptung durchaus möglich zu sein.

UNITED STATES COURT OF APPEALS
FOR THE EIGHTH CIRCUIT

UNITED STATES OF AMERICA,   *

      Appellee,   *   Appeal from the United
                    States District Court for
vs.   *   The District of Minnesota

JOHN GREGORY LAMBROS,   *
                           Case No. 94-1332MNMI
      Appellant.   *

MOTION OF NEWLY DISCOVERED INFORMATION TO
BE CONSIDERED WITHIN PRO SE
APPELLANT SUPPLEMENTAL BRIEF

    COMES NOW the Appellant in the above referenced case,
John Gregory Lambros, Pro Se who respectfully asks permission from
this Court to submit newly discovered information to be considered
within Appellant's supplemental brief and in support thereof states
as follows:

1.   On Friday April 28, 1995 Appellant spoke with Attorney Colia

    F. Ceisel via the telephone within Cell block A-5 & A-6 from

    U.S.P. Leavenworth Penitentiary where appellant is incarcerated

    regarding Purvis Cartwright, Bureau of Prisons number 59478-079,

    cell A-604 as to Cartwrights' knowledge of DEPATTERNING CELLS

    AND USE OF IMPLANTS PLACED IN HUMANS by the Brazilian Federal

    Police in Brasilia, Brazil at the Brazilian Federal Police

    Station where Appellant was tortured and implanted.

2.   Appellant Lambros informed Attorney Ceisel that appellant sub-

    mitted a "MOTION OF NEWLY DISCOVERED INFORMATION TO BE CONSIDERED

    WITHIN PRO SE SUPPLEMENTAL BRIEF", dated April 27, 1995, to the

    U.S. Court of Appeals for the Eighth Circuit, via U.S. Certified

(1)

Abb. 24: Der Häftling John Gregory Lambros verklagt die amerikanische Regierung, daß sie den brasilianischen Behörden bei illegalen Implantierungs-Projekten half und er nach Auslieferung in die USA gegenwärtig mittels bio-telemetrischer Methoden gefoltert wird.

110

mail no. Z-111-563-044, as to Purvis Cartwrights' personal
knowledge and <u>experience with implanting implants into humans</u>
<u>and depatterning cells while in the U.S.</u> Army Rangers Intelli-
gence Division in 1969 and 1970, while serving under Colonel
Blacksheaa, Army Rangers Intelligence Division in Brasilia,
Brazil. <u>Purvis Cartwright lived at the U.S. Embassy in</u>
<u>Brasilia, Brazil.</u>

3. Purvis Cartwright spoke to Attorney Ceisel during the telephone
    conversation appellant had with Attorney Ceisel on Friday April
    28, 1995.

4. Purvis Cartwright informed Attorney Ceisel of the depatterning
    cell(s) within the Brazilian Federal Police Station Brasilia,
    Brazil.

5. Purvis Cartwright stated to Attorney Ceisel of the following
    facts, that this appellant could hear, during the telephone
    conversation:

    a. Cartwright was employed by the U.S. Army Rangers Intelli-
        gence Division;

    b. The U.S. Army Corps of Engineers built the depatterning
        cell(s) in Brasilia, Brazil within the Federal Police
        Station;

    c. Colonel Blacksheaa, U.S. Army Rangers, Intelligence Division
        was the commanding officer, Project Director, for South
        America in teaching the implanting of implants into humans
        and the use of depatterning cell(s);

    d. Cartwright suggested Attorney Ceisel use the Freedom of
        Information Act to obtain more complete information on the
        building of the depatterning cells within the Federal Police
        Station in Brasilia, Brazil by the U.S. Army Corps of

                                (2)

*Abb. 25: Zweite Seite einer Anklageschrift, in der ein gewisser Colonel
Blacksheaa erwähnt wird, der als Projektleiter bereits 1969 den Brasilianern
»transnasale« Implantierungsmethoden beigebracht haben soll. Der ehemalige Bedienstete der US Army Rangers Intelligence Division, Purvis Cartwright, bezeugt die Verwicklungen des amerikanischen Colonels.*

Engineers;

e. The U.S. Army Rangers Intelligence Division instructed Brazil how to track humans for up to 150 miles from the Brazilian Federal Police Station on one system. Other systems had global range;

f. This appellant could not hear further conversations between Cartwright and Attorney Ceisel that lasted about 5 to 7 minutes in length;

6. On Tuesday May 2, 1995, Cartwright was notified to pack all of his property as he was being transferred to another institution;

7. Appellant spoke with Cartwright requesting more information on the implanting of implants into humans while he was employed by the U.S. Army Rangers Intelligence Division in 1969 & 1970 while stationed in Brasilia, Brazil and living at the U.S. Embassy in Brasilia, Brazil. The following information was given to appellant by Cartwright on May 2, 1995:

a. U.S. Army Rangers Intelligence Division teams working under Colonel Blacksheaa, Army Rangers Intelligence Division Project Director, also employed personnel from the Army, Navy, Marines and Air Force;

b. The countries of France, Russia and Germany were also involved in the training of Brazilian Federal and Military personnel in the implanting of implants into humans during 1969 and 1970, also known as the project;

c. France and Russia taught Brazilian Federal and Military personnel how to use implants that are placed in the nose and skull of humans;

d. Intelligence operations for the U.S. Army were coordinated out of Fort Riley during 1969 and 1970;

(3)

Abb. 26: Dritte Seite der Anklageschrift, in der Purvis Cartwright angibt, daß Frankreich, Rußland und Deutschland in dieses Implantierungs-Projekt in Brasilien verwickelt waren.

112

e. UPJOHN PHARMACEUTICAL COMPANY sold supplies to the
U.S. Army and Brazil to place implants into humans;

f. UPJOHN PHARMACEUTICAL COMPANY sold a balloon catheter
device to enlarge the artery so implants could be
inserted into humans;

g. Other pharmaceutical companies offered implants and
accessories needed to place implants into humans in
1969 and 1970 during the placing of implants into
humans at the Brazilian Federal Police Station in
Brasilia, Brazil;

h. Cartwright stated to this appellant that the Brazilians
were never to implant an American Citizen;

i. Purvis Cartwright stated I could always contact him
through Mrs. Velda Cartwright, 1406 Schwartz, Houston,
Texas 77020;

j. Cartwright stated that the Project of implanting humans
in Brazil and other parts of South America lasted from
on or about 1965 to 1972;

8. Appellant filed a supplemental request to his existing Freedom
of Information Act, Privacy Act and Federal Records Act to
the U.S. Army on April 29, 1995, U.S. Certified Mail No.
Z-111-563-075 to Jeffrey W. Davis, Lieutenant Colonel, U.S.
Army, Research Data Management, Fort Detrick, Maryland to
include within his search background information on the
construction of Depatterning cells/rooms by the U.S. Army
Corps of Engineers in Brasilia, Brazil and other locations,
Colonel Blacksheaa, Army personnel staying at the U.S. Embassy

(4)

Abb. 27: Vierte Seite der Anklageschrift, in der behauptet wird, daß mehrere pharmazeutische Konzerne bei diesem Projekt Materialien und Geräte beisteuerten.

113

in Brasilia, Brazil in 1968, 1969 and 1970 and to present, names of all U.S. Army Corps of Engineers that assisted in the building of the depatterning cell(s)/rooms in Brasilia, Brazil, names of all U.S. Army Corps of Engineers that have knowledge of Depatterning cells/rooms, the type, manufacture, patent, pictures and all other information on the tracking implants used by the U.S. Army and any information on any other type of implants that the U.S. Army has used, tested or has knowledge of;

9.   This appellant has attached a copy of his April 29, 1995, NEWLY DISCOVERED INFORMATION THAT WILL ASSIST IN YOUR SEARCH AS PER MY FREEDOM OF INFORMATION ACT REQUEST AND APPEAL, to Jeffrey W. Davis, Lieutenant Colonel, U.S. Army.

This appellant prays that this Court will review the above information and subpoena Purvis Cartwright to testify to the above facts so as to verify the existance of radio/biotelemetry/tracking implants that the U.S. Army has information on and that were used at the Brazilian Federal Police Station in Brasilia, Brazil. The above testimony will prove to this Court that implantation of implants and torture occurs within the facility that this appellant was
in
placed for nine (9) months while waiting for extradition and being visited by U.S. Embassy Officials who refused to stop or assist this appellant in stoping the daily torture and forced interrogation by Brazilian Officials. The above testimony is requested in front of this court to secure and maintain uniformity of decisions and justice within the Eighth Circuit Court of Appeals.

(5)

Abb. 28: Fünfte Seite der Anklageschrift, in der behauptet wird, daß das US Army Corps of Engineers beim Bau der brasilianischen Zellen beteiligt war.

114

```
Pursuant to 28 §1746, I declare under penalty of perjury that the
aforstated is true and correct.

                              Respectfully submitted,

          PAROLE OFFICER
U. S. PENITENTIARY         John Gregory Lambros
LEAVENWORTH, KANSAS 66048   Reg. No. 00436-124
AUTHORIZED BY ACT OF JULY,  U.S.P. Leavenworth
7, 1955 TO ADMINISTER OATHS
(18-U.S.C. 4004)            P.O. Box 1000
                           Leavenworth, Kansas  66048-1000

SWORN AND SIGNED TO BEFORE ME THIS   3  DAY OF MAY, 1995.


              Notary Public/Parole Officer/Case Officer

c:
Attorney Bailey, Orren, Ceisel,Robinson & Schwartz
Greek Church
Douglas Peterson
Lambros family
Human Rights Groups
Lions Club International
Catholic Church
```

Abb. 29: Diese Anklageschrift wurde mehreren Anwälten, Menschenrechtsorganisationen, dem Lions Club International und einigen Kirchen zugesandt.

Diese Informationen werfen einige interessante, aber auch bedenkliche Fragen auf. Sofern sie stimmen, würde es bedeuten, daß seit Ende der sechziger Jahre eine internationale militärische Koalition Implantierungs-Projekte an Menschen durchführt. Wenn diese Überwachungstechnologie in dieser Zeit einsatzbereit war, kann man sich ausmalen, was sich gegenwärtig auf diesem Gebiet abspielt. Cartwright gibt an, daß das Projekt in Südamerika zwischen 1965 und 1972 stattfand. In der offiziellen wissenschaftlichen Literatur wurde im Jahr 1972 von solchen Bio-Telemetrie-Überwachungsmethoden im Zusammenhang mit Häftlingen geschrieben. Wir sind im Besitz eines Artikels, der 1972 in *Law Review Crime and Justice*[38] von Barton L. Ingraham und Gerald W. Smith mit dem Titel »The Use of Electronics in the Observation and Control of Human Behaviour and Its Possible Use in Rehabilitation and Control« erschienen ist. In diesem Artikel wird genau beschrieben, was John Lambros und andere Opfer zur Zeit erleben. Es ist durchaus möglich, daß diese Technologie zu dieser Zeit schon getestet wurde.

Gegenwärtig werden Nachforschungen angestellt, um die an der Errichtung der Zellen beteiligten Militärs ausfindig zu machen. Wie es scheint, wurden die von Dr. Delgado und Dr. Stuart Mackay entwickelten Bio-Telemetrie-Überwachungsmethoden sofort vom Militär aufgegriffen und ohne Skrupel getestet. Als Häftling hat man natürlich wenig Chancen, einen Prozeß gegen die amerikanische Regierung zu gewinnen.

Im Oktober 1995 wurde einigen Forschern ein Dokument zugespielt, das mit *Eyes Only: Project-Groub 7A* bezeichnet ist und von dem Einsatz von Implantaten an unwissenden Häftlingen handelt.[39] Das Dokument soll von der Sicherheitsabteilung des Computerkonzernes IBM stammen. In diesem Dokument steht, daß diese Forschungsabteilung mit dem Federal Bureau of Prisons, dem California Department of Correction, dem Texas Department of Public Safty und dem Massachusetts Department of Correction Tests mit implantierten Häftlingen durchführte.

Weiter wird in dem Dokument behauptet, daß mehrere Häftlinge zu einer Gesundheitsuntersuchung nach Pelican Bay gebracht wurden. Dort betäubte man sie und implantierte ihnen während einer mehrstündigen Operation einen Biochip mit der Bezeichnung *2020 Neuro-Chip*. Die Aufgabe dieser Implantate wird wie folgt beschrieben:

»1. Die Implantate wurden zur Überwachung verwendet.

2. Die Implantate machten zwei Häftlinge unschädlich, als sie gegen unser Personal vorgehen wollten.

3. Wenn das Implantat mit 116 Megahertz angeregt wurde, verfielen sie in einen lethargischen Zustand und schliefen 18 bis 22 Stunden am Tag.

4. Alle Testpersonen verzichteten während der 116 Megahertz-Testphase auf sportliche Betätigung.

5. Sieben von acht Testpersonen führten in der Zelle und außer-

116

halb keine Übungen durch. Fünf von acht verzichteten sogar auf ihre tägliche Dusche.

6. Sieben von acht Häftlingen waren während der Testphase nicht aggressiv, obwohl sie provoziert wurden.

7. Jeder hatte mehrmals Blutungen aus der Nase und aus den Ohren. Diese Blutungen hörten etwa 48 Stunden nach der Implantierung auf.

8. Keiner der Häftlinge wußte von der Implantierung des *2020 Neural-Chip*.«

Der Verfasser des Dokumentes schreibt weiter, daß das Implantat den Träger zu einem gehenden und sprechenden Rekorder macht. Weiter steht darin, daß nur fünf Personen bei den Commissioner of Corrections die nötige *Need to Know*-Befugnis über die Implantat-Tests besitzen. Auch wenn manche Leser denken mögen, daß es sie ja nicht betrifft, soll man bedenken, daß diese Technologien gegen jedes Individuum eingesetzt werden können. Mittlerweile sind auch Fälle bekannt, bei denen das Implantierungsopfer kein Häftling oder Vorbestrafter ist. Der Amerikaner Brian Wrange besitzt drei unabhängige medizinische Gutachten, die bestätigen, daß ihn jemand mit medizinischen Fachkenntnissen künstliche Fremdkörper implantierte.[40] Magnet-Resonanz-Verfahren enthüllen, daß sich ein paramagnetisches Objekt in seinem Kopf befindet. Außerdem befindet sich ein flaches metallisches Objekt, das einem Computerchip ähnlich sieht, in seinem Trommelfell. Obwohl diese Personen Fotos von den Fremdkörpern und Statements von Ärzten besitzen, verleugnen die Behörden diese Projekte. Interessant sind bei diesen Fällen die Bereiche, in denen sich diese Implantate befinden, und wie sie in das Gehirn der Testpersonen implantiert wurden. Der Stirnbereich und der Bereich hinter den Ohren scheinen am häufigsten betroffen zu sein. Diese Stellen wurden auch von Dr. Man und Dr. Sanders als am besten geeignet bezeichnet.

Zum Abschluß soll noch die Geschichte von *Ed und Jay Kats* behandelt werden.[41] In diesem Fall sind die Opfer Emigranten aus der Ukraine. Ed Kats teilte uns mit, daß er glaubt, daß sein Schicksal in Kiew begann. Ed war 1963 siebzehn Jahre alt, als er seine Verwandten in den USA ausfindig machen wollte. Zu dieser Zeit befand sich der Kalte Krieg auf seinem Höhepunkt. Ed ist deshalb der Meinung, daß er während seiner vergeblichen Suche auf die Listen des sowjetischen Geheimdienstes KGB und der CIA kam. Am 11. September 1977 wanderte Ed mit seiner Frau in die USA aus und ließ sich nach anfänglichen Schwierigkeiten in Redwood City, Kalifornien, nieder.

Am 11. März 1982 wurden seinem vier Jahre alten Sohn Jay im Stanford-Spital die Mandeln entfernt. Seltsamerweise durften die Eltern ihren Sohn erst 24 Stunden nach der Operation wiedersehen. Am 12. März brachte eine Krankenschwester Jay um etwa 16 Uhr zu seinen Eltern. Das Kind sah ganz geschwächt aus und hatte schräg über dem Mund eine chirurgische Narbe. Zu dieser Zeit wußte Ed noch nicht, daß man seinem Kind während der Mandeloperation ein Implantat einsetzte. Dieser schreckliche Verdacht kam ihm erst zu Bewußtsein, als er selber ein Opfer dieser Experimente wurde. Nach der Einnahme mehrerer Vitaminpillen begann im Sommer 1988 plötzlich ein Geschwür in seinem rechten Nasenflügel zu wachsen.

Im November 1990 ging Ed zu einem Arzt, der ihm eine Operation nahelegte. Ed befolgte den Ratschlag und ließ sich im Kaiser-Spital in Redwood City operieren. Aus einem ihm unbekannten Grund konnte er danach fünf Monate nicht mehr durch die Nase atmen. Am 11. März 1991 wurde er ein weiteres Mal operiert. Diesmal dauerte die Operation sieben Stunden. Danach besserte sich die Atmungssituation etwas. Als Ed wieder normal durch die Nase atmen konnte, bekam er unter dem rechten Auge Schmerzen. Nach einiger Zeit begann diese Stelle anzuschwellen.

Im August 1992 erfuhr Ed, daß sein Onkel Probleme mit dem FBI hatte. Daraufhin fragte er beim FBI nach, ob es auch über ihn eine Akte gibt. Das FBI gab ein zwei Seiten langes, stark zensiertes Dokument frei. Im lesbaren Teil des Dokumentes steht, daß die Informationen über diese Person aufgrund einer *Executiv Order* aus Gründen der nationalen Sicherheit oder der Fremdenpolizei klassifiziert sind. Darunter kann auch das unberechtigte

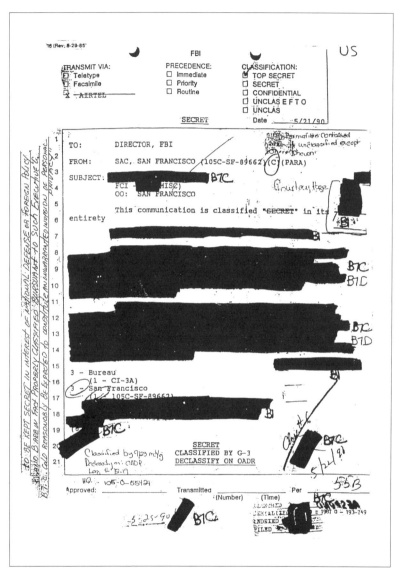

Abb. 30: Zensiertes FBI-Dokument, in dem Informationen über das Implantierungsopfer Edward Kats aus Gründen der nationalen Sicherheit selbst vor ihm zurückgehalten werden.

Eindringen in die Privatsphäre einer Person fallen. Im darauffolgenden Dezember ereignete sich ein Vorfall, der aus dem Drehbuch der Fernsehserie *Akte-X* stammen könnte.

Am 17. Dezember 1992 wartete Ed nach der Arbeit auf seine Frau. Zu diesem Zeitpunkt trat ein Fremder an ihn heran und erzählte ihm, daß er über seine Operation vom 11. März Bescheid wußte. Der Fremde behauptete weiter, daß man ihm während dieser Operation ein elektronisches Gerät implantiert hat. Er meinte, daß Ed nun für psychologische Tests bereit ist. Der Fremde wollte erreichen, daß Ed in das Spital zurückkehrte. Bevor er sich von ihm verabschiedete, sagte er zu Ed: »Du wirst deine Erinnerung verlieren und mit ihr dein musikalisches Talent.«

Ed war nach diesem Gespräch schockiert und ließ daraufhin Röntgenbilder anfertigen. Auf diesen Bildern sind in der Tat unter dem rechten Auge zwei relativ große Fremdkörper zu sehen.

Nach dieser Erkenntnis ließ Ed auch seinen Sohn Jay röntgen und mußte feststellen, daß auch Jay ein Fremdkörper implantiert wurde. Damit lassen sich auch der lange Spitalaufenthalt und die Narbe schräg über dem Mund erklären. Die Ärzte teilten Ed mit, daß Jay deshalb länger im Spital bleiben mußte, weil die Mandeloperation Komplikationen hervorrief. Interessanterweise ist in dem medizinischen Bericht von Jay nichts von dieser Komplikation zu lesen. Am 11. März 1982 teilte man Ed und seiner Frau Klaudia mit, daß ihr Sohn um 10 Uhr 30 operiert wurde. Der medizinische Bericht gibt hingegen an, daß die Operation um 6 Uhr in der Früh stattfand. Die Familie Kats suchte daraufhin viele Behörden, Menschenrechtsorganisationen und Regierungsbeamte auf, damit diese ihr Problem ernst nehmen und etwas gegen solche illegalen Experimente unternehmen. Bis jetzt hatten sie in dieser Angelegenheit sowie viele andere Implantierte keinen Erfolg. Niemand will wahrhaben, daß solche Experimente in einer Demokratie geheim durchgeführt werden. Da Ed Kats kein gebürtiger Amerikaner ist, ist es für ihn noch schwieriger, gegen diese an ihm und seinem Sohn verübten Verbrechen vorzugehen.

In den USA scheint die Defense Advanced Research Project Agency (DARPA) bezüglich dieser Entwicklungen eine große Rolle zu spielen. Die DARPA hat Zugriff zu den in *UFO-Geheimhaltung* behandelten schwarzen Budgets und scheint eine Drehscheibe zwischen den bei schwarzen Programmen entwickelten Technologien und der offiziellen Wissenschaft zu sein. Zwischen dem 19. und dem 21. November 1996 fand im Hynes Convention Center in Boston, Massachusetts, eine Konferenz der International Society for Optical Engineering über Überwachungstechniken für Ordnungshüter statt.[42] Ein leitendes Komiteemitglied war der DARPA-Bedienstete Dr. John J. Pennella. Dr. Pennella sollte laut Harlan Girard vom International Committee for the Convention Against Offensive Microwave Weapons die nötige *Need to Know*-Befugnis bezüglich dieser Implantate besitzen.[43] Viele der bei dieser Konferenz präsentierten Vorträge handelten von mikrominiaturisierten Radiofrequenz-Transmittern und ähnlichen Themen.[44] Anhand unserer bisherigen Erkenntnisse scheinen sich folgende Entwicklungen abzuzeichnen:

1. Die im geheimen entwickelten *Mind Control*-Technologien, Implantate, RHIC-EDOM-Technologien etc. werden zum Großteil aus schwarzen Budgets finanziert.

2. Nachdem diese Technologien mehrere Jahre an unwissenden Personen geheim unter dem Schutzschirm der nationalen Sicherheit getestet wurden, werden sie über Behörden wie die DARPA bei Konferenzen der interessierten Öffentlichkeit vorgestellt.

3. Diese Technologien scheinen für verdeckte Operationen der Geheimdienste und Militärs eine große Rolle zu spielen.

Im weiteren wollen wir die Erkenntnisse aus der *irdischen* Implantat-Technologie und deren Anwendungen mit dem UFO-Entführungsphänomen vergleichen. Diese Vergleiche sind deshalb sehr interessant, da Personen mit UFO-Entführungserlebnissen berichten, daß ihnen *nicht* menschliche UFO-Insassen ebenfalls kleine Fremdkörper in die verschiedensten Körperteile implantieren.

6 Angebliche Alien-Implantate

Wie in den beiden Büchern *UFO-Geheimhaltung*[25] und *UFO-Nahbegegnungen*[45] ausführlich behandelt wurde, kann man sehr gut untersuchte, angebliche Entführungen durch UFO-Insassen nicht auf Halluzinationen, Phantasien, Geisteskrankheiten oder auf sonstige psychologische Ursachen zurückführen. Viele Journalisten und die Vertreter der Medien scheinen diese Tatsachen nicht wahrhaben zu wollen. Auch wenn die physikalische Realität von UFOs von einer immer größer werdenden wissenschaftlichen Gemeinschaft nicht mehr abgestritten wird, gibt es gegenwärtig keinen hundertprozentigen Beweis, daß UFO-Insassen real existieren. Viele Hinweise und Indizien sind noch kein endgültiger Beweis für deren Existenz.

Nach allem, was man bisher weiß, scheint der Zweck einer UFO-Entführung darin zu bestehen, einen Menschen aus seiner gewohnten Umgebung in das Innere eines UFOs zu holen und dort einer genauen medizinischen Untersuchung zu unterziehen.[27] Die Vorgänge während dieser Untersuchungen sind bis heute schon recht gut dokumentiert worden. Einige dieser Untersuchungen sind den zuvor behandelten *Mind Control*-Methoden durchaus ähnlich. Die während der Untersuchungen stattfindenden Prozeduren kann man in primäre, sekundäre und zusätzliche Erfahrungen unterteilen. Die primären Untersuchungen werden an den meisten Personen durchgeführt und stehen am Beginn der Prozeduren. Zu diesen *primären* Untersuchungen gehören die oberflächliche Musterung des Körpers eines UFO-Entführten, die Abtastung der Gedanken und Gefühle, Eizellen-Entnahme, Sperma-Proben, die Entnahme von etwa dreimonatigen Föten und das *Implantieren* kleiner Fremdkörper.

Zu den *sekundären* Erfahrungen gehören Untersuchungen mit Maschinen und die Visualisierung von Ereignissen, die sich in der Zukunft oder einer fremden Welt ereignen. Weiter gehören zu diesen Erfahrungen auch reproduktive Erlebnisse wie Inkubatoren, in denen Föten in einer Nährlösung schwimmen, Kindergrippen und der Kontakt mit Babys.

Die *zusätzlichen* Erfahrungen sind ähnlich und betreffen spontane Heilungen, Chirurgie, Informationstransfer und weitere Kontakte mit Babys.

Im folgenden wollen wir einen weiteren Puzzlestein präsentieren, der UFO-Entführungen in den Bereich unserer Realität rückt. Am Ende der Untersuchungen scheinen die fremden Wesen den Entführten Implantate einzusetzen oder zu entfernen. Welchen Zweck diese Objekte erfüllen sollen, ist bisher nicht bekannt. Interessanterweise werden diese Fremdkörper wie bei den zuvor behandelten irdischen Implantierungs-Opfern bevorzugt durch die *Nasenlöcher*, die *Ohrgänge*, die *Sinus-Ausbuchtung* und den *Nacken* implantiert. Diese Implantate werden von den Entführten meistens als kleine metallische Kügelchen oder Objekte beschrieben.

Viele betroffene Personen beschreiben unter Hypnose oder bei vollem Bewußtsein, wie ihnen kleine graue, großköpfige Wesen diese Fremdkörper mit einem nadelförmigen Instrument durch den Ohrkanal einführen. Am Ende der Nadel befindet sich meistens ein kleines kugelförmiges Objekt, das beim Herausziehen des Instrumentes wieder fehlt. Amy (Pseudonym) beschreibt diesen Vorgang wie folgt:

»Das Wesen steckt ein dünnes nadelförmiges, metallisches Instrument in mein rechtes Ohr, und ich denke: Oh! Es wird schmerzen! Ich kann mich nicht bewegen, um es zu stoppen. Zu meiner Überraschung schmerzt es nicht! Es zieht das Instrument heraus, an dessen Ende sich ein rötliches, flaches, kreisförmiges, schmales fleischfarbenes Objekt befand. Es war rötlich, aber transparent. Wenn man es aus der Nähe betrachtete, konnte man einiges darin erkennen.«[46]

Für Amy war diese traumatische Rückblende der Implantat-Entnahme das realste Erlebnis ihrer UFO-Entführungen. Nach dieser Prozedur entnahm das Wesen einen weiteren Fremdkörper aus ihrem Nacken. Die Plazierung des Implantates hinter Amys Ohr scheint kein Zufall zu sein. Der Häftling John Lambros und andere Implantierte besitzen, wie schon erwähnt, radiologische Gutachten und Röntgenbilder, die solche durch den Ohrkanal eingeführte Fremdkörper belegen. Dr. Daniel Man behauptet ebenfalls, daß sein Lokalisierungsimplantat für vermißte Kinder am besten hinter dem Ohr plaziert wird. Weitere Parallelen zwischen den zuvor behandelten *Mind Control*-Opfern und UFO-Entführten sind *transnasale* Implantierungen.

Viele Personen, die angeblich von UFO-Insassen entführt wurden, berichten, wie ihnen die fremden Wesen mit einem nadelförmigen Instrument einen Fremdkörper durch ein Nasenloch in das Gehirn einführen.[27] Meistens haben sie am darauffolgenden Tag Nasenbluten. Die Betroffenen suchen meistens Ärzte auf, die daraufhin seltsame Löcher oder Ausbuchtungen am Ende des Nasenloches entdecken. So berichtet zum Beispiel Ed Walters während einer Hypnose-Rückführung, wie ihm seine Entführer in einem kleinen Raum mit einem solchen Instrument ein kleines Objekt durch die Nase implantierten. Er erlebte diesen traumatischen Vorgang noch einmal durch.[47]

Ed beschreibt, wie er ein schmerzhaftes Stechen in seiner Nase spürte und wie die Nadel mit dem Objekt an der Spitze die Nasenrückwand durchstieß. Als das Wesen das nadelförmige Instrument aus dem Nasenloch zog, war das an der Spitze befestigte Implantat verschwunden. Bei einigen Fällen gelang es den UFO-Forschern, auch Röntgenbilder von diesen Fremdkörpern anzufertigen. Als Beispiel soll hier noch einmal der Fall von Linda Cortile dienen.[48]

Eines Nachts 1989 rief sie den UFO-Forscher Budd Hopkins an und teilte ihm mit, daß sie am Morgen einige Blutflecken auf ihrer Bettwäsche entdeckte, wobei sich das meiste Blut im Kopfbereich befand. Zufällig ließ Linda Cortile eine Woche zuvor Röntgenbilder ihres Kopfes anfertigen. Diese Aufnahmen zeigen einen spiralförmigen Fremdkörper im hinteren Bereich ihrer Nasenhöhle. Eine weitere Röntgenaufnahme, die nach dem starken Nasenbluten angefertigt wurde, zeigt das Objekt allerdings nicht mehr.

Der deutsche Mediziner Dr. Jansen meinte bei der MUFON-CES-Tagung im November 1996 in Coburg, daß es sich bei diesem Fremdkörper auch um den Rest eines Papiertaschentuches handeln könnte. Wenn man die Umstände dieses komplexen Falles nicht genau kennt, könnte man Dr. Jansen durchaus zustimmen. Es stellte sich aber heraus, daß Linda Cortile in der fraglichen Nacht ein UFO-Entführungserlebnis durchmachte. Sie beschrieb unter Hypnose, wie ihr die UFO-Insassen den spiralförmigen Körper aus der Nasenhöhle entfernten.[48] Der auf dem Röntgenbild zu sehende Fremdkörper besteht aus einem zylindrischen Schaft mit zwei dünnen spiralförmigen Auslegern an beiden Enden.

Während der Hypnose-Regression schilderte Linda, wie ihr die UFO-Insassen mit einem nadelförmigen Instrument, an dessen Spitze sich ein kleines metallenes Objekt befand, dieses durch ihr Nasenloch implantierten. Interessanterweise erinnert sie sich unter Hypnose nicht an den schaftförmigen Gegenstand, der auf dem Röntgenbild zu sehen ist. Budd Hopkins hat zwei andere UFO-Entführungsfälle unter seinen Daten, bei denen die Betroffenen auch solche schaftförmigen Gegenstände schildern. Bei ihnen gehörte dieses Objekt zu dem Instrument, mit dem die Implantate eingesetzt wurden. Möglicherweise blieb bei Linda Cortile dieser Teil im hinteren Nasenflügel stecken, als die Wesen das Instrument aus dem Nasenloch zogen.

Die Ähnlichkeit dieser *transnasalen* Implantierungs-Technik mit *irdischen* Prozeduren ist erstaunlich. Wir wollen hier zum Vergleich den Fall des Briten N'Tumba betrachten.[49] N'Tumba scheint ein ungewolltes Opfer des britischen Geheimdienstes MI5 geworden zu sein. N'Tumba beschreibt dieselben Symptome wie viele andere angeblich von Geheimdiensten für Testzwecke implantierte Personen. Er hat ein Gefühl, als ob seine Peiniger seine Gedanken, alle Eindrücke und Emotionen, die er wahrnimmt, wissen würden. N'Tumba betont, daß er kein Spion, kein Krimineller und kein Terrorist ist. Er besitzt auch Röntgenbilder, die einen durch das linke Nasenloch implantierten Fremdkörper zeigen. Weiter sind auf dem Röntgenbild Elektroden erkennbar, die den Blutfluß im Occipitallappen (Hinterkopf) blockieren. Diese Fremdkörper scheinen seine Erinnerungen zu beeinträchtigen.

HOUSE OF COMMONS
LONDON SW1A 0AA

Mr K N'Tumba

20 August 1992

Dear Mr N'Tumba,

Following your most recent visit to see me, I have written to
the Prime Minister on your behalf.

As you will know, there is very little accountability of
security services to the House of Commons and Members of
Parliament have almost no power in relation to the activities
of MI5.

As soon as I receive a response from the Prime Minister, I will
be in touch with you again.

Yours sincerely,

John Austin-Walker MP

*Abb. 31: Diese Abbildung zeigt einen Brief des britischen Parlamentsabge-
ordneten John Austin-Walker, der an das britische »transnasale« Implantierungsopfer N'Tumba gerichtet ist. John Austin-Walker teilt Herrn
N'Tumba mit, daß er keinen Einfluß auf die Aktivitäten des englischen
Geheimdienstes MI5 besitzt.*

N'Tumba scheint so wie viele andere Personen ohne ihr Wissen betäubt und implantiert worden zu sein. Gegenwärtig versucht er, Menschenrechtsorganisationen auf seine Situation aufmerksam zu machen. Die Plazierung von Implantaten durch die Nasenlöcher ist eine in der Neurochirurgie anerkannte Methode und rückt somit UFO-Entführungserlebnisse in den Bereich der Realität. Manche UFO-Entführte berichten, daß bei ihnen kleine Fremdkörper aus der Nase fielen. Leah Haley, auf deren Erlebnisse wir noch genauer eingehen werden, bemerkte zum Beispiel, wie ein Fremdkörper vom Gaumen hinter ihrem linken Zahn hervorkam.[50] Als sie mit ihren Fingernägeln nach dem Fremdkörper tastete, fiel er aus dem Mund und landete vor ihr auf dem Boden. Er sah aus wie ein Computerchip und wurde von einer Forschungseinrichtung wissenschaftlich untersucht. Ein Foto des Objektes, das mit einem abtastenden Elektronenmikroskop aufgenommen wurde, ist im Bildteil des Buches abgebildet. Ein kleiner Teil des relativ harten Objektes wurde auch auf seine Zusammensetzung mit einem Energy Dispersive Spectrometer (EDS) analysiert.[51] Diese Untersuchung ergab, daß der Fremdkörper primär aus Kupfer besteht. Das zweithäufigste Element ist Zink, gefolgt von Aluminium und Silikon. Das Gewicht des Fremdkörpers beträgt etwa sechs Milligramm, und die Abmessungen entsprechen 0,16 x 0,16 x 0,03 Zentimeter. Diese regelmäßige Form weist auf einen künstlichen Ursprung hin. Untersuchungen mit einem Geigerzähler ergaben keine Hinweise auf radioaktive und/oder magnetische Aktivitäten. Die Analyse ergab schließlich, daß dieser Fremdkörper eine Messinglegierung ohne Eisenzusätze ist. Wie dieses Objekt in Leah Haleys Gaumen kam, welche Funktion es hat und wer der Hersteller ist, bleibt unerklärt.

Die dritthäufigste Plazierung von angeblichen Implantaten durch UFO-Insassen findet in der Sinus-Ausbuchtung statt. Diese Stelle entspricht genau den Implantierungs-Orten der *Mind Control*-Opfer Ed und Jay Kats. Weitere Plazierungen betreffen die Nähe der Eierstöcke, den Penisschaft bei Männern, die Unterleibsregion bei Frauen und den Handrücken.[27] Die Mehrheit der

UFO-Entführten beschreibt aber Implantationen im Kopfbereich.

Es ist anzunehmen, daß UFO-Insassen, die Menschen implantieren, dieselben Stellen aussuchen wie menschliche Mediziner. Das ist eine sehr wichtige Feststellung, da die Mehrheit der UFO-Entführten und die Bevölkerung nicht wissen, daß Implantationen durch den *Gehörgang*, die *Sinus-Ausbuchtung*, die *Nasenlöcher* und den *Nacken* perfekte medizinische Prozeduren sind. Wenn diese Personen nur an Halluzinationen leiden, würden sie beschreiben, wie ihnen die Wesen mit Nadeln durch jeden beliebigen Körperteil stechen beziehungsweise die Implantate überall einsetzen. Die Parallelen zu irdischen Prozeduren und die Übereinstimmung der Geschichten legen nahe, daß sich etwas Reales ereignet.

Am 6. Juni 1989 ließ sich Alice Haggerty von Medizinern auf mögliche *Alien*-Implantate untersuchen. Alice Haggerty hatte bis zu diesem Zeitpunkt etwa 20 bis 30 UFO-Entführungserlebnisse hinter sich. Sie wurde mit Magnet-Resonanz-Geräten untersucht.[52] Jeder Test nahm 15 Schnitte ihres Gehirns auf. Überraschenderweise enthüllte der Film eine große weiße Einbuchtung in der Nähe des Hauptknochens der Nasenstruktur. Ein Mediziner meinte, daß sich an dieser Stelle für viele Jahre eine ungewollte Masse befand. In diesem Fall befand sich der Fremdkörper zum Zeitpunkt der Untersuchung nicht mehr an seinem Ort.

Eine andere Frau mit UFO-Entführungserlebnissen wurde, nachdem sie Blutungsstörungen bekam, von einem Arzt untersucht.[52] Dieser meinte, daß sie einen kleinen Tumor an ihrer Hirnanhangdrüse besitzt. Nach weiteren UFO-Entführungserlebnissen ließ sich Collete Donwell drei Jahre später von fünf verschiedenen Ärzten untersuchen. Jeder dieser Ärzte bestätigte, daß ihr Geisteszustand ganz normal war. Magnet-Resonanz-Aufnahmen, die 1989 durchgeführt wurden, zeigen eine etwa drei Millimeter durchmessende kreisförmige Struktur. Dieses Phänomen war nicht mit dem 1989 entdeckten Knoten vergleichbar. Der zuständige Arzt gab zu, daß man etwas Seltsames in ihrem Kopf fand. Während dieser Zeit wurden ihre Magnet-Resonanz-

Aufnahmen von mehreren Medizinern untersucht. Diese Mediziner wußten nicht, daß es sich bei dem kreisförmigen Objekt möglicherweise um ein *Alien*-Implantat handelte. Neun Ärzte konnten sich nicht erklären, was dieser Fremdkörper in Colletes Kopf darstellte. Fünf Neuroradiologen waren ebenfalls ratlos. Anhand eines Sehtests vom 20. August 1990 fand man weitere Hinweise auf eine Wucherung bei ihrer Hirnanhangdrüse. Am 29. März 1994 ergab ein anderer Sehtest, daß die Symptome stabil blieben. Überraschenderweise wurde acht Tage später bei einer weiteren Untersuchung festgestellt, daß die Symptome verschwanden. Collete Donwell konnte wieder normal sehen und zeigte keine Hinweise auf die zuvor festgestellten Wucherungen.

Der Arzt war verblüfft und meinte:»So etwas kann es nicht geben. Wurde etwas seit den letzten acht Tagen aus Ihrem Kopf entfernt?«

Die spontane Heilung ihrer Sehstörungen scheint auf die Entnahme dieses Fremdkörpers hinzuweisen. Das würde bedeuten, daß ihre Krankheitssymptome nicht durch einen Tumor ausgelöst wurden, sondern durch den implantierten Fremdkörper. Leider war man bei diesen Fällen zu langsam, um an die entfernten Objekte heranzukommen. Beim Amerikaner Richard Price schien man in dieser Hinsicht mehr Glück zu haben.[53]

Richard Price behauptet, daß er im September 1955 im Alter von acht Jahren von UFO-Insassen entführt wurde und ihm die fremdartigen Wesen ein Implantat durch seinen Penisschaft einführten. Am 25. Juni 1989 bemerkte Price, wie ein Fremdkörper aus seiner Haut hervordrang. Er fertigte einige Fotos an und ließ sich am 21. Juli von Dr. Neal Replewski untersuchen. Dr. Replewski fand tatsächlich einen Fremdkörper von vier Millimeter Länge und einem Millimeter Durchmesser.

Am 10. August fiel das Objekt aus seinem Körper und wurde am 22. August vom Physiker Dr. David Pritchard am MIT untersucht.[54] Es schien, als ob das Objekt dehydrierte. Es wurde im Laufe der Zeit immer härter, als es mit der Luft in Verbindung kam. Die Analyse ergab, daß der Kern des Objektes aus einer kristallinen Struktur aufgebaut ist. Mit Hilfe eines Massenspektrometers wurde festgestellt, daß der Hauptbestandteil dieses Fremdkörpers Kohlenstoff ist. Das zweithäufigste Element ist Sauerstoff, gefolgt von vielen anderen Elementen. Kleine Ausleger am Ende des Fremdkörpers zeigen eine dreilagige Struktur. Ein anderer Ausleger wies eine zufällig gedrehte Form auf. Dr. Pritchard verglich den Fremdkörper mit natürlich vorkommenden Stoffen, wie Baumwollfasern und ähnlichen Materialien. Er meint, daß das sogenannte *Price-Implantat* nichts *Außerirdisches* an sich hat. Es sieht aus, als ob es natürlich gewachsen ist und nicht künstlich erzeugt wurde. Dr. Pritchard kam zu diesem Schluß, da es anders als bei Leah Haley eine völlig irreguläre Form aufweist und die chemische und elementare Analyse mit irdischen biologischen Stoffen übereinstimmt. Dieses Resultat vermindert die Wahrscheinlichkeit, daß das *Price-Implantat* von UFO-Insassen stammt, erheblich, obwohl niemand weiß, wie fremde Wesen Implantate herstellen beziehungsweise gestalten. Es könnte durchaus möglich sein, daß sie körpereigene Substanzen des Entführten für die Herstellung von Implantaten verwenden.

Dr. Pritchard ließ diese geringe Wahrscheinlichkeit offen, da Richard Price die Morphologie seines angeblichen Implantates unter Hypnose vorhersagte, als es noch nicht von seinem Körper abgestoßen wurde. Mit wenigen untersuchten möglichen *Alien*-Artefakten kann man keine richtigen Studien betreiben. Deshalb sind gegenwärtig Bestrebungen im Gange, um mehrere mögliche *Alien*-Implantate für eine wissenschaftliche Analyse zu erhalten. Bis ins Detail übereinstimmende Geschichten, regelmäßige Narben, Schwellungen und Sekundäreffekte an UFO-Entführten sind nicht genug, um die Skeptiker zu überzeugen, daß sich etwas Seltsames bei diesen Personen ereignet. Aus diesen Gründen begann der Hypnotherapeut Derrel Sims, mehrere Mediziner und Wissenschaftler um sich zu scharren, die ihm beim Aufspüren und Analysieren von angeblichen *Alien*-Implantaten helfen. Wir finden ebenfalls, daß die Suche nach physikalischen Hinweisen beim UFO-Entführungsphänomen die einzige Möglichkeit darstellt, wenn man feststellen möchte, ob UFO-Entführungen real ablaufen.

7 Die Suche nach Alien-Implantaten beginnt

Die bisher vorgestellten Fälle von angeblichen *Alien*-Implantaten sind interessant, aber nicht befriedigend, da sie bis auf Leah Haleys Fremdkörper natürlichen Ursprungs zu sein scheinen oder einer Analyse nicht mehr zugänglich waren. Die Mannschaft von Derrel Sims entfernte bis jetzt zwölf Fremdkörper von Personen mit UFO-Entführungserlebnissen. Er ist der Direktor für physikalische Untersuchungen des Houston-UFO-Network (HUFON). In seiner Vergangenheit war Derrel Sims bei verdeckten Operationen des amerikanischen Geheimdienstes CIA tätig. Über diese Zeit spricht er nicht sehr gerne und gibt vor, gegenwärtig mit der *Firma* nichts mehr zu tun zu haben. Derrel Sims setzt sich deshalb für die Suche nach *Alien*-Artefakten ein, da er selber in seiner Vergangenheit UFO-Entführungserlebnisse hatte.

Am 11. Dezember 1992 wurde einer Frau mit UFO-Entführungserlebnissen ein senfkornförmiger Fremdkörper, der nach einem solchen Erlebnis aus ihrem Auge fiel, von Derrel Sims und Dr. Rod Lewis untersucht.[55] Die Frau hatte drei Tage zuvor ein komplexes UFO-Entführungserlebnis und beschrieb unter Hypnose, wie ihr die fremden Wesen ein Objekt hinter ihrem Auge implantierten. Dieser Fremdkörper ist im Bildteil des Buches abgebildet, etwa 1 bis 1,5 Millimeter lang, innen hohl und besitzt eine fleischige Farbe. Der äußere Bereich unterscheidet sich in seinem Aufbau vom inneren. Das Objekt läßt sich nicht deformieren, wenn es einem Druck ausgesetzt wird.

Untersuchungen an der Universität von Houston, Texas, ergaben keinen Hinweis auf einen biologischen Ursprung. Am 14. April 1992 wurde das Objekt am Supraleitungs-Labor der Universität mit einer *Electron Microprobe* auf seine Bestandteile untersucht. Mit dieser Methode fanden die Wissenschaftler heraus, daß Kohlenstoff gefolgt von Sauerstoff die Hauptbestandteile dieses Fremdkörpers sind. Weiter setzt sich das Objekt aus Silikon, Titanium, Barium, Beryllium, Sulfur und Aluminium zusammen. Die Spurenanteile gehörten zum Objekt und zu keiner nachträglichen Kontaminierung. Weitere Untersuchungen ergaben, daß der Fremdkörper nicht elektrisch leitend ist. Die Wissenschaftler betonen, daß es ungewöhnlich ist, daß Titanium und Silikon in einem kohlenstoffreichen Material gemeinsam vorkommen. Das Beryllium-Vorkommen ist ebenfalls seltsam, da dieses Element gewöhnlicherweise nur in elektrisch leitenden Materialien anzutreffen ist. Möglicherweise ist die Zusammensetzung des Objektes unter die Polymeren einzuordnen. Da die Frau unter Hypnose beschrieb, wie ihr die UFO-Insassen einen kleinen Fremdkörper in das Auge implantiert haben, kann man nicht ausschließen, daß es das analysierte Objekt war.

Im August 1995 wurden zwei weitere angeblich von UFO-Insassen entführte Personen vor laufenden Filmkameras operiert, damit die Entnahme der Fremdkörper genau dokumentiert werden konnte. Die Operationen wurden von Dr. Roger Leir, Derrel Sims und zwei Helfern durchgeführt.[56, 57, 58] Eine UFO-Entführte hatte bei jedem großen Zeh einen auf Röntgenaufnahmen sichtbaren Fremdkörper unter der Haut. Weiter scheint sie Anzeichen einer chirurgischen Prozedur an einem Fußknochen aufzuweisen, obwohl sie selbst nichts von einer Operation weiß. Sie besitzt auch keine medizinischen Unterlagen über einen solchen Eingriff. Die zweite Person war ein Mann, der einen ähnlich aussehenden Fremdkörper unterhalb seiner oberen Handfläche hatte. Vor der Operation wurden die Krankengeschichten der Patienten, die emotionalen sowie die psychologischen Zustände und die UFO-Entführungserlebnisse ausführlich dokumentiert.

Da es Fälle gibt, bei denen sich angebliche *Alien*-Implantate aufgelöst haben, nachdem man sie entfernte, entschied sich Dr. Leir, die entnommenen Fremdkörper in der Körperflüssigkeit der Patienten zu transportieren. Nachdem Derrel Sims die erste Patientin in Hypnose versetzte, suchten Dr. Leir und seine Helfer nach dem Fremdkörper in ihren Zehen. Nachdem dieser lokalisiert wurde, entfernte Dr. Leir das Objekt. Da die Patientin trotz Hypnosebetäubung einen starken Ruck ausführte, als Dr. Leir das Objekt berührte, ist es möglich, daß es mit Nerven in Verbindung stand.

Das entfernte Objekt wurde auf ein Tuch gelegt und abgemessen. Es war etwa 1,5 Zentimeter groß, sternförmig und mit einer dunkelgrauen, sehr dichten biologischen Membran umgeben. Danach wurde ein weiterer etwa zwei bis vier Millimeter langer Fremdkörper aus dem zweiten Zeh entnommen. Auch bei der Berührung dieses Objektes reagierte die Frau trotz Anästhesie sehr stark. Das zweite Objekt war ebenfalls mit derselben Membrane umgeben und sah aus wie ein kleines Reiskorn. Im Bildteil des Buches ist eine Aufnahme der entnommenen Fremdkörper zu sehen.

Nachdem die entfernten Objekte gesichert und für den Transport bereitgestellt waren, wurde der zweite Patient an der Hand operiert. Dieses Objekt sah exakt wie der zuvor bei der Frau entnommene Fremdkörper aus. Die Größe dieses Objektes betrug ebenfalls etwa vier Millimeter. In der Zwischenzeit wurden weitere UFO-Entführte operiert und Fremdkörper entnommen.[59] Unter diesen Personen befand sich auch der im Kapitel I erwähnte *Wavie* Dave Bader. Dave besitzt *keine* UFO-Entführungserlebnisse, sondern behauptet, daß man ihm während seiner Beschäftigung bei einer für das amerikanische Militär arbeitenden Firma ein Implantat in seinen Kieferbereich einsetzte. Eine Röntgenaufnahme von Dave Baders Kopf, in der man den Fremdkörper sehr gut erkennen kann, ist im Bildteil des Buches zu sehen.

Wir hatten die Gelegenheit, Derrel Sims und seine Frau Doris, die eine Expertin in Hypno-Neurolinguistik ist, Mitte November 1996 im regnerischen und nebelverhangenen Nordengland zu treffen.[60] Das Ehepaar Sims war bei der Lancashire Aerial Phenomena Investigation Society (LAPIS) UFO-Konferenz in Lytham St. Annes on Sea, in der Nähe der nordenglischen Stadt Blackpool, eingeladen, um über die entnommenen Objekte Vorträge zu halten.

Wir reisten nach einem kurzen Aufenthalt in London nach Lytham St. Annes on Sea, wobei die viktorianischen Villen zu dieser Jahreszeit einen besonderen Eindruck auf uns hinterließen. Derrel Sims teilte uns mit, daß die endgültigen Analysen der entnommenen Fremdkörper noch einige Zeit andauern werden und sehr kostspielig sind. Die obere Kostengrenze wird mit mehreren Tausenden Dollar angegeben. Bei der Analyse sind zwei unabhängige Universitäten und zwei Laboratorien beteiligt. Die verwendeten Geräte und Tests sind neben einem Massenspektrometer eine Scanning Electron Microprobe (SEM-Test), ein Härtetest, Untersuchungen im ultravioletten, infraroten und polarisierten Licht sowie ein Resonanz- und nuklear-magnetischer Resonanztests (NMR-Test).

Derrel Sims zeigte uns die ersten Detailaufnahmen von den metallischen Objekten, nachdem man die Membrane entfernte. Diese reiskornförmigen Fremdkörper weisen eine wabenförmige Struktur auf ihrer Oberfläche auf und sehen nicht wie gewöhnliche Eisenspäne aus. Die Membrane der Objekte wurden in Houston mit ultraviolettem Licht bestrahlt. Alle drei Objekte leuchteten in einer grünlich fluoreszierenden Farbe. Interessanterweise fand Sims diese Spuren auch bei einigen Personen mit UFO-Entführungserlebnissen. Wie in dem Buch *UFO-Geheimhaltung*[25] behandelt wurde, scheint diese fluoreszierende Farbe auch bei mysteriös verstümmelten Tieren aufzutreten. Möglicherweise werden so die ausgewählten Opfer an bestimmten Körperstellen markiert.

Gegenwärtig will man herausfinden, aus welchem Stoff diese fluoreszierenden Schichten bestehen. Es ist jedenfalls seltsam, daß bei allen drei Fremdkörpern dieser Effekt auftrat. Eine Untersuchung des umliegenden Gewebes ergab keine Hinweise auf Entzündungen. Die Analyse der umgebenden Membrane ergab, daß diese Hüllen aus Blutprotein und Keratin bestehen. Diese Substanz kommt in der Hautoberfläche, den Haaren oder Nägeln vor. Die Resultate sind laut Dr. Leir sehr ungewöhnlich, vor allem, da sie bei beiden Personen auftraten.

Möglicherweise dienen die hinterlassenen Löffelnarben, die UFO-Entführte vorfinden, dazu, um Keratin für diese Hüllen zu erhalten. Die Resultate der metallischen Analysen waren zur Zeit, als wir mit Derrel Sims sprachen, noch nicht vollständig vorhanden. Interessant ist auch, daß die Objekte, als sie sich noch im Körper der Patienten befanden, Ausschläge auf einem elektromagnetischen Feld-Detektor verursachten. Als die Objekte von den Entführten getrennt wurden, schlug der Feld-Detektor nicht mehr aus. Dieses Verhalten könnte man als Hinweis für ein Unterbrechen zwischen den Nerven und den angeblichen *Alien*-Implantaten ansehen.

Die Entnahme des angeblich militärischen Fremdkörpers, der sich in Dave Baders linkem Unterkiefer befand, war etwas schwieriger. Die Operation dauerte etwa eine halbe Stunde. Das entfernte Objekt schien metallischen Ursprungs zu sein, hatte die Form einer flachen Scheibe mit einem Durchmesser von etwa drei Millimetern. Da man an Dave Baders Haut keine Narben sah, meinten die Ärzte, daß der Fremdkörper durch Daves Mund implantiert wurde.

Gewöhnlicherweise stellt man sich bei irdischen Implantaten vor, daß sie kleine Mikroprozessoren sind. Interessanterweise gibt es Implantate, die nicht wie Elektroden oder Mikroprozessoren aussehen. Es gibt zum Beispiel reiskornförmige magnetisierbare Medikamenttransporter, die gegen Gehirntumore eingesetzt werden.[61] Diese Implantate werden durch ein außerhalb angelegtes Magnetfeld zu den betroffenen Stellen transportiert. Wenn das Magnet-Implantat beim Tumor ankommt, werden die Medikamente abgegeben. Wenn man ein solches Implantat analysieren würde, käme nur ein regelmäßiger magnetischer Fremdkörper zum Vorschein. Andere irdische Mikroimplantate werden aus *quasikristallinen* Materialien entwickelt.[62] Diese Quasikristalle weisen eine sehr gute biologische Kompatibilität auf. Messungen an lebenden Tieren, die mit quasikristallinen Fremdkörpern implantiert wurden, zeigten so wie bei den zuvor beschriebenen angeblichen *Alien*-Implantaten eine langzeitige Abwesenheit von chemischen und inneren Reaktionen am umliegenden Körpergewebe.

Wie man sieht, ist der Nachweis von angeblichen *Alien*-Implantaten kein leichtes Spiel. Wir sind der Ansicht, daß sich die meisten entnommenen Fremdkörper auf einen natürlichen Ursprung zurückführen lassen. Die zuletzt beschriebenen Fälle und die bevorzugten Stellen wie:

1. transnasale Implantierung in den Vorderkopf,
2. Implantierung durch den Ohrkanal,
3. Implantierung unter den Augen,
4. Implantierung im Nackenbereich,
legen es aber nahe, daß zumindest ein Teil dieser Fremdkörper oder Erlebnisse untersuchenswert sind. Es liegt auf der Hand, daß auch Wesen von einer anderen Welt dieselben Implantierungs-Prozeduren und Plazierungen wie irdische Mediziner auswählen werden. Es ist anzunehmen, daß man in naher Zukunft einen perfekten Fall für diese Operationen finden wird. Ein solcher Fall wäre:
1. Eine Person, die ein UFO-Entführungserlebnis erfuhr und unter Hypnose beschreibt, wie ihr die Wesen einen Fremdkörper durch die Nase einführten.
2. Nach diesem Erlebnis werden Röntgenbilder angefertigt, die den Fremdkörper zeigen.
3. Der Fremdkörper wird durch eine Operation chirurgisch entfernt und daraufhin wissenschaftlich analysiert.
Bei so einem Fall hat man die Gewißheit, daß sich die Person keinen Fremdkörper unwissentlich in den Körper einführte. Es würde ein kompletter Zusammenhang zwischen angeblichem Implantat, UFO-Insassen und UFO-Entführung bestehen. Bei Fremdkörpern, die entnommen wurden, ohne daß sie die zuvor beschriebenen Punkte erfüllen, finden Skeptiker meistens Argumente gegen die *Alien*-Hypothese. Wie wir in den kommenden Kapiteln nachweisen, scheinen sich nicht nur zivile Forscher für angebliche *Alien*-Implantate zu interessieren. Es häufen sich nämlich die Hinweise, daß zumindest in Nordamerika verdeckt operierende, militärisch/geheimdienstliche Einheiten in den Besitz solcher Objekte gelangen möchten. Diese Aktionen sind für die hypothetischen Implantat-Träger nicht gerade angenehm. Da bei diesen Operationen dunkle unmarkierte Helikopter eine Rolle spielen, wollen wir uns im folgenden Kapitel mit den ersten Sichtungen dieser Phantomhelikopter auseinandersetzen.

III

Das Mysterium der dunklen unmarkierten Helikopter

»Ich weiß nicht, was sich hinter den Tierverstüm-
melungen verbirgt oder wer dafür verantwortlich
ist. Alles, was ich Ihnen sagen kann, ist, daß wir
35 Tierverstümmelungen untersuchten. Einmal
wurde ein UFO nahe dem Tatort gesichtet. Heli-
kopter wurden hingegen zu 90 Prozent der
Fälle in der Nähe der Fundorte beobachtet. Die
anfänglichen Tierverstümmelungen begannen
am 20. Oktober 1992. Die ersten UFO-Beobach-
tungen wurden nicht vor Januar 1993 gemeldet.«

Ausschnitt aus einem Brief, den der leitende Polizei-
beamte Ted Oliphant III bezüglich der Tierver-
stümmelungswelle, die 1992/93 in Fyffe, Alabama,
stattfand, an Dr. Helmut Lammer schrieb.

1 Phantomhelikopter erscheinen in der Nähe von Tierverstümmelungen und angeblichen UFO-Landeplätzen

Helikopter oder Hubschrauber spielen nicht nur in Filmen wie *Apocalypse Now* (1979) oder *Blue Thunder* (1982) eine wichtige Rolle. Helikopter sind mittlerweile von den weltweiten Krisenschauplätzen nicht mehr wegzudenken. Aufgrund ihrer Wendigkeit sind sie für Überwachungszwecke, Truppentransporte in unwegsames Gelände, schnelle militärische Einsätze, aber auch für verdeckte Operationen sehr wichtig. So beschuldigte zum Beispiel die iranische Regierung die USA, daß die US-Militärs Helikopter und mehrere unbemannte fliegende Vehikel bei der gescheiterten Geiselbefreiungsaktion in den siebziger Jahren in Teheran einsetzten, damit unter der iranischen Bevölkerung Panik ausbrechen soll.

Seit Anfang der siebziger Jahre scheinen solche Helikopter in Nordamerika die eigene Bevölkerung zu belästigen.[1] In der letzten Zeit tauchen diese dunklen unmarkierten Helikopter immer wieder im Zusammenhang mit den rechtsgerichteten paramilitärischen Milizen in den internationalen Medien auf. Die meisten Journalisten nehmen diese Helikoptersichtungen ähnlich wie UFO-Beobachtungen nicht ernst und stellen sie mit den paranoiden Hypothesen mancher Milizen-Führer gleich.

Wie im Buch *UFO-Geheimhaltung*[2] nachgewiesen wurde, gibt es mittlerweile eine große Anzahl von freigegebenen FBI-Dokumenten, die das Gegenteil beweisen. Der Forscher Jim Keith konnte die ersten Helikoptersichtungen in den USA auf das Jahr 1971 datieren.[3] Ein Farmer in Lake County, Colorado, sah einen schwarzen unmarkierten Helikopter, der über 40 toten Schafen schwebte und nach seinem Eintreffen verschwand. Nach dem seltsamen Tod der Appaloosa-Stute Lady im Jahre 1967 tauchten diese Helikopter immer wieder in Gebieten auf, in denen man mysteriöse verstümmelte Tiere fand. Im August 1973 wurden der

Polizei in Missouri 41 Helikoptersichtungen gemeldet. Ähnliche Sichtungen kann man in den Polizeiberichten anderer amerikanischer Bundesstaaten finden. Die Eigentümer dieser Helikopter waren nie zu eruieren, da sie keine Kennzeichen besitzen.

Die Sichtungen dieser Helikopter in Verbindung mit unerlaubten Tiefflügen, Tierverstümmelungen und UFO-Beobachtungen nahmen im Laufe der Jahre ständig zu. 1974 wurden in Long Island bei New York zwei große schwarze unmarkierte Helikopter am Strand beobachtet. Ein Polizist wurde von Männern in schwarzen Uniformen mit M-16-Schnellfeuerwaffen bedroht, als er wissen wollte, was dort vor sich ging. Mitte der siebziger Jahre tauchten diese Phantomhelikopter meistens in der Nähe von Tierverstümmelungsfundorten auf. In *UFO-Geheimhaltung*[2] und in den Dokumentarfilmen[4,5] der Forscherin Linda Moulton Howe wurde ein eindeutiger Zusammenhang zwischen diesen Greueltaten und UFO-Aktivitäten nachgewiesen. Mehrere Forscher fanden heraus, daß in einem Gebiet, in dem Tierverstümmelungen stattfinden, leuchtende UFO-Erscheinungen beobachtet werden. Oft tauchen diese Helikopter kurz *nach* den UFO-Beobachtungen und Tierverstümmelungen über den Weiden auf. Wir wollen hier noch einmal die wichtigsten Charakteristika des weltweit auftretenden Tierverstümmelungsphänomens anführen.

Blutlose Umgebung: Die Tiere werden in einer sauberen Umgebung aufgefunden. Am Boden sind keine Blutspuren zu finden. Die Einschnittumgebung der Wunden ist ebenfalls blutfrei. Es wird auch kein Blut in den durch die Verstümmelung hervorgerufenen Körperöffnungen gefunden. Oft wurde das ganze Blut aus dem Tier entfernt.

Entfernung der Geschlechtsorgane: Die Geschlechtsorgane der Tiere werden fast immer entfernt. Bei den männlichen Tieren fehlen der Penis und die Hoden. Bei den weiblichen Tieren fehlen die Gebärmutter, die Eierstöcke und die Eileiter. Diese Organe sind meistens teilweise entfernt oder abgeschnitten.

Zerlegung der Haut: Um das Maul sind die Haut und das darunterliegende Gewebe meistens bis zu den Knochen komplett entfernt. Die Schnittstellen und die Grenzen an der entfernten Haut und am Gewebe sind exakt und weisen keine Fransen auf. Bei manchen Tieren scheint der Verwesungsprozeß um einige Wochen aufgehalten worden zu sein. Die Ränder der Schnittstellen sind härter als das umliegende unverletzte Gewebe. Die Farbe des Gewebes ist durch Hitzeeinwirkung dunkler geworden.

Die entnommenen Organe: Meistens wird der komplette Afterbereich des Tieres entfernt. Häufig fehlt auch ein Auge, ein Ohr und die Zunge. Oft werden alle Brustorgane der Tiere entfernt, ohne daß man Blutspuren findet. Die Rippen und Knochen bleiben bei diesen Prozeduren unverletzt. Die verbleibenden Organe weisen ebenfalls keine Verletzungen auf.

Mikroskopische Untersuchungen: Diese ergaben, daß die Schnitte am Tiergewebe mit einem laserähnlichen Instrument durchgeführt worden sein mußten.

Diese Erkenntnisse entkräften jene Theorien, wonach Raubtiere, satanische Sekten, Militärs und Blitzschlag für dieses Phänomen verantwortlich sein sollten. Raubtiere reißen ihre Beute in Stücke und richten dabei ein Blutbad an. Sektenmitglieder wären nie imstande, diese präzisen Eingriffe an den Tieren durchzuführen, ohne Blutspuren zu hinterlassen und ohne hochwertige laserähnliche Instrumente zu verwenden. Gegen biologische Versuche des Militärs sprechen die liegengelassenen Tierkadaver, das weltweite Erscheinen dieses Phänomens und die Sinnlosigkeit dieser Verstümmelungen. Psychologische Experimente der Geheimdienste können ebenfalls nicht alle Fragen, die das Phänomen aufwirft, erklären. Die Erklärung durch natürliche Prozesse ist ebenfalls zweifelhaft, da Blitzentladungen nicht in der Lage wären, bestimmte Organe und Körperteile zu entfernen. Die Vertuschungsversuche der Regierung und die häufigen UFO-Beobachtungen lassen auch bei kritischer Betrachtung nicht irdische Lebensformen zu einem Erklärungsmodell für dieses Phänomen werden.

Interessanterweise wiesen die beiden Forscher David Clarke und Nigel Watson nach, daß zwischen 1973 und 1974 Teile Englands ebenfalls von diesen Phantomhelikoptern heimgesucht wurden.[6] Anders als in Nordamerika erschienen die mysteriösen Heli-

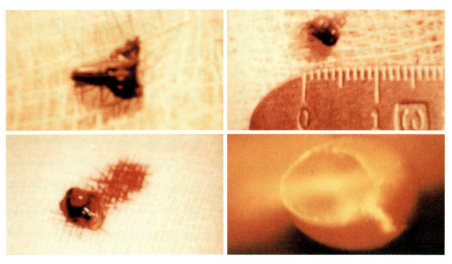

12 Das Objekt am rechten oberen Rand wurde der UFO-Entführten Patricia Damly aus dem linken großen Zehen entfernt. Der rechts oben und links unten zu sehende Fremdkörper stammt vom Handrücken des UFO-Entführten Pat Parrinello. Die Analyse der umliegenden Membrane ergab, daß die Hüllen aus Blut-Protein und Keratin bestehen und grünlich leuchten, wenn sie mit UV-Licht bestrahlt werden. Der innere Kern der Objekte besteht aus magnetisiertem Eisen. Die detaillierten wissenschaftlichen Analyseergebnisse sind auf der Web-Side des National Institute for Discovery Science (http://www.accessnw.com/nids/) zu finden.

Der senfkornförmige Fremdkörper rechts unten stammt von einer Frau, die unter Hypnose beschrieb, wie ihr UFO-Insassen ein Implantat hinter ihrem Auge einsetzten. Da das abgebildete Objekt drei Tage nach dem Entführungserlebnis aus ihrem Auge wanderte, handelt es sich möglicherweise um dieses. Eine Analyse ergab, daß es primär aus Kohlenstoff und Sauerstoff besteht (© Derrel Sims/ LAPIS-Konferenz).

13 Das linke Bild zeigt einen Soldaten, der über seinen Helm computergestützte Informationen aufbereitet bekommt. Weiter ist er mit Nachtsichtgeräten und einem Computerdisplay ausgerüstet. Das rechte Bild zeigt eine Person, die sich unter dem elektromagnetischen Helm von Dr. Michael Persinger befindet. Durch die angelegten Felder kann man Halluzinationen im Kopf der Versuchsperson erzeugen.

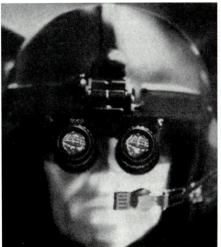
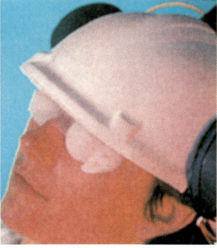

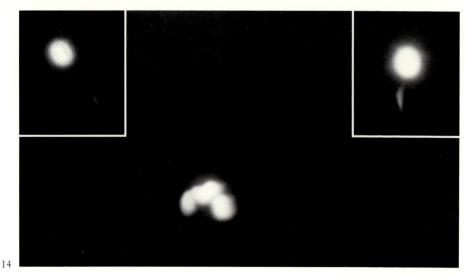

14

14 Dieses UFO wurde vom Fotografen Gary Cocker am 8. Februar 1993 bei Skirum, Alabama, mehrmals fotografiert, als in diesem Gebiet mysteriöse Tierverstümmelungen auftraten. Im Insert ist ein ähnliches UFO zu sehen, das am 18. Februar über demselben Gebiet fotografiert wurde, als es während des Fluges seine Form veränderte (© Gary Cocker).

```
28-504 ANIMAL MUTILATION REPORT FORM

Page THREE

MUTILATED ANIMAL DETAILED DESCRIPTION

TONGUE:    INTACT

NECK:      INTACT

ARM/LEG PITS, SHOULDERS:   INTACT

GENITALS:
    FEMALE: UDDER/TEATS/VAGINA/UTERUS:   1 CORED OUT
    UDDER - CIRCLE (OVAL) REMOVED
    + TWO INDIVIDUAL TEATS REMOVED.
    MALE: TESTICLES/PENIS:

RECTUM/TAIL:   1 CORED OUT

ANY BLOOD FOUND (In muscle tissue, around excisi

STRIPS OF HIDE REMOVED FROM BELLY:   NO

ANY FLOURESCENT HAIR ON CARCASS UNDER A BLACK LIGHT?   UNK
WHERE?

ANY POWDERS, CLEAR FLUIDS, SILVER CHAFF ON OR AROUND ANIMALS?
WHERE?    UNK

HAVE THERE BEEN ANY HELICOPTERS, AERILA OBJECTS OR UNIDENTIFIED
LIGHTS REPORTED NEAR WHERE ANIMAL/S WERE FOUND?   YES
DESCRIPTION/DRAWING OF IT:
```

15 Das Bild zeigt einen Tierverstümmelungsreport der Polizei von Fyffe, Alabama. Die betroffene Kuh ist im Insert zu sehen. Laut Polizeibericht wurden ihr die Vagina und das Euter, ohne Spuren zu hinterlassen, entfernt. In der Nähe des Fundortes wurden keine UFOs, sondern, wie im Insert abgebildet, schwarze unmarkierte Helikopter beobachtet (© Ted Oliphant III).

15

16

16 Eine in Kanada aufgefundene, verstümmelte, trächtige Kuh stellt einen sehr mysteriösen Fall dar. Der Embryosack mit dem toten Kalb ist dehydriert und rutscht aus einem großen Loch im Bauch des Tieres. Die mysteriösen Täter lösten die Haut und das darunterliegende Gewebe der Hinterfüße bis zu den Hufen auf unbekannte Art ab. Zum Vergleich sind im Insert Wildhunde zu sehen, die eine Antilope fressen. (© Michael Strainik, MUFON-Kanada/UFO-BC).

18

17 Dieses Foto zeigt Katharina Wilson, die so wie viele nordamerikanische Personen mit UFO-Entführungserlebnissen nicht nur fremde Wesen sah, sondern neben ihnen auch Menschen in militärischen Uniformen und Ärzte in Labormäntel wahrnahm. Katharinas Erlebnisse weisen mehrere Punkte auf, die eher auf Mind Control-Experimente schließen lassen als auf eine Entführung durch UFO-Insassen (© Katharina Wilson).

18 Die linke Illustration zeigt zwei Wesen, die Katharina während einer Entführung auf einer Liege festbinden. Im Normalfall berichten UFO-Entführte, daß sie durch die Anwesenheit von UFO-Insassen paralysiert und nicht festgebunden werden. Das rechte Bild zeigt ein sehr kleines menschenähnliches Wesen, das Katharina auf einer Militärbasis präsentiert wurde (© Katharina Wilson).

19 Diese Zeichnung wurde von Amy angefertigt, die so wie viele andere nordamerikanische UFO-Entführte von schwarzen unmarkierten Helikoptern belästigt wird. Amy erlebte wie Katharina Wilson militärische Kidnappings und Entführungserlebnisse durch UFO-Insassen. Im Insert ist der radarunsichtbare Stealth-Helikopter RAH-6C Comanche zu sehen. Dieser Helikopter sieht den von Amy gezeichneten sehr ähnlich (© Amy).

20 Die Grundstücke von Lisa, Amy und Katharina werden sehr oft von dunklen unmarkierten Helikoptern heimgesucht.
Diese Fotos stammen von Lisa, die ebenfalls traumatische Rückblenden von militärischen Kidnappings erlebt. Oft werden die Helikopter von einem summenden Morse-Code-ähnlichen Geräusch begleitet. Sie halten sich an keine Flugsicherheitsvorschriften, fliegen manchmal nachts bis an die Fenster heran und rauben Lisa und ihrer Familie den Schlaf (© Lisa).

kopter in England nicht im Zusammenhang mit den mysteriösen Tierverstümmelungen oder UFO-Beobachtungen. Diese Helikopter verletzten wie in den USA oder Kanada die Luftfahrtsbestimmungen und belästigten dadurch die Einwohner der betroffenen Gebiete. Manche Helikopter strahlten den Boden mit Scheinwerfern an, als ob sie etwas suchen würden. Die Herkunft und die Mission dieser dunklen unmarkierten Helikopter blieben wie in Übersee ungeklärt. Manche Forscher meinten sogar, daß die Irische Republikanische Armee (IRA) oder andere Terroristen hinter diesen Aktionen standen. Rinderdiebe wurden von den Behörden ausgeschlossen, da die Tiere beim Annähern eines relativ lauten Helikopters in die Flucht geschlagen werden. Viele Sichtungen fanden in dem Gebiet um Manchester und in der Grafschaft Yorkshire statt. Die Royal Air Force ließ mitteilen, daß sie mit diesen Phantomhelikoptern nichts zu tun hat. Interessanterweise half das englische Militär aber auch nicht, die Angelegenheit aufzuklären. Nach 1974 ließ die Sichtungswelle dieser Helikopter nach. Gegenwärtig werden die unmarkierten Helikopter noch immer sporadisch in England beobachtet.[6, 7]
Wir machten eine Umfrage bei vielen UFO-Forschungsorganisationen und Forschern in Australien, Südamerika, Afrika und Europa, ob auch in diesen Erdteilen die dunklen unmarkierten Helikopter beobachtet werden. Bis jetzt scheinen diese Helikopter nur in Nordamerika und in abgeschwächter Form in England zu operieren. Im folgenden Unterkapitel wollen wir uns mit der mittlerweile um sich greifenden Paranoia, die im Zusammenhang mit diesen Helikopter-Sichtungen auftritt, auseinandersetzen.

2 Milizen-Paranoia

In Europa tauchten diese dunklen unmarkierten Helikopter das erste Mal im Zusammenhang mit den rechtsgerichteten paramilitärischen Milizen in der Presse auf. Diese militanten amerikanischen Bürgerwehren wurden nach dem Bombenanschlag am

19. April 1995 auf ein Gebäude der Bundesbehörden in Oklahoma City genauer durchleuchtet und sorgten deshalb für internationale Schlagzeilen.[8]

Unter den Milizen versteht man bewaffnete Bürgerwehren, die in den USA seit den Kolonialkonflikten bestehen.[9] Diese historischen Bürgerwehren formierten sich 1792 und hatten hauptsächlich weiße Männer im Alter zwischen 18 und 45 Jahren als Mitglieder. Die Milizen kämpften in den Kolonialkriegen, im amerikanischen Unabhängigkeitskrieg und im Bürgerkrieg. Verschiedene Freiwillige beteiligten sich auch im Zweiten Weltkrieg, in Korea, in Vietnam und im Golfkrieg.

Gegenwärtig machen diese Bürgerwehren gegen den eigenen Staat mobil. Ihre Führer beschuldigen die amerikanische Regierung, als Handlanger einer mächtigen Elite zu agieren, die in naher Zukunft eine *neue Weltordnung* mit Hilfe der Vereinten Nationen (UNO) durchsetzen möchte.[10, 11] In den abgelegenen Gebieten von West-Montana treffen sich die Mitglieder der Montana-Miliz, um über die neuesten Sichtungen von dunklen unmarkierten Helikoptern zu diskutieren. Laut Milizen soll die amerikanische Regierung mit Hilfe dieser Helikopter fremde Truppen und schweres Kriegsgerät quer durch die USA transportieren, um in naher Zukunft die *neue Weltordnung* einsetzen zu können. Diese *neue Weltordnung* ist nach den Milizen-Führern eine kapitalistische Weltdiktatur, eine *Brave New World*, bei der die Einwohner nicht bemerken, daß sie überwacht, kontrolliert und manipuliert werden. Die Einwohner sollen durch minderwertige, stupide, zensierte Medieninformationen, ein schlechtes Bildungssystem, Drogen und andere genußorientierte Freizeitgestaltungen von der Wahrheit ferngehalten werden.

Weiter behaupten die Milizen-Führer, daß in naher Zukunft die ganze Erde von einigen superreichen Wirtschaftsmagnaten diktiert wird. Die gegenwärtig tatsächlich stattfindenden Verschmelzungen von großen Firmen, die Erweiterung der Europäischen Union und die gemeinsamen NATO/UNO-Einsätze sehen sie als Vorzeichen dieser *neuen Weltordnung*. Da die Milizen sich als Patrioten bezeichnen, lehnen sie sich gegen die amerikanische

142

Regierung auf. Der harte Kern dieser schwerbewaffneten Bürgerwehren wird auf etwa 10 000 Mann geschätzt. Die Mitläufer und Sympathisanten dürften jedoch einige Hunderttausend ausmachen. Die größte Angst haben diese Organisationen von einer Verschärfung der amerikanischen Waffengesetze. Die *National Rifles Organisation* (NRO) sieht das Verbot von automatischen Waffen als einen unzumutbaren Eingriff in die Freiheitsrechte der Amerikaner an. Die Mitglieder der NRO meinen, daß eine weitere Einschränkung einem Verfassungsputsch gleichkäme.

Interessanterweise befinden sich auch ehemalige Militärs und Mitglieder der Special Forces unter den Propagandisten der *neuen Weltordnungs*-Hypothese. Der Ex-Navy-Bedienstete Bill Cooper bringt in seinen konspirativen Hypothesen auch das UFO-Phänomen ins Spiel.[12, 13] Er und einige andere Milizen-Führer behaupten, daß die amerikanische Regierung eine UFO-Hysterie schürt und mit Hilfe von psychologischen Kriegsführungs-Techniken (PSYWAR) eine *Alien*-Invasion vortäuschen möchte, damit in naher Zukunft das Kriegsrecht ausgerufen werden kann. Danach würde die Katastrophenbehörde Federal Emergency Management Agency (FEMA) die amerikanische Regierungsarbeit übernehmen, die Milizen entwaffnen und in Lager sperren. Tatsächlich wurden Anfang der neunziger Jahre mehrere Lager in den USA errichtet.[3] Diese Lager sollen laut Kongreßreport (Document 94-596 GOV) im Falle von Naturkatastrophen, Bürgerkriegen etc. als Straflager oder zwischenzeitliche Aufenthaltsstationen für Betroffene dienen.

Im US-Bundesstaat Michigan trainiert der Führer der Michigan-Miliz Norman Olson den zuvor geschilderten Ernstfall. Sein Übungsprogramm lautet: UNO-Truppen haben Teile der USA erobert, Tausende Bürger versklavt und in die zuvor erwähnten Lager gesperrt. Seine Männer tragen Tarnanzüge und Maschinenpistolen. Norman Olson sieht sich selbst als *Robin Hood*, der die amerikanische Verfassung, wenn nötig, auch mit Waffengewalt verteidigen wird. Er ist wie viele seiner Kollegen der Meinung, daß die dunklen unmarkierten Helikopter Patrioten, Milizen und sonstige Weltordnungsgegner überwachen. Auch wenn diese paramilitärischen Gruppierungen für nationale Sicherheitsstrategen eine Gefahr für die innere Sicherheit der USA darstellen mögen, weisen wir im Anschluß nach, daß sich diese Helikopterbesatzungen in erster Linie für andere Dinge interessieren als für die Hypothesen der Milizen-Führer.

3 Dunkle unmarkierte Helikopter, UFOs und Tierverstümmelungen über Fyffe, Alabama

Mitte Oktober 1992 meldeten mehrere Farmer in der Umgebung von Fyffe, Alabama, der Polizei, daß sie auf mysteriöse Weise verstümmelte Tiere auf ihren Weiden fanden.[5, 14] Etwa 14 Tage später begann die Polizei dieses Mysterium zu untersuchen. Bis Anfang April 1993 wurden in diesem Gebiet über 30 verstümmelte Tiere gefunden. Unter den Tieren befanden sich Rinder, Ziegen und eine Henne. Wie uns der leitende Untersuchungsbeamte Ted Oliphant III mitteilte, wurden die Tierverstümmelungen von Sichtungen der dunklen unmarkierten Helikopter und von UFO-Aktivität begleitet.[15] Mehrere Zeugen meldeten der Polizei, daß diese Helikopter sehr tief über ihre Häuser und Weiden flogen. Die Polizei stellte bei allen nahe gelegenen Flughäfen Nachforschungen an, ob sich zur gegebenen Zeit Helikopter in der Luft befanden. Keiner der umliegenden Flughäfen wußte über die angeblichen Helikopterüberflüge Bescheid.

Der Chief Detective von Albertville, Tommy Cole, sah einen Helikopter hinter seinem Haus nahe am Boden schweben. Als er nachsah, konnte er vier Männer in dunklen Geschäftsanzügen im Helikopter erkennen.[16] Nachdem ihn die seltsame Helikopterbesatzung bemerkte, flog das Vehikel weiter. Am nächsten Tag fand Cole eine verstümmelte Kuh auf seiner Weide. Anfang 1993 wurde die Situation in den kleinen Ortschaften noch schlimmer. Mehrere Einwohner begannen, seltsame leuchtende Flugobjekte zu sehen. Einige dieser sich auf unkonventionelle Weise fortbewegenden Flugobjekte konnten sogar mit Videokameras gefilmt oder fotografiert werden, als sie Sprünge am Himmel vollführten

**Cow mutilations in Alabama:
Close encounters of herd kind?**

Chief investigator says
cattle mutilations are
"just not happening"

More strange
lights seen
in DeKalb skies

Deja vu! UFOs return to
skies over DeKalb?

t's still a UFO...

More UFO sightings
reported

*Abb. 32: Schlagzeilen mehrerer Lokalzeitungen über die Tierverstümme-
lungswelle von 1993 in Fyffe, Alabama.*

oder ihre Form veränderten.[5, 14, 17] Diese Tatsachen schließen jede
Art von konventionellen Flugzeugen, aber auch Helikopter als
Ursache aus.

Dem professionellen Fotografen Gary Coker gelang es, das im
Bildteil abgebildete UFO mehrmals zu fotografieren, als es gerade seine Form veränderte. Am 18. Februar 1993 gelang es ihm
ein weiteres Mal, ein solches Flugobjekt auf Fotos festzuhalten.
Dieses Objekt veränderte ebenfalls seine Form und wurde auch
von anderen Zeugen beobachtet. Nachdem die ersten UFO-Beobachtungen gemeldet wurden, kamen mehrere Personen an die
Öffentlichkeit, die vorgaben, im September 1992 in der Nähe von
Albertville UFOs gesehen zu haben.

Abb. 33: Skizze des von Terry Townsend in der Nähe des Elk Rivers beobachteten UFOs. Das Flugobjekt war seiner Beschreibung nach ein metallischer Diskus, der an seiner Unterseite von weißen, roten und grünen Lichtern umgeben war.

Terry Townsend behauptet, daß er ein UFO in der Nähe des Elk Rivers sah, als er von der Arbeit nach Hause fuhr.[18] Er beschrieb das Objekt als metallischen Diskus, der an seiner Unterseite von weißen, roten und grünen Lichtern umgeben war. Weiter sah er, wie von den weißen Lichtern Strahlen ausgingen, die den Boden beschienen. Ähnliche Flugobjekte wurden auch im nahe gelegenen DeKalb County und Cedar Bluff beobachtet. Anhand der Sichtungsdaten gelang es sogar, die Flugpfade der UFOs zu eruieren. Es ist interessant, daß dieses Gebiet auch schon in den achtziger Jahren als UFO-Nest Aufmerksamkeit erregte. Damals sahen ebenfalls viele Einwohner dieser Ortschaften seltsam leuchtende Flugobjekte am Himmel. Die örtlichen Zeitungen berichteten damals ausführlich über diese UFO-Welle.[19] Die neuerlichen UFO-Beobachtungen wurden jedoch von den dunklen unmarkierten Helikoptern und verstümmelten Tieren begleitet.

Am 7. April 1993 wurde vom Police Department in Fyffe, Alabama, eine Pressekonferenz über diese Vorfälle abgehalten. Nach einer kurzen Einleitung, in der man die Charakteristika von Tierverstümmelungen besprach, wurde darauf hingewiesen, daß seit 1967 über 10 000 Nutztiere in Nordamerika verstümmelt aufgefunden wurden. In keinem der Fälle wurde je ein Täter auf frischer Tat ertappt. Es wurde ausdrücklich darauf hingewiesen, daß diese bizarren Fälle Raubtiere, College-Studenten oder Satanisten als Verursacher ausschließen. Danach wurden zwei Fälle ausführlich beschrieben und Gewebeprobenanalysen präsentiert, die Hinweise auf eine starke Hitzeeinwirkung zeigten. Die Gewebeteile wurden an den Schnittstellen einer Temperatur von einigen 100 Grad ausgesetzt.

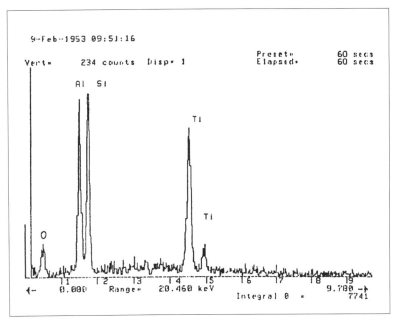

Abb. 34: Analyseergebnisse einer Substanz, die auf einer Schnittstelle einer bei Fyffe gefundenen verstümmelten Kuh gefunden und untersucht wurde. Die Analyse ergab Anreicherungen an Aluminium, Titanium, Silikon und Sauerstoff.

Bei einer Kuh fanden Polizisten eine seltsame wachsähnliche Substanz im verstümmelten Bereich. Diese Substanz wurde von Wissenschaftlern auf ihre Zusammensetzung untersucht. Die Analyse ergab, daß dieser Stoff hauptsächlich aus Aluminium, Silikon, Titanium und Sauerstoff besteht.[20] Police Officer Ted Oliphant III teilte uns mit, daß es aussah, als ob zwei verschiedene Gruppen diese Verbrechen begingen.[15] Manche Tiere wurden stümperhafter verstümmelt oder sahen nachbehandelt aus. Die untersuchenden Behörden diskutierten die Möglichkeit, daß die Helikopterbesatzungen einige Tiere verstümmelten, damit die Spuren von den UFOs abgelenkt werden. Eine weitere Möglichkeit, die man in Betracht zog, wäre, daß die Helikopter vor der Polizei am Tatort waren und den toten Tieren Gewebe von den verstümmelten Stellen nachträglich entfernten.

Im Buch *UFO-Geheimhaltung*[2] wurden alle möglichen *irdischen* Hypothesen für dieses Phänomen behandelt und nachgewiesen, daß es auch für sehr gut ausgerüstete Militärs in den sechziger Jahren unmöglich war, diese Organentnahmen, ohne Spuren zu hinterlassen, mit laserähnlichen Geräten durchzuführen. Anhand einer Gewebeanalyse, die bei einer 1994 in Montana verstümmelt aufgefundenen Kuh durchgeführt wurde, konnte festgestellt werden, daß das hitzeerzeugende Gerät kein Laser war, mit dem man das Fleisch vom Kieferknochen des Tieres gelöst hat.[21] Herkömmliche Laser bilden an den Schnittstellen unter dem Mikroskop sichtbare Kohlenstoffspuren. Die Analyse des Gewebes ergab jedoch keine dieser Spuren, obwohl eine Hitze von einigen 100 Grad im Spiel war. Bei manchen Tieren scheinen das Gewebe oder die Organe ohne Hitzeeinwirkung entnommen worden zu sein. Bei diesen Fällen ergaben die Untersuchungen, daß die Schnitte zwischen dem Zellgewebe ausgeführt wurden und ebenfalls keine Blutungen auftraten. Die beiden MUFON-Forscher Keith Wolverton und Thom Danenhower berichteten 1994, daß die Tierverstümmelungen in West-Montana anstiegen. Wie in anderen Gebieten stehen diese Fälle im Zusammenhang mit UFO-Beobachtungen und dem Erscheinen der dunklen unmarkierten Helikopter. Eines ist jedenfalls sicher: Das Interesse dieser Helikopter an Tierverstümmelungen scheint mit einer Überwachung von paramilitärischen Milizen oder dem Transport von UNO-Waffen wenig gemeinsam zu haben.

4 Welche Behörde betreibt diese Helikopter, und wieso interessiert sie sich für Tierverstümmelungen?

Eine genaue Betrachtung dieser mysteriösen Helikopteraktivitäten ergibt einen eindeutigen Zusammenhang zwischen Tierverstümmelungen in Nordamerika und dem Erscheinen der dunklen unmarkierten Helikopter. Viele Farmer machen deshalb die amerikanische Regierung für diese Verstümmelungen verantwortlich. In den letzten Jahren kann durchaus eine Technologie entwickelt worden sein, mit der man die betreffenden Schnitte und Gewebeentnahmen an den Tieren durchführen kann. Dr. Richard Sauder stellte eine Hypothese auf, bei der die US Special Forces mit diesen Helikoptern operieren und die Tierverstümmelungen durchführen.[22] Für eine solche Spezialeinheit wäre es sicher möglich, ein Rind zu betäuben, in einem Helikopter zu transportieren und an einer anderen Stelle die Organe des Tieres zu entnehmen. Danach wird das Tier an einem anderen Ort abgeworfen. Die Organ- und Gewebeentnahmen werden mit einem laserähnlichen Gerät durchgeführt, damit die entweichende Körperflüssigkeit verdampfen kann.

Dr. Sauder suchte mögliche Gründe für diese Taten. Er fand heraus, daß die Environmental Prodection Agency (EPA) ein Überwachungsprojekt für Milchkühe und andere Tiere eingesetzt hat. Der Grund dieses Projektes ist die Untersuchung der Böden auf radioaktive Kontaminierung durch Atombombentests. Im weiteren untersucht die EPA belastende Schadstoffe in der Milch und betreibt 31 Stationen in Nevada, Utah, Kalifornien und an den Grenzen von Nevada. Interessanterweise wurden 40 Familien von der EPA zu bestimmten Zeitpunkten auf diese gesundheitsgefährdenden Stoffe untersucht.

Unter den beobachteten Tieren befinden sich Rinder, Schafe, Wildtiere, Pferde etc. Die EPA-Wissenschaftler untersuchten die Muskeln, Lungen, Leber, Nieren, Knochen und das Blut der Tiere. Dr. Sauder sieht in diesen Untersuchungen eindeutige

Parallelen zu den mysteriösen Tierverstümmelungen. Die Analyse von Kuhgewebe würde zeigen, ob die Nahrung des Tieres mit Schadstoffen kontaminiert ist.

Gegen diese von Dr. Sauder aufgestellte Kontaminierungstheorie sprechen unter anderem die verdeckt durchgeführten Operationen der Helikopterbesatzungen. Es wäre kostengünstiger, den Farmern Rinder abzukaufen oder regierungseigene Tiere auf den Weiden der Farmer grasen zu lassen. Niemand müßte unter großen Anstrengungen diese Organ- und Gewebeproben entnehmen. Police Officer Ted Oliphant III teilte uns mit, daß er in Fyffe zwei Fälle untersuchte, die etwas anders als die üblichen Tierverstümmelungen aussahen.[15]

Die Behörden fanden Blutspuren und größere Wunden. Man schloß folgende Möglichkeiten nicht aus:

1. Jemand entnahm vor der Polizei Gewebeproben von den verstümmelten Tieren.

2. Jemand versuchte, die bizarren Tierverstümmelungen zu entmystifizieren, indem er die verstümmelten Stellen nachbehandelte.

Hinter diesem *Jemand* verbergen sich mit großer Wahrscheinlichkeit die Besatzungen der dunklen unmarkierten Helikopter. Weitere stümperhafte Tierverstümmelungen werden möglicherweise von Verrückten, Satanisten oder sonstigen Nachahmungstätern durchgeführt, nachdem sie von den ersten Fällen in den Medien erfahren haben.

Oft werden diese Helikopter als sehr leise bezeichnet, da sie plötzlich und ohne Vorankündigung erscheinen. In der Ausgabe vom 6. Januar 1995 wurde in der Fachzeitschrift *Aviation Week & Space Technology* von neuartigen, extrem leisen Helikoptern das erste Mal ausführlich berichtet.[23] Bei diesen futuristisch aussehenden Helikoptern können die Durchmesser der Rotorblätter automatisch verkleinert werden. Diese Vorrichtung ermöglicht eine erhebliche Lärmverminderung während des Fluges. Insider berichten von zwei unabhängigen Helikopterprojekten, wobei einer absolut leise sein soll und der andere sehr leicht. Der leichte Typ wurde einige Monate nach Veröffentlichung des Artikels in der Öffentlichkeit vorgestellt.

Bei dieser Type handelt es sich um den im Bildteil abgebildeten RAH-66 Comanche von Sikorsky. Dieser radarunsichtbare *Stealth*-Kampfhelikopter soll nach dem Jahr 2000 die älteren Typen Bell AH-1 Cobra und Bell OH-58 ersetzen.[24] Möglicherweise benützen die Betreiber der Phantomhelikopter diese in der *schwarzen Welt* entwickelten lärmverminderten Technologien.

Ein weiterer Hinweis, daß bei den Tierverstümmelungen etwas Seltsames vor sich geht, gelang der Forscherin Linda Moulton Howe. Linda Moulton Howe erhielt von der Bigelow Foundation in Las Vegas, Nevada, 1994 Forschungsgelder, um weitere Rätsel dieses Phänomens lösen zu können. Sie untersuchte mit Hilfe von Wissenschaftlern 18 in verschiedenen Bundesstaaten verstümmelte Tiere.[25] Die Wissenschaftler fanden weitere Hinweise auf gekochtes Hämoglobin entlang der Schnittstellen. Die interessanteste Entdeckung gelang dem Bio-Physiker Dr. Levengood, der am Fundort der Tiere nachwies, daß die darunterliegenden Pflanzen kurzzeitig einer sehr intensiven Energie ausgesetzt wurden. Die fundamentalen biophysikalischen und biochemischen Änderungen in den Pflanzen können nicht durch Wind oder Helikopterrotoren verursacht werden.

Dr. Levengood untersuchte Grasproben von Tierverstümmelungsfundorten in Garnett, Kansas, Chacon und Mora, New Mexico, und La Veta, Colorado. Die Forscher stießen auch auf Zeugen, die Lichtblitze oder Lichtkegel nahe den Fundorten beobachteten. Diese Lichter wurden von ebenfalls leuchtenden Flugobjekten abgestrahlt. Die entdeckten Effekte scheinen ein weiterer Hinweis gegen die Helikopter-Tierverstümmelungstheorie zu sein. Es stellt sich die Frage, was diese verdeckt operierenden Helikopterbesatzungen darstellen oder welche Zwecke sie verfolgen.

Eigentlich gibt es nur drei plausible Hypothesen für das intensive Interesse an den Tierverstümmelungen:

1. Die Helikopter gehören einer verdeckt operierenden Regierungseinheit an, die die Tierverstümmelungen im Rahmen eines chemisch-biologischen Experimentes oder aufgrund von PSYWAR-Aktivitäten durchführt.

2. Die Helikopter gehören zu einer militärischen Einheit, die

ebenso verblüfft wie die restliche Bevölkerung der Tierverstümmelungs-/UFO-Situation gegenübersteht und mehr über die wahren Verursacher herausfinden will.

3. Die Helikopter gehören zu einer Behörde, die über die wahren Motive der Täter Bescheid weiß und die Hintergründe beziehungsweise die UFO-Verbindung vertuschen möchte.

Wie in *UFO-Geheimhaltung*[2] und zuvor beschrieben wurde, scheint Punkt 1 bei genauer Betrachtung nicht in Frage zu kommen. Die von Dr. Sauder aufgestellte EPA-Hypothese oder chemisch-biologische Experimente müßten nicht verdeckt durchgeführt werden. Weiter wurden solche verstümmelten Tiere auch in Skandinavien, Frankreich, England, Australien und Südamerika aufgefunden, ohne daß man dunkle unmarkierte Helikopter in der Nähe der Fundorte sah.[2, 4, 5, 26, 27] Interessanterweise bekamen wir nach der Veröffentlichung von *UFO-Geheimhaltung* keine Meldungen über derartige Funde in Deutschland, Österreich und der Schweiz. Einige verstümmelte Pferde in Deutschland konnten auf verrückte Personen zurückgeführt werden.

Damit bleiben eigentlich nur noch die Punkte 2 und 3 übrig. Da diese dunklen unmarkierten Helikopter in den USA in der Nähe von militärischen Untergrundbasen oder regierungseigenen Sperrzonen ebenfalls beobachtet wurden, scheinen sie von einer Regierungsbehörde zu stammen. Im Laufe unserer Recherchen mehrten sich die Hinweise, daß Tierverstümmelungen für UFO-Desinformationszwecke und psychologische Kriegsführung ausgenutzt werden. Solche PSYWAR-Aktivitäten haben den Sinn, den realen Hintergrund dieses Phänomens zu verschleiern. Dieses Vorhaben gelingt, wenn man folgende Mittel anwendet:

1. Man kreiere ein mysteriöses Szenario um ein real existierendes Phänomen (z.B. Tierverstümmelungen) und erzeuge Angst.

2. Man verschleiere dieses unerklärliche Phänomen mit Hilfe von gefälschten oder nachgemachten Szenarios (duplizierte Verstümmelungen).

Seit Anfang der achtziger Jahre ist es aufgrund moderner Technologien leichter, solche aktiven Desinformationseinsätze durchzuführen, als in der Vergangenheit. Eine geographische Häufung dieser Vorfälle im nordamerikanischen Raum weist ebenfalls in diese Richtung.

Es gibt mehrere unabhängige Hinweise, daß die 1969 gegründete Federal Emergency Managment Agency (FEMA) solche Helikopter in Betrieb hat.[3, 28, 29] Verschiedene Zeugen behaupten, daß sie mehrmals in der Nähe von streng bewachten FEMA-Einrichtungen dunkle unmarkierte Helikopter beobachtet haben. Interessanterweise decken sich diese Beobachtungen mit den Behauptungen der Milizen. FEMA ist eine Behörde, die im Falle einer nationalen Krise die Regierungsarbeit der USA übernimmt. Es gibt Schätzungen, wonach diese Behörde nur sechs Prozent ihres Budgets für Katastrophenschutz ausgibt. Der Großteil des Budgets wird dafür aufgewendet, geheime unterirdische Anlagen zu errichten, damit auch nach einem Ernstfall ein Regieren des Staates möglich ist.[22] Wir werden im nächsten Kapitel noch genauer auf diese unterirdischen Einrichtungen eingehen.

Wenn diese Tierverstümmelungen im Zusammenhang mit dem UFO-Phänomen stehen, würden sie in den Zuständigkeitsbereich dieser Behörde fallen. Die FEMA würde mit Hilfe militärischer Spezialeinheiten und der Geheimdienste das Tierverstümmelungs-/UFO-Phänomen untersuchen oder die Vorgehensweise in der UFO-Angelegenheit mit einer nur für dieses Problem zuständigen Behörde ähnlich der umstrittenen *Majestic-12*-Gruppe koordinieren.[2, 30] In den folgenden Kapiteln werden wir nachweisen, daß sich diese dunklen unmarkierten Helikopter seit Anfang der achtziger Jahre nicht nur für Tierverstümmelungen interessieren, sondern auch in der Überwachung und sogar in Kidnappings von Personen, die behaupten, von UFO-Insassen entführt worden zu sein, verwickelt sind.

Wie man sehen wird, scheinen die im geheimen entwickelten und zuvor beschriebenen *Mind Control*-Technologien bei diesen verdeckten Operationen eine wichtige Rolle zu spielen. Wenn UFOs eine Gefahr für die USA darstellen, würde die UFO-Angelegenheit in einen Aufgabenbereich der FEMA fallen und solche verdeckten Operationen unter dem Deckmantel der nationalen Sicherheit ausgeführt werden.

IV

Hinweise auf eine verdeckt operierende militärisch/ geheimdienstliche UFO-Einsatztruppe

»Es gibt Personen, die UFO-Entführte überwachen, verhören und sogar entführen. Diese Personen benützen Drogen und fortgeschrittene Mind Control-Methoden, um die Entführten zu verhören und ihnen danach ihr Gedächtnis zu löschen. Gewöhnlicherweise weisen die Opfer nach dem Kidnapping physische Nachwirkungen, wie Benommenheit und Erbrechen, auf.«

Dr. Karla Turner, UFO-Entführungsforscherin, die am 6. Januar 1996 auf tragische Weise an Krebs verstorben ist.

1 UFO-Entführungen: Ein Fall für die nationale Sicherheit?

Angebliche Entführungen durch UFO-Insassen und Nahtod-Erlebnisse gehören zu den unheimlichsten Erfahrungen, die Menschen erleben können. Während Nahtod-Erlebnisse möglicherweise Einblicke in die Zeit nach dem physischen Leben ermöglichen und meistens *positiv* für den Betroffenen in Erinnerung bleiben, hinterlassen angebliche Entführungen durch UFO-Insassen eher ein *negatives* Erlebnis für den Betroffenen. Auch wenn man zur Zeit nicht weiß, was wirklich hinter UFO-Entführungen und Nahtod-Erlebnissen steckt, muß man sich die Frage stellen, ob nicht zumindest UFO-Nahbegegnungen für militärische Sicherheitsstrategen von großer Bedeutung sind. Eigentlich sollte man davon ausgehen, daß man sich in den großen militärischen Think-Tank-Instituten auch mit dieser Frage ausführlichst auseinandergesetzt hat. Wie in den beiden Büchern *UFO-Geheimhaltung*[1] und *UFO-Nahbegegnungen*[2] aufgezeigt wurde, besitzen die verschiedensten militärischen Stellen eine große Anzahl geheimer UFO-Informationen, die jedoch von der Öffentlichkeit zurückgehalten werden. Anhand Tausender durch das FOIA-Gesetz veröffentlichter ehemals geheimgehaltener Dokumente kann man nachweisen, daß sich große Teile des militärisch/geheimdienstlichen Apparates der Vereinigten Staaten und anderer Länder ausführlichst mit dem UFO-Phänomen beschäftigt haben.

Auch wenn man nicht weiß, woher UFOs kommen, haben wissenschaftliche Forschungsergebnisse längst nachgewiesen, daß UFOs real existieren. Es liegt daher nahe, daß die Militärs sich auch für UFO-Entführungen interessieren. Der Rechtsanwalt Dr. Peter Gersten, der die UFO-Forschungsorganisation Citizen Against UFO Secrecy (CAUS) gegen die amerikanischen Geheimdienste CIA und NSA vor Gericht vertrat, bekam 1980 einen 1968 verfaßten Draft-Report mit der Bezeichnung »UFO-Hypothese und Überlebensfragen« von der NSA frei.[3] Der Verfasser dieses Reportes war ein gewisser Lambros D. Callimahos, ein Linguist und Kryptologe innerhalb der NSA. In *UFO-Geheimhaltung*[1] wurde dieser Report ausführlich diskutiert. Das Interessante an diesem Schreiben ist, daß der Verfasser die Möglichkeit einer extraterrestrischen Erklärung für einen Teil des UFO-Phänomens im Gegensatz zum etwa zur selben Zeit veröffentlichten *Condon*-Report[4] für möglich hält. Etwa zur selben Zeit bekam CAUS von der NSA zwei weitere Dokumente frei, die auch auf UFO-Entführungen und Fälle mit hoher Fremdartigkeit eingehen. Die Übersetzung mit dem interessanten Abschnitt jener Dokumente, in denen sich der NSA-Verfasser mit UFO-Entführungen befaßt, lautet:

»Angelegenheit: UFOs: 2. Wissenschaftliche Resultate: Der berühmte Naturwissenschaftler und Informatiker Dr. Jacques Vallée studierte Tausende Fälle, wo Menschen ungewöhnliche Phänomene beobachtet haben. Er fand heraus, daß das Verhalten einer Person in so einer Situation vorausbestimmbar ist. Egal ob die psychologische Struktur eines Menschen durch die schockierende Brutalität eines Mörders oder einer UFO-Sichtung verletzt wurde – der Effekt ist der gleiche:

a) Anfänglich nimmt das Bewußtsein ähnlich einer psychologischen Trägheit auf, was das Auge sieht.

b) Sobald die seltsame Natur des Phänomens erkannt wird, geht die Person in einen Schockzustand über. Unser Bewußtsein liebt es, in einer Welt zu leben, in der man weiß, was einen erwartet und man deshalb nichts zu befürchten hat – weder physisch noch psychologisch. Das Ungewöhnliche zerstört diese bequeme Illusion, die das Bewußtsein kreiert hat. Dieser Schock rüttelt an der festgefahrenen menschlichen psychologischen Struktur.

c) Um sich gegen so eine eindringliche und fürchterliche Realität zu schützen, beginnt das Bewußtsein, künstliche Interpretationen anzuhäufen, damit die aufgenommenen Daten besser verarbeitet werden können. Da es diese Eindrücke in sehr schneller Vorgangsweise aufnimmt, werden die Details in einer bizarren Weise vermischt wiedergegeben (jeder Polizist, der einen Mordzeugen verhört, kann das berichten). (Bild A).

·d) Wenn das Bewußtsein ein sicheres Gerüst für die neu eintreffenden Informationen geschaffen hat, wird es neues Datenmaterial aufnehmen. Wenn diese Daten wieder schockieren, beginnen die Prozesse von neuem.

e) Wenn die Daten auf ihrem größtmöglichen Fremdartigkeitsniveau angelangt sind, erzeugen sie möglicherweise Terror:

1. Das Bewußtsein wird aussteigen, Amnesie erzeugen und das Ereignis permanent in das Unterbewußte verbannen.

2. Die psychologische Persönlichkeitsstruktur erleidet einen Kollaps, und das Bewußtsein zieht sich aus Überlebensgründen in sein Innerstes zurück, wo es nicht zerstört werden kann (Selbstschutzmechanismus). Die Begegnung mit einem unzerstörbaren Wesen wird meistens als eine religiöse Erfahrung erlebt. Im Zustand der Verwirrtheit und des Schockes wird so eine Erfahrung oftmals dem schockierenden Ereignis oder Gegenstand zugeschrieben, wie man an der Anbetung bizarrer Gegenstände, wie Flugzeuge oder Feuerzeuge, erkennen kann (Kargokulte).

f) Der Grad der Fremdartigkeit des Phänomens bestimmt, wie vielen Personen man ein Erlebnis erzählen kann. Ein weniger ungewöhnliches schockierendes Ereignis kann vielen Menschen erzählt werden. Ein sehr schockierendes Ereignis von größter Fremdartigkeit wird nur einer kleinen Anzahl von Personen oder praktisch niemandem erzählt. Gelegentlich ist das Ereignis so schockierend, daß es im tiefsten Unterbewußtsein einer Person verborgen ist und nur mittels Hypnose oder sorgfältiger Kommunikation mit einer anderen Person zugänglich gemacht wird. (Bild B).«[5]

Da diese Dokumente kurz vor Ende des Projektes *Blue Book* von einer Behörde, die damals in der Öffentlichkeit nicht einmal bekannt war, verfaßt wurden, wirft das einige Fragen auf. Im Anhang dieses äußerst interessanten Dokumentes werden historische Beispiele angeführt, bei denen Menschen nicht früh genug gehandelt haben, um einer möglichen Invasion entgegenzuwirken, und deshalb schwere Verluste hinnehmen mußten. Diese Beispiele werden unter »Blindness to Surprise Material Defect« angeführt. Es werden Vergleiche mit Pearl Harbor, der Maginot-Linie, der Normandie-Invasion und ähnlichen Überraschungsan-

SUBJECT: UFO's i

2. Scientific Findings: Dr. Jacques Vallee* famed communications science expert has studied thousands of cases where human beings have observed unusual phenomena. He has found that the human response to such observation is predictable and graphically depictable. Whether the person's psychological structure is being assaulted by the unusual and shocking brutality of a murder or the strangeness of a UFO sigating, the effect is the same:

a. Initially as by a kind of psychological interia, the mind records fairly objectively what the eye is reporting.*

b. But when it has realized the strange nature of the phenomena it goes into shock. The mind likes to live in a comfortable world where it feels it knows what to expect, and that, is not too threatening either physically or psychologically. The unusual dispells the comfortable illusion the mind has created. This shock tears at the very mooring of the human psychological structure.*

c. To protect itself against such an intrusive and threatening reality the mind will begin to add imagination and interpretation to the incoming data to make it more acceptable. Since the mind is doing all this in haste some of the hurridly added details and suggestions tumble over one another and contradict one another in a bizzare fashion (as any police officer interrogating murder witnesses will tell you*) (See Chart A).

d. Once the mind has constructed a "safe" framework for the new information it may again peek out and collect some more objective data. If the data is still threatening it will again go into shock and the process starts all over again.*

e. If the data is at the highest strangness level where it brings terror either:

(1) The mind will pass out and go into amnesic burying the events perhaps permanently in the unconscious.*

Abb. 35: Draft-Report der National Security Agency (NSA), in dem der Verfasser detailliert auf UFO-Entführungen und deren psychologische Auswirkungen eingeht, 1969.

159

(2) The personal psychological structure will collapse
and the mind will reach down into its deepest place where "that which
cannot be destroyed" is and it will abandon itself to this entity for
survival protection. Encounter with this changeless indestructable
entity is usually referred to as a religious experience. In the
confusion and the shock, this experience is often attributed to the
shocking event or object and that is why primitive peoples worship such
bizzare things as airplanes or cigarette lighters.

f. The degree of strangness of the phenomena dictates how
many people the mind is willing and able to tell the event to. A
mildly unusual or shocking event will be told to many people. A
very shocking event of high strangness will be told to few people or
practically none at all. Occasionally the event is so shockingly
unusual that it isn't even reported to the person's conscious mind
but is buried in the unconscious of the person where it is only
accessible to hypnosis or careful level six communication sharing
with another person. (See Chart B.).

*Abb. 36: Zweite Seite des NSA-Draft-Reportes, in dem die psychologischen
Nebeneffekte einer UFO-Nahbegegnung mit dem Schock eines Mordzeugen verglichen werden. Anhand dieses Vergleiches darf man durchaus
annehmen, daß UFO-Entführungserlebnisse einen Fall für die nationale
Sicherheit darstellen, 1969.*

griffen behandelt. Im Anschluß sind noch zwei Diagramme angegeben, die sich mit spekulativem Material während der Beob-
achtung von ungewöhnlichen Daten (Bild A) und einem Fremd-
artigkeitsindex (Bild B) graphisch befassen. Der Verfasser der
Dokumente ist der Ansicht, daß ein Schockzustand, der bei einer
UFO-Nahbegegnung auftreten kann, mit dem, der bei einem
Mordzeugen hervorgerufen wird, vergleichbar ist. Die oben angeführten Beispiele schrecklicher Ereignisse in der menschlichen
Geschichte lassen es als plausibel erscheinen, daß die NSA UFOs
und deren Begleiterscheinungen als eine Gefahr für die nationale
Sicherheit einstufte.

Als diese NSA-Dokumente verfaßt wurden, waren außer einigen UFO-Entführungsfällen, wie denen von Betty und Barney Hill, nicht viele bekannt.[6] Die meisten ehemals geheimgehaltenen UFO-Dokumente, die durch den FOIA freigegeben wurden, behandeln meistens militärische UFO-Sichtungen. In einigen wenigen findet man aber Hinweise auf Spezialisten, die innerhalb der Geheimdienste und des Militärapparates operieren.

Daß die amerikanische Regierung auch nach Ende des Projektes *Blue Book* im Sinne der NSA UFO-Spezialisten im Einsatz hatte, kann man aus einem kürzlich freigegebenen Dokument der Defense Intelligence Agency (DIA), datiert vom 22. August 1974, mit dem Titel »Defense Information Evaluation«, ersehen.[7] Es gibt eine Abteilung des Pentagons an, die paranormale Effekte, die infolge von UFO-Nahbegegnungen auftreten, untersucht. Das Dokument wurde vom US-Defense Attaché Office (US-DAO) in Madrid, Spanien, verfaßt und ist an eine Adresse der Defense Intelligence Agency (DIA/DC4A1) adressiert. Die Antwort vom US-DAO soll hier wiedergegeben werden:

»1. Die US Army Medical Intelligence and Information Agency (MIIA) untersucht für das Verteidigungsministerium (DOD) paranormale Phänomene von militärischer Signifikanz. UFO-Aktivität wurde manchmal als Manifestation solcher Phänomene angesehen. Ihre Kommentare eines Teams betreffend aus ESP-Spezialisten werden geschätzt. Möglicherweise wäre ein Nachgehen dieser Sache für diese Behörde wertvoll.

2. MIIA ermuntert, UFO-Sichtungen zu melden, hält aber Abstand, offizielle DIA-Sammelbestimmungen einzuführen, da man sonst die Schachtel der Pandora öffnen könnte.

3. MIIA ist über ihr Interesse und ihre Offenheit sehr erfreut.«

Das Dokument wurde von einem Captain John D. La Mothe, Deputy Director der MIIA, unterzeichnet. Da auch UFO-Entführungen einen starken paranormalen Bezug aufweisen, könnten MIIA-Spezialisten Militärangehörige, die ein Entführungserlebnis hatten, untersuchen. Die MIIA existiert heute unter einer anderen Bezeichnung. Die neue Bezeichnung lautet Armed Forces Medical Intelligence Center (AFMIC) und fällt in den Zu-

ständigkeitsbereich der DIA.[8,9] Daß die DIA eine Anlaufstelle für weltweite militärische UFO-Sichtungen ist, wurde in *UFO-Geheimhaltung*[1] ausführlich dargelegt. Ein weiterer Hinweis auf UFO-Experten innerhalb der Geheimdienste ist in einem CIA-Dokument aus dem Jahre 1976 zu finden. Die Übersetzung dieses Dokumentes lautet:
»1. Der volle Name des Informanten ist ***. Er ist als *** beschäftigt.
2. Referent B, das Material soll auf Grund seines Wunsches klassifiziert bleiben. Der Informant sucht Unterstützung von CIA-UFO-Experten, das Material in seinem Bericht sollte klassifiziert bleiben.«[10]
In einem weiteren CIA-Dokument aus dem Jahre 1976 findet man den Beweis, daß die CIA Wissenschaftler, die innerhalb zivi-

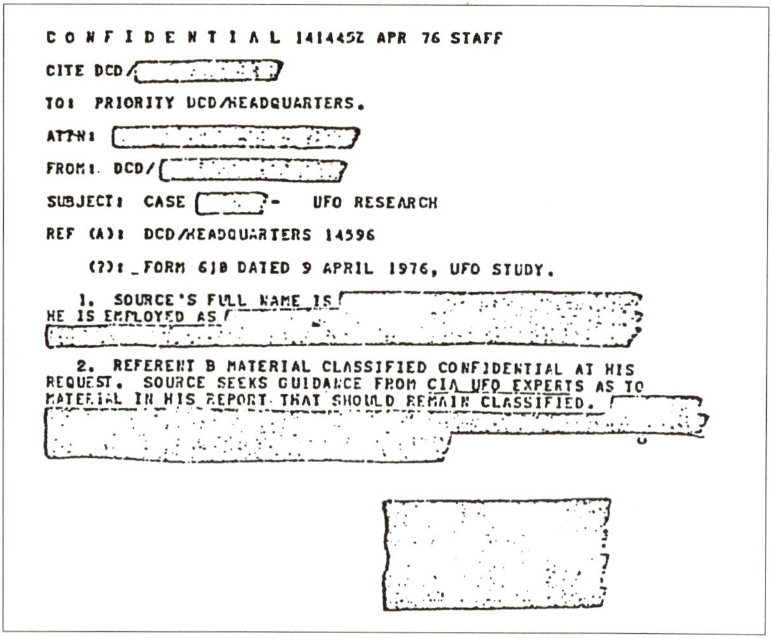

C O N F I D E N T I A L 141445Z APR 76 STAFF

CITE DCD/

TO: PRIORITY DCD/HEADQUARTERS.

ATTN:

FROM: DCD/

SUBJECT: CASE - UFO RESEARCH

REF (A): DCD/HEADQUARTERS 14596

(?): FORM 610 DATED 9 APRIL 1976, UFO STUDY.

1. SOURCE'S FULL NAME IS
HE IS EMPLOYED AS

2. REFERENT B MATERIAL CLASSIFIED CONFIDENTIAL AT HIS REQUEST. SOURCE SEEKS GUIDANCE FROM CIA UFO EXPERTS AS TO MATERIAL IN HIS REPORT THAT SHOULD REMAIN CLASSIFIED.

Abb. 37: In diesem CIA-Dokument von 1976 sucht eine Person zur Untersuchung eines UFO-Falles Hilfe von »CIA-UFO-Experten«.

ler UFO-Forschungsorganisationen tätig sind, kontaktierte. Die CIA holte von diesen Wissenschaftlern Informationen ein, um in der UFO-Angelegenheit auf dem laufenden zu bleiben. In diesem Dokument wird auch betont, daß die CIA nur an UFO-Informationen interessiert sei, die die nationale Sicherheit gefährden könnten. Niemand weiß, wer diese UFO-Experten sind oder welche Position sie innerhalb der CIA einnehmen. Es gibt in diesem Dokument auch keine Hinweise, daß sich diese CIA-Experten mit UFO-Entführungen oder deren paranormalen Begleiterscheinungen beschäftigen. Das bedeutet natürlich nicht, daß Teile der CIA sich nicht für diese Phänomene interessieren.

Weitere Hinweise auf eine UFO-Arbeitsgruppe innerhalb des Pentagons fand der Reporter der *New York Times*, Howard Blum, als er Recherchen über den *Walker*-Spionagefall anstellte.[11] Bei seinen Nachforschungen traf er in Washington mit einem Senior Officer der NSA zusammen. Der NSA-Informant steckte Blum einige Insiderinformationen über den *Walker*-Fall zu. Nach einigen Stunden erzählte ihm der NSA-Informant, daß sich gewisse Kreise der NSA mit UFOs beschäftigen. Blum wollte den Mann wieder auf den *Walker*-Fall bringen, da er UFOs für einen Unsinn hielt. Dieser begann aber von einer angeblichen UFO-Arbeitsgruppe zu sprechen. Nachdem Howard Blum wieder in New York war, schrieb er ein Buch über den *Walker*-Fall. Die Gerüchte über eine angebliche UFO-Arbeitsgruppe innerhalb der NSA ließen ihn aber nicht mehr los. Wenig später fand Blum durch seine Geheimdienstkontakte heraus, daß es innerhalb des Pentagons tatsächlich so eine Gruppe gibt. Diese Gruppe wurde aber nicht von der NSA geleitet, sondern stand unter dem Befehl eines DIA-Mannes.

Bei seinen Recherchen stieß er auf ein Projekt *Aquarius* innerhalb der DIA. Dieses Projekt hat nichts mit den wahrscheinlich gefälschten in *UFO-Geheimhaltung*[1] behandelten *Aquarius*-Dokumenten zu tun. Beim Projekt *Aquarius* der DIA wurden paranormal begabte Personen benutzt, um Unterseeboote oder sowjetische Militäreinrichtungen mittels *Remote Viewing* aufzuspüren.[11] Wieder kommt die DIA ins Spiel, und wieder wird diese Behörde mit paranormalen Phänomenen in Zusammenhang gebracht. Unter der durchaus umstrittenen Methode des *Remote Viewing* versteht man das Sehen von weit entfernten Gegenständen, ähnlich einer außerkörperlichen Erfahrung. Laut Blums Informanten trafen sich im Büro des wissenschaftlichen Beraters von Ronald Reagan, Dr. George Keyworth, mehrere Wissenschaftler des Stanford Research Institute (SRI), DIA-Personal und hochrangige Militärs, um ein *Remote Viewing*-Experiment durchzuführen.

Während des Experimentes wurden dem *Remote Viewer* von einem Naval Comander des Office of Naval Intelligence sechs Fotos und die geographischen Koordinaten von sowjetischen und amerikanischen Unterseebooten vorgelegt. Der *Remote Viewer* sollte die genauen Standorte der auf den Fotos zu sehenden Unterseeboote mit Hilfe seiner paranormalen Fähigkeiten lokalisieren. Diese Methode bezeichnet man als *Scanate* (Scaning by Coordinate). Als er ein Foto eines sowjetischen Unterseebootes der Delta Klasse sah, nahm sein in Trance befindliches Gesicht einen ängstlichen Ausdruck an. Der *Remote Viewer* erklärte den Anwesenden, daß er außer dem vor der Küste von Nova Scotia befindlichen Unterseeboot noch etwas sah. Danach mußte er eine Zeichnung von der wahrgenommenen Situation anfertigen. Zur Überraschung aller an dem Experiment teilnehmenden Personen zeichnete der *Remote Viewer* eine fliegende Untertasse, die über dem Unterseeboot schwebte.

Blum behauptet weiter, daß der an dem Experiment beteiligte DIA-Colonel Harold E. Philips (Pseudonym) danach die als top secret operierende UFO-Arbeitsgruppe ins Leben rief. Er fand heraus, daß sich diese Arbeitsgruppe aus Mitarbeitern der DIA, NSA und des CIA zusammensetzte. Howard Blum publizierte seine Nachforschungen 1990 in seinem Buch *Out There*.[11]

Bis zu diesem Zeitpunkt war man auf die Glaubwürdigkeit von Blum angewiesen, da es keine offizielle Behörde gab, die diese *Remote Viewing*-Experimente und die UFO-Arbeitsgruppe bestätigte. Infolge der am 17. April 1995 von Präsident Bill Clinton

unterzeichneten Exekutiv Order Nr. 1995-4-17 mit der Bezeichnung »Unclassified National Security Information« deklassifizierte die CIA Dokumente, die eine Beteiligung an *Remote Viewing*-Experimenten unter der Leitung von Dr. Hal Puthoff beweisen. Die Experimente wurden zwischen 1972 und 1990 am Stanford Research Institut (SRI) und von 1990 bis 1995 an der Scientific Application International Corporation (SAIC) durchgeführt.[12] In einer 1996 erschienenen Sonderausgabe des *Journal for Scientific Exploration* werden die deklassifizierten Ergebnisse von den Projektleitern ausführlichst diskutiert. Da die CIA noch etwa 80 000 Dokumente klassifiziert hat, kann man natürlich keine endgültigen Aussagen über den Wert dieser von der US-Regierung gesponserten paranormalen Experimente treffen.[13]
Der SAIC-Direktor Dr. Edwin May zitiert in seinem Bericht einen für die US-Regierung arbeitenden *Remote Viewer*:
»Special Officer Joseph McMoneagle bestätigt, daß höchste Regierungs- und Militärkreise wie die Joint Chiefs of Staff, DIA, NSA, CIA, die Drug Enforcement Agency (DEA) und das Secret Service in die *Remote Viewing*-Experimente verwickelt waren.«[14]
Der britische Forscher Armen Victorian erhielt Dokumente vom US Army Intelligence and Security Command (INSCOM), die bestätigen, daß auch diese militärische Abteilung unter der Leitung von Major General Albert Stubblebine paranormale Operationen durchführte. Stubblebine soll 1982 unter Projekt *Landbrocker* mit Hilfe von regierungseigenen *Remote Viewern* das Haus des panamanesischen Generals Manuel Noriega für das INSCOM ausspioniert haben.[15, 16] Einer der ehemaligen DIA-*Remote Viewer*, Major Edward Dames, gründete Anfang der neunziger Jahre die Firma Psi-Tech, die *Remote Viewing*-Aufträge von Privaten und Regierungsstellen ausführt. Der soeben erwähnte Major General Albert Stubblebine ist Vorsitzender im Gremium der Direktoren von Psi-Tech.
Am 10. Dezember 1995 wurde der *Remote Viewer* Ingo Swan von der Art Bell-Radiostation über die Experimente am SRI interviewt.[17] Ingo Swan behauptete, daß er und seine Kollegen eine Trefferquote von etwa 65 Prozent erreichten. Swan meinte, daß

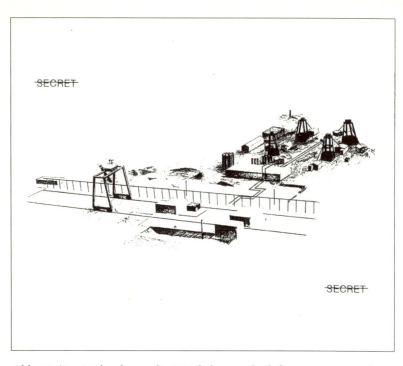

Abb. 38: Zwei Jahre bevor die CIA bekanntgab, daß man paranormal begabte Medien für Spionagezwecke einsetzte, gab Ernst Meckelburg in seinem Buch »PSI-Agenten« (Langen Müller, 1994) einen Überblick über diese Projekte. Beim »Remote Viewing« handelt es sich um einen hellseherischen Wahrnehmungsakt, den man als Fernwahrnehmung zur Ermittlung entfernter Objekte oder Vorgänge bezeichnen könnte. Mit Hilfe von geographischen Koordinaten oder anderer Anhaltspunkte kann das Medium ein ihm unbekanntes Ziel wahrnehmen und dessen innere und/oder äußere Beschaffenheit erkunden. Diese paranormale Gabe ermöglicht perfekten Medien das unbemerkte Eindringen in geheime politische und militärische Forschungseinrichtungen, in Raketensilos, Munitions- und Atomwaffendepots, in militärische Untergrundbasen und Militärstützpunkte. Diese Abbildung zeigt ein 1996 deklassifiziertes CIA-Dokument eines Zielortes für Remote Viewing-Experimente von regierungseigenen PSI-begabten Medien. Die auf dem Dokument abgebildete Anlage stellt die ehemals geheime sowjetische militärische Forschungseinrichtung Semipalatinsk dar.

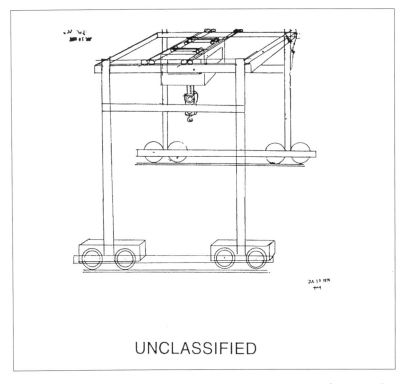

UNCLASSIFIED

Abb. 39: Dieser Kran wurde von einem »Remote Viewer« angefertigt, nachdem er die in Abbildung 38 dargestellte Anlage in Semipalatinsk als Zielort zugeteilt bekam. Der paranormal ausspionierte Kran stimmt mit dem auf der Skizze zu sehenden Kran sehr gut überein.

die Experimentatoren bei einer viel geringeren Trefferquote keine finanzielle Unterstützung von der Regierung erhalten hätten. Interessanterweise bestätigt Swan auch die Geschichte mit dem über dem sowjetischen Unterseeboot schwebenden UFO. Somit werden Blums Recherchen auch von anderer Seite unterstützt. Ingo Swan behauptet, daß er der *Remote Viewer* war, der das UFO über dem Unterseeboot aufspürte. Anscheinend war dieses Ereignis von Colonel Philips für die Gründung einer UFO-Arbeitsgruppe ausschlaggebend. Laut Blum besteht die Aufgabe

167

dieser Arbeitsgruppe aus dem Sammeln von Daten und einzelnen Falluntersuchungen, nicht aber aus verdeckten Operationen gegenüber UFO-Zeugen.

Blum wurde von einem Informanten innerhalb der DIA-Arbeitsgruppe zugetragen, daß im Herbst 1988 FBI-Agenten im Pentagon eintrafen, um die Arbeitsgruppe bei der Aufklärung der *MJ-12*-Dokumenten Affäre um Hilfe zu bitten. Das FBI sollte feststellen, ob die *MJ-12*-Dokumente eine Fälschung sind oder ob sie einer Regierungsbehörde abhanden kamen. Es stellte sich heraus, daß die DIA-Arbeitsgruppe auch nichts über den Ursprung dieser Dokumente wußte. Bei den Sitzungen wurden alle möglichen Fälschungsquellen durchgegangen. Es wurden der sowjetische, der chinesische, ja sogar der bulgarische Geheimdienst als Kandidaten in Betracht gezogen. Interessanterweise wurden die Fälscher auch in den Reihen der heimischen Nachrichtendienste gesucht. Einer der anwesenden DIA-Wissenschaftler zog eine weitere Möglichkeit in Betracht. Er meinte folgendes:

»Die UFO-Arbeitsgruppe könnte selbst nur ein Vorwand sein. Ihr Bestehen könnte als Teil einer Verschwörung angesehen werden. Vielleicht besteht unsere Arbeit hauptsächlich darin, die Presse, die zivilen UFO-Gruppen, sogar das FBI und andere Geheimdienste von der wahren Geschichte abzulenken. Unsere Aufgabe besteht darin, Informationen einzuholen und Fragen zu stellen. Vielleicht gibt es andere mit der nötigen *Need to Know*-Befugnis, die das alles schon wissen. Eine wirkliche *MJ-12*-ähnliche Gruppe oder ähnliches, die vom Hintergrund aus die Fäden zieht und wirklich weiß, was vor sich geht. Die wissen, daß UFOs real existieren, sogar abgestürzt sind und geborgen wurden. Diese Gruppe würde auch wissen, daß wir uns im Pentagon treffen. Wir würden helfen, ihr Geheimnis zu bewahren – daß UFOs existieren.«[11]

Nachdem der DIA-Wissenschaftler seine Bedenken wiedergegeben hat, soll Colonel Philips ärgerlich von sich gegeben haben, daß er ja dann selbst über diese Gruppe Bescheid wissen müßte. Falls dies der Fall wäre, müßte Colonel Philips ein Mitwisser dieser Organisation sein.

Der britische Forscher Armen Victorian behauptet, daß er herausgefunden hat, daß der mysteriöse Colonel Philips in Wirklichkeit Dr. John Alexander ist.[18] Dr. Alexander war 30 Jahre bei den US Special Forces und ist ein Programmleiter für nicht lethale Waffensysteme an den Los Alamos Laboratorien in New Mexico sowie NATO-Berater der selbigen Waffen. Er interessiert sich in seiner Freizeit für paranormale Phänomene und UFOs und hat beste Beziehungen im Pentagon.[19] Laut Victorian soll Dr. Alexander den Kodenamen *Pinguin* haben und in einer Gruppe mit der Bezeichnung *Vögel* Desinformationen innerhalb der UFO-Gemeinschaft verbreiten.[20] Dr. Alexander weist die von Armen Victorian genannten Beschuldigungen natürlich von sich. Interessanterweise bekam Victorian, nachdem er Dr. Alexander beschuldigt hatte, Probleme mit den britischen Behörden und unbekannten Personen. Am 24. Februar 1995 fand ein von Victorian angeforderter Privatdetektiv ein Abhörgerät in einer Steckdose seiner Wohnung.[21] Da Dr. Alexander ein sehr guter Bekannter des Leiters der durchgeführten *Remote Viewing*-Experiment Dr. Hal Puthoff ist, wäre es durchaus möglich, daß er bei der Vorführung im Weißen Haus anwesend war. Aus den freigegebenen Dokumenten und den Untersuchungen von Howard Blum und anderen Forschern kann man folgende gesicherte Schlüsse ziehen:

1. Die NSA hat sich kurz nach Bekanntwerden der ersten Entführungsfälle ausführlich in ihrem Draft-Report »UFO-Hypothesis and Survival Questions« damit beschäftigt und durchaus nationale Sicherheitsbedenken an diesem Phänomen anklingen lassen.

2. Die CIA hatte in den siebziger Jahren UFO-Experten innerhalb ihrer Behörde und kontaktierte Wissenschaftler, die innerhalb der zivilen UFO-Forschungsorganisationen tätig waren.

3. Die CIA, DIA, NSA und andere militärische Stellen haben seit den siebziger Jahren paranormal begabte Personen zur Nachrichtensammlung eingesetzt.

4. Während der siebziger Jahre war die US Army Medical Intelligence and Information Agency (MIIA) für das US-Verteidigungsministerium zuständig, paranormale Phänomene von militärischer Signifikanz, unter die auch UFO-Aktivität fällt, zu un-

tersuchen. Die MIIA existiert auch heute noch unter der Bezeichnung Armed Forces Medical Intelligence Center (AFMIC) und fällt in den Zuständigkeitsbereich der DIA.

5. Laut den Untersuchungen, die Howard Blum durchführte, hat die DIA eine UFO-Arbeitsgruppe im Pentagon im Einsatz.

2 Neue Majestic-12-Dokumente erscheinen in der Öffentlichkeit

Ende 1992 erhielt der kalifornische UFO-Forscher Tim Cooper von einer ihm unbekannten Quelle drei neue *Majestic-12*-Dokumente. Somit scheint die *MJ-12*-Dokumentenaffäre nicht zu Ende zu sein. So wie bei den ursprünglichen 1984 aufgetauchten Dokumenten werden auch diese umstritten bleiben, da die US-Regierung ihre Authentizität nicht bestätigt. Die Operation *Majestic-12* wird als eine streng geheime militärische Forschungseinrichtung bezeichnet, die dem Präsidenten der Vereinigten Staaten untersteht. Diese Gruppe soll nach der Bergung eines UFOs bei Roswell, New Mexico, vom damaligen Präsidenten Harry S. Truman am 24. September 1947 auf Anraten des Verteidigungsministers James Forrestal und Dr. Vannevar Bush gegründet worden sein. Das erste neue Dokument scheint vom CIA-Direktor Admiral Roscoe Hillenkoetter verfaßt zu sein und ist ein Memorandum an den Präsidenten.[22] Es handelt von der Informationsübermittlung betreffend UFO-Informationen an Präsident Truman. Hillenkoetter schreibt darin, daß er Truman die Informationen über die geborgenen UFOs in kleinen Büchlein schrittweise zukommen lassen will. Einige Wochen später erhielt Tim Cooper zwei weitere *MJ-12*-Dokumente, von denen eines mit 24. September 1947 datiert ist und von General George Marshall verfaßt wurde. Das dritte Dokument stammt vom 9. Juli 1947 und ist an General Twining adressiert und lautet:

»Richtungsweisend an Lieutenant General Twining: Sie werden sich zum White Sands Proving Ground Command Center begeben und eine Einschätzung über die dort aufbewahrten unidentifizierten

Flugobjekte treffen. Ein Teil Ihrer Mission wird die gegenwärtige und angepeilte militärische, politische und psychologische Situation betreffen. Im Laufe ihrer Inspektion werden Sie mit den Militärs in diesem Gebiet zusammenarbeiten. Bei Erstellung Ihrer Einschätzung ist es erwünscht, daß Sie persönlichen Gefühlen des Personals, die nicht mit den möglichen Ergebnissen konform gehen, distanziert gegenüberstehen. Wenn Sie die Resultate Ihrer Mission präsentieren und nicht assistiert werden, geben Sie Ihre Einschätzung über die Natur, die Ausmaße und die möglichen Konsequenzen so kurz wie möglich wieder. Wenn Ihre Mission in New Mexico beendet ist, werden Sie einen Kurzausflug zu den Sandia AEC-Einrichtungen machen und eine Einschätzung über die dortige Situation treffen – die Reaktionen der Leute von Los Alamos inklusive. Bevor Sie nach White Sands fliegen, werden Sie mit General Eisenhower sprechen, um klarzustellen, ob er wünscht, daß Sie über Kirtland AAF reisen. Sie werden bei Ihrer Reise, damit Sie Ihre Aufgabe effektiv durchführen können, von Experten, Technikern, Wissenschaftlern und Assistenten begleitet.«[23]

Stanton Friedman und anderen UFO-Forschern gelang es vorerst, dieses an Twining gerichtete Schreiben und das Marshall-Memorandum auf deren Authentizität zu überprüfen.[22] Stanton Friedman unternahm Reisen zur Marshall-Foundation und zu den Nationalarchiven. Den UFO-Forschern Don Berliner und Larry Bryant gelang es, in der Pentagon-Bibliothek eine auf dem Memorandum angeführte Army Regulation 380-5 aus dem Jahre 1946 ausfindig zu machen. Auch der Historiker und Biograph von General Marshall, Dr. Forrest Page, fand zur Zeit keinen Hinweis auf eine Fälschung des Marshall-Memorandums. Der damalige Vertraute von Roosevelt und Truman, George Eley, bemerkte ebenfalls keine offensichtlichen Hinweise, daß das an Twining gerichtete Memorandum eine Fälschung ist.

Im Laufe der Zeit erhielt Tim Cooper weitere Dokumente, die *Top Secret MAJIC*-Kommunikationen enthalten. Diese Dokumente und das an Truman gerichtete Memorandum scheinen allerdings Fälschungen zu sein. So bezieht sich ein an General Marshall gerichteter Brief vom 27. September 1947 nicht auf

RESTRICTED SOM1-01

TO 12D1–3–11–1

MAJESTIC–12 GROUP SPECIAL OPERATIONS MANUAL

EXTRATERRESTRIAL

ENTITIES AND TECHNOLOGY,

RECOVERY AND DISPOSAL

TOP SECRET/MAJIC

EYES ONLY

WARNING! This is a TOP SECRET—MAJIC EYES ONLY document containing compartmentalized information essential to the national security of the United States. EYES ONLY ACCESS to the material herein is strictly limited to personnel possessing MAJIC–12 CLEARANCE LEVEL. Examination or use by unauthorized personnel is strictly forbidden and is punishable by federal law.

MAJESTIC–12 GROUP APRIL 1954

Abb. 40: Deckblatt des MJ-12-Operationsmanual aus dem Jahre 1954. Das Manual wurde mehreren UFO-Forschern auf dem Postweg zugeschickt und beschreibt die Vorgehensweise für die Bergung von UFOs und fremden biologischen Entitäten. Dieses Manual wird, so wie die MJ-12-Dokumente, von der amerikanischen Regierung offiziell nicht als authentisch bestätigt und von vielen UFO-Forschern als gefälscht angesehen.

UFOs, sondern auf den japanischen Luftangriff auf Pearl Harbor. Ein streng geheimes Projekt, das den Kodenamen *MAGIC* besaß, handelte von der Dekodierung japanischer Militärnachrichten. Es scheint, als ob der unbekannte Verfasser dieser Dokumente wahre und gefälschte Dokumente gemeinsam verschickt, damit er unter der Forschergemeinde Verwirrung stiftet.

Im Dezember 1994 erhielt Don Berliner vom Fund for UFO Research (FUFOR) weitere *MJ-12*-Dokumente, die auf einer 35-mm-Mikrofilmrolle abgelichtet sind. Auf diesem Film befindet sich das *Majestic-12 Operations Manual* und ist mit April 1954 datiert. Der Report gibt ausführliche Anweisungen an spezielle militärische Einheiten bezüglich Sicherheitsbestimmungen, Transport, Verpackung und Lagerung von nicht irdischen Lebensformen und vom Militär geborgenen fliegenden Untertassen. Das Manual beinhaltet sechs Kapitel, vier Anhänge, 30 Seiten Text und einen Abschnitt mit Fotos. Im Kapitel I dieses Manuals steht unter Punkt 4 folgendes:

»4. Geschichte der Gruppe: Operation *Majestic*-12 wurde am 24. September 1947 durch eine spezielle klassifizierte periodische Exekutivorder auf eine Empfehlung von Verteidigungsminister James Forrestal und Dr. Vannevar Bush gegründet. Die Einsätze werden von einer streng geheimen nachrichtendienstlichen Forschungs- und Entwicklungsgruppe unter dem direkten Befehl des amerikanischen Präsidenten durchgeführt. Die Ziele der *MJ*-12-Gruppe sind folgende:

a) Die Bergung aller fremdartigen oder extraterrestrischen Materialien, die für eine wissenschaftliche Studie relevant sind.

b) Die Bergung zur wissenschaftlichen Studie aller Wesen oder Leichname nicht irdischen Ursprungs, welche durch unabhängige Aktionen dieser Wesen, deren Fehler oder durch militärische Handlungen verfügbar sind.

c) Die Gründung und Verwaltung von speziellen Einsatztruppen, um die vorher angeführten Operationen durchführen zu können.

d) Die Errichtung und Verwaltung von speziell gesicherten Forschungseinrichtungen innerhalb der Vereinigten Staaten. Dort werden alle Materialien und Wesen extraterrestrischen Ursprunges von Spezialeinheiten zur wissenschaftlichen Studie und Analyse gebracht.

e) Die Gründung und Verwaltung von verdeckten Einsätzen, die im Einvernehmen mit der CIA durchgeführt werden, um in den Besitz von extraterrestrischer Technologie und Wesen innerhalb der Vereinigten Staaten oder anderer Länder, die sich im Besitz von fremden Wesen befinden, zu kommen.

f) Die Aufrechterhaltung einer absoluten Geheimhaltung, betreffend der vorherigen Einsätze.«[24]

Unter Punkt 5 dieses Kapitels wird darauf hingewiesen, daß es einige Hinweise gibt, daß diese Objekte eine Gefahr für die nationale Sicherheit der USA darstellen. Weiter wird jedoch betont, daß man über das Motiv dieser Besucher im unklaren sei. Außerdem scheinen diese Wesen keine Anstalten zu unternehmen, um einen Kontakt herzustellen oder sich ihre abgestürzten Vehikel zurückholen zu wollen. Alle weiteren Kapitel geben genaue Beschreibungen über die Handhabung und das Aussehen von bisher geborgenen Materialien und Wesen wieder. Auch wenn die Herkunft dieses *MJ-12*-Manuals, sowie die der anderen *MJ-12*-Dokumente, unklar bleibt, gibt es andere Hinweise auf militärische Einsatzgruppen, die in der UFO-Angelegenheit verdeckt agieren. Das würde zumindest bedeuten, daß die unter Punkt 4 im *MJ-12*-Manual beschriebenen Abschnitte c, d, e und f einen wahren Kern besitzen. In den folgenden Unterkapiteln soll aufgezeigt werden, daß es immer mehr Hinweise gibt, daß zumindest in Nordamerika militärische Einheiten Interesse an angeblich von UFO-Insassen entführten Personen zeigen.

3 Dunkle unmarkierte Helikopter belästigen Personen, die angeblich von UFO-Insassen entführt wurden

Im vorigen Kapitel wurde ausführlich nachgewiesen, daß das mysteriöse Erscheinen von schwarzen unmarkierten Helikoptern über weiten Gebieten der USA und insbesondere im Zusammen-

174

hang mit Tierverstümmelungen keine Phantasterei ist. Da diese Helikopter auch im Anschluß an UFO-Sichtungen auftreten, stellt sich die Frage, was sie mit dem UFO-Phänomen verbindet. Der UFO-Forscher Raymond E. Fowler war einer der ersten, der herausfand, daß diese mysteriösen Helikopter angeblich von UFO-Insassen entführte Personen überwachen.[25] Vor 1980 schienen sie sich noch nicht für diese Ereignisse zu interessieren. Raymond E. Fowler wurde während der Untersuchung des Betty Andreason-Entführungsfalles in dieses Mysterium verwickelt. Betty Andreason hatte seit Januar 1967 immer wieder UFO-Entführungserlebnisse. Ihr Fall wurde ausführlich mit Hilfe von professionellen Hypnoseärzten und Medizinern überprüft. Betty wurde danach zwölf Monate lang ausführlichst auf psychologische Krankheiten untersucht, ließ zwei Lügendetektortests über sich ergehen und besuchte 14 Regressions-Hypnosesitzungen.[26] Sie beschrieb unter Hypnose mehrere detaillierte UFO-Entführungserlebnisse. Betty berichtete unter Hypnose, wie sie von fünf grauen kleinwüchsigen kahlköpfigen Humanoiden, von denen einer etwas größer war, in ein UFO entführt wurde. Unter Hypnose beschrieb Betty, daß diese Wesen an ihr die verschiedensten Untersuchungen durchführten. Nach vier Stunden *verlorener Zeit* wurde sie zu ihrem Haus zurückgebracht. Die ausführliche Studie über ihren Fall füllt einen 528 Seiten starken Report. Während dieser Untersuchungen der Entführungserlebnisse wurden noch keine Belästigungen durch die Helikopter wahrgenommen. Da die Erlebnisse von Betty Andreason anhielten, wurden die Untersuchungen in ihrem Fall neu aufgenommen. Anfang der achtziger Jahre lebte Betty in einer wenig bewohnten Gegend in Ashburn, Massachusetts. Als Betty eines Tages in ihrem Garten arbeitete, erschien plötzlich ein großer schwarzer Helikopter und schwebte für kurze Zeit über ihr. Das Untersuchungsteam schenkte dieser einmaligen Aktion vorerst keine Aufmerksamkeit. Wie die Zukunft zeigen sollte, blieb es aber nicht bei dieser Einmaligkeit. Kurz nach dem Zwischenfall verzog Betty mit ihrem Ehemann Bob Luca nach Connecticut. Nachdem die beiden ihr neues Haus bezogen, erschienen in der

Nachbarschaft und über ihrer Wohnung tieffliegende schwarze unmarkierte Helikopter. Nebenbei begannen die beiden seltsame Ereignisse in ihrer Wohnung wahrzunehmen. Es kam laufend zu Störungen an ihren Elektrogeräten, und sie begannen, fremde Stimmen in ihren Köpfen zu hören. Die Helikopter verletzten die gesetzlichen Flugbestimmungen, da sie tiefer als 150 Meter über bewohntem Gebiet flogen. Nachforschungen ergaben, daß kein militärischer Trainingsflugpfad über das entsprechende Gebiet führte. Die Nachbarn bestätigten dem Untersuchungsteam, daß es, bevor die Lucas einzogen, völlig ruhig war und nie Helikopter über diesen Grundstücken auftauchten.

Nachdem Bob mehrere Fotos von einem Phantomhelikopter schoß, verständigte er die FAA, die Aircraft Owners and Pilots Association, sowie einige Militärstützpunkte. Alle Behörden dementierten, daß sie Helikopter zu den gegebenen Zeiträumen in diesem Gebiet in der Luft hatten. Ein FFA-Sprecher meinte, daß ihn diese Vorfälle an einen CIA-Einsatz erinnern. Die CIA dementierte wie die anderen Behörden, daß sie zu dieser Zeit Helikopter in der Luft hatte. Betty und Bob bekamen es mit der Angst zu tun und verzogen abermals. Wieder tauchten die Helikopter über der neuen Wohnung auf.[27] Ein anderes Mal wurde Bob Luca von einem Parkplatz in Rhode Island über eine Distanz von fünf Meilen von einem Helikopter verfolgt. Als Bob ausstieg, um einige Fotos zu machen, drehte der Helikopter ab und verschwand. Ein anderes Mal gelang Bob ebenfalls ein Foto von einem schwarzen unmarkierten Helikopter, der um Betty kreiste.

Anhand dieses Fotos konnte man feststellen, daß der Helikopter einem modifizierten Hyey UH-1H ähnlich sah. Allerdings sind statt den Fenstern fischaugenförmige Veränderungen zu sehen. Die Firma Bell, die diese Helikopter baut, meint, daß es eine militärische Modifikation sein könnte. Bob Luca stellte Nachforschungen an, um den Heimatflughafen dieser Helikopter ausfindig zu machen. Er sah einige schwarze Helikopter hinter einem abgesperrten Teil des Bradley International Airport bei Windsor Locks in Connecticut. Einmal sah Bob sogar einen der Helikopter landen. Als er bei der Flughafenverwaltung anrief, um sich

176

nach der Herkunft der Helikopter zu erkundigen, teilte man ihm mit, daß keine unmarkierten schwarzen Helikopter je gelandet wären bzw. auf diesem Flugplatz abgestellt sind. Betty und Bob fuhren daraufhin zum Flugplatz und fotografierten einige Helikopter hinter einem militärischen Sperrgebiet. Bis heute hat sich keine Behörde gefunden, die die Helikopter, die Betty und Bob plagen, identifizieren kann. Ohne Markierungen oder Hoheitskennzeichen ist eine Identifikation nicht möglich.

Ein ähnlich komplexer UFO-Entführungsfall kam der Familie Jordan am 30. Juni 1983 zu Bewußtsein. Der bekannte Entführungsforscher Budd Hopkins untersuchte die Ereignisse, die Debbie Jordan und Kathy Mitchell drei Generationen lang heimsuchten, ausführlichst mit Hilfe von Hypnoseärzten und anderen Fachleuten.[28] Kathy Mitchell erinnert sich noch genau an das Stück verbrannter Erde im Hinterhof ihres Hauses in Indianapolis. Ihre Mutter und Schwester waren an diesem Abend alleine zu Hause, als sie ein Licht beim Pumpenhaus ihres Schwimmbades erblickten. Laut ihrer Beschreibung sahen sie eine sanft strahlende Lichtquelle von der Größe eines Basketballes. Da Debbie sich bei einem Nachbarn befand, rief die Mutter dort an und erzählte ihr die unheimlichen Vorgänge. Debbie fuhr sofort nach Hause, bewaffnete sich und kontrollierte das Grundstück. Sie fand aber keine Spuren, die auf Einbrecher hindeuteten.

Kurz darauf fanden die Familienmitglieder den verbrannten Fleck Erde. Der Hund der Familie hielt sich längere Zeit in der Nähe des Fleckes auf und verlor daraufhin seine Haare. Untersuchungen mittels eines Geigerzählers ergaben eine erhöhte Radioaktivität an der verbrannten Stelle. Noch sieben Monate später schmolz der Schnee zuerst über dem betroffenen Rasenstück. Die Erde hielt in ihrem verbrannten ausgetrockneten Zustand keine Feuchtigkeit. Einer chemischen Analyse zufolge mußte eine aus demselben Grundstück stammende nicht kontaminierte Kontrollprobe sechs Stunden lang einer Hitzebehandlung von etwa 426 Grad Celsius ausgesetzt werden.

Nach diesem unerklärlichen Ereignis bekam Debbie wiederkehrende Alpträume und traumatische Zustände. Die von Budd

177

Hopkins geleiteten Untersuchungen legten ein komplexes UFO-Entführungserlebnis offen. Debbie Jordan beschrieb, wie ihr jemand nahe der Garage ein Implantat ins Ohr einführte. Debbie konnte ihre Peiniger nicht genau beschreiben, da sie in ein diffuses Licht gehüllt war.[28] Weitere Hypnose-Regressionen brachten übliche Entführungsgeschichten ans Tageslicht. Es stellte sich heraus, daß Debbie Jordan und ihre Familienmitglieder mehrmals von kleinen, grauen, großköpfigen, haarlosen Wesen aufgesucht wurden. Während dieser Entführungen in UFOs beschrieben sie unter Hypnose, daß die Wesen von ihnen Gewebeproben und Eizellen entnahmen. Die weiteren an ihnen durchgeführten Experimente paßten in die inzwischen von Entführungsforschern erstellten Hypothesen, auf die in *UFO-Geheimhaltung*[1] und *UFO-Nahbegegnungen*[2] ausführlich eingegangen wurde.

Kurz nachdem die beiden Schwestern mit Budd Hopkins zu kommunizieren begannen, ereigneten sich lauter seltsame Ereignisse. Ansonsten einwandfrei funktionierende Elektrogeräte begannen verrückt zu spielen, und manchmal hörten die Betroffenen Stimmen in ihrem Kopf. Nach dem 30. Juni 1983 tauchten plötzlich über ihrem Grundstück schwarze unmarkierte Helikopter auf.[29] Die Helikopterüberflüge begannen sich danach zu häufen. Wie bei Betty Andreason verletzten auch diese die Sicherheitsvorschriften der Luftfahrtbehörde. Einmal drängte ein Helikopter Kathy beinahe von der Straße. Da diese Helikopter schwarze undurchsichtige Scheiben haben, ist es unmöglich, die Besatzung zu identifizieren. Eines Abends kreiste ein Helikopter länger als eine Stunde über dem Haus von Debbie Jordan und strahlte mit seinen Stroboskoplichtern durch die Fenster ins Innere. Einmal war die Lautstärke so hoch, daß ein Fenster im Schlafzimmer zerbrach. Diese Vorfälle werden auch von den Nachbarn bestätigt.

Sogar die Kinder von Debbie Jordan wurden von den Insassen eines schwarzen unmarkierten Helikopters eingeschüchtert. Der Helikopter flog so tief über die spielenden Kinder hinweg, daß ihr Gesicht mit Schmutz bedeckt wurde. Danach landete der Helikopter, und ein blonder Mann in einem dunkelgrünen Overall sprach sie vom Cockpit aus an, ob sie nicht eine Runde mitfliegen möchten. Die Kinder liefen daraufhin ganz verstört nach Hause. Einmal verfolgte Debbie einen der Helikopter bis nach Fort Harrison. Da dort ein Militärstützpunkt ist, konnte sie die Landung nur von der Ferne aus mitverfolgen. Einmal beobachtete Debbie vor dem Schulgelände, auf dem sie arbeitete, einen schwarzen unmarkierten Helikopter, der von Männern umgeben war, die mit Kampfanzügen bekleidet waren. Die Nachforschungen über die Herkunft dieser Helikopter verliefen ähnlich unbefriedigend wie bei Betty Andreason und Bob Luca.

Der Folklorist Dr. Thomas Bullard verglich weltweit 270 UFO-Entführungsfälle im Zeitraum zwischen 1868 und 1984 auf ihre Gemeinsamkeiten und Eigenheiten.[30, 31] Die Daten von Dr. Bullards ausführlicher Studie stammen von weniger glaubwürdigen Presseberichten bis zu sehr gut untersuchten Entführungsfällen. Der Schwerpunkt der von ihm untersuchten Fälle befand sich Ende der siebziger bzw. Anfang der achtziger Jahre. Von den 270 in seiner Studie aufgenommenen Entführungsfällen ereigneten sich 132 in den USA, 51 in Europa, 66 in Südamerika, 15 in Australien, acht in Kanada und die restlichen neun in anderen Ländern. Da einige Entführte mehrere Entführungserlebnisse hatten, ist die Summe der Fälle größer als die Anzahl der in der Untersuchung aufgenommenen Personen.

Interessanterweise fand Dr. Bullard nur vier Entführungsfälle, bei denen die Entführten von schwarzen unmarkierten Helikoptern belästigt oder überwacht wurden. Unter diesen Fällen befindet sich auch der zuvor beschriebene Fall von Betty Andreason. Interessant ist auch, daß sich alle Helikopterzwischenfälle in den USA und Kanada ereigneten.

Bei letzterem ist vom Briten Gerry Armstrong und seiner Familie die Rede. Armstrongs Fall wurde mit Hilfe von Hypnoseärzten ausführlichst untersucht. Er und seine Familie hatten seit Juli 1953 typische UFO-Entführungserlebnisse in England. Mitte der siebziger Jahre zogen die Armstrongs nach Kanada. Die Familie hatte dort weitere UFO-Erlebnisse. Um 1974 erschienen schwarze unmarkierte Helikopter über ihrem Grundstück. Auch

Betty Hill wurde Anfang der siebziger Jahre von diesen Phantomhelikoptern belästigt.[6] Wie es scheint, nahm die Helikopteraktivität im Zusammenhang mit UFO-Entführungsopfern Mitte der achtziger Jahre zu, da gegenwärtig fast jeder Forscher einige Fälle unter seinen Daten hat.

Das MUFON-*Abduction Transcription*-Projekt unter der Leitung von Dan Wright vergleicht 142 UFO-Entführungsfälle von 15 UFO-Entführungsforschern hinsichtlich verschiedenster Charakteristika.[32] Unter diesen Fällen befinden sich zehn UFO-Entführte, die von mysteriösen unmarkierten dunklen Helikoptern belästigt wurden.[33] Diese sieben Prozent sind mit den Daten anderer Forscher kongruent. So hat z. B. Dr. Richard Boylan 175 UFO-Entführungen untersucht. Von diesen Personen wurden fünf von den Helikoptern belästigt.[34] Dr. Leo Sprinkle hat von seinen 500 Entführungsfällen etwa 15 mit Helikopteraktivität zu verzeichnen,[35] Raymond Fowler[25] von 15 persönlich untersuchten Fällen zwei und Richard Hall von 100 untersuchten Fällen drei.[36] Wenn man nur mehrere Fälle jüngeren Datums betrachtet, liegt der Prozentsatz allerdings höher, da die Helikopter in den neunziger Jahren verstärkt im Zusammenhang mit UFO-Entführungen auftreten.

Kurz nachdem das bekannte UFO-Entführungsopfer Whitley Strieber sein Buch *Communion* (*Die Besucher*) veröffentlichte, kam er mit Ed Conroy in Kontakt.[37] Ed Conroy war ein Journalist vom *San Antonio Express* und zeigte Interesse für Kulte und *Mind Control*-Opfer. Ed stellte Nachforschungen über Whitley Strieber an und veröffentlichte 1989 seinen *Report on Communion*.[38] Für die Recherchen an seinem Buch traf er mit Strieber, dessen Familie sowie seinen Bekannten zusammen. Kurz nachdem Conroy Strieber aufsuchte, wurde er 1987 von einem schwarzen unmarkierten Helikopter heimgesucht. Eines Abends schwebte dieser vor dem Fenster seiner Wohnung. Der Helikopter verletzte alle Sicherheitsbestimmungen, da er im Tiefflug zwischen mehreren Hochhäusern eines stark bewohnten Gebietes flog. Conroy rief daraufhin Strieber an, um ihm von dem Ereignis zu berichten. Zur selben Zeit befand sich ein weiterer

Helikopter auch über Striebers Haus. Der Lärm war so unerträglich, daß Strieber das Telefongespräch mit Conroy abbrechen mußte. Danach ging er auf die Terrasse seines Hauses und sah, wie der dunkle Helikopter im Tiefflug über die Bäume flog, bis er außer Sichtweite war.[39] In der folgenden Nacht wurde Strieber durch piepsende Geräusche, ähnlich einem Radiowecker, geweckt. Als er nach dem Rechten sehen wollte, begann er, eine Stimme in seinem Kopf zu hören, die ihn anwies, aus dem Fenster zu sehen. Die Stimme klang wie die eines jungen Soldaten, der aus einem Radio spricht. Als er aus dem Fenster blickte, sah er vor den Wolken einen Helikopter schweben. Danach sprach eine Frauenstimme: »Blicke zu uns auf, wir strahlen ein Licht auf deinen Vorderkopf.«

Danach vollführte der Helikopter bizarre Flugmanöver. Bevor der Helikopter verschwand, hörte Strieber noch Stimmen in seinem Kopf, die sich anhörten, als ob jemand ganz schnell Wörter von einer Liste vorlas. Simultan erschien vor seinem Auge die Bildfolge einer Höhle. Die Bilder und die Stimmen verschwanden aus seinem Kopf, nachdem der Helikopter verschwand.

Die restliche Nacht verlief ruhig. Dieser Vorfall ist deshalb interessant, da die Stimmen und Bilder möglicherweise von der Helikopterbesatzung mittels drahtloser *Mind Control*-Methoden in Striebers Kopf übertragen wurden. Wie wir in Kapitel I aufgezeigt haben, wurde diese Technologie von Dr. Joseph Sharp und Allen Frey entwickelt.[40] Beide Wissenschaftler experimentierten mit elektromagnetischen Wellen, die gesprochene Wörter via gepulsten Mikrowellen direkt in den Audio-Cortex eines Menschen übertragen können. Wie wir in Kapitel I aufzeigten, gehen diese Experimente bis in die sechziger Jahre zurück. Der sogenannte *Frey-Effekt* wird auch als Hören mittels Mikrowellen bezeichnet.

Mikrowellen könnten auch als Ursache für die Störungen der Elektrogeräte angesehen werden. Laut *Los Angeles Times* wurde ein Zeuge bei den Untersuchungen einer Schmiergeldaffäre seiner für das Pentagon arbeitenden Firma mittels elektromagnetischer

Waffen belästigt.[41] Rex Niles und seine Schwester behaupten, daß über ihrem Haus regelmäßig Helikopter flogen. Ein zu Hilfe geholter Ingenieur stellte fest, daß Niles Grundstück mit Mikrowellen, die eine Leistung von 250 Watt aufwiesen, bestrahlt wurde. Eine ehemalige Studienfreundin von Niles behauptete, daß ihr Computer gestört wurde, sobald Niles nahe an ihn herankam. Dieser Fall hat nichts mit dem UFO-Phänomen zu tun, weist aber ähnliche Effekte auf.

Bei der UFO-Entführungskonferenz, die 1992 am Massachusetts Institute of Technology (MIT) abgehalten wurde, wurden auch zwei der anwesenden UFO-Entführten von schwarzen unmarkierten tieffliegenden Helikoptern belästigt.[42] Dr. Karla Turner untersuchte in ihrem Buch *Taken* neun in jüngerer Zeit angesiedelte UFO-Entführungen, von denen vier von mysteriösen Helikopterüberflügen berichten.[43] Alle neun berichteten von Störungen ihrer Elektrogeräte, und acht UFO-Entführte hörten fremde Stimmen in ihren Köpfen. Am 29. Mai 1993 sah Lisa (Pseudonym) mit ihrem Sohn um 15.30 Uhr einen dunklen Helikopter über ihr Haus fliegen. Daraufhin häuften sich die Helikopterüberflüge, die manchmal von einem summenden Geräusch begleitet wurden. Hin und wieder flogen die Helikopter nachts über Lisas Grundstück, so daß sie ihr den Schlaf raubten. Ähnliche Erlebnisse haben zwei weitere UFO-Entführte von Dr. Turner zu berichten.

Kurz nachdem die Texanerin Jane (Pseudonym) UFO-Nahbegegnungen hatte, begannen auch ihre Elektrogeräte unregelmäßig zu funktionieren. Das Telefon und ihr Anrufbeantworter verhielten sich auch sehr seltsam. Man konnte sehr oft ein Klicken und Rauschen in der Leitung hören. Weiter wurde sie durch seltsame surrende und piepsende Geräusche belästigt. Doch das sollte nicht genug sein. Bald darauf erschienen die mysteriösen schwarzen Helikopter und machten auch ihr das Leben zur Hölle.

Eine weitere Frau, die nicht nur durch UFO-Aktivität in Angst und Schrecken versetzt wird, ist Angie (Pseudonym). Kurz nachdem sie bemerkte, daß sie UFO-Entführungserlebnisse durchlebte, landeten zwei dunkle Helikopter mit Air Force-Markie-rungen auf ihrem Grundstück. Als Angie nach dem Rechten sehen wollte, flogen sie jedoch wieder ab. Am 23. März 1993 zählte sie 19 Helikopter, die über ihre Farm flogen. Auch Angie berichtet von Störungen an ihren Elektrogeräten.

Die vorher angeführten Beispiele repräsentieren nur einen Bruch-teil der inzwischen bekanntgewordenen UFO-Entführungsfälle, die eine Beziehung zu den schwarzen unmarkierten Heliko-ptern aufweisen. Dr. Thomas Bullard vergleicht in seiner Ent-führungsstudie das Erscheinen der mysteriösen Helikopter mit den Fahrzeugen des *Men in Black-(MIB)*-Phänomens.[30, 31] Unter den Männern in Schwarz versteht man angebliche Personen, die ein seltsames Auftreten an den Tag legen und nach UFO-Sich-tungen bei den Zeugen erscheinen und sie einzuschüchtern ver-suchen. Die meisten Zeugen bestätigen, daß diese Besucher mei-stens dunkel gekleidet sind, alles über sie wissen und zumeist einen nicht irdischen Eindruck erwecken.

Laut Dr. Bullards Studie gehen die Berichte über die Männer in Schwarz bis in die fünfziger Jahre zurück. Sie erscheinen selten als Trio, haben eine blaßgraue Haut, tragen altmodische Klei-dung, künstlich wirkendes Haar, haben eine mechanisch klin-gende Stimme und bewegen sich ähnlich wie ein Roboter. Oft be-schreiben Zeugen, daß sie in schwarzen Cadillacs fahren. Allge-mein werden die *MIB* als allwissend und gefährlich beschrieben. Einige der vorher erwähnten Fälle hatten auch *MIB*-Erlebnisse infolge ihrer UFO-Erfahrungen. Dr. Bullard fand in den 270 von ihm untersuchten UFO-Entführungsfällen 16, wo die Männer in Schwarz in Erscheinung traten. Von diesen Fällen stammen zehn aus den USA und je drei aus Kanada und England. Zum Unter-schied zu den Phantomhelikoptersichtungen treten die *MIB* seit den letzten vierzig Jahren auf und erscheinen auch außerhalb Nordamerikas.

Einige *MIB*-Begegnungen könnten durchaus auf FBI-Agenten oder andere Regierungsbeamte, die UFO-Zeugen befragten, zurückzuführen sein. Der Großteil der *MIB*-Besuche bleibt aber rätselhaft und scheint eine paranormale Komponente aufzuweisen. Nach dem gegenwärtigen Wissensstand ist es sicher nicht gerechtfertigt, wenn man das Erscheinen der schwarzen unmarkierten Helikopter mit den Fahrzeugen der Männer in Schwarz vergleicht. Die im vorigen und in diesem Kapitel behandelte Helikopteraktivität hat mit dem *MIB*-Phänomen nichts zu tun. Wenn man zwischenzeitlich ein Resümee zieht, kann man folgende Fakten zusammenfassen:

1. Die schwarzen unmarkierten Helikopter tauchten Anfang der siebziger Jahre auf und begannen sich für die mysteriösen Tierverstümmelungen zu interessieren.

2. Während dieser Zeit zeigten sie wenig bis gar kein Interesse an angeblich von UFO-Insassen entführten Personen.

3. Anfang der achtziger Jahre begannen sie ihr Interesse an einem Teil der angeblich von UFO-Insassen entführten Personen zu zeigen.

4. Dieses Interesse verstärkte sich bis zum gegenwärtigen Zeitpunkt erheblich. Im Schnitt hat jeder nordamerikanische UFO-Entführungsforscher drei Prozent dieser Fälle in seinen Daten. Bei Forschern, die Fälle jüngeren Datums untersuchen, liegt der Prozentsatz allerdings höher, da die Helikopter seit den neunziger Jahren verstärkt auftreten.

5. Obwohl diese Helikopter vor allem während der siebziger Jahren auch in England aktiv waren, scheinen sie nur in Nordamerika ein verstärktes Interesse an Tierverstümmelungen und UFO-Entführungen zu zeigen.

Es stellt sich nun die Frage, was diese Helikopterbesatzungen von einer Belästigung bzw. Überwachung von Personen, die eine UFO-Nahbegegnung hatten, haben. Testet eine geheim operierende Behörde unter dem Vorwand des real existierenden UFO-Phänomens neuartige Waffensysteme an nichtsahnenden Personen, oder steckt mehr hinter diesem durchaus irdischen Eindringen in die Intimsphäre vieler Personen? Wie wir in den folgenden Unterkapiteln aufzeigen werden, scheinen sich die Helikopterbesatzungen oder eine militärische Einsatzgruppe nicht mit dem Überfliegen und Überwachen von angeblichen UFO-Entführungsopfern zu begnügen. Seit den letzten zehn Jahren berichten immer mehr UFO-Entführte, daß sie nicht nur von UFO-Insassen entführt wurden, sondern daß sie daraufhin auch von Personen in Militäruniformen gekidnapped und mittels *Mind Control*-Methoden verhört und untersucht worden sind.

4 Kidnappen militärische Einheiten Personen, die behaupten, daß sie von UFO-Insassen entführt wurden?

Je länger die Erforschung des UFO-Phänomens andauert, desto komplexer scheint es sich zu entwickeln. Eine ähnliche Situation scheint sich bei den UFO-Entführungen abzuzeichnen. Seit den letzten zehn Jahren tauchen immer mehr UFO-Entführungsfälle auf, die nahelegen, daß zumindest die USA militärische Einsatztruppen besitzt, deren Soldaten auch vor Entführungen von UFO-Opfern nicht zurückschrecken. Dies würde nahelegen, daß die UFO-Arbeitsgruppe unter der DIA-Schirmherrschaft nur ein Tropfen auf einen heißen Stein ist. Diese UFO-Einsatztruppen müßten hinter dem Schutzschirm der nationalen Sicherheit und im Rahmen eines schwarzen Programmes agieren, um ungestört ihre illegalen Handlungen durchführen zu können. Die hier präsentierte Studie soll der erste Versuch sein, dieses heikle Thema objektiv aufzugreifen. Um die Problematik einigermaßen statistisch erfassen zu können, haben wir eine weltweite Befragung unter den verschiedensten UFO-Forschungsorganisationen durchgeführt.
Oftmals scheint ein Zusammenhang zwischen den mysteriösen Helikopterüberflügen und den angeblich militärischen Entführungen von Personen mit UFO-Entführungserlebnissen zu bestehen. Manche UFO-Forscher sprechen über diese Fälle nicht gerne und wollen diese unangenehmen Aspekte wegerklären. Einer der bekanntesten Entführungsforscher Prof. Jacobs teilte uns mit, daß auch er solche Fälle in seinen Daten hat, aber nicht glaubt, daß eine militärische Einheit UFO-Entführungsopfer abermals entführt, um sie mittels *Mind Control*-Methoden zu befragen bzw. ihr Gedächtnis bezüglich des Erlebten mittels Ge-

hirnwäscheverfahren zu löschen.⁴⁴ Oft sind die Erklärungsversuche der Skeptiker phantastischer als das von den Entführten behauptete. Sollte wirklich eine militärische Einheit Personen mit einem UFO-Entführungserlebnis abermals entführen, um an ihnen Tests durchzuführen oder Informationen zu erhalten, würde dies eine Reihe an neuen Fragen aufwerfen, aber auch einige beantworten.

Die Personen, über deren Geschichten im Anschluß berichtet wird, leiden an einem posttraumatischen Streßsyndrom (PTSS). Eine neue Studie an Soldaten, die während des Golfkrieges an der Front gekämpft haben, enthüllte, daß bei ihnen einige Jahre nach der Rückkehr von den Kriegsschauplätzen ihre traumatischen Erinnerungen ausbrachen. Eine in der August-Ausgabe des *American Journal of Psychiatry* publizierte Studie widerlegte die bisherige PTSS-Theorie, daß nach Erscheinen der traumatischen Zustände Angstgefühle und Depressionen hervorgerufen werden.⁴⁵ Die an den Golfkriegsveteranen durchgeführte Studie legt nahe, daß die Angstzustände zuerst auftauchen und dann die unangenehmen Erinnerungen auslösen. Das PTSS wird in drei Hauptkategorien eingeteilt:

1. übernervöse Reaktionen, die in Schlafstörungen enden,
2. immer wiederkehrende Rückblenden, die lästige Erinnerungen hervorrufen,
3. Verdrängung, wobei das Erlebte verleugnet wird.

Beim herkömmlichen kognitiven Modell nimmt man an, daß die Erinnerungen an das schreckliche Ereignis die übernervösen Reaktionen auslösen. Die Golfkriegsveteranen begannen, ohne Erinnerung einige Monate nach ihrem erlebten Trauma an Übernervosität zu leiden. Dr. Andy Morgan vom West House Veteran's Affairs Medical Center in Connecticut ist der Meinung, daß nicht die Erinnerungen das PTSS auslösen, sondern daß diese vom Gehirnstamm kommen. In anderen Worten bedeutet das, daß der rationale Teil des Gehirns nicht am PTSS beteiligt ist, sondern das Erlebte vom Unterbewußtsein mit der Zeit an die Oberfläche dringt.

Diese neue Erkenntnis rückt die Realität von UFO-Entführungen

weiter in den Bereich des Möglichen, da die traumatischen Erlebnisse tief im Unterbewußtsein verankert sind und ohne Auslöser
in der Form von Rückblenden mit der Zeit an die Bewußtseinsoberfläche des Opfers gelangen. Casey (Pseudonym) Turner hatte
im Mai 1988 eine solche Rückblende, in der er sich an eine Entführung durch UFO-Insassen in seiner Kindheit erinnerte.[46]
Unter Regressionshypnose durchlebte er diese 1940 stattgefun-
dene UFO-Nahbegegnung noch einmal durch. Er erinnerte sich,
daß er mit seinem Vater von kleinwüchsigen UFO-Insassen aus
dem Auto in ein neben der Straße gelandetes orange-leuchtendes
Flugobjekt gebracht wurde. Für ihn war dieses Erlebnis sehr traumatisch, da er es viele Jahre in sein Unterbewußtsein verbannt
hatte. Die großen dunklen Augen der Wesen hinterließen auf ihn
den größten Eindruck. Er erinnerte sich an eine physische Untersuchung an Bord des unbekannten Flugobjektes. Dieses Erlebnis
war der Auslöser dafür, daß weitere UFO-Entführungserlebnisse
aus seinem Unterbewußtsein hervorbrachen. Casey hatte eine militärische Karriere hinter sich und arbeitete als Linguist beim militärischen Nachrichtendienst. Nach dem Militärdienst schloß er
ein Collegestudium in Computerwissenschaften ab.
Kurz nachdem er seine UFO-Entführungserlebnisse aufzuarbeiten begann, hörte seine Frau Karla seltsame Geräusche in ihrem
Haus. Einmal kam es ihr vor, als ob eine Stimme von einer Ecke
des Schlafzimmers zu ihr sprach. Die Stimme hatte einen Klang,
als ob sie von einer ganzen Personengruppe stammte. Einmal
folgte den beiden ein weißes Auto, als sie von ihrer Hypnosetherapeutin Barbara Bartholiç-in Oklahoma zurück ins Hotel fuhren. Der Fahrer des weißen Wagens mußte den beiden den
ganzen Tag über gefolgt sein, da sie ihn zuvor am Hotelparkplatz
gesehen hatten.
Am folgenden Abend unternahm Casey seine zweite von Barbara
Bartholic durchgeführte Regression, um einen Vorfall, der sich
1960 in Kansas ereignet hatte, zu untersuchen. Casey erinnerte
sich nur, daß er Schmerzen in der Nase hatte. Er beschrieb unter
Hypnose, wie ein UFO auf einem Feld landete, wo er und andere
Kinder spielten.

Casey: »Es war wirklich dort, Barbara. Ich erinnere mich wieder, daß ich furchtbare Angst hatte, dort hinüber zu gehen ... Ich versuche herauszufinden, wieso meine Nase so schmerzt. Ich erinnere mich, wie ich meiner Mutter erzählte, daß ich dachte, mein Nasenbein sei gebrochen. Aber ich hatte keine Schlägerei, und es schmerzt dennoch sehr. Es schmerzt innerlich. Es sollte nicht weh tun. Es fühlt sich groß an. Ich erinnere mich, daß Bill und ich hingingen, um es zu erkunden. Außer daß meine Nase schmerzt, kann ich mich an nichts erinnern. Es fühlt sich an, als ob der obere Teil meines Nasenbeins geschwollen ist. Es fühlt sich an, als ob ich geschlagen wurde. Wir hatten aber keine Schlägerei.«[46]

Weitere Untersuchungen brachten ans Tageslicht, daß Casey und Bill von drei kleinwüchsigen Wesen in das UFO gebracht wurden. Im UFO fand sich Casey auf einem Tisch wieder. Nachdem er sein Trauma überwand, schilderte er, wie ihm eines der Wesen ein nadelförmiges Instrument in die Nase einführte. Casey durchlebte unter Hypnose noch einmal von Schmerzen geplagt, wie das Instrument eine Membrane durchbrach und ins Gehirn vorstieß. Diese Prozedur wird von vielen Personen beschrieben, die ein UFO-Entführungserlebnis hatten. Forscher vermuten, daß den Entführten durch die Nase ein Implantat eingesetzt wird. Wie wir in Kapitel II nachgewiesen haben, sind solche Prozeduren in der Neurochirurgie durchaus üblich. Eine weitere Hypnose-Regression brachte ein Entführungserlebnis, das mit einer sexuellen Komponente behaftet war, ans Tageslicht.

Nachdem die beiden von Oklahoma zurückkehrten, ereigneten sich wieder seltsame Ereignisse in ihrer Wohnung. Beide hörten Stimmen in ihrem Kopf, und einige Elektrogeräte spielten verrückt. Eines Morgens fand Karla kleine pigmentfreie Narben an der Bauchgegend und zwei frische nadelförmige Einstiche an ihrem linken Handgelenk. Diese unheimlichen Vorgänge wurden wiederum von seltsamer Helikopteraktivität begleitet. Vor 1988 wurden keine Helikopter beobachtet. Danach gab es fast keinen Tag, wo nicht ein Helikopter über ihr Grundstück flog.[46] Nachforschungen ergaben wie bei anderen Fällen keine zufriedenstellenden Ergebnisse.

Im November 1988 brach bei Casey eine sehr reale Rückblende durch. Er sah, wie er im Hof seines Hauses stand und eine große schwarze Wolke beobachtete. Er hörte einen Lärm, der von einem Helikopter verursacht wurde. Danach sah er einen weißen Lastwagen aus der Wolke fallen. Wenig später sah er sich in einem Tunnel, der in unterirdischen Räumlichkeiten endete. Die weiteren Erinnerungsfetzen waren diffus und seltsam. Er glaubt, daß er sich mit einem Freund in einem Raum befand, der einem Saloon ähnlich sah. Es ist durchaus möglich, daß die vielen Helikopterüberflüge diese verdrängten Erinnerungen aus seinem Unterbewußtsein befreit haben.

Casey begann, 1991 diese seltsamen Erinnerungslücken mittels Regressionshypnose aufzuarbeiten. Sein Unterbewußtsein öffnete sich völlig und brachte ein schockierendes Erlebnis ans Tageslicht. Durch die Hypnose-Regression erfuhren die Therapeutin und Karla Turner, daß Casey mit einem Helikopter oder einem Lastwagen in ein sumpfiges Gebiet gebracht wurde. Der genaue Transportvorgang konnte nicht mehr nachvollzogen werden. Danach erinnerte sich Casey, daß er durch einen leicht fallenden Tunnel in einen Untergrundkomplex gebracht wurde.[46] Kurz darauf kam es ihm vor, als ob er sich in einem Lift durch einen Schacht ziemlich schnell nach unten bewegte. Innerhalb dieser unterirdischen Anlage sah er gebäudeförmige Bauten, die an der Seite des Tunnels oder eines Hohlraumes gebaut waren. Es gab verschiedene Beleuchtungsanlagen. Danach durchschritt Casey mehrere Türen und einen Korridor. Er gab an, daß er von Personen, die mit Springerstiefeln bekleidet waren, eskortiert wurde. Die Räumlichkeiten schienen mit einer Klimaanlage gekühlt zu sein. Er wurde in einen Warteraum geführt, der einem Saloon ähnlich sah. In diesem Raum sah er neben seinem Sohn noch weitere Zivilpersonen. Casey kam es vor, als ob diese Personen unter Drogen standen oder starke Beruhigungsmittel bekommen haben. Im Hintergrund spielte eine leise Musik. Kurz darauf wurde Casey unruhig und begann von einem Militäroffizier zu sprechen. Offenbar wollte er mit ihm nicht kooperieren. Ein Auszug aus dem Hypnoseskriptum lautet:[46]

»Barbara (B): ›Wer ist der Mann, der mit Dir nicht zufrieden ist?‹
Casey (C): ›Ich kann eine Militäruniform erkennen … eine grüne Militäruniform. Er hat kurzgeschorenes graues Haar und trägt geräuschlose Schuhe.‹
B: ›Wie viele Militärs sind in Deiner Umgebung?‹
C: ›Eine Wache und der Offizier.‹
B: ›Was macht die Wache?‹
C: ›Nur warten. Er spricht nie. Er eskortiert uns nur.‹«

Danach beschrieb er ausführlichst den Raum, der einem Saloon ähnlich sah.

Kurz darauf wurde er von der Wache aus dem Raum eskortiert. »C: ›Wir gehen nach links und danach wieder nach rechts. Es gibt stählerne Türen.‹«

Hinter einer Tür befand sich ein kleines Zimmer mit zwei metallischen Sesseln und einem Tisch. Nachdem Casey Platz nahm, wurde er von dem Offizier befragt. Die Wache ging aus dem Raum und postierte sich vor der Tür. Casey blieb mit dem aufgebrachten Offizier allein im Zimmer. Er schätzte sein Alter auf etwa 55 Jahre. Es stellte sich heraus, daß er verhört wurde. Er konnte sich nicht mehr erinnern, ob er unter Drogen gesetzt wurde. Casey fühlte, daß er abgestumpft reagierte. Er hatte ein Gefühl, als ob ihm jemand seine Gedanken entziehen möchte. Barbara Bartholic konnte nicht mehr von Casey erfahren. Möglicherweise wurden ihm die Gedanken mittels *Mind Control*-Methoden gelöscht. Nach dem Verhör und den Einschüchterungsversuchen wurde er von der Wache weggebracht. Casey beschrieb noch einige Gegenstände in der unterirdischen Anlage. Auf dem Weg in den Verhörraum kamen sie an Geräten vorbei, die ihn an Dieselgeneratoren erinnerten.

Das militärische Entführungserlebnis war für Casey schockierender als seine UFO-Entführungserlebnisse. Er wollte es einfach nicht wahrhaben, daß seine eigene Regierung ihre Bürger entführt und wie einen Feind behandelt. Nach diesem Erlebnis fanden die Turners heraus, daß es etwa vier Kilometer von ihrem

Haus eine Untergrundanlage der Regierung gibt, an deren Eingang ein kleiner sumpfiger See angrenzt. Ob Casey in diese Anlage gebracht wurde, kann man nicht beweisen. Wenn Casey wirklich von einer Militäreinheit gekidnapped wurde, stellt sich die Frage nach dem Grund dieser Entführung. Anscheinend sah Casey im Warteraum der Anlage andere Personen, die UFO-Entführungserlebnisse hatten. Leider war der mentale Block so groß, daß man nicht erfuhr, was die Militärs von den Entführten wollten. Möglicherweise wurde das Gedächtnis der Entführten mittels Drogen oder psychoelektronischer Methoden vollständig gelöscht.

Die UFO-Entführungserlebnisse von Debbie Jordan wiesen neben der vorher besprochenen Helikopteraktivität auch eine irdische Entführungskomponente auf.[29] Debbie lernte 1986 einen neuen Freund kennen. Er gab an, daß er in einer großen Fabrik in Indianapolis arbeitete. Nach einigen Wochen lud er sie zu einer Hütte in ein Waldgebiet ein. Das romantische Wochenende entwickelte sich für Debbie zu einem Horrortrip. Als sie bei seiner Hütte ankamen, kam es ihr vor, als ob sich eine Person hinter einem Strauch versteckt hielt. Als sie ihre Bedenken dem vermeintlichen Freund mitteilen wollte, sah sie noch, wie er sein Gesicht grausam verzog. Wenig später legte ihr jemand ein Tuch um die Augen, so daß sie nichts mehr sehen konnte. Weiter verabreichte man ihr noch eine Injektion mit einer Spritze. Danach verlor Debbie ihr Bewußtsein.

Als sie wieder zu sich kam, stand sie noch unter Drogeneinfluß. Sie konnte das Geräusch einer Maschine wahrnehmen. Möglicherweise wurde sie mittels einer Liege transportiert. Danach verlor sie wieder das Bewußtsein. Als sie erneut zu sich kam, hatte sie ein Gefühl, als ob sie sich in einem Lift befand. Nach der Liftfahrt wurde sie durch einen langen weißen Gang geführt. Sie erinnert sich noch, daß sich am Rand des Ganges ein chromähnliches Geländer befand. Entlang dem Weg kam Debbie auch an einigen Fenstern, durch die mehrere Drähte verliefen, vorbei. Sie wurde von sechs Männern, die mit orangen Overalls und Baseballkappen bekleidet waren, begleitet. Den Anfang der Gruppe machten zwei

Männer in weißen Mänteln. Sie waren älter als die sechs Männer und hatten einen Südstaatenakzent. Sie kann sich noch erinnern, daß sie Spitalbekleidung trug. Sie wollte nicht an diesem Ort sein, konnte aber keinen Widerstand leisten. Die Männer brachten sie in einen Raum, der von Glaswänden umgeben war. Einer der älteren Männer führte eine Kodekarte in einen Schlitz an der rechten Seite der Tür ein. Danach ging sie automatisch nach außen auf. Sie legten Debbie auf einen Tisch und entnahmen ihr Proben aus den verschiedensten Körperöffnungen. Sie verabreichten ihr noch weitere Substanzen mittels einer Spritze.

Debbie konnte sich noch erinnern, daß der Raum, in dem man sie untersuchte, Teil eines größeren war. Der große Raum war in kleinere Räume mit Glaswänden unterteilt. In den anderen Räumen befanden sich ebenfalls Tische, die aber unbenutzt waren. Der ältere Mann, den Debbie als Arzt in Erinnerung hat, beugte sich über sie und flüsterte ihr mit seinem Südstaatenakzent folgende Worte zu: »Liebling, du hast eine Wanze in deinem Ohr, ich werde sie nun für dich entfernen. Es wird nicht schmerzen, und du wirst dich nachher besser fühlen.«[29]

Nach diesem kurzen Gespräch führte ihr der Doktor ein langes metallisches Instrument ins Ohr ein. Als er es wieder herauszog, sah sie an der Spitze des Instrumentes eine kleine Kugel in Form eines Moskitos. Von der Kugel entfernten sich kleine drahtähnliche Ausleger. Das Objekt war mit einer Blutkruste umgeben. Danach wurde ihr wieder schwarz vor den Augen, bis sie ganz benommen in der Hütte ihres Bekannten zu sich kam. Am Morgen fuhr er sie ohne Grund nach Hause. Debbie hatte nichts dagegen, da sie sich noch immer ganz schlecht fühlte. Obwohl sie sich zu diesem Zeitpunkt an nichts mehr erinnern konnte, wußte sie, daß ihr etwas Schreckliches zugestoßen war. Ihr Bekannter verkaufte daraufhin seine Hütte, kündigte bei der Firma und verschwand aus Debbies Leben.

Da Debbie anscheinend mit Drogen behandelt wurde, kann sie sich nicht mehr genau an das Erlebte erinnern. Anscheinend gelang es ihren Entführern nicht, ihr Gedächtnis vollständig auszulöschen. Im Gegensatz zu Caseys Entführern war bei Debbie kein Militärpersonal beteiligt, sondern Personen mit Zivilkleidung. Wie es scheint, wurde Debbie von ihrem Bekannten zur Hütte gelockt, betäubt und zu einer Privatklinik oder ähnlichem gefahren. Dort entnahm man ihr anscheinend Gewebeproben und ein Implantat aus dem Ohr. Da der Arzt scheinbar wußte, was ihr in ihrem Ohr implantiert wurde, kann man davon ausgehen, daß Debbie nicht das erste Mal von diesen Personen entführt wurde. Jemand mußte ihr ja schließlich das Implantat in das Ohr einsetzen. Da sie sich an diese Prozedur nicht mehr erinnern kann, wurde ihr bei diesen Prozeduren möglicherweise das komplette Gedächtnis gelöscht.

Beth Collins und Anna Jamerson haben seit ihrer Kindheit wiederholt typische UFO-Entführungserlebnisse.[47] Unter diesen Erlebnissen befinden sich auch die Entnahmen von Eizellen, von Föten sowie künstliche Befruchtungen und Implantate. Beide Frauen nahmen auch an der 1992 am MIT stattfindenden UFO-Entführungskonferenz teil. Eines Abends im April 1993 hatte Beth allerdings ein Erlebnis, das nicht ins gegenwärtige Schema der UFO-Entführungen paßt. Sie besuchte um diese Zeit eine lokale Abendschule, die sie um 21 Uhr verließ. Sie nahm die gewöhnliche Route, die durch eine ländliche Gegend führte. Gewöhnlich brauchte sie nicht länger als eine Stunde, um nach Hause zu gelangen. Während dieser Fahrt wurde sie von einem *Pick-up Truck* verfolgt. Beth gelang es, den Lastwagen abzuschütteln. Kurz vor Erreichen ihrer Wohnung wurde sie von einer Straßensperre gestoppt. Sie erinnerte sich, daß sie einige Autos stehen sah und ihren Führerschein vorweisen mußte. Obwohl alles in Ordnung war, wurde sie aufgefordert, aus dem Wagen auszusteigen. Sie weigerte sich und wurde schließlich weitergewunken. Als Beth zu Hause ankam, war es 23 Uhr, und ihr kam es vor, als ob ihre Hände taub wären. Als Beth den *fehlenden Zeitabschnitt* bemerkte, wurde ihr noch unwohler, obwohl nichts auf eine UFO-Entführung hinwies.

Sie erinnerte sich unter Hypnose an ein schockierendes Erlebnis. Bis zu dem Zeitpunkt, wo man sie aufforderte, den Wagen zu verlassen, verlief die Hypnosesitzung normal. Bei dieser Passage reagierte Beth jedoch aufgeregt und furchtsam. Auf die Frage (F), wie die Person reagierte, als sich Beth (B) weigerte, auszusteigen, antwortete sie aufgeregt:

»B: ›Er öffnet die gegenüberliegende Autotür!‹
F: ›Wer ist die Person, die die Tür öffnet?‹
B: ›Es ist ein Mann, der mit einem Mantel bekleidet ist.‹
F: ›Was sagt er zu dir?‹
B: ›Steig aus dem Auto! Warum? Was soll das?‹
F: ›Antwortet er?‹
B: ›Nein, Nein! Ich habe nichts falsch gemacht. Wenn Sie jemanden aufhalten wollen, knöpfen Sie sich den Verrückten im Lastwagen vor! Ich will nicht aussteigen!‹«[47]

Danach befindet sie sich trotzdem außerhalb des Fahrzeuges. Der Mann im Mantel begleitet sie zu einem Lastwagen, der eine mit einer Tarnfarbe bemalte Plane besitzt – einem Truppentransporter ähnlich. Sie beschreibt, daß sich weitere Männer in der Nähe befinden. Danach werden ihr die Augen verbunden. Der Lastwagen setzt sich in Bewegung und bringt sie zu einem unbekannten Ort.

»F: ›Was geschieht dort?‹
B: ›Sie injizieren mir etwas.‹
F: ›Wer injiziert dir etwas? In den Arm?‹
B: ›Ich glaube … stechen mich mit etwas.‹
F: ›Wie fühlst du dich?‹
B: ›Verrückt! (weint) Was wollt ihr?‹
F: ›Was antworten sie?‹
B: ›Sie antworten mir nicht.‹
F: ›Wie fühlst du dich nun?‹
B: ›Müde, ich weiß nicht … warum … ich weiß nicht … oh-h-h. Es ist so schwer, aufmerksam zu sein.‹«[47]

Beth wurde betäubt und in einen anderen Raum gebracht. Danach wurde sie nackt ausgezogen und auf einen Untersuchungstisch gelegt. Die Untersucher griffen ihren Bauch und Nabel ab.

»B: ›Uh … am Nabel … nicht berühren. Ich spüre Finger, Nabel. Hier (Beth berührt ihren Unterleib) … an der Rückseite … unter den Armen.‹«

194

Danach wird sie umgedreht und mit einem Licht beschienen. Sie ist der Meinung, daß sie sich auf einem Feldbett befindet, und regt sich sehr auf.

»B: ›Ich möchte, daß sie weggehen. Ich will nicht, daß sie das tun.‹
F: ›Was möchtest du nicht.‹
B: ›Meine Beine spreizen.‹
F: ›Wer macht das?‹
B: ›Eine Frau. Es fühlt sich nicht an, als ob es ein Mann wäre. Sie beginnt mich zu untersuchen.‹
F: ›Verwendet sie ihre Finger oder verwendet sie ein Speculum?‹
B: ›Zuerst fühlt es sich warm an. Es ist möglicherweise ein Licht. Es fühlt sich warm an ... sie sagt: ‚Mal sehen.‘ Ich versuche, meine Unterschenkel zu schließen.‹
F: ›Kannst du deine Unterschenkel schließen?‹
B: ›Fast ... Uh (beginnt zu weinen).‹
F: ›Was geschieht nun?‹«[47]
Beth greift sich an ihren rechten Arm.
»F: ›Hast du eine weitere Injektion erhalten?‹
B: ›Ich glaube schon ...‹«[47]
In der weiteren Hypnosesitzung beschreibt Beth, daß sie sehr durstig war. Danach brachte man sie mit dem Lastwagen zu ihrem Auto zurück. Beth ist sich bis heute nicht im klaren, wie dieses traumatische Ereignis in ihre UFO-Entführungserlebnisse paßt, da dieses Erlebnis mit Sicherheit irdischen Ursprungs zu sein scheint.

Pat (Pseudonym) lebt in Florida und begann sich 1986 an UFO-Entführungserlebnisse zu erinnern.[43] Im Sommer 1954 war Pat elf Jahre alt und lebte bei ihrer Mutter, ihrem Stiefvater und ihren Geschwistern auf einer Farm bei Floyds Knop in Indiana. Eines Abends sahen sie einen orangenförmigen Lichtball außerhalb des Farmhauses schweben. Plötzlich vollführte die Lichtkugel seltsame schnelle Bewegungen, bis sie verschwand. In derselben Nacht erschienen neben Pats Bett ein kleines graues und einige etwas größere weißliche Wesen. Danach erinnerte sie sich, daß sie in ein unbekanntes Flugobjekt transportiert wurde. Pat erinnerte sich, wie sie auf einem Tisch lag und ihr ein kleines graues Wesen mit einem überproportional großen haarlosen Kopf mit einem nadelförmigen Instrument einen kleinen Gegenstand durch ihr rechtes Nasenloch einführte. Es folgten weitere Untersuchungen, an die sie sich nicht mehr erinnern kann. Am Ende ihrer Entführung brachten sie die Wesen in ihr Bett zurück.

Der Bruder von Pat erinnerte sich noch sehr gut, daß ihre Farm am Morgen von Militärs aufgesucht wurde. Das Militärpersonal kam mit einigen weißen Kleinlastwagen, einem grünen Fahrzeug und einem Jeep. Soldaten schwärmten über das Farmgelände aus und riegelten es von der Außenwelt ab. Sie luden verschiedene Ausrüstungsgegenstände aus dem Wagen. Die Familie wurde vier Tage von den Militärs im Haus festgehalten. Pats Bruder durfte sich um die Farmtiere kümmern. Er wurde einmal von einem Mann mit einem weißen Mantel befragt, ob sich die Schweine seltsam verhalten hätten. Die Soldaten entnahmen an den verschiedensten Stellen Bodenproben. Pat kann sich noch erinnern, daß ihr zwei Ärztinnen eine Spritze verabreichten. Danach fühlte sie sich seltsam und wurde verhört. Der kommandierende Captain verhörte die Familienmitglieder, die ebenfalls eine Spritze verabreicht bekamen. Pat meint, daß es sich möglicherweise um ein Wahrheitsserum handelte. Nach der Spritze fühlten sie sich träumerisch, waren aber gewillt, über alle ihre Geheimnisse zu sprechen. Die Militärs schienen die Entführungsgeschichte nicht zu glauben. Sie wollten sie Pat und ihrer Familie ausreden. Einer der Militärs wollte wissen, wie die Wesen aussahen und ob sie bekleidet waren. Ein anderer wollte ihnen weismachen, daß sie alles nur geträumt haben.

Anhand dieser Aussagen könnte man meinen, daß die anwesenden Militärs zu diesem Zeitpunkt selbst nicht wußten, was sich wirklich auf der Farm ereignete. Vielleicht hatte man ein unbekanntes Flugobjekt registriert und danach ein Untersuchungsteam inklusive Mediziner auf die Farm geschickt. Dort wurde die Farmerfamilie anscheinend mit Hilfe von Drogen verhört und das Gelände auf Spuren untersucht. Die anwesenden Militärs schienen nichts über UFO-Entführungen zu wissen, da sie die

Geschichten nicht glauben wollten. Nach diesem Erlebnis zog die Familie in eine Stadt.

Ihre UFO-Entführungserlebnisse brachen jedoch nicht ab. Pat wurde ihr ganzes Leben hindurch mit dem Unfaßbaren konfrontiert. Ihr schrecklichstes Erlebnis ereignete sich am 24. Juli 1993. Als sie aus dem Schlaf erwachte, fühlte sie sich sehr groggy und benebelt – so als ob sie unter Drogen stand. Außerdem hörte sie seltsame, »psss, psss, psss, psss« ähnliche Geräusche. Danach erinnerte sie sich, daß zwei Männer in ihr Haus eindrangen und sie zu einem wartenden Militärlastwagen trugen.[43] Auch wenn sie sich infolge ihres Zustandes nicht mehr genau erinnern kann, schätzte sie, daß die Fahrt etwa eine Stunde dauerte. Ihre Zunge fühlte sich an, als ob sie geschwollen wäre. Als der Lastwagen stehenblieb, sah sie ein großes Tor, das in einen Hügel führte und sich nach außen öffnete. Danach fuhr der Lastwagen durch das Tor in den Hügel ein. Nach einer kurzen Fahrt durch einen schwach beleuchteten Tunnel stiegen sie aus dem Wagen. Als Pat aus dem Wagen stieg, kam es ihr vor, als ob sie ein kleines grüngraues, orientalisch aussehendes Mädchen neben dem Lastwagen stehen sah. Sie wurde entlang einigen Gängen in einen Raum gebracht, in dessen Mitte sich ein stählerner Tisch befand. Die ganze Umgebung kam ihr schmutziger vor als bei ihren Entführungen in ein UFO.

Die nächsten Erinnerungsfetzen beschäftigten sich wieder mit dem kleinen mädchenähnlichen Wesen. Pat ist der Meinung, daß sie diesem Wesen schon früher begegnet ist. In dem Raum waren auch wieder die seltsamen Geräusche zu hören. Danach wurde ihr schwarz vor den Augen, bis sie wieder in ihrem Bett, begleitet von den seltsamen Geräuschen, aufwachte. Zwei Tage nach dem Zwischenfall fand Pat einen Bluterguß mit einem punktförmigen Einstich in der Mitte an ihrem Handgelenk. Was Pat besonders schockierte, war die Tatsache, daß der Lastwagen, die unterirdische Anlage und die Männer sehr irdisch aussahen. Wie es scheint, wurde Pat von Militärpersonal mit dem Lastwagen so wie Casey in eine unterirdische Anlage gebracht und dort, ähnlich wie sonst bei ihren UFO-Erlebnissen, untersucht. Es stellt sich die Frage, wieso sie sich an das kleine mädchenähnliche, grün-graue Wesen erinnert hat. Möglicherweise vermischte ihr Unterbewußtsein zwei unterschiedliche Entführungserlebnisse. Da sie von ihren Entführern unter Drogen gesetzt wurde, kann auch sie sich an nichts Wesentliches erinnern. Es wäre durchaus möglich, daß sie deshalb ihr Erlebnis mit dem fremden Wesen über die vom Militär gelöschten Erinnerungen projiziert hat.

Entführungsfälle, bei denen UFO-Insassen angeblich gemeinsam mit Militärpersonal oder Personen, die der Regierung angehören, gesehen werden, erwecken beim seriösen UFO-Forscher ein ungutes Gefühl. Einerseits scheinen große Teile der Öffentlichkeit das UFO-Entführungsphänomen nicht ernst zu nehmen, da es gegenwärtig nicht in unser Weltbild paßt. Daher sind Fälle, bei denen UFO-Insassen und Militärs gemeinsam gesehen werden, noch weniger akzeptabel. Viele Forscher verwerfen deshalb solche Berichte oder nehmen sie vorerst nicht ernst. Bevor wir näher auf diese Problematik eingehen, wollen wir uns noch den sehr komplexen Fall von Angie (Pseudonym) ansehen.[43]

Angie wurde 1966 geboren und hat deutsche und schottische Vorfahren. Sie besitzt mit ihrem Ehemann eine kleine Rinderfarm außerhalb einer großen Stadt in Tennesse. Vor 1988 konnte sie sich an kein UFO-Entführungserlebnis erinnern und besaß auch kein Interesse an derartigen Dingen. In der Nacht des 24. Juli 1988 wachte sie paralysiert in ihrem Bett auf und blickte in die hypnotischen Augen mehrerer weißer haarloser Wesen. Nachdem ihr eines der Wesen ein Serum in den Arm injizierte, wurde ihr schwarz vor den Augen. Am folgenden Morgen fand Angie zwei rote Punkte, die von Nadeleinstichen stammen konnten.

Im August hatte sie ein weiteres UFO-Entführungserlebnis, bei dem sie von zwei kleinen grauen Wesen in ein vor der Farm schwebendes diskusförmiges Flugobjekt gebracht wurde. Im Flugobjekt wurde sie von einem blonden Mann, der mit einem Overall bekleidet war, untersucht. Gegen Ende November erschienen das erste Mal Helikopter über ihrem Grundstück. Im Februar 1989 hatte sie ein weiteres Entführungserlebnis. Zwei Tage darauf kam ein Mann von der Stromgesellschaft zur Farm, um die Transformatoren zu kontrollieren, obwohl ihn niemand verständigt hatte. Im März hatte sie eine Rückblende, in der sie mehrere Personen in einem Raum sah. Diese Personen schienen unter Drogen zu stehen, da sie einen trüben Blick aufgesetzt hatten. Am 23. März überflogen 19 Helikopter, darunter auch einige mit einem Air Force-Kennzeichen, das Farmgelände. Zehn Tage später ereignete sich eine weitere Entführung, die sich jedoch von den bisherigen unterschied.

Angie erinnert sich, wie ein fremdes kleinwüchsiges Wesen ihre Gedanken abtastete. Diese Prozedur wurde in *UFO-Geheimhaltung*[1] ausführlich beschrieben und wird als *Mind Scan* bezeichnet. Kurz darauf erschienen fünf Militärs, von denen vier olivgrüne Uniformen trugen. Der fünfte besaß dunkle Haare und war mit einem langen khakifarbigen Mantel, an dem mehrere Taschen angebracht waren, bekleidet. Das fremdartige Wesen schrumpfte plötzlich zu einer kleinen Lichtkugel zusammen. Der Anführer der Gruppe teilte ihr mit, daß dieses Wesen hologrammähnlichen Ursprungs war und von seiner Gruppe kreiert wurde. Danach wurde Angie von einem Uniformierten in einen vor dem Haus parkenden Bus gebracht. Als sie die Männer fragte, wer sie seien, antwortete der ältere, daß seine Gruppe in speziellen unterirdischen Anlagen arbeite und sie ein Teil eines *Mind Control*-Experimentes sei. Angie wurde unter Drogen gesetzt und über ihre UFO-Entführungserlebnisse ausgefragt. Nach dem Verhör fand sie sich um 5 Uhr in der Früh in ihrem Bett wieder. In den darauffolgenden Monaten hatte sie weitere UFO-Entführungserlebnisse.

Daraufhin schien sie wieder eine militärische Entführung zu haben. Sie erinnert sich, wie sie von einer Person in Uniform durch eine unterirdische Anlage eskortiert wurde. Zwischen April 1992 und März 1993 ereigneten sich auf ihrer Farm mysteriöse Tierverstümmelungen, von denen auch die Nachbarn betroffen waren. Im Oktober 1993 begann sie sich zu erinnern, daß sie sich mit drei anderen Frauen auf einer Waldlichtung befand. Kurz darauf landete ein Helikopter, in den sie und eine brünette Frau hineingezerrt und unter Drogen gesetzt wurden. Der Helikopter brachte die Frauen zu einem entlegenen Militärstützpunkt, wo sie verhört wurden. Angie erinnert sich noch, wie sie in einen Konferenzraum gebracht wurde, in dem mehrere Militärs und Personen in Zivilkleidung anwesend waren. Einer der Militärs hatte mehrere Auszeichnungen an seiner Uniform. Nachdem ihr eine Frau eine dunkelrote Flüssigkeit zu trinken gab, verlor sie das Bewußtsein.

Als sie wieder zu sich kam, starrte ihr der Mann mit den Auszeichnungen tief in die Augen und kontrollierte, ob sie sich noch in Trance befand. Angie bekam noch mit, wie eine Frau ihrem Gegenüber eine rötliche Schachtel reichte. Als sie wieder zu sich kam, befand sie sich auf der Farm. Am selben Tag gab es wieder Helikopteraktivität, und am 9. November fand sie wieder eine verstümmelte Kuh auf der Weide. Am Abend hörte sie noch einige Helikopter und ein Geräusch, das von einem stoppenden Auto zu kommen schien. Kurz darauf drang eine Gruppe von Männern in olivgrünen Overalls in das Haus ein und brachte Angie zu einem dunkelgrünen Helikopter. Im Helikopter wurde ihr wieder eine Injektion mit einer Spritze verabreicht. Die Besatzung brachte an ihrer Brust und ihrer Schulter seltsame Geräte an. Der Helikopter landete wieder auf einem Militärstützpunkt, auf dem es ziemlich hektisch zuging. Angie wurde von den Militärs in ein Gebäude geführt, in dem sie von Medizinern untersucht wurde. Die Untersuchungen beinhalteten eine Reihe von physikalischen Prozeduren, Blutentnahmen, eine Dusche und gynäkologische Untersuchungen. Nach diesen medizinischen Prozeduren wurde sie wieder nach Hause gebracht.

Vier Nächte später wurde Angie abermals von Personen in Militäruniformen gekidnappt und in eine unterirdische Anlage gebracht. Sie wurde unter Drogen gesetzt und durch die Anlage eskortiert. Das Ziel ihrer Reise war ein Raum, in dem sich ein Untersuchungstisch und mehrere medizinische Geräte befanden. Nachdem sie auf den Tisch gelegt wurde, sondierte man ihren Kopf mit einem Gerät, das ein tickendes Geräusch von sich gab. Angie bekam mit, daß die Mediziner von Implantaten sprachen. Eine Ärztin teilte Angie mit, daß man ihr ein Implantat einsetzt, um sie während einer UFO-Entführung besser überwachen zu können. Kurz darauf wurde ihr etwas durch das linke Nasenloch eingeführt. Danach teilte man ihr mit, daß die Implantate der UFO-Insassen die vom Militär eingesetzten umprogrammiert haben. Etwas später wurde Angie von einem wütenden Major in einem anderen Raum über ihre UFO-Entführungserlebnisse verhört. Nach dem Verhör befahl der Major einer Wache, daß man sie in den Proberaum eskortieren soll. Nachdem man ihr eine weitere Injektion mit einer Spritze verabreichte, verlor sie abermals das Bewußtsein.[43]

Nach solchen Geschichten wird einem klar, wieso man diese militärischen Entführungserlebnisse genausowenig akzeptieren kann wie Entführungen, die angeblich von UFO-Insassen durchgeführt werden. Solche Geschichten hören sich an, als ob sie in einer lateinamerikanischen Militärdiktatur oder in der ehemaligen Sowjetunion geschehen wären. Niemand kann und möchte sich vorstellen, daß es in einer Demokratie wie den USA solche geheim durchgeführten Militäroperationen wirklich gibt und daß die vom Volk gewählte Regierung das dulden würde. Mittlerweile hat jedoch fast jeder nordamerikanische UFO-Entführungsforscher einen kleinen Anteil solcher Geschichten in seinen Daten. Wie es scheint, beginnen die militärischen Kontakte mit dem UFO-Entführten nach Erscheinen der mysteriösen Helikopterüberflüge. Die betroffenen Personen werden danach zu einer Privatklinik, einem Militärstützpunkt oder in eine unterirdische militärische Anlage gebracht. Am Ziel ihrer Reise werden an ihnen verschiedene medizinische Prozeduren vollzogen. Wie es scheint, sind die in den Anlagen arbeitenden Ärzte in dem Einsetzen und Entfernen von Implantaten bestens bewandert. Wie schon erwähnt, berichten manche Entführte, daß sie Militärs und UFO-Insassen gemeinsam sahen. Da die Entführten anscheinend unter Drogen gesetzt oder mittels fortgeschrittenen *Mind Control*-Methoden behandelt wurden und sogar Gummimasken im Spiel sein könnten, sollte man diese Berichte mit Vorsicht genießen. In einem weiteren Unterkapitel werden wir einen dieser Fälle ausführlichst mit Hilfe der Entführten untersuchen. Ähnlichkeiten zu den in Kapitel I und II beschriebenen *Mind Control*-Opfern drängen sich unweigerlich auf.

Wir führten eine weltweite Befragung unter den verschiedensten UFO-Forschern und Forschungsorganisationen durch, damit man sich ein besseres Bild von diesen Vorkommnissen machen kann. Interessanterweise befindet sich unter den 270 UFO-Entführungsfällen, die Dr. Bullard untersucht hat, kein einziger, der in das vorher beschriebene Schema paßt.[30, 31] Es stellte sich heraus, daß fast jeder nordamerikanische UFO-Entführungsforscher seit Mitte der achtziger Jahre auf einen kleinen Bruchteil von militärischen Entführungen stieß, die das vorher beschriebene Muster aufweisen.[48] Wie es scheint, zeigten diese UFO-Einsatztruppen vor 1984 kein direktes Interesse an Personen, die vorgaben, von UFO-Insassen entführt worden zu sein. Dr. Leo Sprinkle untersuchte sechs Fälle, die neben UFO-Entführungserlebnissen militärische Entführungen beinhalten.[35] Richard Hall hat drei Fälle unter seinen Entführten,[36] Dr. Richard Boylan neun,[34] Ann Druffel zwei,[49] John Carpenter einen,[50] Dr. James Harder zwei,[51] Dan Wright im MUFON-*Abduction Transcription*-Projekt etwa 18,[33] und Dr. Karla Turner beschreibt in ihrem Buch *Taken* sieben Fälle.[43] Diese Liste ließe sich natürlich noch beliebig fortführen. Die Abbildung 41 soll einen kleinen Überblick über diese Fälle geben. Da das UFO-Entführungsphänomen nicht nur auf die USA beschränkt ist, stellt sich die Frage, ob es solche Berichte auch in anderen Ländern gibt. Wir haben bei UFO-Organisationen und verschiedenen Forschern in Kanada, Australien, Irland, England, Europa, Afrika und Brasilien nachgefragt und sind zu folgendem Ergebnis gekommen.

Kanada scheint das einzige Land außerhalb der USA zu sein, in dem es zu militärischen Kontakten mit Personen kam, die angaben, daß sie von UFO-Insassen entführt wurden. Michael Strainic von MUFON-Kanada teilte uns mit, daß seine Gruppe fünf bis sechs Personen untersucht hat, die neben UFO-Entführungen die Symptome militärischer Entführungserlebnisse aufwiesen.[52] Kanada scheint auch das einzige Land außerhalb der USA zu sein, in dem die unmarkierten schwarzen Helikopter im Zusam-

UFO-Forscher (Sample):	Unmarkierte Helikopter	Militärische Kidnappings	Nur Militär anwesend	Militär und UFO-Insassen	Militärbasis/ Untergrund
Richard Hall	3	3	1	2	3
Dr. James Harder		2		1	1
Ann Druffel	1	2	1	1	2
Dr. Leo Sprinkle	13	≈ 6		(5) 6	≈ 6
Dr. Richard Boylan	5	9	5	4	9
John Carpenter	1	1	1	(1)	1
Dr. Karla Turner	7	9	(3)	7	7

Abb. 41: Diese Tabelle zeigt den Anteil von Personen aus einem von einigen amerikanischen UFO-Entführungsforschern zusammengestellten Sample, der UFO-Entführungserlebnisse und militärische Kidnappings erlebt hat. Die Zahlen in Klammern sind als wahrscheinlich zu betrachten. Es ist ein eindeutiger Zusammenhang zwischen den unmarkierten dunklen Helikoptern und den militärischen Kidnapping-Fällen zu erkennen.

menhang mit Tierverstümmelungen auftauchen. Cory Sine, der Direktor der Alberta UFO Research Association (AUFORA), teilte uns mit, daß seine Organisation Sichtungen von schwarzen unmarkierten Helikoptern in seinen Daten hat.[53]
Außerhalb der USA und Kanada ereignete sich in England eine interessante Entführung, die in dieses Schema paßt und von der britischen UFO-Forscherin Jenny Randles untersucht wurde.[41] Der Fall trug sich 1965 in der Nähe von Birmingham, England, zu. Margary (Pseudonym) wohnte mit ihrem Ehemann während dieser Zeit in Birmingham. Eines Tages fuhren die beiden aus der Stadt. Margary wurde es noch während der Autofahrt schwarz vor den Augen. Als sie wieder zu sich kam, befand sie sich in einem schwach beleuchteten Raum, in dem sich ein länglicher Tisch oder ein flaches Bett befand. Ein Mann mit einer langen Nase und einem weißen Bart führte seltsame medizinische Untersuchungen an ihr durch. Obwohl sie unter Drogen stand, kann sie sich noch erinnern, daß ihr Ehemann mit einigen anwesenden Männern sprach. Einer der Männer hypnotisierte Margary. Ihr Ehemann verschwand nach der Entführung seiner eigenen Frau spurlos. Möglicherweise war er ein Mitarbeiter eines Geheimdienstes und benutzte seine Frau als Testobjekt in einem *Mind Control*-Experiment. Dieser Fall muß nichts mit dem UFO-Entführungsphänomen zu tun haben, obwohl er einige

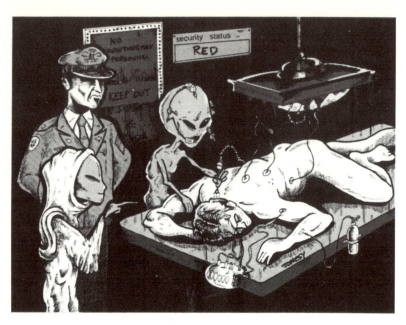

Abb. 42: Diese Illustration schildert ein Szenario, bei dem bei einer UFO-Entführung von dem Entführten Militärpersonal und UFO-Insassen gemeinsam wahrgenommen werden (© Jonesy).

Parallelen aufweist. Seit damals scheint sich kein ähnlicher Fall mehr auf den britischen Inseln ereignet zu haben. Die Forscher der British UFO Research Association (BUFORA), von Quest International und der irischen Forschungsorganisation IUFOP haben jedenfalls keinen in ihren Daten.[54]

Ebenfalls ist uns kein UFO-Entführungsfall in Nord-, Mittel- und Südeuropa bekannt, bei dem die betroffenen Personen berichten, daß sie nach einer UFO-Entführung auch von Militärpersonal gekidnapped wurden. In Südamerika und Afrika ist es auf Grund der politischen Lage möglich, daß Militärs Zivilisten entführen und mit ihnen Experimente durchführen. Man kann aber keinen unmittelbaren Zusammenhang mit UFO-Entführungen aufzeigen. Die Psychologin Gilda Moura gab bei der UFO-

Entführungskonferenz, die 1992 am MIT abgehalten wurde, einen Überblick über die brasilianischen Entführungsfälle.[55, 56] Etwa 90 Prozent der UFO-Sichtungen finden in Brasilien in wenig bewohntem Gebiet statt. Es stellt sich heraus, daß die brasilianischen UFO-Entführungen ähnlich wie in anderen Ländern ablaufen. Die Prozeduren und die verwendeten Geräte sind ebenfalls mit den in anderen Erdteilen registrierten vergleichbar. Es gibt aber auch in Brasilien keinen einzigen gut untersuchten UFO-Entführungsfall, der auf einen Zusammenhang mit einer militärischen Gruppe hindeutet.[55, 56, 57]

Der australische UFO-Forscher Keith Basterfield teilte uns mit, daß er persönlich etwa 50 Entführungsfälle untersucht hat und über weitere 100 sehr gut Bescheid weiß. Er fand keinen einzigen UFO-Entführungsfall in Australien, der einen Zusammenhang mit Militärs aufweist.[58] Bevor wir auf die einzelnen Unterschiede zwischen beiden Entführungserlebnissen eingehen, ziehen wir wieder ein zwischenzeitliches Resümee und fassen folgende Fakten zusammen:

1. Kurz nachdem sich die schwarzen unmarkierten Helikopter verstärkt für Personen mit UFO-Entführungserlebnissen zu interessieren begannen, tauchten die ersten Berichte über militärisch/geheimdienstliche Entführungen auf.

2. Die betroffenen UFO-Entführten berichten, daß sie von Militär oder Geheimdienstpersonal gekidnappt und unter Drogen gesetzt wurden. Danach brachte man sie meistens in eine Privatklinik, eine unterirdische Anlage oder einen Militärstützpunkt.

3. An ihrem Ziel wurden sie von Militärs verhört, eingeschüchtert und in einem Raum von Ärzten untersucht. Manchmal schienen diese Ärzte ein Interesse an Implantaten zu zeigen. Meistens wird den Opfern mit *Mind Control*-Methoden das Gedächtnis gelöscht.

4. Diese militärischen Kontakte scheinen sich in jüngerer Zeit ähnlich wie die Helikopteraktivität zu verstärken. Im Schnitt hat jeder nordamerikanische UFO-Entführungsforscher einen kleinen Anteil dieser Fälle in seinen Daten. Bei Forschern, die

Fälle jüngeren Datums untersuchen, liegt dieser Prozentsatz höher.

5. Es scheint außerhalb der USA und Kanada keine Entführungsfälle, die einen eindeutigen Zusammenhang mit dem UFO-Entführungsphänomen aufweisen, zu geben.

Anhand dieser fünf Punkte ist es eigentlich klar, daß sich diese Ereignisse nur innerhalb der USA und in abgeschwächter Form in Kanada ereignen. Damit scheint das Wirken dieser UFO-Einsatztruppen, falls sie wirklich existieren, geographisch begrenzt zu sein. Im kommenden Unterkapitel soll nun genau auf die Details bzw. auf die Unterschiede zwischen UFO-Entführungen und Entführungen durch diese imaginären Militäreinheiten eingegangen werden. Wenn es zwischen beiden Entführungserlebnissen erhebliche Unterschiede gibt, rückt die Realität von militärischen UFO-Einsatztruppen immer mehr in den Bereich des Möglichen.

5 Vergleiche zwischen UFO-Entführungen und angeblichen Kidnappings durch das Militär oder Geheimdienste

Seit 1992 läuft das MUFON-*Abduction Transcription*-Projekt (MATP) unter der Leitung von Dan Wright. Bei diesem Projekt steuerten 15 Therapeuten und UFO-Entführungsforscher Tonbandaufzeichnungen von etwa 142 unterschiedlichen UFO-Entführungsfällen bei (Stand 1995).[33] Diese Tonbandaufzeichnungen werden ausgewertet und auf Ähnlichkeiten, Unterschiede und andere statistische Merkmale überprüft. Auf den folgenden Seiten sollen die vom MATP gewonnenen Erkenntnisse mit einem Sample von zehn Personen, die neben einem UFO-Entführungserlebnis angeblich auch vom Militär oder Geheimdienstpersonal (MILAB) entführt wurden, verglichen werden. Zum besseren Verständnis befinden sich einige Personen unter dieser Testgruppe (TG), auf deren Entführungserlebnisse im vorigen Kapitel eingegangen wurde. Unter der Gruppe befinden sich Casey

Turner, Katharina Wilson, Leah Haley, Debbie Jordan, Polly, Pat, Lisa, Beth, Angie, Amy. Die Namen der letzten sechs Frauen sind Pseudonyme und wurden von Dr. Karla Turner und der Psychotherapeutin Barbara Bartholic untersucht. Dieses Sample soll nur einen repräsentativen Ausschnitt solcher Fälle präsentieren. In den folgenden sieben Punkten werden die wichtigsten Ereignisse während einer UFO-Entführung mit einer militärischen Entführung verglichen.

1. *Ankündigung einer Entführung:* Oft steht am Beginn einer UFO-Entführung eine außersinnliche Vorahnung, daß sich etwas ereignen wird. Beim MATP berichten 34 Personen, daß sie die Anwesenheit der UFO-Insassen irgendwie wahrnahmen. Weitere 15 Personen hatten eine präkognitive Eingebung. Diese Vorahnungen werden oft von seltsamen Geräuschen, ähnlich dem Surren einer Hochspannungsleitung, im Kopf der Person begleitet. Auch die Personen in der TG hatten diese Wahrnehmung, bevor die UFO-Insassen erschienen. Vor einer MILAB hörten sie, sofern sie sich erinnern können, Helikopter oder Fahrzeuggeräusche. Von den zehn Personen der TG wurden acht von mysteriösen dunklen unmarkierten Helikoptern belästigt.

2. *Das Erscheinen der Entführer:* Sofern die UFO-Insassen nicht schon neben ihrem Opfer stehen, scheinen sie die Fähigkeit der Materiedurchdringung zu besitzen. So beobachteten 23 Personen des MATP, wie die Wesen durch ein geschlossenes Fenster, eine Mauer oder das Dach in ihr Zimmer eindrangen. In 31 MATP-Fällen transportierten die UFO-Insassen ihre Opfer durch ein geschlossenes Fenster oder durch etwas Ähnliches in ein UFO. Bei der TG hatten acht Personen vor oder nach ihrer Entführung durch die UFO-Insassen ein solches Erlebnis. Bei der MILAB drangen die menschlichen Entführer durch die Haustür ein. Debbie Jordan wurde etwa von zu Hause weggelockt und bei der Hütte ihres vermeintlichen Freundes entführt.

3. *Bewußtseinsveränderung:* Bei einer herkömmlichen UFO-Entführung geht das Bewußtsein nach Erscheinen der UFO-Insassen ohne äußere Einwirkungen in einen tranceähnlichen Zustand über. Die Personen sind paralysiert, konfus oder desorien-

tiert und sind ihren Entführern hilflos ausgeliefert. In diesem be-
wußtseinsveränderten Zustand können die Entführten die Vorgänge in ihrer Umgebung wahrnehmen. Es gibt zur Zeit keine
Berichte, ob Kinder während einer UFO-Entführung in diesen
Zustand versetzt worden sind. Das stimmt mit Personen überein,
die Entführungserlebnisse während ihrer Kindheit mittels Regression aufarbeiten. Alle zehn Personen der TG machten diese
Bewußtseinstransformation während ihrer UFO-Entführung
durch. Bei ihrer MILAB wurden ihnen von den Entführern Injektionen mittels einer Spritze verabreicht. Daraufhin verloren
manche von ihnen das Bewußtsein oder konnten die Umgebung
nur mehr schlecht wahrnehmen. Es sind keine Fälle bekannt, bei
denen Kinder von Militärpersonal entführt wurden.

4. *Transport ins wartende Flugobjekt:* Der Transport in ein unbekanntes Flugobjekt wird vom Entführten meistens schwebend
wahrgenommen. Beim MATP erreichten 75 Personen das UFO
schwebend. In 32 Fällen schwebten die Personen in einem
laserähnlichen Lichtstrahl nach oben durch eine Öffnung in das
UFO. Viele beschrieben ihre Nachbarschaft von oben. Die
Farbe des Lichtstrahles wird als durchlässig bläulich-weiß,
orange oder gelblich beschrieben. In 53 MATP-Fällen wurde
von den Entführten das Flugobjekt beobachtet. In 39 Fällen beschrieben die Entführten das unbekannte Flugobjekt als diskusförmig und in je elf Fällen als zigarren- und kugelförmig. Der
Rest setzte sich aus dreieckigen, ovalen und bumerangförmigen
Objekten zusammen. Bei der TG berichten alle zehn, daß sie
schwebend in ein UFO transportiert wurden, während man sie
bei der MILAB zu Fuß zu einem wartenden Helikopter oder
einem Auto brachte.

5. *Räumlichkeiten:* Der Untersuchungsraum im UFO wird gewöhnlich als rund beschrieben. Beim MATP beschreiben 43 Personen einen runden Raum. Das ist kongruent mit der Beschreibung eines diskusförmigen Flugobjektes. In weiteren 17 Fällen
wurden große Räume beschrieben, in denen mehrere Entführte
gleichzeitig untersucht wurden. In 24 Fällen wurden ungewöhnliche Gerüche wahrgenommen. Die im Untersuchungsraum vor-

handenen Lichtverhältnisse werden im allgemeinen als übernatürlich hell bezeichnet. Manchmal blendet das Licht die Entführten. Die übrigen Räumlichkeiten werden hingegen als
dämmrig bis dunkel beschrieben. Bei der MILAB beschrieben
neun Personen unserer TG, daß sie in Räumlichkeiten ähnlich
einem Spital gebracht wurden. Diese Räume sind rechteckig und
manchmal von Glas umgeben. Die Beleuchtungssituation und
Gerüche werden als normal empfunden.

6. *Untersuchungen:* Nachdem das Opfer auf dem Tisch liegt, beginnen die Untersuchungen. Meistens geht von einem der Wesen
eine ungeheuerliche mentale Kraft aus, die den Entführten paralysiert. In 74 MATP-Fällen genügte ein leichtes Berühren des
Kopfes oder nur ein Anstarren, damit dieser Zustand beim Entführten ausgelöst wurde. In 13 Fällen mußten die Entführten vor
der Untersuchung eine Flüssigkeit trinken, und 17 Personen berichten, daß sie auf dem Tisch mit Klammern festgemacht wurden. Diese eher irdisch klingende Behandlung wirft einige Fragen
auf. Wieso werden einige Entführte an den Tischen befestigt,
während andere von den UFO-Insassen durch mentale Kräfte
paralysiert werden? Die Untersuchungen konzentrierten sich bei
41 Personen auf das Gehirn. Es wurde mit einem Gerät abge-
tastet und mittels Nadeln oder feinen Bohrern untersucht. Bei
30 Personen wurde durch die Nase oder in das Ohr ein Implantat eingeführt. Bei einer Person wurde ein Fremdkörper in den
Augensockel, in den Arm und in das Bein implantiert. In 29 Fällen wurden Proben vom Blut, Gewebe, Knochen und anderen
Körperflüssigkeiten entnommen.

Von den Personen unserer TG erlebten alle während ihrer UFO-
Entführung ähnliche Prozeduren. Bei allen wurden Fremdkörper
durch die Nase oder durch das Ohr in den Kopf implantiert.
Fünf Personen der TG erhielten ein Ohr-Implantat. Bei den Untersuchungen im UFO oder im Spital gibt es nicht so große Unterschiede zwischen den MILAB und den UFO-Entführungen.
Bis auf Casey Turner wurden alle von menschlichen Ärzten
untersucht. Bei Debbie, Leah, Angie und möglicherweise bei
Katharina entfernten Ärzte die Implantate aus dem Kopfbereich.

Vorgänge	UFO-Entführung	MILAB-Kidnapping
Beginn	Vorahnungen, seltsame Geräusche, oder Stimmen im Kopf;	Helikopter, Fahrzeuglärm;
Erscheinen der Entführer	Wesen dringen durch feste Hindernisse ins Haus ein.	Militärs dringen durch die Haustüre ein.
Bewußtseins-Transformation	Die Opfer sind paralysiert, desorientiert, konfus, können die Umgebung aber wahrnehmen.	Die Opfer bekommen eine Injektion verabreicht und verlieren danach oft das Bewußtsein.
Transport	Der Transport ins UFO wird meistens schwebend wahrgenommen, wobei die Opfer sowie ihre Entführer durch feste Hindernisse transportiert werden.	Die Opfer werden zu einem Helikopter oder einem Fahrzeug getragen, bzw. eskortiert.
Lichtstrahl	Viele Entführte berichten, daß sie innerhalb eines bläulich-weißen Lichtstrahles in ein UFO schwebten.	
Objektform	Die Form der Flugobjekte wird meistens als diskus-förmig, kugelförmig oder zigarrenförmig beschrieben.	Helikopter, Busse, Lastwagen;
Räumlichkeiten	Runde sterile dunkle Räume. Im Untersuchungsraum ist es hingegen sehr hell.	Rechteckige Räume, die an ein Spital oder Forschungslabor erinnern.
Beginn der Untersuchungen	Von den Wesen geht eine ungeheuerliche mentale Kraft aus. Das Opfer wird durch Berührung oder Anstarren paralysiert.	Die Opfer werden auf einem Untersuchungstisch oder gynäkologischen Stuhl festgebunden. Manchmal müssen sie Flüssigkeiten trinken.
Untersuchungen	Entnahme von Gewebeproben, Blutproben oder anderen Körperflüssigkeiten. Einsetzen und Entfernen von Implantaten, sowie gynäkologische Untersuchungen.	Entnahme von Gewebeproben, Blutproben oder anderen Körperflüssigkeiten. Einsetzen und Entfernen von Implantaten, sowie gynäkologische Untersuchungen.
Benehmen	Die Wesen werden als kühl, berechnend aber nicht gerade brutal beschrieben.	Es gibt Berichte von brutalen Verhören, die mittels Mind Control-Methoden durchgeführt wurden und sogar von Vergewaltigungen.

Abb. 43: Diese Tabelle vergleicht typische UFO-Entführungserlebnisse mit militärischen Kidnapping-Fällen. Bis auf ein Interesse an Implantaten, Gewebeproben und gynäkologischen Untersuchungen bei weiblichen Entführungsopfern sind keine Gemeinsamkeiten zu erkennen.

Bei Angie setzten sie möglicherweise ein militäreigenes Implantat durch ihre Nasenhöhle ein. Diese Prozeduren erinnern an die im Kapitel II beschriebenen *Mind Control*-Opfer. Bis auf Casey wurden auch andere medizinische Untersuchungen, wie etwa gynäkologische, an den Entführten durchgeführt. Einige bekamen auch eine Flüssigkeit zu trinken. Vor diesen Untersuchungen wurden die Entführten mittels herkömmlichen Methoden narkotisiert oder unter Drogen gesetzt.

7. *Benehmen der Entführer:* Das Benehmen der UFO-Insassen ihren Opfern gegenüber wird im allgemeinen als kühl aber durchaus nicht als brutal bezeichnet. Im Gegensatz beschreiben MILAB-Entführte, daß sie von ihren militärischen Entführern nicht gerade zimperlich behandelt wurden. Die Entführten werden oft brutalen militärischen Verhören und *Mind Control*-Methoden ausgesetzt oder von den Wachen gestoßen bzw. mißhandelt. Bei einigen Fällen gibt es Hinweise auf Vergewaltigungen.

Entführungsopfer UFO/Militär	Elektronische Störungen	Dunkle Helikopter	Militärpersonal anwesend	Militärische Untergrundanlage
Polly[1]	Ja	Nein	Ja	Nein
Pat[1]	Ja	Nein	Ja	Ja
Anita[1]	Ja	Nein	Unklar	Nein
Beth[1]	Ja	Ja	Ja	Ja
Jane[1]	Ja	Ja	Nein	Nein
Angie[1]	Ja	Nein	Ja	Ja
Amy[1]	Ja	Ja	Ja	Ja
Lisa[1,2]	Ja	Ja	Ja	Ja
Katharina Wilson[2]	Ja	Ja	Ja	Ja
Leah Haley[2]	Ja	Ja	Ja	Ja
Casey[3]	Ja	Ja	Ja	Ja
Debbie Jordan[4]	Ja	Ja	Ja	Unklar

Abb. 44: Diese Tabelle gibt verschiedene Gemeinsamkeiten von zwölf MILAB-Opfern wieder. Besonders interessant ist, daß etwa neun der gekidnappten Personen behaupten, daß man sie in eine unterirdische Forschungsanlage gebracht hat. Alle zwölf beklagen sich über elektrische Störungen im Haushalt und acht wurden von den dunklen unmarkierten Helikoptern belästigt (1 Dr. Karla Turner,[45] 2 Persönliche Kommunikation mit den Betroffenen, 3 Dr. Karla Turner,[46] 4 Debbie Jordan[29]).

Die Betroffenen beginnen schließlich, sich vor den irdischen Kidnappern mehr zu fürchten als vor den UFO-Insassen.

In Abbildung 43 sind die Unterschiede zwischen beiden Entführungsarten zu sehen. Aufgrund dieser Vergleiche sieht man, daß UFO-Entführungen außer in Punkt 6 (*Untersuchungen*) sehr voneinander abweichen. Das Verhalten der in die militärischen Entführungen verwickelten Personen spricht eindeutig die Sprache von Menschen! Ein weiterer interessanter Punkt in unserer Studie sind die Orte, an die die angeblich von den Militärs entführten Menschen gebracht wurden. Von den zehn Testpersonen behaupten acht, daß sie in militärische Untergrundbasen gebracht wurden. Wenn man die Behauptungen der Entführten auf ihre Richtigkeit überprüfen will, muß man auch diesen Gerüchten nachgehen. Wie man im folgenden Unterkapitel sehen wird, wurden und werden in den USA tatsächlich gewaltige, streng geheime, unterirdische, militärische Anlagen und Forschungseinrichtungen unter Ausschluß der Öffentlichkeit gebaut.

6 Unterirdische militärische Anlagen

Parallel zu den Gerüchten militärischer Entführungen von Personen mit UFO-Entführungserlebnissen häuften sich die Gerüchte von gewaltigen, geheimen, unterirdischen, militärischen Basen. Diese unterirdischen Anlagen sollen vom militärisch-industriellen Komplex oder verschiedenen Bundesbehörden gebaut und besetzt sein. Dr. Richard Sauder ist ein Forscher, der sich auf undurchschaubare finanzielle und militärische Transaktionen bzw. Projekte innerhalb der USA und Kanada spezialisiert hat. Dr. Sauder fand heraus, daß das amerikanische Militär während des Kalten Krieges verstreut über das ganze Land solche Untergrundbasen und Tunnelanlagen errichtete.[59, 60] Viele dieser Anlagen werden aus dem in *UFO-Geheimhaltung*[1] erwähnten schwarzen Budget finanziert und unter größter Geheimhaltung gebaut.

Dr. Sauder fand heraus, daß viele unterirdische militärische Anlagen, die von den US Army Corps of Engineers (US-ACE) gebaut

212

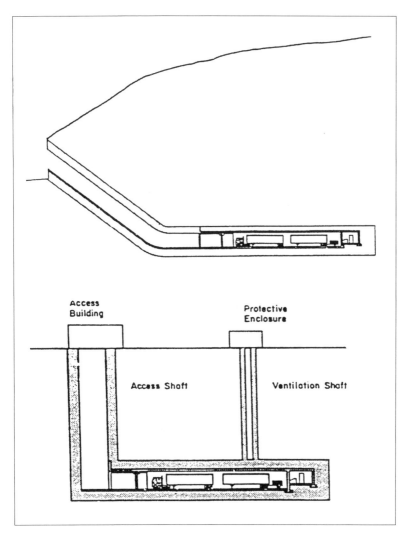

Abb. 45: Diese Skizze zeigt zwei typische Eingangsformen von militärischen Untergrundbasen. Bei der oberen Zeichnung führt ein Tunnel tief in den Berg hinein. Danach erreicht man über Liftanlagen noch tiefere Bereiche der Anlage. Bei der unteren Zeichnung fährt man von der Oberfläche mit einem Lift in tiefere Bereiche. Die Haupteingänge sind meistens so groß, daß man sie mit Lastwagen befahren kann.

wurden, klassifiziert sind. Die US-ACE waren auch bei dem Bau der großen unterirdischen Anlage des North American Aerospace Defense Command (NORAD), welche sich tief unter den Cheyenne Mountains in Colorado befindet, maßgeblich beteiligt. Bei einer 1987 stattfindenden Konferenz hielt der Deputy Director für Engineering and Construction der US-ACE einen Vortrag über unterirdische militärische Anlagen. Während seines Gespräches erwähnte er folgendes:

»Es gibt Projekte von ähnlicher Größe (wie die NORAD-Anlage unter den Cheyenne Mountains), die ich nicht identifizieren darf, aber welche multiple Kammern mit einer Breite von etwa 15 Metern und einer Höhe von etwa 30 Metern besitzen. Dabei wurden dieselben Prozeduren zum Aushöhlen der Kavernen wie bei der Errichtung der NORAD-Anlage verwendet.«[59]

Ähnlich große Anlagen, von denen man den Standort weiß, befinden sich in Ft. Belvoir, Virginia; West Point, New York; Area 51/S4, Groom Lake Nevada; White Sands Army Missile Range, New Mexico; unter dem Table Mountain, nördlich von Boulder in Colorado und unter dem Mount Blackmore im Südwesten von Montana.[59, 60, 61] Diese Liste ließe sich natürlich noch länger fortsetzen. Grundsätzlich gibt es zwei Typen von unterirdischen Anlagen:

1. Anlagen, die mittels eines tiefen Schachtes erreichbar sind,
2. Anlagen, die über einen Tunnel erreichbar sind und sich tief unter einem Berg befinden.

Bei den in Punkt 1 genannten Anlagen erreicht man die tief unter der Oberfläche verborgene Basis durch einen Fahrstuhl, der durchaus einen Lastwagen aufnehmen kann. Bei den in Punkt 2 genannten Anlagen führt eine Straße tief in einen Berg hinein. Aufgrund dieser Konstruktionsweisen lassen sich die Eingänge solcher Untergrundbasen unauffällig tarnen bzw. gestalten. Das bedeutet, daß jedes Gebäude ein Eingang zu einer Untergrundbasis sein könnte. Die Forschungen von Dr. Sauder zeigen auf, daß in den USA seit den späten fünfziger Jahren solche unterirdischen Anlagen geplant und gebaut werden. Das amerikanische Militär beauftragte damals die RAND-Corporation mit der

Planung von militärischen Untergrundbasen. Diese unterirdischen Stützpunkte sollen auch noch nach einem Atomkrieg die Einsatzfähigkeit der Weltmacht USA bekräftigen. In einer 1960 von der RAND-Corporation durchgeführten Studie wurden zwölf mögliche Standorte für die Konstruktion tiefer Untergrundbasen vorgeschlagen. Die Tiefe dieser Anlagen wurde mit rund 300 Metern angegeben.

Viele dieser im Untergrund verborgenen Anlagen beherbergen Kommandoeinrichtungen, Waffenlager sowie Atomraketen und Forschungslabors. 1989 wurde bekannt, daß die Federal Emergency Management Agency (FEMA) und das Pentagon unterdische Bunkeranlagen betreiben, in denen sich im Kriegsfall die komplette amerikanische Regierung zurückziehen kann. Jeder dieser 50 Bunker kann als Weißes Haus agieren. Im Fall einer Krise können bis zu 1000 Zivilpersonen und Militärpersonal diese unterirdischen Anlagen aufsuchen. Obwohl FEMA als eine Zivilbehörde geführt wird, arbeitet sie unter strengster Geheimhaltung mit dem Pentagon zusammen. Oft werden die schwarzen unmarkierten Helikopter in der Nähe von FEMA-Anlagen beobachtet. Das nationale Warnungszentrum von FEMA befindet sich in der von Amerikanern und Kanadiern betriebenen NORAD-Anlage unter den Cheyenne Mountains in Colorado. In dieser Untergrundbasis arbeiten etwa 1700 Personen.[61]

Die Basis wird durch einen 1,4 Kilometer langen Tunnel betreten. Schätzungen zufolge wurden etwa 700 000 Tonnen Granitgestein aus der Anlage transportiert. Eine ähnliche Anlage betreibt NORAD an der Nord Bay in Ontario, Kanada. Viele unterirdische Anlagen werden von FEMA betrieben. Eine dieser Basen befindet sich unter dem Mount Weather, nahe der kleinen Stadt Bluemont in Nordarizona. Diese Basis wurde schon in den fünfziger Jahren errichtet und beinhaltet den Sitz einer Krisenregierung.

Seit 1996 sind Teile einer unterirdischen Nuklearkommandoeinrichtung in Kelvedon Hatch, England, der Öffentlichkeit zugänglich.[62] Ein Zugang zu dieser Anlage befindet sich in einem gewöhnlichen Bungalow in der Grafschaft Essex. Von diesem

Wohnhaus aus betritt man ein Labyrinth voller Räume, die sich auf drei Etagen im Untergrund fortsetzen. Diese Kommandozentrale wurde während des Kalten Krieges unter totaler Geheimhaltung errichtet. Die Anlage ist für etwa 600 Mann ausgerichtet und besitzt Schlafräume, Kantinen, wissenschaftliche Einrichtungen, ein BBC-Studio, einen Radarraum, ein Lebenserhaltungssystem, medizinische Einrichtungen, eine militärische Einsatzzentrale und Arbeitsräume für die Regierungsmitglieder. Es ist anzunehmen, daß jedes Land solche unterirdischen Kommandozentralen besitzt, um im Fall eines Atomkrieges einigermaßen handlungsfähig zu bleiben.

Zum Bau dieser Anlagen benötigt man sehr komplizierte große Maschinen. Konventionelle Tunnelbaumaschinen sind große zylinderförmige Geräte, die sich durch das Erdreich, das Gestein oder den Felsen wühlen. Die von der Maschine verdrängte Erde wird von nachfolgenden Lastwagen oder Zügen wegtransportiert. Der Nachteil bei diesen Maschinen ist, daß man eine so große Menge Erde oder Gestein nicht unbemerkt abtransportieren kann. Aus diesem Grund suchen die Militärs und Geheimdienste nach anderen Techniken.

Dr. Sauder konnte einige interessante Patente ausfindig machen, die eher aus einem Science-fiction-Film stammen könnten. Eines der interessantesten ist eine nukleare Tunnelbohrmaschine, die Anfang der siebziger Jahre von den Los Alamos-Laboratorien entworfen wurde. Diese Maschinen schmelzen sich durch das Gestein oder das Erdreich und lassen einen harten glasähnlichen Tunnel hinter sich. Die US Atomic Energy Commission und die US Energy Research and Development Administration erhielten 1972 die ersten Patente auf eine solche Maschine.[63] Der größte Vorteil ist, daß diese Maschinen keine Lastwagen oder Züge benötigen, die das freigelegte Erdreich abtransportieren müssen. In den folgenden Jahren wurden weitere Patente für ähnliche Maschinen ausgestellt. Trotz der vorhandenen Patente bestätigt keine Behörde, daß solche Maschinen je gebaut oder eingesetzt wurden. Einige der angeblich von Militärpersonal entführten Personen behaupten, daß sie durch steinerne Tunnel, die glatt wie

United States Patent

Armstrong et al.

[15]   3,693,731

[45]   Sept. 26, 1972

[54]   METHOD AND APPARATUS FOR
       TUNNELING BY MELTING

[72]   Inventors: Dale E. Armstrong, Santa Fe;
                   Berthus B. McInteer; Robert L.
                   Mills; Robert M. Potter; Eugene S.
                   Robinson; John C. Rowley; Morton
                   C. Smith, all of Los Alamos, N.
                   Mex.

[73]   Assignee: The United States of America as
                 represented by the United States
                 Atomic Energy Commission

[22]   Filed: Jan. 8, 1971

[21]   Appl. No.: 104,872

[52]   U.S. Cl. 175/11, 175/16, 175/19
[51]   Int. Cl. E21c 21/00
[58]   Field of Search 175/11–16

[56]   References Cited

              UNITED STATES PATENTS

3,396,806   8/1968   Benson ....175/16 X

3,117,634	1/1964	Penson	175/94
1,993,641	3/1935	Aarts et al.	175/13
1,898,926	2/1933	Aarts et al.	175/16
3,115,194	12/1963	Adams	175/11
3,225,843	12/1965	Ortloff	175/94 X
3,357,505	12/1967	Armstrong et al.	175/16

Primary Examiner—Marvin A. Champion
Assistant Examiner—Richard E. Favreau
Attorney—Roland A. Anderson

[57]   ABSTRACT

A machine and method for drilling bore holes and tunnels by melting in which a housing is provided for supporting a heat source and a heated end portion and in which the necessary melting heat is delivered to the walls of the end portion at a rate sufficient to melt rock and during operation of which the molten material may be disposed adjacent the boring zone in cracks in the rock and as a vitreous wall lining of the tunnel so formed. The heat source can be electrical or nuclear but for deep drilling is preferably a nuclear reactor.

3 Claims, 7 Drawing Figures

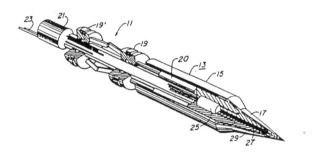

Abb. 46: Dieses amerikanische Patent vom 26. September 1972 beschreibt eine nukleare Tunnelbohrmaschine. Diese Maschine schmilzt sich durch das Erdreich, das dahinter sofort erstarrt und einen gläsernen Zustand einnimmt. Der Vorteil dieser Maschine besteht darin, daß man kein Erdreich abzutransportieren braucht. Es ist anzunehmen, daß solche Maschinen für den Bau geheimer militärischer Anlagen im Einsatz sind.

Glas waren, geführt wurden. Diese Hinweise und ihre praktische Anwendung für den Bau von geheimen Untergrundbasen lassen es als sehr wahrscheinlich erscheinen, daß solche Maschinen gebaut und zum Tunnelbau eingesetzt werden.

Dr. Sauder fand heraus, daß es in den USA fast keine Behörde gibt, die nicht eine oder mehrere unterirdische Anlagen betreibt. Wie schon erwähnt, werden auch die schwarzen unmarkierten Helikopter oft in der Nähe solcher Anlagen beobachtet. Es gibt auch Vorfälle, wo Zivilpersonen, die sich in der Nähe dieser Anlagen aufgehalten haben, von diesen Helikoptern belästigt und vertrieben wurden.[61] Es ist interessant, daß es in der Nähe solcher militärischer Anlagen sehr oft spektakuläre UFO-Sichtungen gibt. Aufgrund dieser Tatsache wurde der *State Highway 375,* der nahe der Luftwaffenbasis AREA-51 vorbeiführt, am 18. April 1996 in *Extraterrestrial Highway* unbenannt.[64] In Südkalifornien gibt es weitere streng geheime unterirdische Forschungslabors der großen militärischen Luft- und Raumfahrt-Unternehmen, wie Lockheed-Martin Skunk-Works, McDonnell Douglas oder Northrop. An der Nordseite des Antelope Valley grenzt die Edwards Air Force Base an. Am östlichen Ende des Andelope Valley betreibt McDonnel Douglas eine elektromagnetische Forschungseinrichtung. Im westlichen Teil des Tales befindet sich eine ähnliche Anlage von Northrop. Bezüglich dieser Anlage gibt es Informationen, daß sie 42 Stockwerke tief sein soll. Tunnel sollen diese Station mit drei anderen in der Nähe befindlichen Untergrundanlagen verbinden.[59, 60, 61]

Neben schwarzen Helikoptersichtungen gibt es in der Nähe dieser Anlagen viele Sichtungen von unbekannten Flugobjekten. Einige Objekte werden als kugelförmig, als dreieckig, zylindrig, bumerangförmig und diskusförmig beschrieben. Die Größe dieser Flugobjekte soll 30 Meter und mehr betragen. Im Bildteil des Buches ist der Eingang zur Lockheed Hellendale-Forschungsanlage zu sehen. Eine weitere Bildsequenz zeigt, wie ein seltsamer diamantförmiger Flugkörper mittels einer Hebevorrichtung hydraulisch an die Oberfläche gehoben wird. Diese Testobjekte werden daraufhin von in der Nähe befindlichen Schirmen mit elektroma-

218

gnetischen Wellen bestrahlt. Ähnlich wie über AREA-51 werden auch über diese Forschungsanlagen seltsame Lichtobjekte, die völlig unkonventionelle Flugmanöver vollführen, beobachtet. In diesen unterirdischen militärischen Testanlagen werden auch neuartige auf Magnetohydrodynamik beruhende Antriebssysteme entwickelt. Bei den *Air Spikes* werden Mikrowellen von einem Satelliten abgestrahlt, so daß sich eine Schockwelle vor dem Flugobjekt bildet.[65] Die Energie von Mikrowellen kann in Verbindung mit Elektroden und supraleitenden Magneten als Antrieb eines untertassenförmigen Flugobjektes verwendet werden. Bei diesem Vorgang wird die Luft, die das Flugobjekt umgibt, ionisiert. Da dabei die Elektronen von den Luftmolekülen abgelöst werden, sind diese Flugkörper von einer leuchtenden Lufthülle umgeben. Diese Effekte werden auch bei herkömmlichen UFO-Sichtungen beobachtet. Da diese Flugobjekte Geschwindigkeiten bis zu 25facher Schallgeschwindigkeit erreichen sollen, sind sie nicht mehr mit einem UFO zu verwechseln.[65] Daß die militärischen Wissenschaftler Supraleiter und Magnetohydrodynamik mit UFO-Antrieben in Verbindung brachten, beweist ein 1989 vom CIA freigegebenes stark zensiertes Dokument aus den siebziger Jahren. Die nicht zensierten Sätze lauten:
»Amerikanische Wissenschaftler glauben, daß niedermagnetische Felder keinen ernsthaften Effekt auf Astronauten haben, aber hochmagnetische Felder können beträchtliche Effekte hervorrufen. Es gibt die Theorie, daß solche Felder mit der Supraleitung bei sehr niedrigen Temperaturen verbunden sind ... so wie im Weltraum. Das wiederum ist mit den möglichen Antriebssystemen von UFOs verwandt. Es gibt das Gerücht, daß Teile eines in Brasilien gefundenen UFOs mit Supraleitern und Magnetohydrodynamik zu tun haben.«[1]
Ob in diesen streng geheimen unterirdischen Forschungseinrichtungen wirklich UFO-Technologie erforscht wird, kann man nicht beweisen, obwohl es mittlerweile mehrere Zeugen gibt, die das behaupten. In der Nähe der vorher beschriebenen Untergrundbasen kam es auch im Zusammenhang mit UFO-Sichtungen zu Entführungen in den Untergrund.[66] Eine multi-

ple UFO-Entführung fand 1988 in der Nähe der Techapi-Berge statt. Beide Personen arbeiteten bei einer Northrop-Forschungseinrichtung in Palmdale. Nach der Sichtung eines unbekannten leuchtenden Flugobjektes hatten sie ein Erlebnis mit *fehlender Zeit*. Die Entführten unterzogen sich einer Regressionshypnose, bei der ein unglaubliches Szenario ans Tageslicht kam. Einer der Entführten ging durch ein traumatisches Erlebnis, als er sah, wie seine Freundin in der nahe gelegenen Untergrundanlage von kleinen grauen Wesen auf einem Tisch untersucht wurde. Hier ergibt sich wieder das Problem, daß die Entführten behaupten, UFO-Insassen in einer irdischen Militäranlage gesehen zu haben. Der *Mind Control*-Forscher Martin Cannon sprach mit einer anderen UFO-Entführten, die angab, in eine unterirdische Anlage nahe der Edwards Air Force Base gebracht worden zu sein.[41] Die UFO-Forscherin Melinda Barks untersuchte einen UFO-Entführungsfall eines älteren Ehepaares, das unter ähnlichen Umständen in dieselbe unterirdische Anlage entführt wurde. Die Forschungen von Dr. Sauder haben aufgezeigt, daß es im nordamerikanischen Raum genügend geheime militärische, unterirdische Anlagen gibt, die diese phantastischen Behauptungen der betroffenen Personen unterstützen.[59, 60] Weiter untersuchten wir, ob diese angeblichen Entführungen in solche unterirdischen Anlagen mit dem derzeitigen Wissen über das UFO-Entführungsphänomen in Einklang zu bringen sind.

7 Lassen sich Berichte über Kidnappings in unterirdische Militärbasen mit dem UFO-Entführungsphänomen in Einklang bringen?

Beim MUFON-*Abduction Transcription*-Projekt erlebten alle untersuchten Personen seit ihrer Kindheit wiederkehrende UFO-Entführungserlebnisse.[32] Der Großteil dieser Erlebnisse begann und endete im Schlafzimmer der Betroffenen. Die meisten Untersuchungen erlebten die Entführten allerdings in einem runden Raum, der sich anscheinend in einem UFO befand. In 14 Fällen spielte ein unterirdischer Ort während der Entführung eine große Rolle. Sechs Personen berichten, daß sie während ihrer UFO-Entführung durch einen Tunnel in Räumlichkeiten gebracht wurden, die sie wie große kavernenartige Aushöhlungen beschrieben. Diese Orte werden von den Entführten als nicht irdisch, märchenhaft oder phantastisch beschrieben. Dr. Thomas Bullard bezeichnet solche Erfahrungen als *Otherworldly Journey* (unirdische Reisen).[30, 31] In der Mehrheit der Fälle beschrieben diese Personen, daß sie an diesem Ort UFO-Insassen bei einer Arbeit sahen. Einige behaupten, daß sie direkt vom UFO aus in solche Kavernen gebracht wurden. Andere wiederum durchschritten eine Lichtbarriere, bevor sie so einen Ort betraten. In der Mehrheit der Fälle behaupten die Entführten, daß sie mehrere UFO-Insassen beim Durchführen einer Arbeit beobachten konnten. In einigen wenigen Fällen sahen die Entführten sehr irdisch erscheinende Computeranlagen, Fahrzeuge und sogar Menschen, die gemeinsam mit UFO-Insassen zusammenarbeiteten.

Am 3. Februar 1993 wurde im College Park, Maryland, eine vom Fund for UFO Research (FUFOR) gesponserte Konferenz über UFO-Entführungen abgehalten. Bei dieser Konferenz waren zwölf Personen mit UFO-Entführungserlebnissen anwesend. Die zwölf Personen wurden von den anwesenden Forschern, unter denen sich auch zwei Psychiater befanden, ausführlichst befragt. Auf die Frage, wie viele Entführungsopfer sich erinnern können, ob sie während einer Entführung in eine Höhle oder eine unterirdische Anlage gebracht wurden, antworteten sieben mit Ja.[67] Einige der Entführten behaupteten, daß sie in diesen unterirdischen Anlagen verschiedene Menschen in tranceähnlichen Zuständen sahen. Für diese Entführten hinterließ ihr Erlebnis in der Unterwelt eher einen negativen Eindruck. Für die Personen in der Studie von Dr. Bullard war diese Erfahrung eher mystisch bzw. unwirklich.

Bei einer genauen Betrachtung dieser Erfahrungen erkennt man, daß es sich hier möglicherweise um zwei verschiedene Reisen in den Untergrund handelt. In den folgenden Zeilen soll dieser Unterschied verdeutlicht werden.

Dr. Bullard fand bei der Untersuchung seiner 270 Entführungsfälle heraus, daß die Entführten in 54 Fällen eine *Otherworldly Journey* erlebten.[30, 31] Diese Reise läßt sich in fünf Phasen einteilen:

1. *Vorbereitung:* Die UFO-Insassen bereiten ihr Opfer auf diese ungewöhnliche Reise vor. Zu dieser Vorbereitung kann z. B. gehören, daß die UFO-Insassen die entführte Person in einen Schutzanzug stecken.

2. *Reise:* Die Entführten werden zu einem fremden Ort gebracht.

3. *Untergrund*: Das Opfer reist in unterirdische Kavernen, die sich auch unter einem Meer befinden können.

4. *Landschaft:* Das Opfer sieht die Oberfläche einer fremden, unirdischen Landschaft.

5. *Museum:* Die Reise beinhaltet einen Besuch, bei dem man fremdartige Lebewesen in einer zoo- oder museumsähnlichen Anlage sieht.

In unserem Fall ist Punkt 3 besonders wichtig. In der Studie von Dr. Bullard berichten etwa 30 Prozent oder zehn UFO-Entführte, die ein *Otherworldly Journey*-Erlebnis während ihrer Entführung hatten, daß sie zu solchen unterirdischen, unirdischen Orten transportiert wurden. Die UFO-Entführungserlebnisse von Betty Andreason beinhalten ein komplettes *Otherworldly Journey*-Szenario.[26, 27] Die betreffende UFO-Entführung fand 1950 statt. Betty beschreibt unter Hypnose, wie sie für die Reise in den Untergrund vorbereitet wurde und wie das UFO in ein Meer eintauchte. Danach flog es durch einen großen kristallinen Tunnel, der anschließend in ein unterirdisches Reich einmündete. Bei der Entführung von Filiberto Cardenas am 3. Januar 1979 in der Nähe von Miami, Florida, kam es auch zu einer *Otherworldly Journey* in den Untergrund. Cardenas schilderte unter Hypnose, wie seine Entführer einen Stein von einer Höhle wegrollten und ihn in einen Tunnel, der unter das Meer führte, brachten. Am Ende dieses Tunnels befand sich ein Reich, das von trollähnlichen Wesen bewohnt wurde.[30] Betty Andrea-son hatte 1967 ein ähnliches Erlebnis wie 1950. Während dieser Erfahrung beschrieb sie, wie sie in dem UFO durch einen langen steinernen Tunnel flog. Sandy Larson sah während ihrer Ent-führung am Ende eines leuchtenden Tunnels die Erde.[30] Die Entführte Beth erlebte eine militärische Entführung und eine *Otherworldly Journey* in ein unterirdisches Reich.[43] Bei der *Otherworldly Journey* wurde sie mit einem UFO ähnlich wie Betty Andreason durch einen Tunnel geflogen. Am Ende der Reise befand sich eine große unterirdische Stadt in einer sehr großen Kaverne. In weiteren Rückblenden sah sie UFOs in die-ser Kaverne und Militärpersonal gemeinsam mit den UFO-In-sassen. Letzteres könnten Erinnerungen von ihrer militärischen Entführung sein.

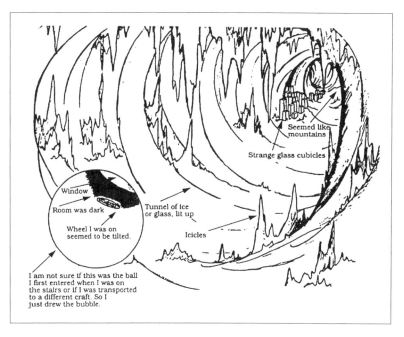

Abb. 47: Diese von Betty Andreason angefertigte Zeichnung schildert den Eintritt in ein märchenhaftes unterirdisches Reich (© Wild Flower Press).

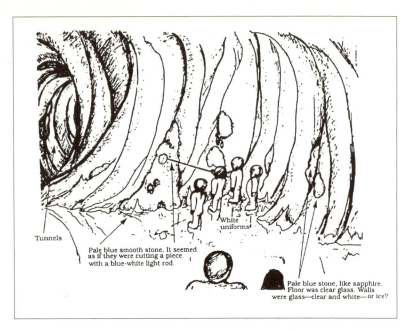

Abb. 48: Betty Andreason berichtet, daß sie am Ende ihrer Reise
UFO-Insassen sah, die an diesem Ort einige Arbeiten verrichteten
(© Wild Flower Press).

Oft erinnern sich die Entführten nicht, wie sie von ihrer Reise
aus dem unterirdischen Reich zurückkehren. In der Studie von
Dr. Bullard treten diese *Otherworldly Journeys* auch außerhalb
von Nordamerika auf. Die unterirdischen Erlebnisse von Betty
Andreason passen vollständig in dieses Schema der *Otherworldly
Journeys*. Diese Erlebnisse scheinen sich nicht in unserer Realität
abzuspielen. Es hat den Anschein, als ob die Ursprünge dieser
Otherworldly Journeys eher in der Tiefenpsychologie zu finden
sind als in unserer Realität. Sie ähneln mehr den Trancèreisen der
Schamanen und sind möglicherweise mit religiösen Erfahrungen
gleichzusetzen. Das könnte auch ein Grund sein, wieso die
Mehrheit der UFO-Entführten, die während ihres Entführungs-
erlebnisses so eine Erfahrung hat, eine Reise zu einer unirdischen

224

Landschaft an der Oberfläche eines Planeten wahrnimmt. Reisen in ein unterirdisches Reich sind bei diesen Erfahrungen unterrepräsentiert.
Die militärischen Entführungserlebnisse scheinen hingegen ihren Ursprung in unserer Realität zu haben. Bei den militärischen Entführungen werden die Tunnel mit Fahrzeugen oder zu Fuß

Szenario	Otherworldly Journey	Unterirdische Anlage
Eintritt in die Unterwelt	Das UFO taucht in Wasser ein, fliegt durch eine Öffnung in einen Berg, Entführte betreten die Unterwelt durch eine Lichtbarriere.	Militärische Entführte berichten von großen metallischen Toren in Berghängen. Der Transport erfolgt mit einem Helikopter oder einem herkömmlichen Fahrzeug.
Tunnel	Das UFO fliegt durch einen großen höhlenähnlichen Hohlraum.	Entführte werden zu Fuß oder mit einem Fahrzeug durch einen künstlich angefertigten Tunnel transportiert.
Lift		Manchmal werden die gekidnappten Personen mit einem Lift in tiefere Etagen befördert.
Kavernen, Gänge, Räumlichkeiten und Einrichtungsgegenstände	Am Ende der Reise befinden sich große kavernenartige Aushöhlungen, in denen die Entführten UFO-Insassen bei verschiedenen Arbeiten beobachten. Manchmal befinden sich an diesen Orten auch fremdartige Städte oder märchenhafte kristalline Gebilde.	Die Opfer werden von Militärpersonal durch Gänge eskortiert. Die Türen lassen sich oft nur mittels elektronischen Erkennungsverfahren öffnen. Sie nehmen Generatoren und andere Maschinen wahr. Die Einrichtung erinnert an irdische Forschungslabors.
Untersuchungen		Meistens werden die Entführten in einen Raum gebracht, wo sie von einem Arzt untersucht werden.
Wesen und andere anwesende Personen	UFO-Insassen und entführte Menschen.	Männer in Kampfanzügen, Männer in Militäruniformen, weibliche oder männliche Ärzte in weißen Labormänteln, sowie zivile Personen in Anzügen und manchmal andere Entführte.

Abb. 49: Diese Tabelle gibt einen Vergleich zwischen einer »Otherworldly Journey« und einer unterirdischen militärischen Anlage wieder. Wie aus ihr ersichtlich ist, sind beide Erfahrungen sehr unterschiedlich und scheinen miteinander nichts gemeinsam zu haben.

MILAB-Kidnapping-Opfer (Sample):	Militärpersonal und UFO-Insassen anwesend	Nur Militärpersonal anwesend
Pat[1]	Ja	
Polly[1]	Ja(?)	
Anita[1]		Ja(?)
Beth[1]	Ja	
Angie[1]	Ja(?)	
Amy[1]	Ja	
Lisa[1,2]	Ja	
Katharina[2]	Ja	
Leah[2]	Ja	
Delora[2]		Ja(?)
Patty[2]	Ja(?)	
Darlene[2]	Ja(?)	
Kathy[2]		Ja
Michelle[2]	Ja(?)	
Debbie[3]		Ja
Anna[4]		Ja
Melinda[5]		Ja(?)
Diane[5]		Ja
Pamela[6]	Ja	
Gina[6]	Ja	
Nancy[6]	Ja(?)	
Ray[6]	Ja(?)	
Christa[7]	Ja	
Karla[8]		Ja(?)
Casey[8]		Ja(?)

Abb. 50: Aus dieser Tabelle wird ersichtlich, daß viele MILAB-Opfer traumatische Rückblenden erleben, bei denen sie UFO-Insassen und Militärpersonal gemeinsam sahen. Es ist möglich, daß sie zwei unterschiedliche Entführungserlebnisse vermischen oder daß ihre militärischen Kidnapper Alien-Masken, Drogen und Hypnoseprogramme verwenden, um den Eindruck einer interplanetaren Zusammenarbeit zu erwecken (1 Dr. Karla Turner,[43] 2 Persönliche Kommunikation mit den Betroffenen, 3 Debbie Jordan,[29] 4 Anna Jamerson,[47] 5 Persönliche Mitteilungen von Norio Hayakawa, 6 Persönliche Mitteilungen von William Hamilton III, 7 Christa Tilton,[79] 8 Dr. Karla Turner[46]).

betreten. Die unterirdischen Anlagen erreichen die Entführten meist mittels herkömmlichen Liftanlagen. Die Tabelle in Abbildung 49 gibt einen Vergleich zwischen den *Otherworldly Journeys* und den militärischen Entführungserlebnissen detailliert wieder. Die von den Entführten beschriebenen Gänge und

Räumlichkeiten entsprechen rein irdischen Konstruktionen und haben nichts mit den in der Studie von Dr. Bullard beschriebenen *Otherworldly Journeys* gemeinsam. Dieser Vergleich zeigt auf, daß militärische Entführungen nicht in das gegenwärtige Bild des UFO-Entführungsphänomens passen.

Diese ungewollten militärischen Kontakte scheinen ein völlig neuartiges Phänomen innerhalb der UFO-Entführungen darzustellen. UFO-Entführungserlebnisse, bei denen die Entführten Militärpersonal und UFO-Insassen gemeinsam sahen, bleiben zur Zeit noch ungeklärt. Viele UFO-Gläubige nehmen deshalb an, daß ein Teil des amerikanischen Militär- oder Geheimdienstapparates gemeinsame Sache mit den UFO-Insassen macht. Solche Gerüchte werden leider auch von Personen mit Geheimdienstkontakten und von unseriösen Autoren verbreitet. Bevor man solche gewagten unüberprüfbaren Aussagen trifft, sollte man vorher andere Möglichkeiten in Betracht ziehen. Im folgenden Unterkapitel werden wir detailliert auf dieses Problem eingehen.

8 Ungewollte militärische Kontakte

Katharina Wilson wurde 1960 in einer kleinen Stadt im Süden der USA als zweite von drei Geschwistern geboren. Sie wuchs ohne familiäre Probleme in einer amerikanischen Mittelschicht auf. Ab ihrem sechsten Lebensjahr hatte Katharina manchmal sehr reale Träume, an die sie sich bis heute noch sehr gut erinnert.[68] Diese Träume faszinierten Katharina so, daß sie diese Träume ab ihrem 23. Geburtstag in ein Tagebuch eintrug, das sie später als Buch veröffentlichte. Katharina behielt diese Eintragungen zunächst für sich und hütete ihr Tagebuch wie ein kleines Geheimnis.[69] 1967 hatte sie das erste Mal einen sehr realen furchterregenden Traum, bei dem sie das Gefühl hatte, als ob sie nackt aus dem Kinderzimmer fliegen würde. Für sie war dieses Erlebnis real, obwohl es die Anzeichen einer außerkörperlichen Erfahrung trägt. Am Anfang des Traumes nahm sie die Anwesenheit einer fremden Person wahr, obwohl sich außer ihrer schlafenden Schwester niemand im Zimmer befand. Während sie dieses Erlebnis hatte, hörte sie eine mechanische Stimme in ihrem Kopf. Katharina dachte damals, daß diese Stimme von Gott kam. Danach glaubte sie, in einem großen metallischen Raum gewesen zu sein. Sie erinnerte sich noch an Kabel, die mit Schutzhüllen umgeben waren. Katharina meinte damals, ein religiöses Erlebnis erfahren zu haben.

Eine Hypnose-Regression brachte 22 Jahre später keine neuen Erkenntnisse über dieses Erlebnis ans Tageslicht. Mit neun Jahren zog sie mit ihrer Familie nach Pensacola, Florida. Als Katharina elf Jahre alt wurde, arbeitete sie in der Nachbarschaft als Babysitter, um sich etwas Taschengeld zu verdienen. Sie mochte Kinder gerne, fühlte sich aber unwohl bei ihrer Arbeit. Mit 13 Jahren begann sich ihr Menstruationszyklus unregelmäßig zu verhalten. Sie bekam ihre Blutungen alle zweieinhalb Wochen. Ein Gynäkologe stellte fest, daß sie eine Zyste am linken Eierstock und eine Entzündung an der rechten Seite hatte. Er fand heraus, daß diese Entzündungen die vorzeitigen Blutungen auslösten. Der Arzt konnte aber nicht feststellen, was die Ursachen für diese Entzündungen und die Zyste waren. Im Sommer 1976 hatten Katharina und ihr Nachbar eine UFO-Sichtung. Beide beobachteten zuerst zwei tiefliegende dunkle Helikopter in der Nähe des Nachbarhauses, die mit ihren Suchscheinwerfern den Boden anschienen. Danach richteten sie ihre Scheinwerfer in den Himmel. Als Katharina und ihr Nachbar nach oben blickten, sahen sie drei hamburgerförmige Flugobjekte, deren Rand mit roten, blauen und gelben Lichtern umgeben war. Die unbekannten Flugobjekte flogen in einer Dreiecksformation, bis zwei plötzlich einen 90-Grad-Haken vollführten und mit hoher Geschwindigkeit verschwanden.

Im Juni 1982 heiratete sie ihren Freund Mark, der ein Lieutenant bei den Marine Corps war. Kurz nach der Hochzeit verzog das frisch vermählte Ehepaar nach New River, North Carolina. Sie bauten ein Haus in der Nähe der Luftwaffenbasis Camp LeJeune. Im neuen Haus bekam Katharina plötzlich Angstzustände, wenn sie alleine zu Hause war. Sie begann, ohne offensichtlichen Grund Türen und Fenster zu verriegeln. Im Oktober desselben Jahres mußte Mark für sieben Monate auf ein Schiff. Zwei Monate, bevor er in See stach, setzten bei Katharina die Blutungen aus. Da sie regelmäßig Verhütungsmittel zu sich nahm, konnte sie sich nicht erklären, was da vor sich ging. Als sie das Mark mitteilte, wurde er wütend und gab ihr zu verstehen, daß er sie verlassen würde, wenn sie schwanger war und das Kind nicht abtrieb. Für Katharina kam eine Abtreibung aus ethischen Gründen nicht in Frage. Dieser und ähnliche Vorfälle führten zu einer Belastung ihrer Ehe. Bald nachdem Mark einberufen wurde, kamen lauter traumatische Rückblenden und Erinnerungen vom Unterbewußtsein an die Oberfläche.

Im Winter 1983 erinnerte sie sich, daß sie auf einem Tisch lag, um den zwei Krankenschwestern und ein Arzt standen und sie anblickten. Sie konnte sich nicht an die Gesichter der Personen erinnern. Sie hielten ein Baby in der Hand und wollten es Katharina zeigen. Irgendwie wurde ihr das Gefühl vermittelt, daß das ihr Baby war. Katharina bekam Panikzustände und sah, wie die Personen mit dem Kind den Raum verließen.

Für Katharina war diese Erinnerung sehr traumatisch, so daß sie daraufhin Schlafstörungen entwickelte. Nach drei Monaten hatte sie einen weiteren sehr realen Traum, in dem sie das Medizinerteam mit dem Baby ein weiteres Mal sah. Auch die zweite Erinnerung verlief für sie sehr traumatisch. Nachdem Mark von seinem Einsatz zurückkehrte, reichten beide die Scheidung ein, obwohl Katharina nach neunmonatigem Ausbleiben ihrer Menstruation nicht schwanger wurde. Nach der Scheidung zog Katharina wieder nach Pensacola, Florida, wo sie ihren zweiten Ehemann Erik traf. In den kommenden Jahren folgten sehr reale Träume und weitere Rückblenden an unerwünschte Ereignisse. Als sie 1987 zufällig das Buch *Eindringlinge*[28] von Budd Hopkins in die Hände bekam, glaubte sie, ihren Augen nicht zu trauen. In diesem Buch beschreibt Hopkins die UFO-Entführungen von Debbie Jordan und anderen Personen. Katharina wies dieselben Symptome auf, wie die in dem Buch beschriebenen Frauen. Sie schrieb sofort einen Brief an Budd Hopkins, in dem sie ihm ihre Erlebnisse mitteilte. Dieser brachte Katharina mit dem klinischen Psychologen Dr. Dan Overlade in Kontakt. Sie unternahm 1988 die ersten Regressionshypnosesitzungen, um ihre traumatischen Erlebnisse besser verarbeiten zu können.

Die erste Hypnosesitzung brachte nicht viel ans Tageslicht. Nach einem weiteren UFO-Entführungserlebnis und einer Rückblende auf ein ungewöhnlich aussehendes Instrument fuhr Dr. Overlade mit den Hypnosesitzungen fort. Diese Sitzungen enthüllten typische UFO-Entführungserlebnisse durch unterschiedliche Wesen. Infolge dieser Hypnosesitzungen kamen plötzlich auch Rückblenden ans Tageslicht, die sich auf einen irdischen Ursprung zurückführen lassen. Diese Rückblenden begannen mit der Erinnerung an einen ungewöhnlich aussehenden, männlichen, blonden Humanoiden. In einem Auszug ihres Tagebuches steht:

»Ich stehe nackt vor einem gläsernen Tor. Da ist ein seltsamer blonder Mann. Er sieht nicht menschlich aus. Er steht hinter der Glaswand. Ich lächle, da er ebenfalls nackt ist. Er betritt den Raum und kommt auf mich zu. Ich liege auf dem Rücken auf einem Tisch... Ich habe das Gefühl, als ob ich von mehreren Wesen, die sich hinter einer spiegelähnlichen Wand befinden, beobachtet werde.«[68, 69]

Danach hatte Katharina das Gefühl, daß sie von dem blonden Humanoiden sexuell belästigt wurde. Katharina erinnert sich, daß der Raum eine rechteckige Form hatte und an einer Mauerseite ein venezianischer Spiegel angebracht war. Solche Spiegel werden in Forschungslabors und Zoos zum ungestörten Beobachten von Personen oder Tieren benutzt. Diese Anordnung entspricht in diesem Fall eher einer irdischen Forschungseinrichtung als den herkömmlichen Räumlichkeiten, die bei einer üblichen UFO-Entführung beschrieben werden. Katharina hat auch das Gefühl, daß sie sich bei diesem Erlebnis in einer unterirdischen Anlage befand. Sie kann natürlich nicht ausschließen, daß sich die Entführung in einem sehr großen UFO abspielte. Nach einiger Zeit hatte sie eine weitere Rückblende aus ihrer Kindheit. Katharina meint, daß sich dieses Erlebnis während eines 1967 stattfin-

denden Deutschland-Besuches ereignete. Sie schrieb in ihr Tagebuch:
»Plötzlich befinde ich mich in einem Gebäude. Jeder trägt weiß, außer den Patienten. Ich glaube, daß ich noch in Deutschland bin, obwohl alles so fremd ist. Es sieht aus, als ob ich mich in einer psychiatrischen Anstalt oder einer Privatklinik befinde. Ich glaube, ich sehe Erik. Er ist auch mit einem weißen Gewand bekleidet. Irgendwie habe ich das Gefühl, daß ich mich in eine Schachtel legen soll. Ich ärgere mich …
Ich gehe in ein Badezimmer, da ich eine längere Zeit in einer Schachtel festgebunden werde. Ich frage ihn, wieso ich in der Schachtel festgebunden werden soll. Er antwortet: ›Weil es gut für dich ist. Ich werde dich beruhigen.‹ Nun stehe ich vor der schwarzen Schachtel. Ich blicke hinein. Sie ist metallisch und etwa 1,2 Meter breit und 1,8 Meter lang. Ich bin verärgert. Ich möchte nicht festgebunden werden! Ich hasse es! Er scheint mein Benehmen zu genießen. Ich habe keine Wahl. Ich muß mich hineinlegen und werde festgebunden. Ich weiß, daß sie mich darin alleine lassen werden. Ich denke an den blonden menschenähnlichen Mann.«[68, 69]
Katharina teilte uns mit, daß sie mit ihrer Mutter im Alter von sieben Jahren nach Deutschland reiste. Während dieses Aufenthaltes besuchte sie auch einen Arzt, da ihre Ohren schmerzten. Sie erinnert sich noch, daß sie von dem Arzt eine schmerzhafte Injektion mit einer Spritze verabreicht bekam. Ob die vorher geschilderte Rückblende wirklich in Deutschland stattfand, kann man nicht mit Sicherheit sagen. Es erinnert jedenfalls eher an illegale Verhaltensänderungstests als an eine UFO-Entführung. Neben der Forschung an verhaltensändernden Drogen und Hypnose führten die Geheimdienste auch andere *Mind Control*-Experimente an Gefängnisinsassen und an Personen in Kliniken durch. Viele dieser Projekte wurden geheimgehalten, so daß die teilnehmenden Patienten nicht wußten, daß die CIA an diesen Forschungen beteiligt war. Die Schachtel, die in Katharinas Rückblende beschrieben wird, erinnert an eine sogenannte *Skinner Box*.

In den späten dreißiger Jahren entdeckte der Harvard-Psychologe Frederick Skinner neue Methoden, um ein Individuum zu konditionieren und zu kontrollieren.[70] Dr. Skinner schloß aus seinen Versuchen, daß jede Aktion, die ein Individuum setzt, von seiner Umwelt bestimmt wird und daß man sein Verhalten daraus formen und bestimmen kann. Dr. Skinner baute eine große schalldichte Schachtel, bei der man die Temperatur von außen regeln konnte. Eine Seite der Schachtel hatte eine Glaswand. In diesen Behälter sperrte Dr. Skinner seine kleine Tochter. Jedesmal, wenn Dr. Skinner die Temperatur in der Schachtel herabsetzte, hörte das Kind auf zu weinen. Wenn sich seine Tochter in der Schachtel befand, war sie von sämtlichen Geräuschen isoliert. Mittels dieser Konditionierung wollte Dr. Skinner seine Tochter in ein gesellschaftlich angepaßtes Kind umwandeln. Dr. Skinners Versuch schlug jedenfalls bei seiner eigenen Tochter fehl, da sie im Alter von 20 Jahren Selbstmord beging.

Daß Katharinas traumatische Erinnerung an die Schachtel eher einem solchen Verhaltensänderungsexperiment gleicht als einer Entführung durch UFO-Insassen, liegt nahe. Man könnte meinen, daß sich Katharina in einer Klinik aufhielt und unfreiwillig an einem Experiment teilnahm. Katharina erinnert sich noch, daß sie nicht die einzige Patientin an diesem Ort war. Sie fühlte sich schrecklich einsam in der Schachtel und glaubte, daß sie von allen externen Einflüssen abgeschirmt wurde. Diese Erfahrung würde ebenfalls mit einem Experiment ähnlich einer *Skinner Box* übereinstimmen. Einige Zeit später hatte sie eine weitere Rückblende, wobei sie sich in einer unterirdischen Anlage befand. Sie kann sich nicht mehr erinnern, wie sie in diese Anlage kam. In den unterirdischen Räumlichkeiten befanden sich viele Personen.[68] Ein Teil der Personen hatte graue gummiähnliche Overalls an. Diese Overalls bedeckten die Körper der Personen bis auf einen Sehschlitz im Gesicht. Die anderen Personen trugen Zivilkleidung und hatten einen starren Blick, als ob sie unter Drogen standen. Kurze Zeit später befand sie sich in einem verlassenen Haus und hielt einen etwa 13 Jahre alten Buben in ihren Händen. Andere Personen standen um sie herum. Katharina weiß nicht, was sie

232

von diesem sehr realen Traum halten soll. Die Männer in den Overalls erinnern an eine Spezialeinheit wie die Special Weapons Attack Teams (SWAT). Zur Ausrüstung solcher Spezialeinheiten gehören die neuesten militärischen Errungenschaften. In den kommenden Jahren werden die SWAT mit einem Soldier Integrated Productive Ensemble (SIPE) ausgerüstet.[71] Diese Ausrüstung wird diese Einheiten in cyborgähnliche Kampfmaschinen verwandeln. Am 17. September 1988 kamen erstmals direkte Hinweise auf eine militärische Verbindung ihrer UFO-Entführungserlebnisse ans Tageslicht. Sie schrieb in ihrem Tagebuch:
»Ich bin in einem Gebäude, in dem sich ein großer Lift befindet. Ich betrete ein liftähnliches Gebilde und bewege mich aufwärts. Ich blicke nach vorne. Diese Wand besteht aus Glas, durch das ich sehen kann.«[68, 69]
Der Aufzug erinnerte Katharina an einen Lift, wie er für Gütertransporte verwendet wird. Drei Seiten des Liftes waren von undurchsichtigen Wänden umgeben. Als Katharina durch die Scheibe blickte, sah sie ein kleines graues Wesen. Auf dieses unheimliche Erlebnis folgte eine Begegnung mit Militärpersonal.
»Ich laufe in einen Raum, der sich rechts von mir befindet. Ich weiß, daß sich in diesem Raum Militärpersonal aufhält. Menschen. Sie sind mit militärischen Uniformen bekleidet. Navy-Blau. Sie sitzen um einen großen runden Tisch und scheinen eine Besprechung zu haben.«
Katharina erinnert sich, daß sie die Männer auf das kleine graue Wesen aufmerksam machen wollte. Die Männer schien das aber nicht zu interessieren. Sie erinnert sich noch, daß sich vier bis fünf Personen in dem Konferenzraum befanden.[68, 69] Außer dem großen ovalen Tisch befand sich eine Vitrine und ein weiteres Möbelstück in dem Zimmer. Einer der Männer war etwa 60 Jahre alt und hatte graue Haare. Der Raum war rechteckig, und die Männer trugen dunkelblaue Militäruniformen. Einer der Männer trug einen dunklen Anzug und sah wie ein Regierungsbeamter aus. Für Katharina ist es klar, daß sie sich bei diesem Erlebnis in einem irdischen Gebäude befand, obwohl sie ein kleines graues Wesen in derselben Anlage sah. Zur Zeit hat Katharina dieses Er-

lebnis nicht mittels Hypnose aufgearbeitet.[68] Eine ähnliche Rückblende erlebte Leah Haley, die so wie Katharina UFO- und militärische Entführungserlebnisse durchmachte.[72, 73]
Leah behauptet, daß auch sie ein kleines humanoides Wesen in einer militärischen Anlage sah. Sie sah, wie ein UFO-Insasse gemeinsam mit einem Mann den Raum, in dem sie sich befand, betrat. Der Mann gab Leah eine Injektion mit einem L-förmigen Instrument in den linken Arm. Als er das Zimmer verlassen wollte, betraten einige Männer in Militäruniformen den Raum. Nach diesem traumatischen Ereignis dachte Leah, daß Teile des Militärs mit UFO-Insassen gemeinsame Sache machten. Eine Hypnose-Regression, die der klinische Psychologe John Carpenter durchführte, brachte ein überraschendes Ergebnis zu Tage. Leah Haley durchlebte unter Hypnose dasselbe Erlebnis noch einmal. Überraschenderweise sah sie unter Hypnose keinen UFO-Insassen! Möglicherweise projizierte Leah den kleinen Humanoiden in ihr militärisches Erlebnis. Das würde bedeuten, daß sie ihre UFO-Entführungserlebnisse mit den militärischen Entführungen vermischt hat. Bei der Regression war das scheinbar nicht der Fall. Andererseits wurde Leah von ihren irdischen Entführern narkotisiert und einer Gehirnwäsche unterzogen. Deshalb wäre es auch möglich, daß ihr militäreigene Psychiater aus Desinformationsgründen einen UFO-Insassen mittels Hypnoseprogramm in ihr Gedächtnis suggerierten.
Der klinische Psychologe Dr. Richard Boylan ist der Meinung, daß die Militärs bei solchen Pseudo-UFO-Entführungen Gummimasken, Hologramme, Elektroschocks, bewußtseinsverändernde Drogen und Hypnose einsetzen.[34, 74] Die entführten Personen würden danach nicht mehr wissen, wer ihre wirklichen Entführer sind. Daß bei PSYWAR-Einsätzen möglicherweise Gummimasken im Spiel sind, erfuhr Katharina während einer Rückblende am 26. April 1989. Sie schrieb in ihrem Tagebuch: »Ich bin mit meinem pinken Schlafanzug bekleidet. Irgend jemand legt mir einen Alienkopf aus Gummi in die Hände. Ich glaube, es ist ein Spielzeug. Er ist aufgeblasen. Ich halte ihn nun und presse die Luft heraus. Nun ist die Luft abgelassen. Die

Leute, die um mich herumstehen, finden meine Reaktion amüsant, sie scheinen zu lachen. Ein anderer Kopf wird mir überreicht, und ich lasse auch aus diesem die Luft heraus … Ich halte einen Alienkopf, dem die Luft ausgelassen wurde, in der Hand. Ich bin erstaunt, wie ähnlich er einem wirklichen sieht.«[69]
Katharina behauptet, daß diese Gummiköpfe extrem real aussahen.[68] Sie hatten eine leicht gelbbraune Färbung und große, nach oben gebogene Augen. Der Kopf war dreieckig geformt und besaß schmale Lippen, aber keine Ohren. Die Augen hatten zum Unterschied zu den angeblich echten UFO-Insassen keine schwarze Färbung. Aufgrund dieser Rückblende kann man spekulieren, ob bei militärischen Entführungen wirklich Gummimasken verwendet werden. Die Beschreibung dieser Masken entspricht nicht dem Aussehen der kleinen grauen UFO-Insassen. Eine weitere Rückblende scheint diese Vermutung zu bestätigen. »Ich befinde mich in einem kleinen klinisch aussehenden Raum. Ich denke, ich befinde mich in einem Spital oder einem Labor. Ich sehe einen humanoiden männlichen Arzt, eine Frau und eine Krankenschwester. Der Arzt sieht hager aus, als ob er eine Perücke tragen würde. Er ist unnatürlich braun. Seine Haut sieht alt aus, obwohl er keine Falten hat.«[69]
Katharina beschreibt den Kopf dieses Arztes als nicht menschlich.[68] Der Raum, in dem sie sich auf einem Tisch befindet, ist rechteckig. Der Arzt und die Schwestern tragen weiße Kleidung. Der Arzt sticht ihr mit einem nadelförmigen Gerät in den Nabel. Diese Untersuchung war für Katharina besonders unangenehm und traumatisch. Nach dieser Prozedur entnahm ihr der Arzt eine Gewebeprobe an der Schläfe. Während dieser Untersuchungen nahm Katharina das rassistische Wort »Nigger« wahr. Nach den Untersuchungen mußte sich Katharina in einem Raum, in dem sich ein venezianischer Spiegel befand, anziehen. Während sie sich ankleidete, betrat ein farbiges Paar den Raum. Ob sich die rassistische Bezeichnung Nigger auf dieses Paar bezog, bleibt dahingestellt. Danach betrat sie einen Warteraum, in dem sich mehrere Personen befanden. Die Einrichtung des Raumes bestand aus dunklen, mit Marmor eingelegten Möbeln. Auf einem Tisch sah

Katharina einen Schreibstift mit der Aufschrift Clark Air Force Base. Danach betraten der Arzt und die Krankenschwestern den Raum.

»Plötzlich befinde ich mich in einem Gang, der einem Spital ähnlich sieht. Ich warte auf einen Lift. Da ist ein älterer Herr, etwa 60 Jahre alt, mit grauen Haaren. Er sieht menschlich aus. Er ist etwa 1,80 Meter groß und gut gebaut. Er ist ein gewöhnlicher Mensch. Er trägt einen weißen Labormantel. Ich studiere ihn. Er sieht mich an und lächelt.«[69]

Als der Lift ankam, betraten sie ihn beide. Katharina fühlte sich mit dem Mann im Lift nicht wohl. Im nachhinein glaubt Katharina, daß der grauhaarige Mann derselbe war, den sie bei ihrem Erlebnis im Konferenzraum mit den Militärs gesehen hat.[68] Da dieser Mann mit einem weißen Labormantel bekleidet war, ist er ein Wissenschaftler oder ein Mediziner, der für das Militär arbeitet. Katharina teilte uns mit, daß es ihr vorkommt, als ob sie diesen Mann im Alter zwischen fünf und zehn Jahren das erste Mal sah. Sie kann sich klar erinnern, daß dieser Mann sie in seinen Händen hielt. Weiter hat sie das Gefühl, daß dieser Mann ein Mensch ist. Interessant ist auch die Erinnerung an den Schreibstift mit der Aufschrift Clark Air Force Base. Diese Erlebnisse werfen Fragen über Fragen auf. Befand sie sich auf diesem Luftwaffenstützpunkt? Befand sich ein Bediensteter dieser Luftwaffenbasis in dieser Forschungseinrichtung? In einer weiteren Rückblende wurde Katharina von einem Arzt und dem blonden humanoiden Mann in einem Bronco Truck entführt.

»Ich liege auf meinem Rücken und bekomme einige Injektionen verabreicht. Ich glaube, daß ich mich in einem Bronco Truck irgendwo im Wald befinde. Ich weiß nicht, wieso ich bis jetzt nichts gefühlt habe. Ich blicke zum Arzt. Er ist links von mir. Erik ist zu meiner Rechten. Nein, es ist der Blonde. Der Arzt hat eine große medizinische Spritze in seiner Hand. Ich habe niemals zuvor etwas Ähnliches gesehen. Der Blonde nimmt nun die Spritze und sticht sie in einen alten Stiefel. Er versucht, mir zu zeigen, was er mit mir machen möchte. Er will sie in mein Knie stechen …

Ich bin geschockt. Ich sehe die Spritze aus der Nähe! Sie ist sehr dick. Der Arzt hat sie wieder in seiner Hand. Sie haben noch zwei kleine Spritzen, die der größeren ähnlich sehen. Sie sind metallisch, glatt und silbern. Schmerz. Oh, es schmerzt so intensiv. Mein linkes Knie. Ich fühle, wie eine Flüssigkeit in mein Bein injiziert wird. Ich spüre, wie sie durch mein Bein ins Knie fließt. Ich denke, sie geben den Inhalt der kleinen silbernen Objekte in die große Spritze und injizieren mir etwas. Sie leeren den ganzen Inhalt dieser kleineren Spritzen in die größere, während sie in meinem Bein steckt. Mein ganzer Körper schüttelt sich. Es müssen die starken Schmerzen sein. Es schmerzt, es brennt.«[69]

Nach diesem sehr realen Traum fand Katharina Blut auf ihrem Bettüberzug. Außerdem war sie ganz durcheinander und spürte einen Schmerz in ihrem Schienbein.[68] Diese Erfahrung war besonders traumatisch für sie, da die Prozeduren nicht in einem UFO, sondern in einem Fahrzeug durchgeführt wurden. Katharina ist der Meinung, daß das Auto eine Deckerinnerung für ein UFO gewesen sein könnte. Eine ähnliche Erfahrung erlebte der UFO-Forscher Bill Hamilton mit seiner Begleiterin Pamela während eines nächtlichen Ausfluges in die Nähe der geheimen Luftwaffenbasis AREA-51.[66] Beide hatten in dieser Gegend eine angebliche UFO-Nahbegegnung, in der *fehlende Zeit* eine Rolle spielte. Bill Hamilton hypnotisierte Pamela nach diesem Zwischenfall. Sie beschrieb, wie sie paralysiert neben einem UFO stand und von einem kleinen grauen Wesen begleitet wurde. Außerdem verspürte sie ein seltsames Geräusch in ihrem linken Ohr.

Einige Tage später wurde Pamela von der professionellen Hypnosetherapeutin Yvonne Smith untersucht.[75] Bei dieser Untersuchung erinnert sich Pamela, daß sie in einen weißen Lieferwagen gebracht wurde. Dieses Fahrzeug haben beide zuvor auf dem Highway gesehen. Sie beschrieb, daß der Lieferwagen eine seltsame Antenne auf seinem Dach angebracht hatte. Im Inneren des Fahrzeuges befanden sich zwei Männer, die mit einer schwarzen Kleidung bekleidet waren. Diese Männer tropften ihr eine Flüssigkeit ins rechte Auge und drangen mit einem seltsamen Instrument in ihren linken Ohrkanal ein. Sie erinnerte sich, daß im Fahrzeug sehr viel Elektronik, ähnlich einem Laborwagen, angebracht war. Während dieser Hypnose-Regressionssitzung sah sie kein kleines graues Wesen und auch kein UFO. Sie kann sich nicht mehr erinnern, wie sie wieder in Bill Hamiltons Auto gebracht wurde. Da Bill Hamilton kein professioneller Hypnosetherapeut ist, liegt es nahe, daß er Pamela die UFO-Entführung suggeriert hat. Möglicherweise wurden beide mit Drogen behandelt, oder es wurde eine UFO-Entführung vorgetäuscht.

Anhand dieser Beispiele sieht man, daß Katharinas Erlebnis im Bronco Truck auch ähnlich abgelaufen sein könnte und nichts mit einer Entführung in ein UFO zu tun haben muß. Wenn man Dr. Daniel Man aus Florida Glauben schenkt, ist es möglich, daß man jemandem in weniger als 20 Minuten einen kleinen Sender implantieren kann.[41] Dr. Man schlug wie im Kapitel II erwähnt vor, das Problem der abgängigen Kinder durch das Implantieren von kleinen Sendern zu lösen. Dieser Zeitfaktor läßt es als sehr wahrscheinlich erscheinen, daß die Technik existiert, um in einem umgebauten Bus solche Prozeduren durchzuführen. Nach den Erfahrungen im Bronco Truck kamen weitere Rückblenden an die Oberfläche, die an unfreiwillige Spitalbesuche und Entführungen in unterirdische und oberirdische Militäranlagen erinnern.

Eine Rückblende vom 30. April 1995, bei der Katharina und ihr Ehemann Erik betroffen waren, legt noch einmal nahe, daß sie einen als UFO-Insassen maskierten Soldaten in einer unterirdischen Militäranlage sahen. Sie erinnert sich, daß beide in einer Halle standen und sahen, wie drei oder vier Männer einen UFO-Insassen eskortierten.[68, 76] Es sah aus, als ob die Männer nicht haben wollten, daß sie den angeblichen UFO-Insassen sahen. Sie schrieb in ihr Tagebuch:

»Beschreibung: Die Männer waren von durchschnittlicher Größe und trugen schwarze Overalls. Ähnlich den Overalls von SWAT-Teams, aber ohne Abzeichen und kugelsichere Westen. Die schwarzen Overalls lagen eng an ihren Körpern. Der UFO-Insasse trug denselben schwarzen Overall wie die Männer, die ihn eskortierten. Er war gleich groß wie seine Begleiter und machte einen männlichen Eindruck. Der Fremde war etwa 1,80 Meter groß. Er schien besorgt, daß man ihn entdecken könnte. Ich denke, daß er uns gesehen hat, wie wir die Gruppe beobachteten. Danach änderten die Männer ihre Laune. Es war offensichtlich, daß niemand diese Männer sehen durfte, wie sie den Fremden durch die Anlage eskortierten.«

Ein Bild des Fremden ist im Fototeil des Buches zu sehen. Katharina beschreibt, daß seine Haut ungewöhnlich weiß aussah. Seine Kopfform ähnelte den kleinen grauen Wesen, nur war er viel größer und besaß mehr Körpermasse. Seine mandelförmigen Augen unterschieden sich etwas voneinander. Ihr kam es so vor, als ob sein linkes Auge einen spiralförmigen Effekt aufwies.

Sie glaubt, daß dieses Auge mechanischen Ursprungs war. Der Spiraleffekt verlief zentriert von außen nach innen, so daß es unruhig aussah. Das rechte Auge besaß eine große schwarze Pupille. Katharina ist der Meinung, daß der Fremde so wie seine Begleiter schwarze Handschuhe trug. Interessant ist ihre Erinnerung an die ungewöhnliche Statur des Wesens. Sie beschreibt es folgendermaßen:

»Er besaß eindeutig mehr Körpermasse als die anderen UFO-Insassen, die ich sah. Er ging und verhielt sich ähnlich wie seine militärischen Begleiter.«

Das Wesen schien erschrocken zu sein, als es entdeckt wurde, und befand sich unter der Kontrolle der Soldaten. Aufgrund der Kleidung und der menschenähnlichen Statur kann man spekulieren, ob es sich bei dem Fremden um einen Soldaten handelte, der eine Gummimaske trug. Möglicherweise war er erschrocken, da er nicht wollte, daß Katharina und Erik ihn und seine Begleiter in der Halle sahen.

Katharina erinnerte sich an 119 Entführungserlebnisse. Sie ist der Meinung, daß sie sich bei 15 Prozent ihrer Erlebnisse in einem ihr unbekannten Gebäude, bei 13 Prozent in einem Spital und bei drei Prozent in einer unterirdischen Anlage befand.[77] Die meisten Untersuchungen erlebte sie scheinbar in rechteckigen Räumen. Weiter erinnert sie sich, daß sie gewöhnliche Betten in manchen

MILAB-Opfer: Katharina Wilson	Militärpersonal und UFO-Insassen anwesend	Nur Militärpersonal anwesend
Anzahl von Rückblenden die militärische Kidnappings beinhalten (<10%)	10	6

Abb. 51: Anhand dieser Tabelle sieht man, daß auch Katharina Wilson sowie viele MILAB-Opfer Militärpersonal und UFO-Insassen gemeinsam wahrnahmen. Ihre MILAB-Erfahrungen machen weniger als zehn Prozent von ihren gesamten UFO-Entführungserlebnissen aus.

der Rückblenden sah. Bei herkömmlichen UFO-Entführungen beschreiben die Entführten, daß sie von den UFO-Insassen in sterilen runden Räumen untersucht werden. Viele Erlebnisse aus Katharinas Leben scheinen einen irdischen Bezug aufzuweisen, obwohl sie angebliche UFO-Insassen, Mediziner, Militärs, Regierungsbeamte und andere Zivilpersonen gemeinsam sah.

Sie erinnert sich mit Bestimmtheit an 16 Entführungserlebnisse, bei denen sie Militärpersonal, Regierungsbeamte oder beide zusammen sah. Das macht etwa 10 Prozent von ihren Erfahrungen aus. Sie bezeichnet Personen als Regierungsbeamte, wenn sie dunkle Anzüge oder Zivilkleidung trugen. Die Tabelle in Abbildung 51 gibt 16 Entführungserlebnisse wieder, bei denen sie mit Militärpersonal und/oder Regierungsbeamten konfrontiert wurde. Bei der Hälfte dieser Entführungen meinte sie, fremdartige Wesen gemeinsam mit den Menschen wahrzunehmen. Während dieser Entführungen, behauptet sie, kommunizierten die fremden Wesen mit ihr über Telepathie. Die Militärs oder Regierungsbeamten verständigten sich mit ihr auf dem herkömmlichen Weg. Bei 55 Prozent ihrer Erfahrungen kontrollierten sie ihre Entführer auf mentalem Weg. Bei 45 Prozent übten sie eine physische Kontrolle über sie aus, und bei 13 Prozent wurde sie mittels Injektionen und Pillen unter Drogen gesetzt. Hier erkennt man ebenfalls einen Unterschied zu herkömmlichen UFO-Entführungserlebnissen. Gewöhnlicherweise berichten Entführte, daß sie von den UFO-Insassen nur mental unter Kontrolle gehalten werden. Physische Kontrolle, Injektionen und

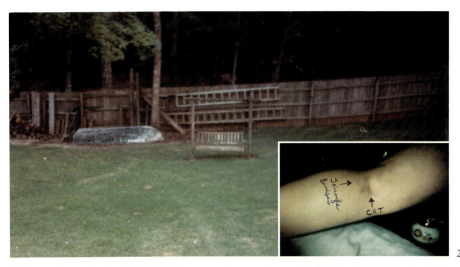

21 Dieses Foto zeigt eine in Dreiecksform angeordnete verbrannte Stelle hinter Lisas Haus. Im Winter bleibt der Schnee auf den betroffenen Stellen nicht liegen, und das Gras wächst nicht nach. Im Insert sind einige Quetschungen und Schwellungen auf Lisas Armbeuge zu erkennen, die von einem militärischen Kidnapping zurückblieben. Diese Schwellungen könnten von angebrachten Elektroden stammen (© Lisa).

22 Die im Insert zu sehende Leah Haley nahm dieses Foto auf, das eine elektromagnetische Pulswaffe (EMP) am Rande der Eglin-Luftwaffenbasis bei Gulf Breeze, Florida zeigt. Leah Haley bekam traumatische Rückblenden, die es nahelegen, daß eine Spezialeinheit mit Hilfe dieser Waffe in den Besitz eines UFOs kam, während sie sich an Bord des Flugobjektes befand. Möglicherweise handelt es sich bei der Antennenanlage auch um eine Zieleinrichtung für die Ballistic Missile Defense Organisation (BMDO); die EMP-Waffe befindet sich im Hintergrund (© Leah Haley).

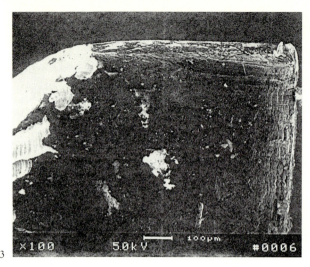

23 Diese Aufnahme wurde mit einem abtastenden Elektronenmikroskop aufgenommen und zeigt den Fremdkörper, der aus dem Gaumen von Leah Haley austrat, nachdem sie ein UFO-Entführungserlebnis hatte. Eine Analyse ergab, daß das Objekt eine Messinglegierung ohne Eisenzusätze ist. Es wiegt sechs Milligramm und weist eine regelmäßige Form auf, wobei die Abmessungen 0,16 x 0,16 x 0,03 Zentimeter betragen. Die regelmäßige Form läßt auf einen künstlichen Ursprung schließen, auch wenn niemand weiß, wie das Objekt in Leahs Gaumen kam (© Leah Haley).

23

24 Das Foto zeigt ein Testgelände für EMP-Waffen und befindet sich auf der Kirtland-Luftwaffenbasis. Die Antennenanlage ist ein fortgeschrittener EMP-Simulator, der von den Sandia National Laboratories betrieben wird. Im linken Insert ist der Navy-EMP-Simulator EMPRESS zu sehen. Das rechte Insert zeigt einen Test der SDI-Waffe Brilliant Bebbels (© Dr. Richard Boylan).

24

25

25 *Auf diesem Foto ist eine Werbebroschüre des britischen Underground Nuclear Command Centre bei Kelvedon Hatch in der Grafschaft Essex zu sehen. Diese Basis ist drei Etagen tief und wird durch den im Insert zu sehenden unscheinbaren Bungalow betreten. Die mittlerweile der Öffentlichkeit zugänglich gemachte Anlage ist für 600 Personen ausgelegt und beherbergt wissenschaftliche Einrichtungen, ein Spital, Küchen, Aufenthaltsräume und eine militärische Kommandozentrale. Interessanterweise berichten UFO-Entführte mit militärischen Kidnapping-Erlebnissen, daß sie in solchen Räumlichkeiten untersucht wurden (© Foto-Schmickl, Graz).*

26

26 *Dieses Foto wurde mit einem Teleobjektiv aufgenommen und zeigt die offiziell nicht existieren-de AREA-51. Laut Bob Lazar, oder dem im Insert zu sehenden Desinformanten FALCON, sollen hier geborgene UFOs im Sektor S-4 nachgebaut und testgeflogen werden. Im rechten Insert diskutiert Dr. Lammer mit dem AREA-51-Fachmann Glenn Campbell, der in Graz, Österreich, den Autor besuchte (© Norio Hayakawa).*

27 *Auf dieser Aufnahme ist ein verdeckter Eingang zur mysteriösen Dulce-Untergrundbasis in New Mexico zu sehen. Das Gelände ist offiziell als Rinderfarm deklariert, obwohl es mit Wachtürmen umgeben ist. Die hügelförmige Erhöhung deutet auf einen im Erdreich verborgenen Liftschacht hin. In der Nähe dieser Farm beobachten Zeugen hin und wieder dunkle Limousinen und unmarkierte Helikopter (© Dr. Richard Boylan).*

27

Drogen deuten eher auf Menschen hin als auf hochentwickelte UFO-Insassen.

Dan Wright, der Leiter des MUFON-*Abduction Transcription*-Projektes (MATP), kommt indirekt zu einem ähnlichen Resultat, wenn er meint, daß manche Entführer fortschrittlicher handeln als andere. Das würde bedeuten, daß zumindest zwei unterschiedliche Gruppen am UFO-Entführungsphänomen beteiligt sind. Von 81 untersuchten UFO-Entführungsfällen, unter denen sich auch Katharina Wilson befindet, berichten 14 Personen, daß sie von ihren Entführern mental unter Kontrolle gehalten wurden. Weitere 17 Personen berichten, daß sie auf einem Untersuchungstisch an ihren Hüften, am Nacken, am Kopf oder an den Armen festgeschnallt wurden. Interessant ist, daß von diesen 17 Entführten zehn Personen Entführungserlebnisse mit mentaler und physischer Kontrolle erlebten. Die brutalen Methoden erinnern an die Erlebnisse von Katharina. Ähnlich verhält es sich bei den physikalischen Prozeduren, die während einer Entführung angewendet wurden. In 13 von 43 MATP-Fällen wurden die Opfer mittels eines Getränkes, dessen Geschmack als süß, chemisch oder metallisch beschrieben wird, betäubt. Wie schon erwähnt, erinnern diese Prozeduren eher an irdische Vorgangsweisen als an das Verhalten von hochentwickelten UFO-Insassen. Nachdem wir mit Katharina Wilson ihre Erfahrungen auf mögliche Hinweise bezüglich *Mind Control*-Experimenten durchgingen, teilte sie uns mit, daß sie 44 Stellen in ihrem Buch *The Alien Jigsaw*[68, 69] fand, die auf irdische Einwirkungen hinweisen könnten.

9 Die militärischen Kidnappings von Lisa

Eine weitere Frau aus unserer Testgruppe, die sowohl UFO-Entführungserlebnisse als auch Kidnappings durch Militärpersonal erlebt, ist Lisa (Pseudonym). Lisa war eine von Dr. Karla Turner untersuchte Entführte, deren traumatische Erlebnisse bis zum heutigen Tag anhalten. Katharina Wilson hat Lisa aufgrund ihrer eigenen Erlebnisse, wegen ihrer Recherchen für ihr Projekt *Open Mind* und durch die Zusammenarbeit mit uns mehrmals in ihrem Haus im Süden von Alabama besucht. Lisa ist etwa 35 Jahre alt, verheiratet und Mutter von zwei Kindern. Sie stellte Katharina und infolge auch uns ihre Tagebuchaufzeichnungen sowie einige Fotos, die im Bildteil des Buches zu sehen sind, zur Verfügung.[78] Zu einem Teil ihrer Erlebnisse gehört, so wie bei vielen anderen Personen, die Belästigung durch dunkle unmarkierte Helikopter. Katharina Wilson wurde Zeugin dieser Überflüge, als sie Lisa besuchte. Diese Helikopter halten sich an keine Flugsicherheitsvorschriften und scheinen keiner offiziellen Behörde anzugehören. Lisa besitzt Fotos, die eine kreisförmige in Dreiecksform angeordnete verbrannte Stelle hinter ihrem Haus zeigen. Leider steht eine chemische Analyse noch aus. Ähnlich wie bei Debbie Jordan erkrankten auch ihre Hunde. Sie entwickelten eine seltsame Hautkrankheit, deren Ursprung der Tierarzt nicht diagnostizieren kann.

Lisa beschreibt in ihrem Tagebuch typische traumatische Rückblenden von UFO-Entführungserlebnissen. In diesen Rückblenden sah sie, wie sie von kleinen grauen Wesen mit mandelförmigen Augen, reptiloiden Wesen und anderen nicht menschlichen Wesen in UFOs untersucht wurde. Besonders interessant ist, daß Lisa auch Rückblenden erlebt, die menschliches Militärpersonal oder wie bei Katharina Wilson Szenen betreffen, die an einen ungewollten Spitalbesuch erinnern. Eine dieser Szenen beschreibt sie folgendermaßen:

»Ich wache auf und sehe, daß ich auf einem medizinischen Tisch liege, der sich in einem kleinen weißen, mit Ziegeln verkleideten Raum befindet. Ich helfe einem dunkelhäutigen Mann, der einem Krankenpfleger in einem Spital ähnlich sieht, ein Gerät, das mich an einen Blutdruckmesser erinnert, an meinen linken Arm anzulegen. Dann sehe ich eine dunkelhäutige leblose Frau mit weit aufgerissenem Mund auf einem Nebentisch liegen. Ich schätze ihr Alter auf etwa 40 bis 50 Jahre. Danach erinnere ich mich, wie ich durch metallene Flügeltüren gestoßen werde.«

Am folgenden Tag fand Lisa Schwellungen von der Größe einer

Münze am Vorderteil ihres linken Beines. Außerdem bemerkte sie, daß die Innenseiten ihrer Schenkel wund waren. Seit ungefähr zwei Jahren behauptet Lisa, daß sie ein Signal ähnlich dem eines Morsekodes in ihrem linken Ohr hört. Manchmal nimmt sie auch ein surrendes Geräusch in beiden Ohren wahr. Dieses Geräusch macht sie sehr nervös und scheint möglicherweise mit den Helikopterüberflügen in Zusammenhang zu stehen. Während einer Nacht im August 1993 hatte Lisa einen sehr realen Traum, der auf eine Entführung durch kleine graue UFO-Insassen schließen läßt. In diesem Traum kam ein UFO vor und ein kleines graues Wesen, das ihr verschiedene Anweisungen gab.

Am folgenden Abend hatte sie wieder einen sehr realen Traum, in dem sie von Militärpersonal brutal verhört wurde. Lisa behauptet, daß die Militärs sie stießen und ihr sogar eine Waffe an den Hinterkopf richteten. Unter den Militärs befanden sich Männer in grünen Uniformen, die ihr Fragen stellten, und andere in schwarzen Uniformen, die sich im Hintergrund hielten. Zu diesem Zeitpunkt konnte sie nicht feststellen, was die Militärs von ihr wollten.

Am 17. Dezember 1993 kam eine Rückblende an ihre Bewußtseinsoberfläche, bei der sie sich auf dem Rücken liegen sah. Sie war auf einer Bahre festgebunden und wurde durch einen Gang gefahren. Danach erinnert sie sich noch, wie ihr jemand einen Fremdkörper in ihr linkes Ohr einführte. Am darauffolgenden Tag hatte sie Schmerzen im Ohr und ein Brennen im Rachen. Zwei Tage später schrieb sie in ihr Tagebuch, daß sie glaubt, bei diesem Erlebnis mit einem japanisch aussehenden Mann gesprochen zu haben. Sie schreibt folgendes in ihren Aufzeichnungen: »Plötzlich bin ich von schwarz gekleidetem Militärpersonal umgeben. Andere Soldaten sind mit grünen Uniformen bekleidet. Die Soldaten gingen mit mir sehr brutal um. Ich flehte sie an, daß sie mich nicht mehr stoßen sollten. Ich war durch sie sehr verstört. Danach kamen wir in eine Art Büro. Ein Mann saß hinter einem Tisch. Er war mit einer grünen Militäruniform ohne Namensschild oder aufgenähten Rangordnungen bekleidet. Er fragte mich über meine Erfahrungen mit den UFO-Insassen aus.

Außerdem schien er sich zu fragen, wie man die Öffentlichkeit auf dieses Problem aufmerksam machen kann. Ich sagte ihm, daß viele Leute wissen, daß es UFOs gibt und andere es nie akzeptieren werden.«

Danach unterhielten sie sich über Politik und Religion. Ihr Gegenüber war sehr besorgt und ärgerlich. Lisa kam es so vor, als ob er der Meinung war, daß das UFO-Problem außer Kontrolle geriet. Am darauffolgenden Abend bekam Lisa wieder eine traumatische Rückblende mit einem weiteren militärischen Inhalt. In dieser Rückblende sah sie eine Person, die sie von anderen Kidnappings kannte. Er gab ihr zu verstehen, daß sie der Schlüssel für diese Rätsel sei. Auch bei dieser Rückblende standen wieder

Abb. 52: Diese Illustration veranschaulicht die von Lisa erlebten brutalen Verhöre auf einer Militärbasis, die sich möglicherweise bei Langley in Virginia befand (© Jonesy).

Bewaffnete in grünen und schwarzen Uniformen um sie herum. Lisa mußte sich in einen alten Holzsessel setzen und ein brutales Verhör über sich ergehen lassen.

Interessanterweise sah sie während dieses Erlebnisses Holzkisten, die mit den Ortsnamen *Langton* oder *Langley* in Virginia beschriftet waren. Sie kann sich erinnern, daß man sie mit einem Untergrund-Shuttle zu dem Verhör brachte. Danach wurde sie von Militärpersonal durch mehrere Gänge eskortiert. Lisa ist auch der Meinung, daß sich außer ihr noch weitere Zivilpersonen in ihrer Nähe befanden.

Katharina Wilson fragte sie während eines Besuches, ob sie weiß, daß sich das CIA-Hauptquartier in Langley, Virginia, befindet. Lisa verneinte und meint, daß man sie auf einen Luftwaffenstützpunkt brachte. Katharina Wilson stellte Nachforschungen an und fand heraus, daß es bei Langley auch einen Luftwaffenstützpunkt in der Nähe von Hampton, Virginia, gibt. An diesen Luftwaffenstützpunkt schließt sich das NASA-Langley-Forschungszentrum an. Außerdem gibt es ein Langley in British Columbia, Kanada, und eine Stadt in Washington mit diesem Namen. Anhand der von Dr. Richard Sauder durchgeführten Forschungen weiß man, daß es in Virginia mehrere unterirdische Militärstützpunkte gibt. Eine dieser Basen wird von der Armee betrieben und befindet sich in Warrenton, Virginia, eine andere Navy-Anlage in Sugar Grove etc.

Lisa kann sich an den Namen *Ortega* und an die Kodewörter *Top Shelf*, *Top Hat* sowie *JAGNUS* erinnern. Sie behauptet, daß sie diese Wörter während eines militärischen Kidnappings auf einem Blatt Papier sah. Sie erinnert sich, daß beim Öffnen von Türen elektronische Türöffner vom Aussehen einer Kreditkarte benutzt wurden. Das für sie traumatischste Erlebnis ereignete sich 1994. Bei diesen Rückblenden erinnert sie sich an eine mögliche Vergewaltigung durch anwesendes Militärpersonal. Dieses Szenario wird besonders mysteriös, da Lisa neben sich ein kleines grauweißes Wesen wahrnahm, das mit einem schwarzen Cape bekleidet war.

Wie sich jeder vorstellen kann, wird Lisa mit den psychologischen und physiologischen Nachwirkungen dieser schrecklichen Erfahrungen kaum fertig. Oft bemerkt sie nach diesen Entführungserlebnissen, wie kleine Prellungen, Schwellungen, Blutergüsse und regelmäßig angeordnete Narben ihren Körper bedecken. Sie hat auch, so wie viele andere weibliche Opfer, Probleme mit ihrer monatlichen Periode, Unwohlsein und Schmerzen im Unterleib.

Die in diesem Kapitel behandelten Fälle lassen es als sehr wahrscheinlich betrachten, daß geheime militärische Einsatztruppen Personen, die angeblich von UFO-Insassen entführt wurden, kidnappen und an ihnen Untersuchungen durchführen. Wenn solche militärischen Einheiten wirklich in das UFO-Entführungsphänomen verwickelt sind, stellt sich die Frage, was sie von den Entführten wollen und ob es möglich ist, daß solche Einheiten in einem demokratischen Land wie den USA handeln können. Im folgenden Kapitel wollen wir anhand der verfügbaren Fakten über die möglichen Gründe dieser Einsätze spekulieren.

V

Mögliche Gründe für ein militärisch/geheimdienstliches Interesse an UFO-Entführungen

»Das UFO-Phänomen könnte verwendet werden, um neuartige Waffensysteme zu testen oder Mind Control-Experimente mittels Drogen an nichtsahnenden Personen durchzuführen.«

Dr. Jacques Vallée, Astronom und Informatiker, über mögliche Mind Control-Experimente in Verbindung zu UFO-Entführungen.

»Eine vierte Generation von Mind Control und gerichteten Energiewaffen ist seit 1989 bei verdeckten Operationen in den USA und in anderen Erdteilen im Einsatz. Sie werden bei Meuchelmorden, Kidnappings und bei außergerichtlichen Tötungen in unanfechtbaren Experimenten verwendet, um eine fünfte Waffengeneration entwickeln zu können.«

Harlan Girard von der Organisation International Committee for the Convention Against Offensive Microwave Weapons.

1 PSYWAR

Während des Ersten Weltkrieges brachte man es bei der Nachrichtenübertragung mit einem Telegraphen auf 30 Wörter pro Minute, und man benötigte 4040 Soldaten, um ein Gebiet von zehn Quadratkilometern abzudecken. Dreißig Jahre später konnte man 66 Wörter pro Minute mit einem Fernschreiber übertragen. Zur Zeit des Zweiten Weltkrieges kontrollierten 360 Soldaten einen Landstrich von zehn Quadratkilometern. Im Golfkrieg konnten mittels Computer 192 000 Wörter pro Minute übertragen werden, und 23,4 Soldaten übersahen eine Fläche von zehn Quadratkilometern. Militärstrategen berechneten unter Einbeziehung einer immer besser werdenden Computertechnologie, daß man im Jahre 2010 1,5 Trillionen Wörter pro Minute übertragen kann und 2,4 Soldaten eine Fläche von zehn Quadratkilometern kontrollieren können.[1] Anhand dieser Beispiele sieht man, daß zukünftige Konflikte und Krisen nur mehr durch High-Tech-Waffen und Hochleistungscomputer zu gewinnen sind. Deshalb entwickeln die USA gegenwärtig eine Flotte von unbemannten Flugvehikeln (UAV), radarunsichtbaren Flugzeugen, Schiffen sowie boden- und satellitengestützten Energiewaffen.

Die politische Wochenzeitung *US News & World Report* berichtete am 5. August 1996 über Kriegsführung um 2020. In diesem Report ist unter anderem von Soldaten, die *Cyborgs* ähnlich sehen, die Rede. In diesem Bericht wird erwähnt, daß die amerikanischen Militärs gegenwärtig genetisch manipulierte Impfstoffe entwickeln, um ihre Soldaten gegen chemische und biologische Kampfstoffe immun zu machen. Andere Drogen sollen Müdigkeit verhindern und Aufmerksamkeit fördern, damit sich die Soldaten tagelang wach halten können. Dr. Steven Metz und Lieutenant Colonel James Kievit vom Strategic Studies Institute des US Army War College publizierten 1995 einen Report mit dem Titel »The Revolution in Military Affairs and Conflict Short of War«.[2] In ihrer Studie werden zukünftige militärische Richtlinien nach Ende des Kalten Krieges betrachtet. Beide Militärstrategen sind der Meinung, daß sich zukünftige Militäroperationen hauptsächlich gegen Dritte-Welt-Staaten, Terroristen, paramilitärische Gruppierungen (Milizen) und regierungsfeindliche Organisationen im eigenen Land richten werden. Weiter werden psychologisch ausgerichtete Militäreinsätze (PSYWAR-Einsätze) in Zukunft eine immer wichtigere Rolle spielen.

Solche PSYWAR-Einsätze dienen zur geistig-seelischen Beeinflussung und zur Schwächung oder Aufweichung eines Gegners. Unter Präsident Kennedy begann die CIA im Dezember 1961 einige verdeckte PSYWAR-Einsätze. Man wollte Fidel Castro absetzen oder ihn vor seinen Untertanen lächerlich machen. Einmal wollte man den Luftraum um eine von Castro besuchte Radiostation mit Chemikalien, die Halluzinationen hervorrufen, bestäuben. Ein anderes Mal wollte die CIA Castros Zigarren mit LSD präparieren, damit er sich bei einem öffentlichen Auftritt vor seinem Volk blamiert.[3] Weiter wollten PSYWAR-Fachleute mittels Feuerwerkskörper ein Christusabbild vor der kubanischen Küste erzeugen, um dem kubanischen Volk zu zeigen, daß Castro es sich mit Gott verscherzte. Die Tabelle in Abbildung 53

Kategorien	Waffentypen	Einsatzgebiete	Entwicklungsdauer
Elektromagnetisch (EMP)	Hochpulsierte Mikrowellen	I, M	1-4 Jahre
	Nicht atomare EMP-Waffen	I, M	1-4 Jahre
	Leitende Bänder	I, M	Einsatzbereit
Gerichtete Energie	Partikelstrahlen	I, M	3-5 Jahre
Thermisch	Counter-Sniper	M, I, P	1-4 Jahre
	Counter-Mortar	I, M, P	1-4 Jahre
	Barrieren	P	1-4 Jahre
Akustisch	Hochfrequenztöne	P	Einsatzbereit
	Infra-und Ultraschall	P	Einsatzbereit
Elektrisch	Stun Guns, Taser	P	Einsatzbereit
Optisch	Niederenergetische Laser	M, P	Einsatzbereit
	Stroboskoplichter	P	Einsatzbereit
	Hologramme	P	1-4 Jahre
	Leuchtbomben	M, P	2 Jahre
Informatorisch	Computer Software	I, M	Einsatzbereit
	Voice Cloning	P	2 Jahre

Abb. 53: Diese Tabelle gibt die in letzter Zeit entwickelten nicht lethalen Waffentypen wieder. I bedeutet Immateriell; M bedeutet Materiell; P bedeutet Personen. Da diese Waffen auch getestet werden, bevor sie einsatzbereit sind, muß man sich die Frage stellen, wer ihre Ziele sind?

zeigt einige nicht lethale Waffen, die für solche Einsätze entwickelt und gegenwärtig getestet werden. Diese Information stammt vom 14. September 1994 des Congressional Research Service Report und war für den US-Kongreß bestimmt.[4]

Wenn man sich diese Tabelle ansieht, kann man sich durchaus vorstellen, daß gegenwärtige oder zukünftige PSYWAR-Einsätze gegen unliebsame Regierungen oder Personen siegreicher ausgehen werden als in der Vergangenheit. So gelang es Forschern des Massachusetts Institute of Technology (MIT), 1986 dreidimensionale Hologramme zu erzeugen, die sich auch in den Himmel projizieren lassen.[5] Solche Hologramme werden mit Laser, Spiegel, optischen Fasern und Computern erzeugt. Während die Wissenschaftler des MIT ihre Erfindung für die Anwendungsbereiche in der Medizin und der Architektur erfunden haben, kann sie ohne weiteres, wie aus der Tabelle in Abbildung 53 ersichtlich ist, für PSYWAR-Operationen verwendet werden. Gegenwärtig ist es durchaus möglich, daß PSYWAR-Spezialisten UFO-Hologramme oder Marienerscheinungen künstlich erzeugen, um die Reaktionen der Zeugen, Bevölkerungsschichten und der Forschergemeinden zu testen, damit man mögliche Fehler bei einem Einsatz gegen einen echten Gegner vermeiden kann. Mittels *Voice Cloning* (künstliches Nachahmen von Stimmen) könnte man jede Radio- oder Fernsehansprache eines Diktators oder Politikers lächerlich machen.

Dr. Steven Metz und Lieutenant Colonel Kievit beschreiben in ihrer Arbeit ein Zukunftsszenario, in dem sich kubanische Politiker mittels *Morphing* (künstlich erzeugte Einspielungen dieser Politiker) bei öffentlichen Auftritten unmöglich verhalten und diskreditiert werden. Weiter prophezeien die beiden Militärstrategen, daß in naher Zukunft jeder Amerikaner, der einem Risiko ausgesetzt ist, mit einem individuellen Positionslokalisator (Individual Position Locator Device, IPLD) implantiert werden könnte.[2] Terroristen könnten mittels Implantaten gehindert werden, wenn sie amerikanisches Territorium verlassen möchten. Dem US-Militärpersonal könnte der implantierte IPLD als Freund-/Feind-Identifikator dienen.

Interessanterweise behauptet der nach dem Oklahoma-Bombenattentat verhaftete Timothy McVeigh, daß er nach seiner Rückkehr vom Golfkrieg nach einer psychologischen Untersuchung für die Special Forces eine Persönlichkeitsänderung erfuhr. In der *Washington Post* vom 23. April 1995 stand, daß McVeigh Freunden erzählte, daß das Militär einen Mikrochip in sein Gesäß implantierte.[6] Da seine Persönlichkeitsänderung nach der Untersuchung und der möglichen Implantierung auftrat, sind Verschwörungstheoretiker der Meinung, daß McVeigh unwissend an einem *Mind Control*-Projekt teilnahm. Nachforschungen ergaben, daß er in Decker, Michigan, ebenfalls erzählte, daß der implantierte Mikrochip stechende Schmerzen in seinem Gesäß hervorrief. McVeigh blieb jedenfalls bei seiner Behauptung, daß die Militärs ihn während seiner Einsätze mittels dieses Implantates überwachen und lokalisieren konnten. Möglicherweise wurde McVeigh während seines Einsatzes am Golf wirklich ein Prototyp eines IPLD in sein Gesäß implantiert.

Eine mögliche UFO-bezogene PSYWAR-Desinformationsaktion, bei der wahrscheinlich Masken von UFO-Insassen im Spiel waren, fand Anfang 1989 bis 1992 in Carp, Ontario, in Kanada statt.[7] Der kanadische UFO-Forscher Tom Theofanus erhielt 1989 ein Paket, das Informationen über eine angebliche UFO-Bergung nahe Carlton Place, Ottawa, enthielt. Der Verfasser der Informationen bezeichnete sich als *Guardian* und blieb anonym. Neben den Informationen war auch eine Kopie eines Fotos, das einen UFO-Insassen zeigte, dabei. Zuerst dachten die Forscher, daß es sich bei dieser Information um einen Schwindel handelte. Nachforschungen ergaben, daß am 4. November 1989 die Zeugin Diane Labaneck ein intensives helles Licht über ihr Haus in Richtung Sumpf fliegen sah. Kurz darauf erschienen einige Helikopter, die mit ihren Suchscheinwerfern den Boden anstrahlten. Die Forscher des Canadian UFO Research Network (CUFORN) fanden weitere Zeugen, die das Licht und die Helikopter sahen. Der UFO-Forscher Graham Lightfoot untersuchte das Gelände hinter dem Haus von Frau Labaneck, fand aber keine

Hinweise auf militärische Aktivitäten. Andere Zeugen berichteten, daß sich ihre Tiere seltsam benahmen.

Mitte Oktober 1991 erhielten Forscher in Kanada und den USA weiteres Material von *Guardian*. Darunter befand sich ein Video, das ein unidentifizierbares Flugobjekt zeigte. Das schriftliche Material beinhaltete angeblich zensierte Dokumente des kanadischen Verteidigungsministeriums und Schriftstücke, die auf ein paranoides Verhalten des Verfassers schließen lassen. Darin war zum Beispiel von einer Verschwörung zwischen den Chinesen und den kleinen grauen UFO-Insassen sowie von weiteren Desinformationen die Rede. Außerdem befanden sich Angaben über eine UFO-Landestelle und ein weiteres Schwarzweißfoto eines angeblich bei Carp fotografierten UFO-Insassen in den Paketen. Obwohl sehr viel auf einen Schwindel hindeutete, ergaben weitere Untersuchungen in diesem Fall kein befriedigendes Ergebnis. Im Bildteil ist ein Foto dieses angeblichen UFO-Insassen abgebildet. Da sich die UFO-Landestelle vor den Zäunen einer geheimen Militäranlage befindet, kann man eine militärische Desinformationsaktion als sehr wahrscheinlich ansehen.

Es ist unwahrscheinlich, daß Zivilpersonen ohne Wissen der Militärs vor einer streng geheimen militärischen Anlage unbemerkt einen groß angelegten Schwindel durchführen können. Das Foto des angeblichen UFO-Insassen ähnelt eher einem Menschen, der eine Gummimaske und eine Kapuzenjacke trägt, als den bei den UFO-Entführungen beschriebenen kleinen grauen Wesen. Möglicherweise wurde eine militärische Operation von Zivilisten beobachtet und danach von PSYWAR-Spezialisten als UFO-Landung getarnt und vertuscht. Interessanterweise werden in den *Guardian*-Papieren auch Gehirnimplantate und *Mind Control*-Experimente der CIA und der kanadischen Regierung behandelt. Anhand dieses Falles sieht man wieder einmal, wie schwer es ist, die Wahrheit bei solchen Vorfällen herauszufinden.

In den letzten Jahren kamen auch einige *Mind Control*-Opfer an die Öffentlichkeit, die behaupten, daß sie an Hypnoseprogrammen teilnahmen, die UFO-Entführungsszenarien entsprechen. Paul Bonacci ist möglicherweise ein Opfer des in Kapitel I beschriebenen Projektes *Monarch*.[8] Er behauptet, während der Tests in einer unterirdischen Militäranlage gewesen zu sein, in der militärische PSYWAR-Spezialisten mehrere Meter große UFO-Modelle nachgebaut hätten. In solchen Anlagen sollen laut Bonacci *Mind Control*-Experimente, die man als UFO-Entführungen tarnt, durchgeführt werden.

Die ehemalige US Army Intelligence-Offizierin Julianne McKinney gründete Anfang der neunziger Jahre die Association of National Security Alumni. McKinney ist der Meinung, daß militärische PSYWAR-Strategen unter anderem das UFO-Phänomen ausnutzen, um die von Dr. Steven Metz und seinem Kollegen Lieutenant Colonel James Kievit vorausgesagte militärische Revolution einleiten zu können. Sie behauptet sogar, daß Teile des US-Militärs das UFO-Phänomen künstlich aufrechterhalten, um unter seinem Deckmantel die vorher angeführten experimentellen Drogen, *Mind Control*-Experimente, Hologrammtechnologien, gerichteten Energiewaffen, Implantate, experimentellen Flugkörper, Kostüme und ähnliches entwickeln und testen zu können.[9]

McKinney behauptet, daß sie 125 *Mind Control*-Opfer interviewt hat. Unter diesen Personen befindet sich eine Frau, die so wie Bonacci vorgibt, Teil eines UFO-Programmes gewesen zu sein. Die Frau ist etwa vierzig Jahre alt und soll als Kind bei einem Militär-Projekt ein Kostüm eines kleinen grauen Wesens getragen haben. Diese Ganzkörpermaskierung entsprach genau den Beschreibungen, an die sich UFO-Entführte unter Hypnose erinnern. Sie behauptet, daß der Nacken des Kostüms mit elektronischen Verfahren manipulierbar war, da der *Alien*-Kopf höher angebracht war als ihr eigener. Die Behauptung dieser Frau ist interessant, nur paßt sie nicht in das bisher erhaltene Schema. Wie man im vorigen Kapitel gesehen hat, werden angebliche Entführungen durch Militärpersonal oder Geheimdienste scheinbar erst seit den achtziger Jahren von UFO-Entführten wahrgenommen. Wenn diese Frau in den sechziger Jahren an solchen Projekten teilnahm, stellt sich die Frage, warum man aus dieser Zeit keine Berichte von UFO-Entführten kennt.

CENTRAL INTELLIGENCE AGENCY

WASHINGTON 25, D. C.

OFFICE OF THE DIRECTOR

MR - J - 2209

1952 ?
TABS NOT FOUND

Declassified by 057275
date 2 0 APR 1977

MEMORANDUM TO: Director, Psychological Strategy Board

SUBJECT: Flying Saucers

1. I am today transmitting to the National Security Council a proposal (TAB A) in which it is concluded that the problems connected with unidentified flying objects appear to have implications for psychological warfare as well as for intelligence and operations.

2. The background for this view is presented in some detail in TAB B.

3. I suggest that we discuss at an early board meeting the possible offensive or defensive utilization of these phenomena for psychological warfare purposes.

Walter B. Smith
Director

Enclosure

Abb. 54: CIA-Dokument an den Direktor Walter B. Smith aus dem Jahre 1952. In diesem Dokument wird überlegt, wie man das UFO-Phänomen für PSYWAR-Einsätze und verdeckte Operationen ausnutzen könnte. Die relevanten Seiten bleiben der Öffentlichkeit auch heute noch verschlossen.

254

Ein im April 1977 über das FOIA-Gesetz deklassifiziertes CIA-Memorandum beweist jedenfalls, daß sich Kreise innerhalb der CIA schon 1952 damit beschäftigt haben, wie man das UFO-Phänomen für PSYWAR-Einsätze nutzen könnte. Die Übersetzung des an den damaligen CIA-Direkor Walter B. Smith gerichteten Dokumentes lautet:[10]

»Memorandum an: Direktor der psychologisch-strategischen Abteilung. Angelegenheit: Fliegende Untertassen. 1. Ich übersende heute einen Vorschlag an das National Security Council (Tab. A), in dem zusammengefaßt ist, daß die Probleme, die in Verbindung mit den unidentifizierbaren Flugobjekten auftreten, anscheinend Implikationen für die psychologische Kriegsführung und Geheimdienstoperationen haben.

2. Der Hintergrund dieser Ansicht wird im Detail in Tab. B präsentiert.

3. Ich empfehle, daß wir bei einem Abteilungstreffen den möglichen offensiven oder defensiven Nutzen dieses Phänomens für Zwecke der psychologischen Kriegsführung diskutieren sollen.«

Leider wurden die Tabellen A und B von der CIA nicht freigegeben. Die in Kapitel IV aufgezeigte Verwicklung von Militärs und Geheimdiensten beim UFO-Entführungsphänomen rückt solche Gerüchte in den Bereich des Möglichen. In den folgenden Unterkapiteln wollen wir Nachforschungen anstellen, ob die Tests solcher Waffen wirklich die Ursache für ein militärisch/geheimdienstliches Interesse an UFO-Entführungen sind oder ob es weitere, bisher noch nicht berücksichtigte Gründe gibt.

2 Elektromagnetische Kriegsführung, verdeckte Einsätze und die COM-12-Dokumente

Ähnlich wie die *Majestic-12*-Dokumente in der UFO-Forschungsgemeinschaft erhielten *Mind Control (MC)*-Forscher 1992 Dokumente, die über Geheimdienstmachenschaften in bezug auf *Mind Control*-Experimente Auskunft geben. Der *MC*-Forscher Walter Boward fand bis jetzt niemanden innerhalb der amerikanischen Regierung, der die *COM-12*-Dokumente für authentisch erklärt.[8] Gemeinsamkeiten mit *MJ-12* drängen sich auf. Das 1992 in Umlauf gebrachte Dokument trägt die Bezeichnung: »Mind Control Operations/Aquarius Group Activities.« Da *Aquarius* innerhalb der NSA und der DIA in bezug auf UFOs genannt wird, scheint diese Bezeichnung innerhalb der Geheimdienste mehrmals in Gebrauch zu sein.

Laut einigen *MC*-Forschern soll es sich bei der *Aquarius*-Gruppe um eine ultrarechte Ansammlung von Geheimdienstlern, unter denen sich deutsche Wissenschaftler befinden, die durch Projekt *Paperclip* in die USA gebracht wurden, handeln. Ähnlich wie bei den *MJ-12*-Dokumenten scheinen sich hinter den *COM-12*-Dokumenten wahre und falsche Informationen zu verbergen. Wie es scheint, möchte jemand innerhalb des Geheimdienstes Informationen freigeben, die Forscher aber auf falsche Fährten führen. Walter Bowart meint, daß es fünf Möglichkeiten gibt, über den Inhalt dieser Dokumente Auskunft zu geben.[8] Diese Möglichkeiten lauten:

1. authentische Bestätigung der Informationen durch unabhängige Forschung,
2. Gültigkeit der Informationsbeschaffungsmethoden und Quellen,
3. die Dokumente beinhalten Hinweise auf zukünftige *MC*-Aktivitäten,
4. Desinformationen, die gut versteckt sind und die Forscher auf falsche Wege führen,
5. die Dokumente wurden von einer patriotischen Gruppe gefälscht, damit sie sich bei bestimmten Personen Gehör verschafft.

Das *COM-12*-Dokument gibt Anweisungen an PSYWAR-Spezialisten und lautet:

»Aquarius Group Operations (AGO) ist die wesentliche Kontrollgruppe dieser *Mind Control*-Prozeduren. COM-Gruppen Operationen haben fortgeschrittene, radio-, elektromagnetische und Mikrowellen benutzende Verteidigungseinrichtungen entwickelt. Diese Prozeduren können auch für Angriffe verwendet werden.«

Daß es solche Waffen, die im *COM-12*-Dokument erwähnt werden, gibt und daß sie an unwissenden Personen getestet werden, steht außer Zweifel. Wir haben uns in den anfänglichen Kapiteln dieses Buches mit einigen Opfern solcher Tests auseinandergesetzt. Der *MC*-Forscher Harlan Girard vom International Committee for the Convention Against Offensive Microwave Weapons ist der Meinung, daß sehr viele Amerikaner und auch Menschen anderer Nationen ohne ihr Einverständnis bei der Entwicklung und den Tests solcher Waffen getötet wurden und werden. In der *COM-12*-Anweisung steht über elektromagnetische *Mind Control*-Prozeduren folgendes:

»Elektromagnetische *Mind Control*-Prozeduren sind die neuesten und effektivsten Methoden, die es zur Zeit gibt. Elektromagnetische Radiowellen und gepulste Mikrowellen haben große Vorteile in der Kriegsführung, da eine Person oder die Einwohner eines Gebietes kein Wissen über die durchgeführte Prozedur besitzt bzw. besitzen. Wenn man nicht weiß, daß so ein Prozeß angewendet wird, bleibt auch das Unterbewußtsein uninformiert. Diese Tatsache wird von Behörden, die sich mit *Mind Control* befassen, sehr geschätzt, da kein Risiko einer Konfrontation zwischen den beteiligten Personen besteht. Diese Prozeduren sind nicht nur erfolgreicher als frühere Methoden, sondern erlauben es den Benutzern, völlig anonym zu bleiben.«

Der in der Öffentlichkeit bekannteste Einsatz von Mikrowellen wurde unter der Bezeichnung *Moskau-Signal* bekannt.[8, 11] Als CIA-Beamte 1962 die elektronischen Sicherheitseinrichtungen der amerikanischen Botschaft in Moskau routinemäßig überprüften, stellten sie fest, daß verschiedene Arbeitsräume ständig unter Mikrowellenbeschuß lagen. Diese Wellen kamen von Sendern, die in zwei gegenüberliegenden Räumen installiert waren. Die Angelegenheit wurde damals nicht ernst genommen. Nach längerer Unterbrechung nahmen die Sowjets 1976 die Bestrahlung wieder auf. Die amerikanischen Sicherheitsbehörden hielten drei Erklärungen für möglich:

1. Die Sowjets unternahmen den Versuch, mittels Mikrowellentechnik Gespräche, die im Botschaftsgebäude geführt wurden, abzuhören.
2. Sie versuchten, durch Mikrowellenstörimpulse die Amerikaner beim Abhören ihrer eigenen Funksprüche zu hindern.
3. Die Sowjets beabsichtigten, dem Botschaftspersonal psychische und/oder physische Schäden zuzufügen.

Die CIA beauftragte daraufhin das Walter Reed-Forschungsinstitut der US-Army in Washington, die wahre Ursache dieser Bestrahlung herauszufinden. Das Projekt dauerte drei Jahre und hatte die Bezeichnung *Pandora*. Man stellte bei Versuchstieren fest, daß nach dreiwöchiger Mikrowellenbestrahlung das Nerven- und Immunsystem der Tiere geschädigt war. Trotz dieser Erkenntnisse wurde das Botschaftspersonal im unklaren gelassen. Die Krebsrate lag bei den in der Botschaft bediensteten Personen wesentlich höher als beim amerikanischen Durchschnittsbürger. Nachdem die Amerikaner die Fenster der Botschaft mit Aluminiumgitter, die Mikrowellen ablenken sollen, ausrüsteten, stellten die Sowjets die Bestrahlung ein. Der amerikanische Botschafter Walter Stössel starb einige Jahre später an Leukämie.

Ein weiterer Fall, bei dem verhaltensändernde Mikrowellenbestrahlung eingesetzt wurde, ereignete sich während der achtziger Jahre in Greenham Common, England.[12] In Greenham Common demonstrierten viele Frauen gegen die Stationierung von amerikanischen atomar bestückten *Cruise Missile*-Marschflugkörpern. Nach anfänglichen Auseinandersetzungen mit den Demonstranten errichteten die Militärs Antennen auf dem Stützpunkt. Die Friedensaktivistin Sarah Green schrieb 1986 im Magazin *Unity* einen Artikel über den Einsatz von Mikrowellenwaffen in Greenham folgendes:

»Nachdem die Antennen errichtet wurden, bekamen mehrere Frauen Kopfschmerzen, Ohrenschmerzen und Unwohlsein. In den darauffolgenden Monaten erkrankten einige Frauen an Durchfall, Migräne, unregelmäßiger Periode usw. Sobald die Frauen das Friedenslager verließen, besserten sich ihre Zustände wieder. Unabhängige Wissenschaftler stellten 1986 fest, daß das

Lager der Friedensaktivisten mit elektromagnetischen Wellen bestrahlt wurde.«

Mit großer Wahrscheinlichkeit handelte es sich bei diesen Wellen so wie in Moskau um Mikrowellen. Ein weiterer ausführlich untersuchter Fall, bei dem der Brite Antony Verney und seine Frau betroffen waren, ereignete sich etwa zur selben Zeit in der englischen Grafschaft Kent.[13] Beide Personen nahmen ab September 1983 seltsame Geräusche, hohe Töne und Störungen ihrer Elektrogeräte wahr. Bald darauf konnten sie nicht mehr schlafen. Am 26. Dezember 1983 sahen sie hufeisenförmige, leuchtende Erscheinungen am Morgenhimmel. Diese Sichtungen wiederholten sich in den darauffolgenden Tagen mehrmals. Am 5. Januar 1984 verstummten die Geräusche, aber die Folter sollte nicht zu Ende sein. Anscheinend wurden sie nun mit elektromagnetischer Strahlung bestrahlt. Das Ehepaar bekam Kopfschmerzen und Desorientierungssymptome. Die Geräusche der Tiere im nahe gelegenen Sandpit-Wald verstummten. Es schien, als ob sämtliche Tiere den Wald verlassen hätten.

Die Quelle der Strahlung schien von einem Grundstück zu stammen, das von einem hohen Zaun umgeben wird. Das darin befindliche Haus ist als Farm deklariert, sieht aber eher einem Gebäude des Verteidigungsministeriums, des MI5 oder MI6 ähnlich. Antony Verney fand bald heraus, daß die Telefonnummer dieses Hauses klassifiziert war. Die Verneys hielten es schließlich in ihrem Haus nicht mehr aus und verkauften es am 2. April 1984. Das Ehepaar entwickelte dieselben Krankheitssymptome wie die Frauen von Greenham Common. Frau Verney mußte schließlich am 1. September 1984 eine Chemotherapie über sich ergehen lassen und starb 1996 an den Folgen. Antony Verney fielen einige Zähne aus. Weiter produzierte sein Körper viel mehr rote Blutkörperchen als weiße. Das Ehepaar wurde von vielen Ärzten untersucht, bekam aber von niemandem Schadenersatz, da man die verdeckt operierenden Peiniger nicht überführen konnte. Während wir diese Zeilen schrieben, verstarb auch Antony Verney.

Interessanterweise treten viele dieser Symptome auch bei Personen auf, die eine UFO-Entführung erleben. Symptome wie:

Störungen von elektromagnetischen Geräten, Nasenbluten, Stimmen, hochfrequente Töne, summende, pfeifende und surrende Geräusche. Katharina Wilson und ihr Ehemann Erik berichten auch, daß sie vor und manchmal nach einem UFO-Entführungserlebnis ein starkes elektrostatisches Feld in ihrer Umgebung, Wohnung, an ihren Haustieren und ihrem Auto wahrnehmen.[14] Oft fühlen sich beide nach einem Entführungserlebnis depressiv oder euphorisch, und Katharina bekommt sehr oft Menstruationsprobleme. Interessanterweise entwickelten einige der bei Greenham Common bestrahlten Frauen ähnliche Symptome.

Ähnliche elektrostatische Erfahrungen wie Katharina und Erik Wilson machte der Schwede Robert Naeslund in Stockholm, Schweden.[12] Der Fall des *Mind Control*-Opfers Robert Naeslund wurde an anderer Stelle schon ausführlich behandelt. Wie es scheint, wurden Robert Naeslund nicht nur Implantate eingesetzt, sondern er scheint auch ein Testopfer von gerichteten Energiewaffen zu sein. Nachdem sich Naeslund intensiv in der Öffentlichkeit gegen solche Tests einsetzte, wurde er im April 1985 in seiner Wohnung jede Nacht mit elektromagnetischen Wellen bestrahlt. Sein Gesicht, seine Schultern und sein Rücken fühlten sich jeden Morgen an, als ob er sich zu lange in der Sonne aufgehalten hätte. Papierblätter begannen sich aufzurollen, und Batterien verloren ihre Energien. Die elektromagnetischen Wellen durchfluteten mit zunehmender Stärke seine Wohnung, bis Naeslund es nicht mehr aushielt und schließlich die Wohnung verließ. Sein Gaumen, Rachen und Schlund begannen zu dehydrieren, und Naeslunds Stimme wurde heiser und schmerzte beim Sprechen.

Nachdem Robert Naeslund umzog, dauerte es nicht lange, bis er auch dort wieder bestrahlt wurde. Die Symptome kehrten zurück; herumliegende Zettel und Papiere rollten sich von selbst auf und hingen wie von Geisterhand gehalten an den Wänden. Aufgrund dieser Peinigungen stellte Naeslund seine Öffentlichkeitsarbeit, die sich gegen den schwedischen Geheimdienst SÄPO richtete, ein, und die Bestrahlung hörte auf. Anfang 1992 kam Robert Naeslund mit dem *International Network against*

Mind Control in Kontakt und begann, seinen Kampf gegen diese illegalen Tests wieder aufzunehmen. Am 11. Oktober 1992 wurde er wieder elektromagnetischer Strahlung ausgesetzt. Einmal wachte er um drei Uhr in der Früh auf, weil sein Blutkreislauf gestört war. Seine Hände und Teile seiner Beine schwollen an, bis sie taub wurden. Es sah so aus, als ob seine Peiniger die Wellenlänge der Strahlung variieren konnten, da er die verschiedensten Symptome entwickelte. Eine Rötung der Hautfarbe weist auf ultraviolette Strahlung hin. Als Robert Naeslund die Schmerzen nicht mehr aushielt, fuhr er für eine Woche aus der Stadt. Als er wieder zurückkam, war die Bestrahlung stärker als je zuvor. Da er kaum schlafen konnte, verfiel er tagsüber in einen zombieähnlichen Zustand.

Durch einen glücklichen Umstand gelang es Naeslund, die Strahlungsquelle ausfindig zu machen. Als er einige Pflanzen vom Balkon in die Wohnung holte, bemerkte er in der gegenüberliegenden Wohnung hinter einem Fenster eine seltsame Apparatur. Das unbekannte Gerät war genau auf seine Wohnung gerichtet. Am darauffolgenden Tag erfuhr Naeslund, daß der Mieter dieser Wohnung seit einiger Zeit verstorben war. Naeslund gelang es sogar, das Gerät zu fotografieren. Als er Pflanzen in die Bestrahlungslinie stellte, dauerte es nicht lange, bis sie durch die auftreffende Strahlung eingingen. Nachdem Robert Naeslund seine Aufmerksamkeit auf diese Wohnung lenkte, verschwand das Gerät aus der Wohnung und mit ihm der Strahlungsbeschuß.

Dr. Thomas Bullard fand bei seiner UFO-Entführungsstudie heraus, daß viele Entführungsopfer ähnliche Beschwerden unmittelbar nach einer UFO-Entführung aufweisen.[15, 16] Er fand unter den 240 untersuchten Fällen 23, die sonnenbrandähnliche Rötungen im Gesicht und an den Füßen entwickelten. Bei einem Zeugen schälte sich die Haut, bei anderen bildeten sich Blasen. Dreizehn Personen bekamen Probleme mit ihren Mägen und Därmen. In elf Fällen berichteten die UFO-Entführten, daß sie Kopfschmerzen, Gleichgewichtsprobleme und Lähmungserscheinungen bekamen. Etwa zwölf Personen verspürten nach ihrer UFO-Entführung wie Robert Naeslund eine trockene Kehle.

Diese Symptome sind identisch mit den Symptomen von Personen, die mit elektromagnetischen Waffen bestrahlt wurden. Der UFO-Entführte Harrison Bailey behauptet, daß Mediziner feststellten, daß seine inneren Organe viel älter aussahen, als sie sein sollten.[15] Er war 35 Jahre alt, als er 1963 eine Operation über sich ergehen lassen mußte. Er lebte danach noch 15 Jahre, obwohl sich sein Gesundheitszustand verschlechterte. Möglicherweise wurden seine inneren Organe durch Mikrowelleneinwirkung gekocht. Bei einem Interview mit dem renommierten *Wall Street Journal* am 4. Januar 1993 behauptete der Laserfachmann Dr. Myron Wolbarsht von der Duke-Universität, daß die US Special Forces Waffen besitzen, die mit Leichtigkeit die inneren Organe ihrer Gegner zum Kochen bringen können.[17] Die Ähnlichkeit mit den bei Harrison Bailey auftretenden Symptomen sind faszinierend. Man kann aber davon ausgehen, daß sich diese Waffen in den sechziger Jahren noch im Entwicklungsstadium befunden haben und nicht als Auslöser für Baileys gekochte Eingeweide angesehen werden können.

Anders als bei den militärischen Entführungen treten diese Symptome bei UFO-Entführten weltweit auf und wurden schon lange vor den achtziger Jahren an Personen beobachtet. Diese Tatsache legt eine physikalische Ursache für UFO-Entführungen nahe. Es soll hier nicht der Eindruck entstehen, daß alle UFO-Entführungen Tests von elektromagnetischen Waffen sind.

In der Studie von Dr. Bullard befinden sich etwa 80 UFO-Entführungen, die vor 1970 stattfanden. Von diesen 80 Personen weisen 14 die vorher beschriebenen Symptome auf. Es befinden sich UFO-Entführte aus Nordamerika, Südamerika, Europa, Australien und ein Asiate unter den Betroffenen. Diese Symptome treten weltweit auf und beschränken sich nicht nur auf Nordamerika. Deshalb können solche Symptome als physikalische Effekte angesehen werden, die bei UFO-Entführungen auftreten.

Anhand von freigegebenen Unterlagen weiß man, daß sich die Japaner während der vierziger Jahre mit der Erforschung von antipersonellen elektromagnetischen Waffen befaßten. Es existiert eine Referenz in einer Abhandlung des US Strategic Survey, die japanische Forschungen in bezug auf *Todesstrahlen* behandelt.[18] Zu dieser Zeit war die praktische Anwendung solcher Waffen noch lange nicht erreicht. Da die DARPA zwischen 1965 und 1970 das Projekt *Pandora* für die Auflösung des vorher beschriebenen *Moskau-Signals* ins Leben rief, kann man davon ausgehen, daß man davor keine derartigen Waffen im Einsatz hatte. Es ist aber eine Tatsache, daß die Entwicklung solcher Waffen in den achtziger und neunziger Jahren unter der Strategic Defense Initiative (SDI) und dem nicht lethalen Verteidigungsprogramm vorangetrieben wurde und UFO-Entführungsopfer ein sehr gutes Testobjekt wären.[19] Weitere Anweisungen in den *COM-12*-Dokumenten betreffen die Anwendung von Drogen und Chemikalien in bezug auf *Mind Control*-Experimente und lauten:

»Es wurde festgestellt, daß die Einnahme oder das Ausgesetztsein von bestimmten Chemikalien und Drogen (Polypharmazeutika) die Programmierfähigkeit unter Hypnose gewaltig verstärkt. Das wiederum ist für Hypnoseprogramm-Einsätze sehr wichtig.«[8]

Weiter heißt es, daß man Drogen entwickelt hat, die das Aufnahmevermögen einer Person steigern oder ihre Erinnerung vollständig löschen. Solche Mittel scheinen bei Personen, die in sensiblen Bereichen tätig sind oder in Positionen mit bestimmter *Need to Know* arbeiten, eingesetzt zu werden. Daß es solche Drogen gibt, steht außer Zweifel. Es gibt Hinweise, daß auch Bob Lazar, der vorgibt, in der streng geheimen AREA-51/S4 gearbeitet zu haben, mit solchen Drogen behandelt wurde.[20] Das kann bedeuten, daß Lazar wirklich der Meinung ist, an geborgenen UFOs gearbeitet zu haben, was aber nicht der Fall sein muß. Die bisher in den *COM-12*-Dokumenten angeführten Prozeduren konnten auch von anderen Quellen bestätigt werden. Der nächste Paragraph ist jedoch sensationell und, falls er der Wahrheit entspricht, ein Skandal ohnegleichen:

»Chemische und polypharmazeutische Anreicherung wurde während der letzten zwanzig Jahre an der Bevölkerung in verdeckter Weise durchgeführt.«

Weiter steht in der PSYWAR-Anweisung, daß man auf vorsichtige Art und Weise bestimmte chemische Zusätze in den Nahrungsmitteln, im Trinkwasser und anderswo unter die Bevölkerung gebracht hat. Damit will man überprüfen, ob *Mind Control*-Prozeduren im großen Rahmen wirksam sind. Diese Behauptung ist natürlich schwer überprüfbar. Wenn man sich aber die *E*-Nummern-Listen der in der EU zugelassenen Nahrungsmittelzusätze ansieht, beginnt man durchaus zu grübeln. Die meisten Konservierungsstoffe verursachen Allergien und haben möglicherweise noch schlimmere Auswirkungen, sofern sie über längere Zeiträume in großen Mengen konsumiert werden.[21] Es gibt aber tatsächlich einige darunter, die für *Mind Control*-Tests unter der Bevölkerung interessant sein könnten. Der Zuckerersatzstoff *Aspartam* (E951) ist vor allem bei Patienten mit angeborenen Enzymdefekten problematisch. Bei empfindlichen Menschen wurden durch den Verzehr *Kopfschmerzen, Benommenheit, Gedächtnisverlust, Sehstörungen, Hyperaktivität* sowie *Übelkeit* und *allergische Reaktionen* beobachtet.[21]

Das National Institute of Health publizierte 1991 einen Report über die Nebenwirkungen von Aspartam. In diesem Report werden 167 Gründe angeführt, um Aspartam als Lebensmittelzusatzstoff vom Markt zu nehmen. Interessanterweise gibt es bei diesem Stoff genügend Verbindungen zum Militär, die die Behauptungen in den *COM-12*-Anweisungen bestärken.[19] Das Pentagon führte in den sechziger Jahren in seinen Waffenarsenalen Aspartam als biochemisches Kampfmittel. Der amerikanische Pharmakonzern G. D. Searle führte Aspartam ein und bekämpfte mit Hilfe von mächtigen Kongreßabgeordneten jeden mit Erfolg, der gegen diesen Stoff auftrat. Anfang 1970 tauchten Memoranden in der Öffentlichkeit auf, in denen die Federal Drug Agency (FDA) aufgefordert wurde, Aspartam als Lebensmittelzusatz einzuführen. Kurz darauf wurde Aspartam mit großen Profiten für den Pharmakonzern von der biochemischen Abteilung des Pentagons in die Lebensmittel der Bevölkerung übertragen.

Die FDA bestimmte 1981, daß 50 Milligramm Aspartam pro Kilogramm Körpergewicht als maximale Menge genommen werden dürfen. Dr. William Partrige vom MIT ist der Meinung, daß untergewichtige Kinder diese Mengen leicht zu sich nehmen, da sich Aspartam in vielen Sorten von Eistee, Milchschokolade, Milchshakes, Schokoladepudding, Naschereien, Eiscreme, Cola-Light, Fruchtsäften, Diabetikernahrung und unzähligen anderen Lebensmitteln befindet. Langzeitfolgen einer Stoffanreicherung werden bei diesen Studien natürlich nicht erfaßt. Manche Verschwörungstheoretiker sehen in diesem von höchster Stelle gedeckten Skandal eine Bestätigung der in den *COM-12*-Dokumenten aufgestellten Behauptungen. Sie meinen, daß eine globale Elite die neue Generation mittels Kontaminierung von Lebensmitteln und anderer in Umlauf gebrachter Designerdrogen für Gedankenmanipulationen anfällig macht, um sie zu reinen Konsumidioten erziehen zu können. Wenn man sich die Markenorientierung der Jugend, ihre Manipulierbarkeit und den Drogenkonsum der *Rave*- und *Techno*-Generation ansieht, könnte man meinen, daß sich hinter diesen Gerüchten tatsächlich etwas Wahres verbirgt.

Im Anschluß an diese Behauptungen wird die Geschichte der bekannten *Mind Control*-Experimente angeführt. Besonders interessant wird es allerdings, wenn über militärische Implantat-Technologie und gegenwärtig laufende Projekte berichtet wird. Darin steht, daß die CIA, das Office of Naval Intelligence und in beschränkter Form auch Einheiten der Intelligence Support Activity gegenwärtig mehrere *Mind Control*-Projekte durchführen.[8] Diese Manipulationen reichen von gewöhnlicher Hypnoseprogrammierung bis zu EDOM (Electronic Dissolution of Memory), UICC (Ultrasonic Intra – Cerebral Control) und RHIC (Radio Hypno Intra – Cerebral Control). Bei einem EDOM werden wie in Kapitel I beschrieben, in bestimmten Gehirnregionen die synaptischen Transmissionen kurzgeschlossen. Mit dieser Methode kann man die bei UFO-Entführungen auftretenden *fehlenden Zeitabschnitte* hervorrufen oder Erinnerungen an ein bestimmtes Erlebnis löschen. Beim RHIC wird der Testperson ein miniaturisierter elektronischer Radioempfänger implantiert. Über diese Prozedur steht in den *COM-12*-Dokumenten folgendes:

»Die Implantierung wird von speziell ausgebildeten, durchtrainierten Einheiten innerhalb der Geheimdienste durchgeführt. Die Prozedur beinhaltet das Einpflanzen eines miniaturisierten Senders innerhalb der gewünschten Bereiche, wie den Frontallappen oder den Temporallappen der Testobjekte.«

Wenn man bedenkt, daß Dr. Jose Delgardo schon in den späten fünfziger und frühen sechziger Jahren mit Implantaten und dem in Kapitel II beschriebenen *Stimoceiver* experimentiert hat, liegt es durchaus nahe, daß man diese Technologie innerhalb der letzten 37 Jahre perfektionierte und weiterentwickelte. Weiter heißt es in den Dokumenten:

»Das Gerät wirkt als Stimulator, welcher die Muskeln, Nerven oder Gehirnwellenfrequenzen beeinflußt, nachdem das Gerät ein entsprechendes Signal empfangen hat. Danach ruft es die gewünschte Reaktion hervor. Der Empfänger erzeugt sensorische Impulse, die von verschiedenen Nerven empfangen werden. Diese Empfänger dienen als Basis für die Wahrnehmung.«

Sobald das Testobjekt ein Implantat eingepflanzt hat, kann die Stimulierung aus der Ferne erfolgen. Damit kann eine Person gleich einem *Pavlowschen Hund* konditioniert werden. Die von Dr. Delgardo und anderen Wissenschaftlern durchgeführten Experimente beweisen, daß durch elektrische Stimulierung Gefühle wie Schweben, farbige Visionen und verschiedene Emotionen hervorgerufen werden können.[22] Im Anschluß werden in den *COM-12*-Dokumenten zwei Projekte beschrieben, unter deren Kodenamen verschiedene Prozeduren angegeben werden, die den in den Kapiteln I und II beschriebenen *Mind Control*-Opfern widerfuhren. Die Übersetzung der interessantesten Absätze lautet:

»Unter den Projekten *MKDRACO* und *HATTER* wurden die heute verwendeten Empfänger viel kleiner als ihre Originale. Einige *Encephalatoren*-Typen werden verwendet, um die Geräte durch die Nase eines ruhiggestellten Testobjektes zu implantieren, nachdem Halluzinationsprogramme angewendet wurden. Dieser Prozeß ist schmerzhaft und hinterläßt in einigen Fällen bleibende Schäden an der Sinusausbuchtung. Diese Schäden werden später durch Schmerzen oder Probleme in den Ohren, in der Nase oder im Rachen wahrgenommen. Eine andere bei einigen Programmen verwendete Methode ist ein oraler *Encephalator*, mit dem ein Empfänger oder Sender durch den Mund in das Gehirngewebe eingesetzt wird. Diese Methode wird ebenfalls im Zusammenhang mit halluzinatorischen Programmen durchgeführt.«[8]

Die Erwähnung von halluzinatorischer Programmierung im Zusammenhang mit dem Einsetzen von Implantaten legt einen Zusammenhang mit dem UFO-Entführungsphänomen nahe. Es gibt einige *MC*-Informanten, die behaupten, daß *MKDRACO* der Kodename für PSYWAR-UFO-Entführungsszenarien ist.[8] Weitere Paragraphen in den *COM-12*-Dokumenten beschreiben bestimmte Drogen und Chemikalien, die man der Bevölkerung in die Nahrungsmittel mischt, sowie weitere elektromagnetische *Mind Control*-Methoden und eine globale Verschwörung, die in einer pseudodiktatorischen, kapitalistischen Weltordnung endet. Solche Behauptungen sollte man mit Vorsicht genießen, da man sie zur Zeit nicht überprüfen kann. Möglicherweise sind sie für Desinformationszwecke in die *COM-12*-Dokumente eingefügt worden. Interessant ist jedoch der in den Kapiteln I und II aufgezeigte Zusammenhang zwischen *Mind Control*-Opfern und Personen, die behaupten, daß sie von UFO-Insassen entführt wurden. Beide Opfergruppen behaupten, daß ihnen, wie in den *COM-12*-Dokumenten beschrieben, Implantate durch die Nase ins Gehirngewebe eingesetzt wurden. Wie wir im vorigen Kapitel aufgezeigt haben, verlaufen UFO-Entführungen bis auf die Untersuchungen anders als angebliche militärisch/geheimdienstliche Entführungen. Eines haben die Entführer jedenfalls gemeinsam – nämlich ein Interesse an Implantaten.

Viele *MC*-Forscher wie Julianne McKinney sind der Meinung, daß das UFO-Entführungsphänomen von einer militärisch/geheimdienstlichen Elite ins Leben gerufen wurde und als Tarnung für *Mind Control*-Experimente dient. Wie im *US News & World Report* vom 5. August 1996 berichtet wurde, ist es ein militärisches Ziel, einen *Zombie*-Soldaten zu kreieren. Dieser Soldat soll gegen Traumata und chemisch-biologische Waffen immun sein.[1] Solche Effekte können durch bewußtseinskontrollierende Drogen und Chemikalien hervorgerufen werden. Wie wir in Kapitel II aufgezeigt haben, gibt es immer mehr Hinweise, daß ein chirurgisch implantierter Mikroempfänger, der für eine gewisse Mikrowellenfrequenz ansprechbar ist, im Gehirn bestimmte Zentren stimuliert. Der implantierte Soldat wird in der Hand seiner Kontrolleure zur ferngesteuerten Marionette. Martin Cannon ist der Meinung, daß die zukünftigen Soldaten ferngesteuerte Zombies sein werden, die alle Befehle auf Knopfdruck ausführen.[23] Seine eigenen Gedanken und neurologischen Funktionen werden sofort dekodiert und mittels elektronischer Hypnose überschrieben. Diese militärischen Implantate sind wahrscheinlich eine Weiterentwicklung von Dr. Jose Delgados *Stimoceiver*. Der programmierte Soldat wird keine Fragen an seine Befehlsgeber stellen, sondern nur ausführende Handlungen setzen.

In einem Report für das USAF Scientific Advisory Board (SAB), dem *New World Vistas*, Air and Space Power for the 21. Century, befindet sich ein Abschnitt über zukünftige Kontrollen von biologischen Prozessen.[24] In Vorschau auf die Kriegsführung der nächsten 50 Jahre ist dort zum Beispiel zu lesen: »Elektromagnetische Energie in gepulster, focussierter und gestalteter Form kann mit dem menschlichen Körper in einer Art und Weise gekoppelt werden, daß jemand die Muskelbewegungen steuern, die Emotionen kontrollieren, Schlaf erzeugen, Anweisungen übertragen und mit dem Kurz- und Langzeitgedächtnis wechselwirken kann. Weiter kann damit ein Erfahrungsset erzeugt oder gelöscht werden. Diese Erkenntnisse werden das Tor für neue Entwicklungen, die bei bewaffneten Konflikten, in Auseinandersetzungen mit Terroristen und für Trainingszwecke sehr nützlich sind, öffnen.«

Harlan Girard von der Organisation International Committee for the Convention against Offensive Microwave Weapons teilte uns mit, daß er der Meinung ist, daß die Militärs gegenwärtig noch nicht so weit sind, um ein Erfahrungsset, etwa UFO-Entführungen, in das Gehirn einer Testperson einzuspielen.[25] Derselben Ansicht ist auch Alan Yu, ein ehemaliger Lieutenant Colonel des taiwanesischen Verteidigungsministeriums. Yu behauptet, daß er in klassifizierte Dokumente Einsicht nehmen durfte, in denen über eine *Mind Control*-Vorrichtung die Rede war, mit der man die Gedanken eines Gefangenen über dessen Gehirnwellen abrufen oder manipulieren kann und daß es den Betreibern dieses Gerätes möglich sei, Bilder in das Bewußtsein einzuspielen.[26]

Solche Prozeduren sind mit dem in Kapitel I beschriebenen *Remote Neural Monitoring (RNM)* der NSA zu vergleichen. Beim *RNM* sollte es möglich sein, die elektrische Aktivität einer Person, die im Visual-Cortex des Gehirns erzeugt wird, zu registrieren und das Gesehene auf einem Videorekorder abzuspielen. Mit dem *RNM* soll es auch möglich sein, Bilder über den Visual-Cortex ins Gehirn von Testpersonen einzuspielen. Alan Yu meint, daß man bei Tests Bilder mit pornographischen Inhalten in das Gehirn einer Testperson einspielt und zur gleichen Zeit ihre Körperreaktionen untersucht. Solche Szenarien werden auch von UFO-Entführten berichtet. So behauptet Ed Walters, daß er nach einem anfänglichen Summen in seinem Kopf eine Reihenfolge von Hundebildern vor seinen Augen zu sehen bekam.[27] Es gibt aber auch Fälle, wo UFO-Entführte erotische Bilder von ihren Entführern in das Gehirn eingespielt bekommen. Wir kontaktierten Alan Yu, der heute in den USA wohnt, und fragten ihn, ob er glaubt, daß man ein *Virtual Reality*-Szenario, ähnlich dem vorher genannten Erfahrungsset, aus der Entfernung in eine Testperson einspielen kann. Er schrieb uns, daß er dieselbe Meinung wie Girard vertritt und nicht glaubt, daß das gegenwärtig möglich ist.[28]

Die Psychologin Dr. Susan Blackmore von der University of the West of England in Bristol stellte sich 1995 für eine britische Fernsehdokumentation über UFO-Entführungen als Versuchskaninchen für Dr. Michael Persinger zur Verfügung. Dr. Persinger ist ein Neurowissenschaftler an der Laurentian-Universität in Ontario, Kanada. Dr. Persinger konstruierte einen Helm, durch den er mittels elektromagnetischer Felder die Temporallappen im

Gehirn einer Person dahingehend manipuliert, daß diese beängstigende Halluzinationen wahrnimmt. Dr. Blackmore beschreibt ihr Erlebnis unter Dr. Persingers Helm folgendermaßen:
»Ich war die ersten zehn Minuten hellwach. Es schien, als ob nichts geschehen würde. Plötzlich verschwinden meine Zweifel. Ich beginne zu taumeln. Ich habe ein Gefühl, als ob ich auf einer Hängematte liegen würde. Dann fühle ich, wie Hände nach meiner Schulter greifen und meinen Körper nach oben zerren wollen. Ich weiß, daß ich im Sessel sitze, aber irgend etwas will mich aufrichten. Es scheint meine Füße zu bewegen, will sie verrenken und an die Wand ziehen. Ich fühle mich, als ob ich bis zur Decke gestreckt werde. Nun werde ich emotional, ärgerlich, finde aber niemanden, an dem ich meine Wut auslassen kann. Ich bekomme es mit der Angst zu tun. Plötzlich ist alles vorbei.«[29]
Dr. Blackmore fühlte sich, nachdem sie das Labor von Dr. Persinger verließ, noch einige Stunden schwach und leicht benommen. Wenn es möglich wäre, daß man solche elektromagnetische Manipulationen ohne Helm, drahtlos aus der Ferne, an einer beliebigen Person durchführen könnte, käme man den im *New World Vistas* genannten Erlebnissets schon nahe. Dr. Blackmore ist es klar, daß es zwischen ihrer Erfahrung unter Dr. Persingers Helm und einem komplexen UFO-Entführungsszenario ein weiter Weg ist – obwohl durchaus Ähnlichkeiten bestehen.[30]
Bevor diese perversen Projekte in ein Endstadium gehen, müssen diese drahtlos ferngesteuerten Hypnosetechniken noch ausführlich getestet werden. Woher die Testpersonen stammen, ist allerdings nicht bekannt. Wie es scheint, kommen diese aus der unwissenden Bevölkerung. Robert Naeslund, Dave Bader, Ed und Jay Kats und viele andere müssen möglicherweise für die Tests einer neuen Soldatengeneration herhalten. Viele dieser Personen weisen ähnliche Symptome auf wie Menschen, die behaupten, daß sie von UFO-Insassen entführt wurden, beispielsweise *fehlende Zeit*. Obwohl die Militärs Möglichkeiten besitzen, UFO-Entführungen mittels *Virtual Reality*-Szenarien, *Hypnoseprogrammen*, *Drogen*, *Gummimasken*, *Hologrammen* und *elektromagnetischen Mind Control*-Methoden vorzutäuschen, gibt es

zwischen den vorher genannten Personen und den angeblich von Militärpersonal gekidnappten UFO-Entführten wesentliche Unterschiede, die nahelegen, daß gewöhnliche *Mind Control*-Tests nicht die ultimative Lösung für dieses Rätsel sind. Wenn alle UFO-Entführungen ausschließlich *Mind Control*-Tests wären, wieso berichten dann die UFO-Entführten erst seit Anfang der achtziger Jahre von militärischen Entführungen? Es ist auszuschließen, daß die irdischen Entführer vor 1980 sorgfältiger ihre Spuren verwischten als danach. Wenn alle UFO-Entführungen *Mind Control*-Experimente wären, müßte man das Gegenteil erwarten. Es sollte jedem klar sein, daß die *Mind Control*-Technologie in den sechziger und siebziger Jahren nicht so fortgeschritten war wie in den neunziger Jahren. Außerdem gibt es viele *Mind Control*-Opfer, die keinen Zusammenhang mit dem UFO-Phänomen aufweisen. Aus den bisherigen Forschungsergebnissen beginnen sich drei Punkte abzuzeichnen:

1. Die hinter dem UFO-Entführungsphänomen stehende Intelligenz benutzt ähnliche *Mind Control*-Methoden, wie sie von den Geheimdiensten und Militärs entwickelt wurden und werden.

2. Möglicherweise werden manche *Mind Control*-Opfer nach einer therapeutischen Behandlung als UFO-Entführte geführt.

3. Gewöhnliche *Mind Control*-Experimente alleine lösen das Rätsel um das UFO-Entführungsphänomen nicht.

Wie wir im vorigen Kapitel gezeigt haben, interessieren sich diese irdischen Entführer nicht nur für das Einsetzen und Entfernen von Implantaten, sondern auch für Genetik und gynäkologische Untersuchungen, die an Deutschlands dunkelste Geschichte erinnern.

3 Von Projekt Lebensborn, Eugenik und anderen menschenverachtenden Experimenten

Als eine zehn Mann starke Truppe der 86. Infanterie-Division der US Army Black Hawks am 3. Mai 1945 die kleine deutsche Stadt Steinhöring durchkämmte, stießen die Soldaten auf ein seltsames

Anwesen.[31] Sie kamen zu einem dekorativen Eisentor, neben dem ein kurioser weißer Turm mit einer konischen Kappe stand. Hinter diesem Turm befand sich eine Statue, die eine Frau darstellte, deren Gesichtsform den *arischen* Vorstellungen entsprach. Diese Statue hielt ein säugendes Baby auf dem Arm. Als die Soldaten durch das Tor gingen, kam nach einiger Zeit ein typisch bayrisches Gebäude zum Vorschein, das einer Schule oder einer Privatklinik ähnlich sah. Als sie das Haus betraten, fanden sie in einem komfortabel eingerichteten Raum etwa 40 Babys und Kleinkinder. Einige dieser Kinder waren nackt, andere wiederum bekleidet. Sie machten auf die Soldaten einen hungrigen und verwirrten Eindruck. In den oberen Geschossen befanden sich weitere Babys und Kinder. Die Soldaten fanden im gesamten Anwesen etwa 300 Kinder, von denen die ältesten sechs Jahre alt waren. Weiter befanden sich einige werdende Mütter unter den Bewohnern dieser seltsamen Stätte, die knapp vor einer Geburt standen. Beim Durchsuchen der Räumlichkeiten stießen die Soldaten auch auf einige Säuglingsschwestern, die den Amerikanern aber keine Auskünfte erteilten.

Die Black Hawks hatten keine Ahnung, daß sie zufällig über eine von den Deutschen umgebaute Klinik für ihr *Lebensborn*-Projekt stolperten. Beim Projekt *Lebensborn* wollte man *nordisch* aussehende Menschen züchten, die als Herrenrasse das Deutsche Reich zukünftig bevölkern sollten.[31] Diese Kinder sollten nur rein deutsches Erbmaterial in sich tragen und andere Rassen mit der Zeit aus dem Deutschen Reich verdrängen. Steinhöring war das erste von Heinrich Himmler gegründete Lebensborn-Heim. In diesem Heim begann man zehn Jahre vor Ende des Zweiten Weltkrieges mit einem »Zuchtprogramm«. 1939 betrieben die Nazis sechs Lebensborn-Heime, wobei sich je eines in Polen und in Österreich befand. In Steinhöring standen etwa 263 Betten für die Mütter und 487 für die Kinder zur Verfügung.

Den Einwohnern von Steinhöring war es verboten, Kontakte mit den Bewohnern des Lebensborn-Heimes zu schließen. Die Heime wurden von der *Schutzstaffel* geführt und standen unter deren Aufsicht. Die Geburtsurkunden von den aus dem Projekt

Lebensborn hervorgegangenen Kindern wurden separat verwaltet. Die Namen der Väter waren meistens unbekannt. Kinder, die von ihren Eltern zur Adoption freigegeben wurden, sind auf arische Kriterien getestet worden, bevor man sie in Lebensborn-Heime brachte. Damit Himmler die »Germanisierung« schneller vorantreiben konnte, gingen seine rassistischen Utopien sogar soweit, daß er blonde, blauäugige Kinder aus den besetzten Gebieten entführen ließ und in Deutschland zur Adoption freigab. Caterine Clay und Michael Leapman berichten in ihrem 1995 erschienenen Buch *Master Race*, daß Himmlers Schergen aus Polen etwa 200 000 Kinder, die den arischen Kriterien entsprachen, nach Deutschland verschleppten.[31] Viele dieser polnischen Kinder wuchsen in Deutschland auf und wissen noch heute nichts über ihre wahre Identität. Nachdem die Deutschen Norwegen okkupierten, mußten norwegische Mädchen für das Projekt *Lebensborn* herhalten. Aufzeichnungen und Bildmaterial dieser Verbrechen findet man in den Bundesarchiven in Koblenz und in Polen bei der Warschauer Kommission für Verbrechen unter dem Hitler-Regime.

Die wenigen überlebenden Opfer des SS-Arztes Dr. Josef Mengele erinnern sich noch deutlich an ihren Peiniger. Etliche Juden, unter ihnen etwa 1500 Zwillinge, wurden in dem wissenschaftlichen Forschungslabor des Dr. Mengele gequält und ermordet. Er versuchte, so wie alle Eugeniker, die »Überlegenheit der arischen Rasse« nachzuweisen und Methoden zu finden, um sie zu »veredeln«.[32] Um die blauen Augen zu erzeugen, injizierte er Pigmente. Die unfreiwilligen Patienten erblindeten davon und starben unter furchtbaren Qualen. Weiter suchte er nach Erbfaktoren, die zur Geburt von Zwillingen führen, um die Fruchtbarkeit der deutschen Frauen zu erhöhen.

Die Wurzeln dieses rassistischen Gedankengutes sind bei den Sozialdarwinisten zu suchen. Der Engländer Francis Galton war ein Cousin von Charles Darwin und einer der ersten Vertreter dieser Bewegung. Galton prägte 1883 das Wort *Eugenik*.[33] Unter Eugenik versteht man »sehr gute Züchtungen«, damit erbgutschädigende Einflüsse und die Verbreitung von Erbkrankheiten verhindert werden. Galton lehrte, daß farbige Einwanderer für diese Art von Rassenhygiene ungeeignet sind und daß man sie lieber in die Kolonien zurückschicken soll. Galton gründete 1904 das National Eugenics Laboratory und bald danach die Eugenics Education Society. Diese Gesellschaft vertrat die Ansicht, daß behinderte und schwache Personen sterilisiert gehören. Bald darauf entstanden auch in den USA weitere Schwesterorganisationen, die von der Rockefeller- und der Carnegie-Stiftung finanziell unterstützt wurden.

Diese Bewegung trug auch in Deutschland ihre Früchte. Der bekannteste Vertreter des Sozialdarwinismus in Deutschland war Professor Ernst Haeckel in Jena.[34] Himmler und andere Befürworter der Lebensborn-Heime wollten durch ihre arischen Züchtungen so wie Galton die Schwachen und Kranken eliminieren. In Propagandafilmen wurde Euthanasie als barmherzige Tötungsart beschrieben. Ein anderer Sozialanthropologe in Jena, Alfred Plötz, war 1905 der Gründer der Deutschen Gesellschaft für Rassenhygiene. Sieben Jahre später entstand die sehr einflußreiche Thule-Gesellschaft, der auch sehr viele Militärs angehörten. Thule wurde als der Geburtsort der germanischen Rasse angesehen. Die Mitglieder dieser Gesellschaft mußten nachweisen, daß sie bis in die dritte Generation deutschstämmige Vorfahren haben. Diese Bestimmungen wurden später vom Hitler-Regime übernommen. Dieser Rassenwahn ging soweit, daß Hitler und seine Getreuen Geschlechtsverkehr zwischen zwei verschiedenrassigen Personen als Verstoß gegen ein Naturgesetz ansahen. Sie vertraten wie alle Eugeniker die Meinung, daß aus so einer Beziehung ein genetisch schwächeres Kind hervorgeht.

Nach dem Zweiten Weltkrieg nannten sich viele Vertreter der Eugenik, um diesen Begriff zu umgehen, Genetiker, Psychiater, Soziologen, Anthropologen und Bevölkerungswissenschaftler. Viele Journale wurden nach dem Krieg umbenannt. Die *Annals of Eugenics* wurden zu den *Annals of Human Genetics*. Das *Eugenics Quarterly* wurde in das *Journal of Social Biology* unbenannt. Stefan Kühl ist in seinem Buch *The Nazi Connection* der Meinung, daß Institutionen und Personen, die in den Völkermord verwickelt waren, ihre Arbeit nach dem Krieg fortführen konnten.[35] Er zeigt auf, daß mehrere Psychiater, die der Tötung von Behinderten im Regime nahestanden, nach dem Krieg wieder in die wissenschaftliche Gemeinschaft eingebunden wurden. Wie wir im Kapitel I aufgezeigt haben, wurden viele Ärzte und Wissenschaftler für das Projekt *Paperclip* in die USA gebracht, wo sie an den verschiedensten Experimenten weiterarbeiten durften und früher oder später in die wissenschaftliche Gemeinschaft integriert wurden.

Als Beispiel führt Stefan Kühl das Kaiser-Wilhelm-Institut an. Es war während des Zweiten Weltkrieges das Zentrum für eugenische Forschung. Der Freund des Institutsleiters, Freiherr von Verschuer, half dem SS-Arzt Josef Mengele bei der Analyse seiner eugenischen Experimente an Auschwitzhäftlingen. Er wurde von einem Entnazifizierungstribunal als Mitläufer klassifiziert und besetzte nach dem Krieg sofort eine bedeutende Stelle in Münster. Er war 1951 Professor für menschliche Genetik und später der Präsident der Deutschen Gesellschaft für Anthropologie.[31] Nach seiner Rehabilitation saß Verschuer unter den Editoren der Zeitschrift *The Mankind Quarterly*, einer der modernen Sprachrohre von Eugenik und Rassentheorien. Diese Zeitschrift und die gegenwärtige eugenische Gedankenströmung werden von einflußreichen Geldgebern aus den USA unterstützt. Der *Pioneer Fund* wurde 1937 von dem amerikanischen Textilmagnaten Wickliffe Draper ins Leben gerufen. Dieser Fond ist auch heute noch der wichtigste Finanzier auf den Gebieten Eugenik und menschliche Genetik. Laut Stefan Kühl liest sich die Mitgliederliste des *Pioneer Fund* wie ein *Who's Who* der wissenschaftlichen und politischen Rassisten in den USA, Kanada, England und Irland.[35]

Nachdem 1953 Crick und Watson die Doppelhelix als Form der Desoxyribonukleinsäure (DNS) entschlüsselt hatten, machten diese Forschungen einen erheblichen Fortschritt. Zur Zeit werden genetische Manipulationen an Tieren und Pflanzen durchgeführt. Ethisch ist es nicht vertretbar, daß Gentechniker bestimmte Qualitäten an Menschen verändern. Mit Sicherheit hätte man Genmanipulationen bereits an Menschen durchgeführt, wenn Deutschland aus dem Zweiten Weltkrieg als Sieger hervorgegangen wäre. Die Vertreter des *Beautismus* sind der Ansicht, daß sich diese rassistischen Ideen gegenwärtig wieder stärker manifestieren und besonders in der Fotomodellbranche erkennbar sind. In diesem Geschäft haben farbige Menschen keine Chance, da ihnen hauptsächlich blonde blauäugige Mädchen den Rang ablaufen. Bestimmte Lobbys vermitteln vielen Menschen das Gefühl, daß sie ohne ein perfektes *vorgegebenes* Aussehen in der Gesellschaft nicht bestehen können. Viele Menschen sind deshalb mit ihrem Aussehen nicht mehr einverstanden und beginnen, sich diesen Vorbildern anzupassen. Modegags wie farbige Kontaktlinsen, Silikonimplantate und Gesichtsoperationen weisen ebenfalls in diese Richtung.

Gentechniker stellen in Labors transplantierbares Gewebe her und entwerfen neue Medikamente am Computer. In der nahen Zukunft sollen, so die Befürworter, unsere Nachkommen beliebig komponierbar werden, und die Lebenszeit soll bis auf mindestens 100 Jahre verlängert werden. Aufgrund solcher medizinischer Errungenschaften soll die Genmanipulation früher oder später die Entwicklung der Menschen verändern. Innerhalb von dreißig Jahren, so prophezeit z. B. der Wissenschaftler und Chef einer biotechnischen Firma, Dr. Paul Segall, wird es den ersten geklonten Menschen geben.[36] Mit der im März 1997 bekanntgegebenen geglückten Kopie eines ausgewachsenen Schafs scheint der Schritt zum geklonten Menschen viel näher zu sein, als Dr. Segall noch einige Monate zuvor spekulierte.

Andere Forscher glauben sogar, daß man *hirnlose* Ableger von lebenden Menschen herstellen werde. Ein wenig Hautgewebe genügt, und Klonierungstechniker würden die darin befindliche Erbsubstanz einer Person auf befruchtete menschliche Eizellen übertragen, um sie zu sechswöchigen Embryonen heranzuzüchten. Gentechniker meinen, daß man danach nur jene Zellen zu entfernen braucht, die sich zum Gehirn weiterentwickeln würden. In einer künstlichen Gebärmutter, im Brutkasten, wüchsen schließlich *Humanoiden* heran, ohne Bewußtsein, jedoch mit funktionsfähigen, gesunden Organen. Forscher, die solche Züchtungen propagieren, sind der Meinung, daß so ein genetisch identischer Humanoide für seinen Zellspender der ideale Organlieferant wäre.

Die Wiener Kinderärztin Marina Marcowich ist eine Kämpferin für mehr Menschlichkeit in der Medizin und eine Kritikerin solcher Experimente. Sie befürchtet, daß Dinge, die medizinisch machbar sind, auch tatsächlich gemacht würden – trotz ethischer Bedenken. Sie sagte bei einem Interview im *Kurier* vom 18. August 1996, daß die Babys dann in der Retorte entstehen und sich in einem Spezial-Inkubator weiterentwickeln würden.[37] Die Ärzte müßten dann nur noch die Nährlösung wechseln.

Interessanterweise berichten Personen, die behaupten, daß sie von UFO-Insassen entführt wurden, genau von solchen Experimenten und Inkubatoren, in denen sich Föten und Embryos in Nährlösungen befinden. Oft beschreiben die Entführten, daß sie eine Unzahl von Glasbehältern Reihe an Reihe an den Wänden stehen sehen, zu denen von einem Gerät aus Drähte oder Verbindungsleitungen zu jedem einzelnen Glasbehälter an der Wand führen. Einige der im Kapitel IV beschriebenen Personen behaupten, daß ihre *irdischen* Entführer gynäkologische Untersuchungen an ihnen anstellten. Es stellt sich berechtigterweise die Frage, ob diese Personen von einer unbekannten Behörde für biogenetische Experimente verwendet werden.

Manche Forscher sind der Meinung, daß die oben beschriebenen Horrorszenarien gegenwärtig in geheimen Labors durchgeführt werden. Dr. Richard Sauder stellt die Hypothese auf, daß eine verdeckt operierende Behörde in den USA ein Zuchtprogramm ähnlich dem *Lebensborn*-Projekt der Nazis mit finanziellen Mitteln aus einem schwarzen Programm betreibt.[38] Angenommen, die Experimentatoren möchten aus irgendeinem Grund einen Mexikaner mit einer weißen Kanadierin paaren. Ein solches Vorhaben wäre durchführbar, wenn man beide Personen unter dem Vorwand einer vorgetäuschten UFO-Entführung kidnappt und sie zum Geschlechtsverkehr zwingt oder künstlich befruchtet. Es gibt wirklich erstaunliche Parallelen zwischen dem Projekt *Le-*

bensborn und den angeblich von Militärpersonal oder Geheimdiensten entführten Personen.

Der SS-Offizier Peter Neumann schreibt 1958 in seinen in England publizierten Memoiren *Other Men's Graves*,[39] daß er während des Nazi-Regimes eines Tages zu seinem medizinischen Vorgesetzten zitiert wurde. Dieser informierte ihn, daß man feststellte, daß er ein reiner Arier sei. Danach wird Neumann von dem Mediziner über Eugenik unterrichtet. Zwei Tage später mußte er mit vier anderen arischen Kameraden einen Zug nach Marburg, Deutschland, besteigen. Bei Schwallenog verließen sie den Zug und wurden in ein spitalähnliches Gebäude gebracht. Dieses Gebäude wurde allerdings nicht als Lebensborn-Heim geführt. Danach mußten die Männer, ähnlich wie die von UFOs entführten Personen, medizinische Untersuchungen über sich ergehen lassen. Bei diesen Prozeduren wurden Neumann auch Samenproben entnommen. Kurz darauf wurde er mit einem den arischen Kriterien entsprechenden blonden, blauäugigen Mädchen zusammengeführt. Dieses Mädchen hieß Liselotte und gehörte dem Bund Deutscher Mädchen (BDM) an. Der BDM war eine NS-Jugendorganisation, bestehend aus Mädchen, die Hitler ausnahmslos gehorchten. Neumann schreibt, daß er danach sechs Tage mit Liselotte zusammengesperrt wurde und mehrmals mit ihr Geschlechtsverkehr ausübte. Nach diesen Tagen mußte er zu seiner Einheit zurückkehren. Zwei Jahre später wurde ihm mitgeteilt, daß er »dem Führer durch Liselotte einen Sohn schenkte«.

Solche mehr oder weniger unfreiwilligen Zeugungsakte werden auch von UFO-Entführten berichtet. Die Parallelen scheinen sich zu decken, wenn die Entführer als *menschlich* beschrieben werden. Katharina Wilson wurde am 30. Juli 1995 von so einer Erinnerung eingeholt.[40, 41] Am Anfang ihrer Rückblende befindet sie sich in ihrem Auto. Sie kann sich noch erinnern, daß sie neben der Straße einen Mann stehen sieht. Kurz darauf sitzt dieser Mann neben ihr, und es kommt ihr vor, als ob sie unter seiner Kontrolle steht. Nach einiger Zeit glaubt sie, daß das Fahrzeug durch einen röhrenförmigen Tunnel in ein Wasser taucht. Danach erinnert sich Katharina, daß sie sich in einem Spital oder einer Klinik befindet. Sie unterhält sich mit einem Arzt und sieht einige Krankenschwestern. Kurz darauf betritt sie einen Untersuchungsraum. Sie schrieb in ihr Tagebuch:

»Ich befinde mich in einer Untersuchungszone. Ich sehe eine weiße Krankenschwester. Sie steht mit dem Rücken zu einem Arbeitsbereich. Rechts von mir befindet sich der Gang, von dem ich gekommen bin. Zu meiner Linken sind reihenweise Untersuchungsräume angeordnet. Diese Räume sind mit metallischen Tischen und weißen Vorhängen ausgestattet. Rechts befinden sich auch einige Räume, jedoch weniger als links. Die Schwester ist mit Bestimmtheit ein Mensch und löst zwei papierene Blätter, ähnlich einem Mikrofilm, auseinander. Sie gibt mir eine Karte, die sich wie eine Mikrofilmkarte anfühlt. Die Karte hat eine ungefähre Größe von 20 mal 20 cm. Es ist ein DNS-File. Es beinhaltet alles, was man über seine DNS wissen möchte. Die Schwester will, daß ich ihr eine Genehmigung für eine DNS-Probe gebe. Ich blicke auf den Film und bin verärgert. Ich bin nur wegen einer gynäkologischen Untersuchung hier und für sonst nichts! Für was zur Hölle braucht ihr das!«[40, 41]

Katharina ist der Meinung, daß die Umgebung sehr irdisch aussah und sie sich nicht in einem UFO befand.[41] Sie weiß nicht mehr, wieso sie wußte, daß die Mikrofilmkarte ein DNS-File war. Wieso fragen diese Leute nach einer Genehmigung? Weiter kann sie sich nicht erinnern, daß sie einer gynäkologischen Untersuchung zugestimmt hat. Nachdem sich Katharina weigerte, ihr Einverständnis zu geben, behauptete die Schwester, daß die amerikanische Regierung begonnen hat, von jedem Bürger ein DNS-File anzulegen. Als sie den Raum verläßt, begegnet ihr ein etwa sechzig Jahre alter Arzt im weißen Labormantel. Als die Schwester ihm mitteilt, daß Katharina rebelliert, wird er ihr gegenüber autoritär. Danach erinnert sie sich, daß sie in einem großen Raum stand, der an das Arztbüro angrenzte. Was sich danach ereignete, erinnert an die Schilderung des SS-Offiziers Peter Neumann. Sie schrieb in ihr Tagebuch:

»Ich bin noch immer verärgert und warte auf jemanden. Dieser

Raum scheint ein gewöhnlich aussehendes Doppelbett zu beinhalten. Der Arzt betritt nun den Raum. Er legt sich in das Bett. Er... irgendwie ist Telepathie im Spiel. Ich bin nun auch im Raum. Ich vernehme folgendes: ›Deine Heirat war nicht gut. Deine Beziehung ist unbedeutend...‹ Irgendwie... Telepathie... diese Gefühle, die ich für den Doktor habe, fließen in mich ein. Die Gefühle... unser Gespräch... Dieser Arzt liegt auf seinem Rücken zugedeckt im Bett. Macht er das mit mir, oder ist der Doktor in der Nähe? Ich weiß, was hier vor sich geht. Irgendwer benutzt meine Gedanken gegen mich. Bevor das Begehren und die Konfusion einsetzen, stürze ich zur Tür.«[40, 41]

Katharina teilte uns mit, daß sie der Meinung ist, daß man sie ins Bett zu diesem Mann locken wollte.[41] Bei anderen Entführungen verspürte sie ähnlich anziehende Gefühle für ein Wesen, das sie als *Doktor* bezeichnet. Es hat den Anschein, als ob man ihr einreden wollte, daß ihre Beziehung nichts wert ist und sie zu dem fremden Mann ins Bett gehen soll. Sie ist der Meinung, daß ihr irgend jemand Gefühle einflößt, die ein Verlangen nach dem fremden Mann auslösen. Sie fragt sich:

»Versucht jemand, eine Situation zu erzeugen, bei der ich mit dem fremden Mann Sex habe?«

Das würde auch ein Weg sein, um eine DNS-Probe zu erhalten. Als Katharina aus dem Raum stürmt, kommt es ihr so vor, als ob sie sich auf einem Schiff befindet. Nachdem sie durch einige Gänge lief, traf sie auf Marinepersonal. Danach kann sie sich an nichts mehr erinnern. Da Katharina früher mit einem Marine-Soldaten verheiratet war, ist es möglich, daß ihr Bewußtsein verschiedene Erinnerungen bei der Aufarbeitung ihres Erlebnisses vermischt. Wie jeder Leser erkennen wird, ist die traumatische Rückblende von Katharina Wilson den Erlebnissen des SS-Offiziers Neumann sehr ähnlich.

Weitere Rückblendungen von Katharina Wilson lassen weitere Ähnlichkeiten mit dem Projekt *Lebensborn* erkennen, da sie bei ihren Entführungen nicht immer UFO-Insassen sah. Im Winter 1983 schrieb sie in ihr Tagebuch:

»Ich liege auf einem Tisch. Es stehen zwei Säuglingsschwestern und ein Arzt um mich herum. Ich kann ihre Gesichter nicht genau wahrnehmen. Irgendwie habe ich das Gefühl, als ob sie mit mir glücklich wären. Sie wollen, daß ich mein Baby in die Arme nehmen soll. Ich schreie. Nein! Nein! Ich will es nicht berühren! Ich will es nicht sehen! Bringt es weg!!! Sie tragen das Baby aus dem Raum. Ich weine, ich bin hysterisch und erschrocken.«[14]

Nach drei Monaten hatte sie eine weitere Begegnung mit den mysteriösen Medizinern. Bei einer Erinnerung vom 5. Januar 1988 befand sie sich mit acht Wesen, an deren Gesichter sie sich nicht mehr erinnern kann, in einem Raum, der sich in einem Spital befand. In diesem Raum standen zwei Betten, die voneinander getrennt waren. Eine dunkelhaarige Frau sagte zu ihr, daß sie nun gehen muß, da sie ein Baby hat. Nach einiger Zeit betrat die Frau in Begleitung von fünf Kindern den Raum. Das älteste Kind war ein etwa fünfjähriger Junge. Unter den anderen Kindern befanden sich ein dreijähriges Mädchen und drei bis sechs Monate alte Babys. Dieses Erlebnis ist den in *UFO-Geheimhaltung*[42] geschilderten Baby-Präsentationen durch UFO-Insassen sehr ähnlich. Katharina ist bei dieser Rückblende allerdings der Meinung, daß sie sich bei diesem Erlebnis in einem Spital befand und nicht in einem UFO.[41]

Bei einer anderen Rückblende am 8. Juli 1988 sah sie sich abermals in einem Spital. Sie betrat einen Raum, in dem sie auf einem gewöhnlichen Bett eine blonde Frau liegen sah. Diese Frau wollte mit ihr sprechen, war aber beinahe zu müde. Katharina kann sich nicht mehr erinnern, was die Frau ihr zurief. Ihr fiel auf, daß sich in dem Raum ein Glasbehälter befand, in dem sich ein etwa vierjähriges Kind befand, obwohl es sehr viel kleiner war. Es sah sehr krank und schwach aus, hatte aber nichts von einem UFO-Insassen an sich. Ein Teil der von Katharina Wilson erlebten Entführungserlebnisse erinnert eindeutig an die von Dr. Sauder aufgestellte *Neo-Lebensborn*-Hypothese.[38] Es stellt sich die Frage, ob eine Behörde oder eine finanzkräftige Institution wirklich genetische Experimente unter dem Deckmantel des UFO-Entführungsphänomens durchführt. Diese Spekulationen liegen möglicherweise näher an der Wahrheit als gewöhnliche *Mind Control*-Tests.

Weitere Entführungsberichte legen es nahe, daß die vom Biotechniker Dr. Paul Segall prophezeiten Klonexperimente möglicherweise unter Ausschluß der Öffentlichkeit durchgeführt werden. Das UFO-Entführungsopfer Diane behauptet, daß sie Anfang der achtziger Jahre von menschlichen Entführern in eine unterirdische Forschungsanlage gebracht wurde. Nachforschungen ergaben, daß es sich dabei um das China Lake Naval Weapons-Testgelände gehandelt haben könnte. Diane wurde von ihren Entführern mittels eines Liftes in den Untergrund transportiert. Danach wurde sie von einem Mann, der mit einem weißen Mantel bekleidet war, durch die Anlage geführt. Sie erinnert sich unter Hypnose, daß sie dort biologisch veränderte Menschen und Tiere in käfigähnlichen Vorrichtungen sah.[43]

Myrna Hansen erlebte am 12. Mai 1980 mit ihrem Sohn eine UFO-Entführung, bei der sie Zeugin einer Tierverstümmelung durch UFO-Insassen wurde.[44] Sie beschreibt unter Hypnose ausführlich, wie UFO-Insassen eine Kuh verstümmeln und sie danach untersuchen. Während der Hypnose-Regression vermischen sich ihre Erinnerungen plötzlich mit einem Erlebnis, das sich anscheinend in einer militärischen Untergrundanlage abspielte. Sie erinnert sich an Personen, die verschiedene Uniformen trugen. Danach weiß sie noch, daß man sie durch ein elektronisch gesteuertes Tor führte und sie untersuchte. Sie kann sich an Generatoren, Wasserbecken und Behälter erinnern, in denen sie menschliche Körperteile in einer Lösung schwimmen sah. Ihre unter Hypnose durchgeführten Zeichnungen der Tanks erinnern an die Beschreibungen, die die Entführte Christa Tilton beschrieb. Christa Tilton wurde im Juli 1987 so wie Myrna Hanson in eine unterirdische Militäranlage entführt.[45] Dort sah sie ähnliche Tanks wie Myrna Hanson und nahm den Geruch von Formaldehyd wahr.

Diese Tanks wurden auch in den sogenannten *Dulce*-Papieren beschrieben. In diesen Papieren wird behauptet, daß Teile der amerikanischen Regierung *gemeinsam* mit Außerirdischen eine unterirdische Anlage in Dulce, New Mexico, betreiben.[43] Die Papiere wurden von dem angeblich hochrangigen Sicherheitsoffizier Thomas C. unter der UFO-Forschungsgemeinde in Umlauf gebracht. Thomas behauptet, daß er eine ULTRA-7-Sicherheitsklassifikation gehabt hat. Er behauptet, daß in Dulce auf sechs Stockwerken unter der Oberfläche genetische Experimente an Menschen und Tieren durchgeführt werden. Die meisten der in den *Dulce*-Papieren aufgestellten Behauptungen hören sich unglaubwürdig an und sind Desinformations-Futter für den Sensationsjournalismus. So behauptet Thomas, daß sich etwa 18 000 kleine graue und reptiloide Wesen unter Duldung der US-Regierung in dieser Anlage befinden. Möglicherweise bringt eine in solche geheimen Experimente verwickelte Behörde Gerüchte über eine Zusammenarbeit mit Außerirdischen bewußt in Umlauf, damit sie falsche Spuren legen kann. Viele leichtgläubige *Ufologen* und Personen aus der *New Age*-Szene sorgen für deren Verbreitung.

Christa Tilton flog mit einem Kameramann und einem Ex-Vietnam-Helikopterpiloten das Gelände um Dulce ab. Dieses Gebiet ist sehr zerklüftet und von Höhlen durchzogen. Einige sehen von der Luft wie künstlich aufgeschüttete Vulkanhügel aus. Christa Tilton gelang es, einige Fotos von diesen seltsamen Erdhügeln zu machen. Südwestlich von Dulce sahen sie einen Helikopterlandeplatz in der Wildnis und ein Gebäude, dessen Zweck den Bewohnern unbekannt ist.[45] Diese Anomalien können nicht als Beweise für eine Existenz dieser Untergrundanlage angesehen werden, doch geben sie Zeugnis von mysteriösen Vorgängen in diesem Gebiet.

Obwohl vieles darauf hindeutet, daß die Personen, die neben UFO-Entführungen angeblich auch von Militär oder Geheimdienstpersonal entführt werden, Versuchskaninchen für genetische Experimente sind, scheint auch diese Hypothese *nicht* der Stein der Weisen zu sein. Möglicherweise gibt es zwei verschiedene Gruppen, die verdeckt operieren und sich für UFO-Entführte interessieren. Es gibt nämlich mehrere UFO-Entführte, deren Erlebnisse auf ein anderes Kidnapping-Motiv schließen lassen. Die Erfahrungen dieser Personen wurden von Psychiatern und Psychotherapeuten ausführlichst untersucht und weisen in eine Richtung, die die angeblichen Entführungen durch UFO-Insassen in den Bereich der Realität rücken.

4 Überwacht eine militärische Einheit Personen während einer UFO-Entführung mittels Bio-Telemetrie?

Wie aus den in diesem Buch behandelten Fällen ersichtlich wurde, scheinen die militärischen Entführer, ähnlich wie die angeblichen UFO-Insassen, ein Interesse an Implantaten, gynäkologischen Untersuchungen und Überwachung der betroffenen Personen zu zeigen. *Mind Control*- und genetische Experimente alleine scheinen diese Vorgangsweisen bei manchen Betroffenen nicht abzudecken. Wir wollen anhand von zwei besonders gut untersuchten Fällen auf ein weiteres mögliches Motiv der militärischen Entführer eingehen.

Wie schon berichtet, hat der Leiter des MUFON-*Abduction Transcription*-Projektes, Dan Wright, etwa ein gutes Dutzend UFO-Entführungen in seinen Daten, die auf militärische Verwicklungen schließen lassen. Unter diesen Fällen befindet sich eine Frau, die definitiv mehrmals von einer militärischen Einheit, jedesmal *kurz* nach einer UFO-Entführung, gekidnapped wurde.[46] Diese Vorfälle ereignen sich seit 1993. Die Frau wurde von Psychiatern untersucht und ist völlig normal, weist aber posttraumatische Streßsymptome auf, die von einem Trauma herrühren. Ihre Erlebnisse wurden von Dan Wright in fünf Punkten zusammengefaßt:[46]

1. Sie erwacht spät in der Nacht und spürt, wie ihr jemand eine Hand über den Mund legt und ihn mit einem Band zuklebt. Eine andere Person führt ihr ein medizinisches Zäpfchen in den Mastdarm ein. Dieses Zäpfchen beinhaltet möglicherweise eine Droge, z. B. Sodium Pentothal. Kurz darauf verspürt sie einen metalli-

schen Geschmack in ihrem Mund, verliert das Bewußtsein und bekommt nach dem Erwachen schreckliche Kopfschmerzen. Diese Symptome sprechen dafür, daß ihr Sodium Pentothal als Mittel verabreicht wurde.

2. Ihre Handgelenke werden mit Plastikschnüren eng an ihre Hüften gefesselt. Danach bringt man sie aus dem Raum in einen großen Lastwagen oder einen kleineren, einem VW-Bus ähnlichen Wagen. Danach wird sie laut ihren Schilderungen zu einem alten Filmtheater oder zu einem Haus gefahren. Dort wird sie auf einen Untersuchungstisch gelegt, wobei ihre Füße in gespreizter Position in bügelähnliche Halterungen gelegt werden.

3. Ein weiblicher Arzt führt gynäkologische Untersuchungen an ihr durch, wobei sie einen Embryo zu suchen scheint, aber keinen findet.

4. Der leitende Offizier ist immer dieselbe Person. Er ist ein älterer Herr mit silbergrauen Haaren. Manchmal flößt er ihr Angst ein, indem er ihr mitteilt: »Wir wissen, wo deine Eltern leben.« Oder: »Willst du haben, daß deine Kinder in Sicherheit sind?« Oft fragt er sie: »Was haben sie dich gelehrt?« Er gibt ihr auch immer wieder zu verstehen, daß man sie solange entführen wird, bis seine Leute gefunden haben, was sie suchen.

5. Manchmal verliert die Frau während der Untersuchungen oder beim Transport das Bewußtsein.

Anhand dieses Szenarios scheint es klar zu sein, was diese militärische Gruppe von der Frau will. Wie es scheint, suchen ihre irdischen Entführer nach einem Fötus oder Embryo, der ihr möglicherweise von den UFO-Insassen, sofern diese real existieren, eingesetzt wurde. Die Frau berichtet bei einigen Hypnose-Regressionen, daß ihr die fremden Wesen mehrmals seit 1988 Eizellen entnommen hätten oder sie künstlich befruchtet haben. Nach diesen angeblichen Befruchtungen setzten bei ihr die Monatsblutungen *ein-* oder *zweimal* aus, ihr wurde öfter übel, und sie bemerkte, daß ihre Brüste anschwollen. Diese Symptome würde man bei einer Schwangerschaft im Frühstadium erwarten. Interessanterweise verschwinden diese nach einigen Wochen wieder. Ihr wurden auch einige Babys an Bord von UFOs präsentiert, und ihr wurde mitgeteilt, daß das ihre Kinder wären.

Diese Entführungserlebnisse erscheinen nun unter einem anderen Blickwinkel, da das Militär die Frau jedesmal kurz nach solchen Erfahrungen kidnapped. Bis jetzt hatten die militärischen Entführer Pech, da die Frau vor diesen Kidnappings nicht künstlich befruchtet wurde. Außerdem scheint die betroffene Familie von einer Behörde überwacht zu werden. Die Familienmitglieder beobachteten mehrmals einen Bus mit einer Satellitenschüssel auf dem Dach, der vor ihrem Haus hin und her fuhr. Vor etwa vier Jahren entdeckte die Familie am Plafond ihrer Schlafzimmer je ein kleines Loch. Möglicherweise wurden in diesen Löchern Mikrokameras für Überwachungszwecke angebracht. Vielleicht entfernte man die Kameras, nachdem die Frau wahrnahm, daß sie und ihre Familie überwacht werden. Ihre Nachbarn bestätigen, daß sie mehrmals, wenn die UFO-Entführungen stattfanden, ungewöhnliche Lichter über ihren Häusern sahen. Die Vorgehensweise des Militärpersonals würde alle im Kapitel IV behandelten Schritte erklären. Im Anschluß sollen diese Schritte in sechs Punkten zusammengefaßt werden:

1. Das Militär sucht sich einen sehr gut dokumentierten UFO-Entführungsfall für seine Interessen aus.

2. Die oder der UFO-Entführte wird mit den modernsten Methoden überwacht. Möglicherweise kidnapped man die Person und operiert ihr ein militärisches Implantat, ähnlich einem Individual Position Locator Device (IPLD), oder ein *Stimoceiver*-ähnliches Implantat ein, damit man während einer UFO-Entführung den Ort und die Körperfunktionen über biomedizinische Telemetrie überwachen kann.

3. Das Militär registriert eine UFO-Aktivität über dem Haus der entführten Person und bereitet sich auf einen Einsatz vor.

4. Nachdem die Person ein UFO-Entführungserlebnis hinter sich hat, wird sie von den Militärs gekidnappt.

5. Möglicherweise sucht man nach fremden Implantaten, Föten oder Embryos. Somit wäre das militärische Interesse an gynäkologischen Untersuchungen und Genetik zu begründen. Sofern

UFO-Entführungen real ablaufen, könnte man so auch zu *Alien*-Gewebe kommen.

6. Die Militärs arbeiten bei ihren Kidnappings mit den modernsten PSYWAR-Methoden, benützen *Mind Control*-Techniken und möglicherweise Gummimasken, damit ihre Spuren verwischt und die Untersucher verwirrt werden.

Dieses Szenario scheint auch von einer weiteren UFO-Entführten bestätigt zu werden. Das Opfer dieser traumatischen Erlebnisse ist die Amerikanerin Leah Haley. Sie begann sich seit 1990 an typische UFO-Entführungserlebnisse zu erinnern. Leah Haley wurde von mehreren Medizinern auf ihren Geisteszustand untersucht. Sie ist völlig normal, weist so wie viele andere UFO-Entführte posttraumatische Streßsymptome auf.[47, 48] Leah Haley wurde 1992 untersucht, ob sie eine zur Phantasie neigende Persönlichkeit besitzt. Bei diesem Test wurde festgestellt, daß sie eine bodenständige, konservative Frau ist. Leah Haley begann sich Anfang der neunziger Jahre aufgrund eines Zeitungsartikels plötzlich an UFO-Entführungserlebnisse zu erinnern. Sie erinnerte sich, daß sie sich in einem runden Raum befand und von kleinen, weißen Wesen mit einem übergroßen Kopf und großen, schwarzen, mandelförmigen Augen untersucht wurde.

Der Hypnosetherapeut und klinische Psychologe John Carpenter führte 15 Hypnose-Regressionen an Leah durch. Bei diesen Untersuchungen stellte Carpenter fest, daß Leah seit ihrem dritten Lebensjahr UFO-Entführungserlebnisse hat. Im Laufe der Untersuchungen und in Form von traumatischen Rückblenden erinnerte sich Leah auch an Entführungen durch Militärpersonal. Seit September 1990 behauptet sie, daß sie von einer Behörde überwacht wird und schwarze, unmarkierte Helikopter über ihrem Haus fliegen. Sie berichtet von Störungen ihrer Elektrogeräte und dem Verdacht, abgehört zu werden. Im Laufe der Zeit fand sie auf ihrem Körper mehr als 100 seltsame Narben. Manche dieser Narben scheinen von Nadeleinstichen zu stammen. Manchmal hört sie Stimmen in ihrem Kopf, obwohl Untersuchungen ergaben, daß sie nicht schizophren ist. Nach einigen Entführungen fühlte sie sich ganz benommen, so als ob sie unter

Drogen gesetzt wurde. Im folgenden sollen die wesentlichen Ausschnitte der von John Carpenter (J) durchgeführten Hypnose-Regressionen, die von ihren militärischen Kidnappings handeln, wiedergegeben werden.

»J: ›Was hast du?‹

L: ›Ich kann mich an nichts mehr erinnern.‹

J: ›Was passiert als nächstes?‹

L: ›Ich kann mir nicht vorstellen, daß es so etwas gibt!‹

J: ›Berichte, was du siehst!‹

L: ›Da sind Personen mit Waffen auf der Lichtung.‹

J: ›Was siehst du?‹

L: ›Es ist ein Helikopter! Die Personen steigen aus! Sie tragen schwere Waffen!‹«

Danach berichtet Leah, wie sie von den Bewaffneten in den Helikopter gebracht wurde. Sie mußte sich auf den Boden setzen, wobei sie der Kommandierende rüpelhaft behandelte. Nachdem der Helikopter landete, wurde die spärlich bekleidete Leah in ein Gebäude und danach in einen Konferenzraum gebracht. Dort verabreichte man ihr eine Injektion mit einer Spritze. Wie es scheint, wurde Leah von den Militärs einer Gehirnwäsche unterzogen. Dabei blieben einige interessante Wortfetzen hängen: »Er sagt, du hast das Raumschiff nicht gesehen.« Nach weiteren Einschüchterungsversuchen betritt eine uniformierte Frau mit einem Rekorder den Raum. Danach wurde Leah wieder bewußtlos. John Carpenter führte eine weitere Hypnose-Regression bei Leah durch, die ein UFO-Entführungserlebnis in der Nacht vor ihrer militärischen Entführung durchleuchtet. Leah erzählte unter Hypnose, daß sie von weißen Kreaturen in ein UFO entführt und darin untersucht wurde. Sie beschreibt, wie eine seltsame Vorrichtung über ihren Bauch geführt wurde. Danach wurde ihr mit einem nadelförmigen Instrument durch die Bauchdecke gestochen. Möglicherweise entnahmen ihr die Wesen Eizellen. Es liegt nahe, daß die Militärs Leah nicht zufällig nach diesem UFO-Entführungserlebnis gekidnappt haben.

Ein weiteres traumatisches Erlebnis scheint die Vermutung zu bestätigen, daß diese Entführer ein Interesse an Implantaten zeigen. Bei der Untersuchung eines Erlebnisses aus dem Jahr 1991, bei dem Leah sich erinnern konnte, daß ein Helikopter ein Suchlicht in ihre Fenster strahlte, kam folgendes zum Vorschein:

»J: ›Wo befindest du dich?‹

L: ›Ich weiß nicht, was das für ein Ding ist! Ich befinde mich in einem containerförmigen Behälter. Er besteht halb aus Glas und halb aus Kunststoff. Es ist klar. Ich weiß nicht, was das ist. Es kribbelt durch meinen ganzen Körper. Es beginnt in meinem Kopf. Es ist pulsähnlich, eine Art Ladung. Meine Hände und Füße kribbeln. Ich möchte, daß es aufhört! Ich zucke, der Schmerz von dieser Schockbehandlung wird unerträglich.‹«

Danach nimmt Leah nur noch Finsternis wahr.

»L: ›Da ist eine schwarze Maschine über meinem Kopf. Ich denke, sie fertigen Röntgenaufnahmen von meinem Kopf an.‹

J: ›Wer sind sie?‹

L: ›Es sind Menschen! Ich erwarte, daß ich diese Wesen sehe, aber es sind Menschen. Der Mann trägt einen weißen Labormantel.‹

J: ›Was trägst du?‹

L: ›Ich weiß nicht. Da ist ein Tuch über mir.‹

J: ›Glaubst du, daß du an Bord eines Raumschiffes bist?‹

L: ›Es sieht wie ein Spitalzimmer aus. Ich befinde mich in einem Spitalbett – ähnlich einem Operationstisch. Links von mir befindet sich ein anderer Operationstisch und ein blau-grüner Vorhang, der weggezogen ist. Dahinter befinden sich medizinische Ausrüstungsgegenstände.‹

J: ›Hörst du die Stimmen von Ärzten und Krankenschwestern?‹

L: ›Ich sehe nur Männer. Ich nehme sie nur verschwommen wahr. Ich weiß nicht, wo ich bin. Ich weiß nicht, wie ich hier herkam. Ich weiß nicht, wer diese Personen sind. Sie stehen an der Wand.‹

J: ›Wie viele sind es?‹

L: ›Drei. Einer von ihnen trägt einen weißen Labormantel. Ich kann seine Hosen nicht erkennen. Ich liege. Ich glaube, daß der Mann in der khakifarbenen Uniform sagte, daß ich das Raumschiff gesehen habe.‹

289

J: ›Ist er der Mann vom Konferenzraum?‹
L: ›Ich bin mir nicht sicher, ob er es ist.‹«
Nachdem sich die Befragung von Carpenter auf Leahs Ohren konzentrierte, sagte sie:
»L: ›Mein Ohr schmerzt.‹
J: ›Dein rechtes Ohr?‹
L: ›Ja, es schmerzt schrecklich!‹
J: ›Was geschieht nun?‹
L: ›Der Mann in der Khaki-Uniform fragt den Mann im Labormantel, ob er es hinbekommen hat. Der Mann im Labormantel antwortet darauf: ‚Kein Problem.‘ Danach sagt der Mann in Khaki: ‚Ich glaube, es ist Zeit, ihr eine weitere Injektion zu geben.‘ Der Mann im Labormantel: ‚Ja, ich habe es bekommen.‘ Er greift zum anderen Tisch und nimmt etwas zu sich.‹
J: ›Kannst du erkennen, was er zu sich nimmt?‹
L: ›Ja, es ist eine Spritze, eine Nadel. Sie haben meine Arme festgebunden! Ich kann mich nicht bewegen! Ich will nicht, daß er mir eine Injektion verabreicht.‹«
Danach bekommt Leah eine Injektion in ihren rechten Arm und verliert ihr Bewußtsein. Wenn man diese Hypnosesitzung noch einmal analysiert, kommt folgendes zum Vorschein: Die Militärs haben Leah betäubt, entführt, in ein Gerät ähnlich einem Magnetresonanztomographen gesteckt, ihren Kopf geröntgt und ihr dann einen Fremdkörper aus dem Ohr entnommen. Ob dieses hypothetische Implantat von den Militärs stammte oder ein *Alien*-Implantat war, kann man nicht eruieren. Es liegt auf der Hand, daß die Militärs bei den von ihnen ausgewählten UFO-Entführungsopfern die in Kapitel II beschriebenen Implantate einsetzen, um sie während einer UFO-Entführung überwachen zu können. Leahs Erlebnisse waren nach diesen Erfahrungen noch nicht zu Ende.
Das unglaublichste Erlebnis kam bei einer weiteren Hypnose-Regression zum Vorschein. Sie beschrieb unter Hypnose, daß sie an Bord eines UFOs war, das plötzlich vom Himmel fiel. Sie erlebte den Fall ins Leere unter Hypnose noch einmal mit. Danach befand sie sich an einem Strand. Sie nahm Helikopter wahr,

Abb. 55: Bei dieser Illustration entnimmt ein Militärarzt Leah Haley einen Fremdkörper aus ihrem rechten Ohr (© Jonesy).

wurde zu einem Schiff gebracht und wurde Zeugin, wie Militär-personal einen UFO-Insassen an Deck brachte. Kurz darauf wird sie unter Drogen gesetzt und unter Deck gebracht. Bei einer wei-teren Rückblende erinnert sie sich, daß sie einen Mann am Strand sah, der einen UFO-Insassen auf seiner Schulter trug. Im Verlauf der Hypnose-Regression stellte sich heraus, daß sich Leah während ihrer Entführung an Bord eines UFOs befand, das wie von Geisterhand vom Himmel fiel. Das Militär war anscheinend sofort zur Stelle und brachte Leah und die geborgenen UFO-In-sassen auf ein nahe gelegenes Kriegsschiff, wo man ihr eine Ge-hirnwäsche verpaßte.

Wenn dieses Erlebnis real stattfand, muß man sich die Frage stel-len, ob das amerikanische Militär Waffen entwickelt hat, mit denen man hypothetisch auch UFOs abschießen kann. Es ist eher unwahrscheinlich, daß sich Leah an Bord eines UFOs befand, als es zufällig abstürzte. Die Militärpräsenz und die Anwesenheit eines Navy-Schiffes schienen kein Zufall zu sein. In Kapitel VI werden wir deshalb untersuchen, ob die USA infolge ihrer Strategic Defense Initiative (SDI) exotische Waffen entwickelt hat, die auch gegen UFOs eingesetzt werden könnten. Zuvor wollen wir nachsehen, ob es überhaupt möglich wäre, daß in einer Demokratie wie den USA militärische Einsatztruppen in Friedenszeiten solche zuvor geschilderten Aktionen, ohne daß der Kongreß etwas davon weiß, durchführen können.

5 Yellow Fruit: Arbeitsmethoden einer Schattenregierung

Als Mitte der achtziger Jahre die *Iran Contra*-Affäre aufgedeckt wurde, bekam Lieutenant Colonel Dale C. Duncan von den Untersuchungsbehörden der Regierung Probleme. Seine Vorgesetzten im Verteidigungsministerium wollten von ihm eine Rechtfertigung über mehrere Millionen US-Dollar aus dem schwarzen Budget. Das schwarze Budget ist die Schatzkammer des Militärs und der Geheimdienste und finanziert die Projekte, die man vor der Öffentlichkeit, dem Kongreß, Regierungsmitgliedern und möglicherweise auch vom Präsidenten fernhalten will.[49] Lt. Colonel Duncan war ein Mitglied einer *geheimen Armee* innerhalb der amerikanischen Armee. Er gab eine Menge Geld für verdeckte Einsätze in Südamerika und anderen Teilen der Erde aus. Er benutzte für seine Finanztransaktionen und Geldwäsche Scheinfirmen und geheime Bankkonten. Die geheimen Soldaten begannen ihre Arbeit nach dem Amtsantritt von Ronald Reagan Anfang der achtziger Jahre. Der US-Kongreß bewilligte 1981 90 Millionen Dollar für die Special Operations Division (SOD). Von dieser Summe flossen etwa 20 Millionen Dollar in das schwarze Budget. Mit diesen 20 Millionen wurde eine geheime Einheit mit der Bezeichnung Intelligence Support Activity (ISA) gegründet. Der Auftrag dieser Einheit war es, weltweit für die geheimen Armeen Nachrichten einzuholen.

Die ISA war der Geheimdienst dieser unter Ausschluß des Kongresses operierenden Divisionen. Lt. Colonel Duncan leitete 1982 eine Firma in Anadale, die sich Business Security International nannte. In Wirklichkeit war das eine Scheinfirma, von der aus eine verdeckte Operation mit dem Kodenamen *Yellow Fruit* geleitet wurde. Diese Operation war so geheim, daß weder die höchsten Stellen in der Armee noch der Kongreß etwas wußten. Mit der Zeit wurde die SOD mehr als eine geheime Schwadron.[49]

Die SOD wurde aufgrund ihrer Finanzierungsmethoden wie für die Operation *Yellow Fruit* eine CIA-ähnliche Organisation im Staate. Als der CIA-Direktor William Casey von der SOD eingeweiht wurde, fand er sofort Gefallen an diesen Machenschaften. Da die CIA ihre geheimen Einsätze dem Kongreß melden muß, sah er bei der SOD die Chance, mit ihrer Hilfe eine eigene paramilitärische Einheit ins Leben zu rufen. Diese Überlegungen fielen auf fruchtbaren Boden, so daß ein Verbindungsmann zwischen der CIA und der über *Yellow Fruit* finanzierten geheimen Armee eingesetzt wurde. Danach führten diese Soldaten für die CIA und NSA ihre Missionen in den verschiedensten Krisengebieten aus. Infolge der *Iran Contra*-Untersuchungen kam ans Tageslicht, daß diese Divisionen mehrere schwarze Programme ins Leben riefen, von denen der Chief of Staff, General John Wickham, sein Vize, General Maxwell Thurman, und der Sekretär der Armee, John O. Marsh Jr., nichts wußten. Das Special Access Program Oversight Committee fand schließlich heraus, daß die geheimen Soldaten zwischen 50 und 60 schwarze Programme laufen hatten.

Es dauerte beinahe vier Jahre, um die Geldflüsse und Transaktionen zurückzuverfolgen. Viele Beweise wurden vernichtet, obwohl die Zerstörung von Regierungsdokumenten per Gesetz verboten ist. Viele Inhalte dieser Programme blieben dem Untersuchungsteam verborgen. Einige der involvierten Personen, wie Lt. Colonel Dale Duncan, wurden gerichtlich verurteilt. Den meisten an dem Skandal beteiligten Personen konnte man nichts Konkretes nachweisen, obwohl die Ermittlungen bis in das Direktorat der NSA vordrangen.

Wie dieses Beispiel zeigt, scheint es für manche Personen innerhalb der amerikanischen Regierung kein Problem zu sein, solche geheimen Armeen oder Einsatztruppen ins Leben zu rufen. Viele Sicherheitsexperten sind der Meinung, daß die amerikanische Regierung eine sehr komplexe Organisation ist und sehr viele Operationen einer *Need to Know*-Befugnis unterstehen. Nebenbei gibt es zwischen den Militärs und den Geheimdiensten undurchschaubare Verbindungen. Ein UFO-Projekt könnte laut einer Quelle des US-Kongresses mit Leichtigkeit einige 1000 Personen beschäftigen und große Geldmengen verwalten, die kein einzelnes Individuum oder eine Gruppe innerhalb dieser Machtpyramide überblicken kann. Vielen Forschern wird immer mehr bewußt, daß Angelegenheiten wie *Mind Control*-Experimente, UFO-Forschung und verdeckte militärische Einsätze von einer Elite durchgeführt werden, die durch eine *Need to Know*-Befugnis zusammengehalten wird.

Im Juli 1991 wurde Dr. Jesse Marcel Jr., dessen Vater Major Jesse Marcel beim Roswell-Zwischenfall beteiligt war, von einem Bediensteten des National Security Council (NSC) eingeladen. Der Beauftragte sagte, daß es sein Job ist, festzustellen, wer die UFO-Angelegenheit vertuscht.[50] Er sagte, daß sehr viel Geld ausgegeben wird, um diese Angelegenheit vor dem Kongreß geheimhalten zu können. Er teilte Dr. Marcel mit, daß dieses Geld illegal ausgegeben wird und ein verborgener Arm innerhalb der amerikanischen Regierung in diesen schwarzen Programmen involviert ist. Neben Dr. Marcel hatten auch andere Forscher wie Timothy Good und Whitley Strieber ein Treffen mit derselben Person. Wie sich herausstellte, handelt es sich bei dieser Person um Dick D'Amato, einen Sicherheitsspezialisten von Senator Robert (Harry) Byrd vom Senate Intelligence Committee. Es ist anzunehmen, daß Dick D'Amato diese Treffen verneint, wenn er öffentlich darüber befragt wird. Wie es scheint, agiert diese Schattenregierung unabhängig von der amerikanischen Verfassung und ist deshalb sehr schwer aufzudecken oder zu zerschlagen.[51] Wie wir im folgenden Kapitel aufzeigen, scheinen die Geldflüsse und die Entwicklung von futuristischen High-Tech-Waffensystemen ebenfalls von dieser *Elite*-Gruppe kontrolliert zu werden.

VI

High-Tech-Waffensysteme

»Meine Erfindung benötigt eine leistungsstarke Anlage. Wenn sie errichtet ist, wird es möglich sein, jeden Menschen oder Maschinen im Umkreis von 200 Meilen zu vernichten.«

Der bekannte Erfinder Nikola Tesla beschreibt die Auswirkungen seiner Todesstrahlen in der Februar-Ausgabe der Zeitung Liberty Magazine *von 1935.*

»Waffen, die elektronische Bauteile vernichten, den Gegner blenden oder die Stromversorgung einer ganzen Stadt lahmlegen, könnten für friedenserhaltende Truppen von großem Nutzen sein.«

Aus einem Artikel über nicht lethale Waffen aus der Zeitung Aviation Week & Space Technology *vom 24. Januar 1994.*

1 Von Tesla zu Star Wars

Am 10. Juli 1856 wurde Nikola Tesla in Smilian an der ehemaligen österreichisch-ungarischen Grenze geboren.[1] Zu dieser Zeit wußte noch niemand, welches Genie an diesem unbedeutenden Fleckchen Erde das Licht der Welt erblickte. Nikola Tesla studierte an der Technischen Universität in Graz, Österreich, und ging 1882 nach Paris, um für die Edison-Gesellschaft zu arbeiten. Während seiner Freizeit konstruierte er den ersten Induktionsmotor.

Zwei Jahre später wanderte Tesla in die USA aus und fand auch dort bei Thomas Edison eine Arbeit. Weitere zwei Jahre später entdeckte Nikola Tesla die Vorteile des Wechselstroms. Danach ließ er unzählige fantastische Erfindungen patentieren. Darunter befindet sich das US-Patent Nr. 787,412, das beschreibt, wie man elektrische Energie ohne Drähte übertragen kann.[2] Tesla führte gegen Ende 1898 systematisch Forschungen durch, um eine praktische Anwendung für dieses Patent zu finden. Dazu mußte er drei wichtige Aufgaben lösen. Diese Aufgaben lauten:

1. die Entwicklung eines leistungsstarken Transmitters,
2. die Entdeckung einer Methode, mit der man die übertragene Energie von der Umgebung isolieren kann,
3. man muß herausfinden, wie sich Ströme durch die Erdatmosphäre ausbreiten.

Nikola Tesla führte seine Versuche in einem Forschungslabor auf einem Hochplateau auf etwa 2000 Meter über dem Meeresspiegel in Colorado Springs durch, da er dort die besten Wetterbedingungen vorfand. Laut Tesla registrierten er und sein Mitarbeiter Fritz Lowenstein *stehende* elektromagnetische Wellen während eines Gewitters in der Atmosphäre. Stehende Wellen bilden sich, wenn zwei Wellen gleicher Frequenz und Amplitude von beiden Enden eines Resonanzkörpers reflektiert werden und miteinander interferieren. Dabei werden bestimmte Punkte im jeweils halben Abstand der Wellenlänge nicht mehr aus ihrem Gleichgewicht gelenkt. Diese Knoten entstehen durch die gegenphasige

Auslenkung der beiden miteinander interferierenden Wellen, sie bezeichnen Punkte völliger Auslöschung. Zwischen den Knoten dagegen tritt eine Verstärkung der Amplituden auf, in denen die maximale Energie gespeichert ist.

Den Forschern wurde bewußt, daß man durch diese Entdeckung ohne Verlust Energie, telegraphischen Botschaften ähnlich, um die Erde senden könnte.[1] Nikola Tesla träumte davon, daß jedermann durch seine Erfindung Energie kostenlos erhalten kann. Er war der Meinung, daß man elektrische Energie übertragen kann, indem man in der Atmosphäre Schwingungen erzeugt, die mit den natürlich vorkommenden Wellen in Phase sind. Jeder, der den entsprechenden Empfänger besäße, könnte so Energie aus der Atmosphäre abzapfen. Nikola Tesla wollte seine Versuche der Energieübertragung ohne Verlust in Long Island, New York, weiterführen. Er begann mit der finanziellen Unterstützung des Bankiers J. P. Morgan den sogenannten *Wardenclyffe Tower* zu errichten. Dieses Projekt wurde niemals fertiggestellt, da Morgan die Finanzierung einstellte. Nachdem Tesla seine Experimente beenden mußte, gab er seine Vorstellungen von der Erzeugung sogenannter *Todesstrahlen* in der Öffentlichkeit preis. Am 11. Juli 1934 brachte die *New York Times*[3] eine Geschichte über Tesla mit der Schlagzeile »Tesla at 78 Bares New Death Beam«. In dem Artikel wurde berichtet, daß man durch Teslas Erfindung Flugzeuge vom Himmel schießen kann. Weiter wurde berichtet, daß diese Waffe eine defensive Wirkung hat und, ohne Spuren zu hinterlassen, tötet. Tesla behauptete, daß seine Erfindung Energien von Tausenden Pferdestärken in Form eines Strahles abstrahlen kann. In einem Versuch, Geld für seine Verteidigungswaffen zu erhalten, schrieb er: »Die fliegenden Maschinen (Flugzeuge) haben die Welt komplett demoralisiert. Die Einwohner von London und Paris leben in Furcht vor Bombenangriffen aus der Luft. Die neuen Methoden, die ich entwickelt habe, gewähren einen absoluten Schutz gegen solche Angriffe ... Diese neuen Entdeckungen, die ich experimentell im kleinen Rahmen ausgeführt habe, kreieren einen gründlichen Eindruck.«

Sein Todesstrahl war eine Weiterentwicklung der Colorado

Springs- und Long Island-Experimente. Wenn Flugzeuge oder Schiffe mit dem vom Turm erzeugten elektrischen Feld in Verbindung kommen, könnte das elektrische System eines Eindringlings zerstört werden. Andererseits könnten hochenergetische Partikeln entlang einem elektrischen Feld auf einem leitenden Pfad zu dem Ziel gerichtet werden.[1]

Dr. Marc J. Seifer fand 53 Arbeiten von Tesla, die in die Geschichte über Laser und Partikelwaffen passen.[4] Ein gut plazierter Puls mit einer Energie von mehreren Millionen Volt könnte theoretisch das Nachrichtensystem einer ganzen Stadt lahmlegen. Weiter fand er viele Hinweise, bei denen die Militärs einen Durchbruch in der Anwendung von Tesla-Technologien suchten. Wenn man sich die gegenwärtige Entwicklung von High-Tech-Waffen ansieht, könnte man meinen, daß Teslas Patente absichtlich von der Öffentlichkeit zurückgehalten werden, um sie im geheimen für militärische Anwendungsbereiche weiterzuentwickeln.

Als Anfang der achtziger Jahre von Präsident Ronald Reagan die Strategic Defense Initiative (SDI) bewilligt wurde, schien man mit der Entwicklung von Partikelstrahlwaffen, elektromagnetischen Pulswaffen und anderen aus Tesla-Technologien stammenden Erfindungen begonnen zu haben. In den folgenden Unterkapiteln werden wir aufzeigen, daß gegenwärtig exotische Waffensysteme entwickelt werden, die Roland Emmerichs Helden in seinem Science-fiction-Epos *Independence Day* geholfen hätten, die aggressiven außerirdischen Eindringlinge schneller und vor allem realistischer abzuwehren. Weiter zeigen wir auf, daß manche dieser Waffen möglicherweise wirklich gegen UFOs eingesetzt werden und sich *Independence Day* vielleicht im kleinen Rahmen gegenwärtig ereignet.

2 Strategic Defense Initiative (SDI)

Am 23. Mai 1983 verkündete der amerikanische Präsident Ronald Reagan, daß die USA einen globalen Schutzschirm gegen ballistische Interkontinentalraketen entwickeln werden.[5] Dieser Schutzschirm sollte so undurchlässig sein, daß keine Rakete auf amerikanischem Boden explodieren kann. Dieses Vorhaben stellte sich schließlich als das teuerste Rüstungsprojekt der Menschheit heraus, obwohl es von vornherein zum Scheitern verurteilt war. Das Projekt ging mit dem Namen *Star Wars* oder Strategic Defense Initiative (SDI) in die Annalen der Geschichte ein.

Die meisten Wissenschaftler hielten *Star Wars* von Anfang an für undurchführbar. Bis Anfang der neunziger Jahre gaben die USA etwa 25 Milliarden Dollar für SDI aus. Ein Jahr nach der Bekanntgabe von SDI wurden die Forschungsaufträge erteilt und Verteidigungskonzepte entwickelt. Es wurden alle wissenschaftlichen Möglichkeiten in Betracht gezogen, um Methoden zu entwickeln, die die geforderten Ansprüche erfüllen können.[6] Diese Konzepte hatten sieben Verteidigungspunkte zu berücksichtigen. Die wichtigsten Handlungszeiträume während eines Atomschlages sind die *Boost-Phase*, die *Post Boost-Phase* und die *Mid Course-Phase* sowie die thermische Verteidigungsphase.

Boost-Phase: Während dieser Phase benötigt eine Rakete etwa drei bis fünf Minuten, um die Nuklearsprengköpfe in eine Höhe von 200 Kilometer zu transportieren. Die SDI-Strategen sind der Ansicht, daß man während dieser Phase die meisten Raketen abschießen sollte. Vier Verteidigungstypen haben sich für dieses Vorhaben als besonders nützlich erwiesen. Diese vier Typen sind *chemische Laser*, *Partikelstrahlen*, *elektromagnetische Railguns* und *Röntgen-Laser*.

Chemische Laser: Eine chemische Laserwaffe verwendet ihre bei chemischen Reaktionen entwickelten Energien, um sie fokussiert auf ein Target zu richten. Die SDI-Wissenschaftler wollten diese Laserstationen im Weltraum stationieren. Das Hauptproblem bei diesen im Weltraum stationierten Laserstationen ist, daß sie sehr groß sind und man Probleme hat, sie in den Orbit zu befördern. Außerdem würden solche Waffen, damit sie eine Rakete zerstören können, eine Energie von etwa 25 Megawatt benötigen. Gegenwärtig erzeugen die leistungsstärksten experimentellen Laser Energien von 400 000 Watt. Außerdem wären die Laserstationen gegen Anti-Satelliten-Waffen (ASAT) anfällig. Eine weitere Methode einer Laserabwehr wären im Weltraum postierte Spiegelsysteme, die vom Boden abgestrahlte Laserstrahlen verstärken und auf die anfliegenden Raketen richten. Der Nachteil dieses Konzeptes ist der Energieverlust, den der Laserstrahl erleidet, wenn er durch die unteren Atmosphärenschichten dringt.

Partikelstrahlen: Partikelstrahlwaffen beruhen auf der Tatsache, daß subatomare Partikel durch ihre hohen Energien die elektrischen Stromkreise in den Steuersystemen von Raketen oder anderen Flugkörpern vernichten. Diese Effekte sind aus der Erfahrung von Teilchenbeschleunigern bekannt. In der Erdatmosphäre gibt es solche hochenergetischen Teilchen im irdischen Magnetfeld. Wie es scheint, werden gegenwärtig in Alaska Anstrengungen unternommen, diese Teilchen für die vorher genannten Effekte nützlich zu machen. Eine andere Möglichkeit für die Entwicklung einer Partikelstrahlwaffe wäre, daß man hinter einem Laser, der durch die Atmosphäre tunnelt, einen Partikelstrahl schickt, der das Zielobjekt vernichtet.

Elektromagnetische Railguns: Bei elektromagnetischen Railguns (elektromagnetische Kanonen) wird nicht mit Licht oder energiereichen Teilchen, sondern mit der kinetischen Energie materieller Projektile auf ein Target geschossen. In den geheimen Forschungseinrichtungen wollte man Projektil-Geschwindigkeiten von 72 000 km/h erreichen. Aber die Entwicklung der Lenk- und Steuersysteme geringer Masse für solche Geschosse, die die Anfangsbeschleunigung überstehen, und die Entwicklung des Energiebedarfs von Hunderten Megawatt Elektrizität für eine elektromagnetische Railgun sind wahrscheinlich die schwierigsten von allen zu lösenden Problemen.

Röntgen-Laser: Röntgen-Laser waren möglicherweise die effektivsten unter SDI geplanten Waffen. Ein solcher Laser ist eigentlich eine schwebende Atombombe. Ein Satellit registriert das anfliegende Objekt und löst danach eine thermonukleare Reaktion aus, bei der die freiwerdenden Röntgenstrahlen auf das anfliegende Objekt fokussiert werden und es zerstören.

Das größte Problem für die Verteidigung dieser Waffensysteme blieb der Sowjetfaktor. Es ist durchaus möglich, sehr viel billigere

300

Gegenmaßnahmen zu treffen, als diese Waffen zu entwickeln. Die Sowjets haben in den achtziger Jahren ASAT-Waffen entwickelt und getestet, die amerikanische Satelliten zerstören können. Weiter könnte der Gegner Materialien entwickeln, die einen Abschirmeffekt für gerichtete Energiewaffen verursachen oder die Flugzeiten in der *Boost-Phase* vermindern, um den Reaktionszeitraum des Gegners zu verkürzen. Falls man es wirklich schaffen würde, alle atomaren Raketen im Weltraum zu zerstören, bleibt noch immer die Bedrohung durch Marschflugkörper und Unterseeboote bestehen. Die atomare Schlagkraft dieser Waffen wäre noch immer groß genug, um die USA damit zu vernichten.

Diese Tatsachen waren den für SDI verantwortlichen Militärs und Wissenschaftlern natürlich bewußt.[5] Nach Ansicht von Dr. Edward Teller ist ein Gleichgewicht, das auf der Balance des Schreckens beruht, in sich instabil. Ein Gleichgewicht, das dagegen auf einer undurchdringbaren Abwehr beruht, sei in sich stabil. Dr. Teller hoffte, daß im Jahre 2000 von den für strategische Zwecke ausgegebenen Geldern 95 Prozent auf die Defensive und nur fünf Prozent auf die Offensive entfallen. Nach dem Röntgen-Laser propagierte Dr. Teller die *Brilliant Bebbels*. An den Livermore National Laboratorien hatte Dr. Lowel Wood die Idee für dieses Verteidigungssystem entwickelt.

Unter Brilliant Bebbels versteht man etwa 1000 bis 4000 in rund 400 Kilometer Höhe mit einer Lebenszeit von zehn Jahren kreisende, autonome Satelliten, die angreifende Raketen blitzschnell orten, dann in die Angriffsbahnen der Atomsprengköpfe manövrieren und die angepeilten Ziele durch bloße Kollision vernichten. Dr. Gregory Canavan und Dr. Edward Teller schrieben 1990 in der wissenschaftlichen Fachzeitschrift *Nature* einen Artikel, in dem sie Brilliant Bebbels als die Verteidigungsvariante der neunziger Jahre priesen. Einer dieser Satelliten wiegt nur um die 50 Kilogramm und ist nicht größer als ein Schreibtisch. Sämtliche elektronischen Bauteile und Computer wurden für diese Weltraumgelsen miniaturisiert. Im Bildteil des Buches ist ein Brilliant Bebbels-Test abgebildet.

Die politisch Verantwortlichen erhofften sich, daß durch SDI viele neue technische Errungenschaften für zivile Zwecke abfallen, um die amerikanische Wirtschaft wieder revitalisieren zu können. Die amerikanische Wirtschaft wurde zu dieser Zeit von asiatischen Billigprodukten auf dem Elektroniksektor überrollt. Andererseits war man sich sicher, daß die Sowjetunion bei so einem Programm mit ihrem politischen System nicht mithalten kann und dabei in die Knie gezwungen werden könnte – was auch der Fall war.

Nach dem Zusammenbruch der Sowjetunion wurde SDI 1993 von Präsident Bill Clinton ohne finanzielle Kürzungen in Ballistic Missile Defense Organisation (BMDO) umbenannt.[8] Die Neukonzeption von SDI hin zur BMDO enthält ein erstaunliches Angebot an die Freunde und ehemaligen Feinde der USA, am BMDO mitzumachen. Die neuen Feinde scheinen nun Diktatoren aus Ländern der Dritten Welt und *Asteroiden* aus dem Weltraum zu sein. Gegenwärtig wird gerade die 120 Millionen Dollar teure *Clementine II*-Mission vorbereitet. Der Start von Clementine II ist für Mitte 1998 geplant.[7] Der Satellit wird an drei Asteroide heranfliegen, sie mit kleinen ferngelenkten Raketen beschießen und die Impakte von sicherer Entfernung beobachten. Dabei will man Aufschlüsse über die Zusammensetzung von Asteroiden erhalten. Bei dieser Mission sind das Air Force Space Command, das Air Force Philips Laboratorium in Albuquerque, New Mexico, und das Lawrence Livermore Laboratorium in Kalifornien beteiligt. Dr. Edward Teller ist der Meinung, daß man erdkreuzende Asteroiden, die eventuell die Erde treffen könnten, mit Atomwaffen wegsprengen sollte. Die an dem Projekt mitarbeitenden Wissenschaftler glauben, daß man mit einem 20 bis 30 Tonnen TNT-Impakt einen 100 Meter durchmessenden Asteroiden von einem Kollisionskurs mit der Erde abbringen kann.

Das BMDO-Konzept kommt, wie es scheint, ohne Röntgen-Laser, Partikelstrahlen und elektromagnetische Railguns aus. Interessanterweise wurden parallel zu SDI weitere exotische Defensiv- und Offensivwaffen entwickelt. Diesen sogenannten nicht lethalen Waffen wird seit Anfang der neunziger Jahre vom Pentagon eine immer größere Priorität zugeordnet. Wie wir auf den kommenden Zeilen zeigen, befinden sich unter diesen Waffen auch solche, die hypothetisch gegen UFOs eingesetzt werden könnten.

3 Antimaterielle nicht lethale Waffensysteme (NLW)

Das Konzept der nicht lethalen Waffen ist nicht neu. Die Administration unter Präsident Ronald Reagan verstärkte ihr Interesse an elektromagnetischen Waffen seit Anfang der achtziger Jahre erheblich. Viele dieser Projekte liefen unter SDI und wurden von diesen Geldern finanziert. Viele Forscher sind der Ansicht, daß SDI nur eine Ablenkfunktion hatte und unter diesem Deckmantel gerichtete Energiewaffen und hochleistungsfähige Mikrowellen-Pulswaffen entwickelt wurden.[8, 9]
Im Oktober 1993 verkündete der damalige Verteidigungsminister Les Aspin, daß das Pentagon eine Studie über nicht lethale Technologien durchführen wird. Dr. Aldric Saucier ist ein Wissenschaftler für das Ballistic Defense Command mit langjähriger Erfahrung in der Weltraumforschung. Dr. Saucier vertrat 1993 vor dem House Government Operations Committee die Ansicht, daß mindestens die Hälfte des SDI-Budgets in klassifizierte Projekte geflossen ist.[9] Er bestätigte, daß Millionen Dollars zwischen den verschiedensten Projekten hin und her jongliert wurden. Seit 1993 profitieren die Firmen, die an SDI-Projekten gearbeitet haben, von den nicht lethalen Programmen. Im November 1993 wurde an der Johns Hopkins-Universität eine Konferenz über elektromagnetische Waffen von dem im Kapitel IV erwähnten Dr. John Alexander organisiert.[10] Bei dieser Konferenz war die Crème de la crème der High-Tech-Waffenindustrie vertreten und Dr. Edward Teller als Gastsprecher geladen.
Neben Energiewaffen, die sich gegen Personen richten, werden unter diesen Waffen auch solche entwickelt, die gezielt gegen

Geräte, Flugzeuge und Fahrzeuge eingesetzt werden können. Diese Technologien beinhalten hochfrequente Mikrowellen-Puls-waffen (HPM-Waffen) und elektromagnetische Pulswaffen (EMP-Waffen), die elektrische Stromkreise unterbrechen können und deshalb eine Gefahr für Flugzeuge und Fahrzeuge darstellen. Dr. John Alexander wird als der Vater der nicht lethalen Verteidigung angesehen und interessiert sich in seiner Freizeit für paranormale Phänomene und UFOs. Dr. Alexander gab in der Zeitschrift *Aviation Week & Space Technology* vom 24. Januar 1994 zu verstehen, daß die USA gegenwärtig antimaterielle Waffen entwickeln, die die Stromversorgung einer ganzen Stadt lahmlegen können, damit sie danach von friedenserhaltenden Truppen mit Leichtigkeit eingenommen werden kann.[11]

Ein besonderes Interesse wird auf EMP-Waffen gelegt, da sie für Einsätze der Special Forces von großem Interesse sind. EMPs wirken schnell, sauber, unsichtbar und sind sehr effektiv. Diese Waffen könnten hypothetisch auch gegen UFOs eingesetzt werden. In *UFO-Nahbegegnungen*[12] wurde gezeigt, daß UFOs die umgebende Lufthülle ionisieren können. Das wiederum ist ein Hinweis, daß Ströme und Magnetfelder bei UFO-Antrieben eine Rolle spielen könnten. Deshalb könnten hochleistungsfähige elektromagnetische Pulse von HPM- und EMP-Waffen die elektrischen Systeme von UFOs stören oder vernichten. Im kommenden Abschnitt wollen wir uns deshalb mit dem derzeitigen Stand der EMP-Entwicklung beschäftigen.

4 Elektromagnetische Pulswaffen (EMPs)

Seit den letzten zwanzig Jahren wurden verschiedene Forschungsprogramme ins Leben gerufen, die die Auswirkungen von intensiven elektromagnetischen Feldern auf elektronische Geräte untersuchten, damit man Gegenmaßnahmen entwickeln kann. Für diese Zwecke wurden elektromagnetische Pulssimulatoren entwickelt. Diese Simulatoren erzeugen sehr kurze intensive Pulse von elektromagnetischen Feldern, die sich besonders in der Umgebung des Simulators äußern. Die Hauptaktivitäten beinhalten die Effekte von leistungsfähigen Mikrowellenpulsen, den sogenannten *High Power Microwave (HPM)*-Pulsen, auf integrierte Schaltkreisen und Fotozellen.[13]

Diese freigesetzten Energien reproduzieren den nichtionisierenden Strahlungsanteil, der nach einer Atombombenexplosion in der hohen Atmosphäre frei wird. Diese nichtionisierende elektromagnetische Energie, die von einem Pulssimulator erzeugt wird, ist ähnlich wie ein elektromagnetischer Energieausbruch, der durch eine Blitzentladung in der Atmosphäre verursacht wird. Diese durch EMPs erzeugten elektromagnetischen Felder können sensible Stromkreise in elektronischen Geräten, Computern, nachrichtentechnischen Anlagen, ferngelenkten Waffensystemen und Telefonverbindungen stören oder vernichten.

Infolge von SDI und den nicht lethalen Waffen-Programmen wurden EMPs entwickelt, die als Waffen eingesetzt werden können. Wenn man bedenkt, daß ein Flugzeug, das in einen EMP-Bereich einfliegt, chancenlos verloren ist, da seine Elektronik versagt, kann sich jeder ausmalen, wieso die Militärs ein solches Interesse an diesen EMP-Waffen zeigen. Mysteriöse Begebenheiten umgaben 1989 stattfindende EMP-Simulator-Tests in der Chesapeake Bay in der Nähe von Annapolis.[14] Viele an der Bay angrenzende Einwohner bemerkten seit 1987 einen gewaltigen Anstieg an dunklen Militärhelikoptern. Unter diesen Helikoptern befanden sich auch große Hubschrauber des Chinhook-Typs. Bald darauf wurde diese Gegend auch von unidentifizierbaren Flugobjekten heimgesucht. Mehrere Zeugen beobachteten leuchtende Flugobjekte, die sich auf unkonventionelle Art fortbewegten.[15] Manche Helikopter kreisten über Wohnhäuser, so daß sich viele Einwohner von ihnen belästigt fühlten.

Anfragen bei dem zuständigen Kongreßabgeordneten Tom McMillen brachten keine zufriedenstellenden Ergebnisse. Es schien, als ob die UFO-Aktivität und das Auftauchen der dunklen Helikopter mit geheimen Navy-Tests zusammenhingen. Forscher fanden heraus, daß die amerikanische Navy ein Projekt mit dem Namen *EMPRESS* durchführte.[14] Hinter dem Kürzel

EMPRESS verbirgt sich die Bezeichnung: »Electromagnetic Pulse Radiation Environment Simulator for Ships«. Diese EMP-Tests wurden von einem Schiff, das im Bildteil des Buches abgebildet ist, in der Chesapeake Bay durchgeführt.

Manchmal berichteten Zeugen, daß unidentifizierbare Flugobjekte längere Zeit über eine Brücke, die die Bay überspannt, schwebten. Die Foundation on Economic Trends und andere Organisationen verklagten das amerikanische Verteidigungsministerium, da man befürchtete, daß diese Tests Schäden an der Umwelt hinterließen. Die EMP-Gegner verloren den Prozeß, und das Militär nahm zwei Wochen später die Tests wieder auf. Die angrenzenden Navy-Forschungsstützpunkte befanden sich während dieser Testzeit in Alarmbereitschaft. Im Juli 1988 wurden wieder UFOs über der Chesapeake Bay beobachtet. Interessanterweise wurden der UFO-Forschungsorganisation MUFON zwischen 22. und 24. Juli 1988 die meisten UFO-Sichtungen gemeldet. Wie man bei Nachforschungen herausfand, wurden

Small plane plunges into Chesapeake

2 missing; search goes on

UFO sightings reported around Bay Bridge

Abb. 56: Zeitungsschlagzeilen über den mysteriösen Absturz einer Cessna und über UFO-Sichtungen in der Nähe der Bay Bridge, Maryland. In diesem Gebiet fanden kurz nach den Sichtungen und zum Zeitpunkt des Flugzeugabsturzes Navy-Tests mit einem EMP-Simulator statt.

genau zu dieser Zeit um 4 Uhr in der Früh EMP-Tests durchgeführt.

Außerdem ereignete sich um 4.35 Uhr des 24. Juli eine Flugzeugkatastrophe, die möglicherweise mit den EMP-Tests zusammenhing.[16] Zwei junge Männer flogen zu dieser Zeit mit einer Cessna 182 von Kent Island entlang der Bay Brücke zum östlichen Strand. Fünf Minuten nach dem Start versagte die Elektronik des Flugzeuges, und es stürzte ab. Die beiden Männer kamen bei diesem Absturz ums Leben. Zu dieser Zeit befand sich auch das *EMPRESS*-Schiff in der Nähe des Absturzortes. Mehrere Tageszeitungen berichteten am nächsten Tag ausführlich von diesem Unglück. Den Bundesbehörden gelang es nicht, die Ursache des Versagens zu finden. Untersuchungen am geborgenen Flugzeugwrack ergaben, daß die Maschine vollständig intakt war. Der Zeitraum und der Unglücksort sowie der plötzliche totale Leistungsausfall im Flugzeug legen einen Zusammenhang mit den EMP-Tests nahe. Auch wenn man nicht nachweisen kann, daß die Cessna 182 in einen EMP-Kegel eingeflogen ist. Da in derselben Nacht auch UFOs und Helikopter in der Nähe der Bay Brücke beobachtet wurden, hegten mehrere Forscher den Verdacht, daß man die EMP-Tests nicht zufällig an diesem Ort durchführte und UFOs das eigentliche Ziel dieser Tests waren. Da diese EMP-Projekte sehr geheim sind, ist es nicht leicht, etwas über sie herauszufinden.

Chris Terraneau war zwischen 1987 und 1989 beim Bau von hochleistungsfähigen Mikrowellen-Pulswaffen involviert. Er teilte uns mit, daß eine HPM-Waffe aus zwei Sektionen besteht,[17] nämlich aus einem sogenannten *Marx-Generator*, der sehr kurze hochleistungsfähige Spannungs- und Strompulse erzeugt, und einer *Magnetron-Antennenanordnung*. Die vom Marx-Generator erzeugten Strompulse werden im Magnetron durch eine Elektronenröhre in Mikrowellen umgewandelt. Die von einer Kathode ausgehenden Elektronen werden durch ein Magnetfeld auf schleifenförmigen Bahnen zwischen Kathode und Anode gelegt. Unter einer Kathode versteht man eine Elektrode, an der eine negative elektrische Spannung oder elektrische Ladung auftritt. Bei

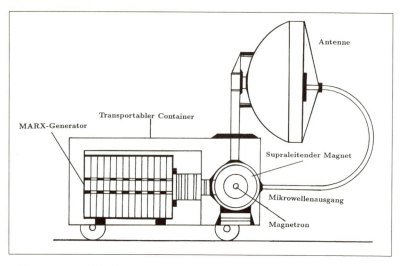

Abb. 57: Diese Abbildung zeigt eine mit Hilfe von Informanten skizzierte High Power Microwave (HPM)-Waffe. Die Anordnung ist in einem fahrbaren Container untergebracht. Die mit einem MARX-Generator erzeugten elektromagnetischen Pulse werden mit einem Magnetron in Mikrowellenpulse umgewandelt und zu der Antenne geführt. Die hochfrequenten Mikrowellenpulse werden danach mit der Antenne auf ein Ziel gerichtet.

Anoden tritt bei der Elektrode eine positive elektrische Spannung auf. Die Frequenz dieses mechanischen Bahnumlaufs der Elektronen bestimmt die Frequenz der erzeugten elektromagnetischen Wellen im Zentimeterbereich.

Die HPM-Waffe, an der Chris Terraneau arbeitete, wurde in einem Lastwagen zum Testen in das Cibola-Testgelände befördert. Dieses Testgelände befindet sich in der Wüste in der Nähe von Yuma in Arizona. Bei den HPM-Tests wurden die resultierenden Mikrowellenenergien von etwa 4,5 Gigahertz zu einer 3,3 Meter durchmessenden Antennenschüssel weitergeleitet. Diese Antenne befand sich einige Dezimeter über dem Lastwagen. Das Personal und die Ausrüstung wurden durch Sicherheitsmaßnahmen geschützt. Bei diesen Sicherheitsvorkehrungen mußte Strahlung, die vom Magnetron und von der Antenne ausging, berück-

sichtigt werden. Vor dem Testlastwagen wurde eine Sicherheits-
zone in der Form eines zwölfgradigen, 800 Meter langen Kegels
eingerichtet. Der leistungsstärkste Teil der elektromagnetischen
Wellen breitete sich in einem Winkelbereich von sechs Grad
aus. Im Zentrum des Strahles wurde auf eine Entfernung von
etwa 30 Metern eine Leistung von zehn Watt pro Quadratzenti-
meter gemessen.

Chris Terraneau war bei den Tests der HPM-Waffe selbst nicht
anwesend. Die Testmannschaft erzählte ihm aber, daß sie mit
Leichtigkeit elektronische Geräte zerstört haben. Unter diesen
Geräten befanden sich Computer, Digitaluhren und andere elektronische Gegenstände sowie militärische Landminen. Chris Terraneau hörte, daß die Armee mit der Lastwagenversion der
HPM-Waffe sehr zufrieden war. Kurz nachdem er das Entwick-
lungsteam verließ, wurden seine Kollegen zur General Atomics
Corporation überstellt. Von diesem Zeitpunkt an ging die HPM/
EMP-Forschung im noch geheimeren Rahmen weiter und wurde
ausreichend finanziert. Im folgenden wollen wir uns noch einmal
dem Fall von Leah Haley zuwenden, um der Frage auf den
Grund zu gehen, ob EMP- und HPM-Waffen wirklich gegen
unidentifizierte Flugobjekte eingesetzt werden.

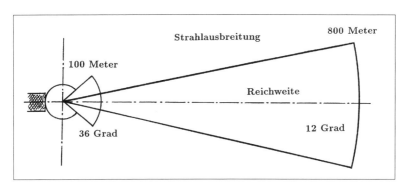

Abb. 58: Diese Skizze gibt die Strahlausbreitung und die Reichweite der in
Abbildung 57 beschriebenen HPM-Waffe wieder. Die Intensität als Funktion
des Ausbreitungswinkels nimmt mit der Entfernung ab.

5 Werden EMP-Waffen gegen UFOs eingesetzt?

Wenn man sich die Umstände der oben behandelten *EMPRESS*-Tests noch einmal durch den Kopf gehen läßt, ist es durchaus berechtigt, zu spekulieren, ob sich diese EMP-Tests gegen UFOs gerichtet haben. Falls ein Teil des amerikanischen Militärs weiß, daß UFOs real existieren, Einwohner entführen und Tiere verstümmeln, liegt es nahe, daß die Verantwortlichen Abwehrmethoden entwickeln, um sich in Zukunft gegen diese ungewollten Eindringlinge wehren zu können. Elektromagnetische Pulse, hochfrequente Mikrowellen oder Partikelstrahlen wären dafür die richtigen Waffen. Andererseits könnten die Militärs durch diese Waffensysteme mit relativer Leichtigkeit in den Besitz von UFOs gelangen, um sie in geheimen militärischen Anlagen studieren zu können.

EMP-Tests im Zusammenhang mit UFOs sind zu wenig, um diese Hypothesen zu beweisen. Wenn man Zeugen hätte, die einen EMP-Angriff auf ein UFO bestätigen können, käme man der Wahrheit schon näher. Die im vorigen Kapitel behandelte UFO-/Militär-Entführte Leah Haley könnte eine solche Zeugin sein. Leah erinnerte sich teilweise bewußt und unter Hypnose an ein sehr seltsames traumatisches Erlebnis.[18, 19] Sie erinnert sich, daß sie sich an Bord eines UFOs befunden hat und von kalkweißen kleinwüchsigen Wesen, ähnlich den kleinen grauen UFO-Insassen, untersucht wurde. Irgendwie erinnert Leah sich, daß sie ein Kriegsschiff und Wasser aus der Luft sah. Plötzlich nahm sie einen starken Ruck wahr, so daß sie zurückfiel und ihr Kopf an etwas Hartes stieß.

Als Leah wieder zu sich kam, befand sie sich an einem Sandstrand. Das UFO lag laut ihrer Erinnerung seitlich am Strand. Danach nahm Leah eine enorme militärische Aktivität um sich wahr. Sie hörte Helikoptergeräusche und sah Flugzeuge, die über ihren Kopf flogen. Außerdem sah Leah einen Soldaten mit einer Gasmaske, der einen UFO-Insassen geschultert hatte. Sie glaubt, daß die Kreatur zu dieser Zeit noch am Leben war.

Abb. 59: Diese Illustration beschreibt die Szene, in der Leah Haley am Strand einen Soldaten sah, der einen leblosen UFO-Insassen geschultert zu einem großen schwarzen Helikopter trug (© Jonesy).

Danach erinnert sie sich, daß man sie mit einem Boot zu einem Kriegsschiff brachte. Sie hat den Eindruck, daß der UFO-Insasse mit einem Helikopter weggeflogen wurde. Als sie an Deck gebracht wurde, sah sie einen anderen UFO-Insassen, der nach ihrer Beschreibung ebenfalls am Leben war. Sie weiß nicht, was mit den restlichen UFO-Insassen geschah, da sie vier Wesen an Bord des UFOs sah. Möglicherweise handelte es sich bei dem Wesen am Strand und an Deck um das gleiche. Vielleicht brachte der Helikopter den UFO-Insassen an Bord des Schiffes.
Leah erinnerte sich sehr genau an den Strand. Der Sand war weißlich, und das Wasser war eher ruhig und grünlich. Sie erinnerte sich an die Form der Sanddünen. Nachforschungen ergaben, daß das von ihr beschriebene Gelände am ehesten den Stränden um Gulf Breeze in Florida ähnlich sah. Leah Haley fuhr einige Male in dieses Gebiet und suchte die Absturzstelle.[20] Als

311

sie und die MUFON-Forscher Donald Ware und Bob Reed am Strand in die Nähe der Luftwaffenbasis Eglin kamen, fanden sie ein Gelände, das in etwa Leahs Beschreibungen entsprach. Infolge ihrer Nachforschungen sahen sie eine seltsame Antennenkonstruktion und Geräte hinter einer zur Luftwaffenbasis gehörenden Umzäunung.

Donald Ware und Bob Reed fanden aufgrund ihrer militärischen Kontakte heraus, daß die seltsame Antennenanordnung eine elektromagnetische Pulswaffe war. Leah gelang es, einige Fotos von diesem Gerät zu machen, die im Bildteil des Buches zu sehen sind. Weitere Beweise, daß die amerikanische Luftwaffe in diesem Gebiet EMPs testet oder einsetzt, bekommt man, wenn man der renommierten Zeitschrift *Aviation* Week & *Space Technology* glaubt. In dieser Zeitschrift, die als Sprachrohr der Luftwaffe gilt, wurde berichtet, daß die Luftwaffenbasis Eglin EMP-Waffen testet und daß diese Flugzeuge zum Absturz bringen können.[21] Als Leah mit ihrem Ehemann nach einiger Zeit wieder zu der Stelle, wo sie das Foto aufnahm, zurückkehren wollte, wurden die beiden von Soldaten vertrieben.

Chris Terraneau sprach mit einem Ingenieur, der einen Generator für eine EMP-Waffe gebaut hat.[17] Die Leistung des von ihm gebauten Gerätes entspricht einem Bereich zwischen einigen Megahertz bis zu 100 Megahertz. Der Output von dem exotischen EMP-Transformer wird zu einer sphärischen ballähnlichen Elektrode geleitet, die sich im Zentrum einer großen Antennenschüssel befindet. Er erzählte Chris Terraneau, daß die Defense Intelligence Agency (DIA) vor einigen Jahren feststellte, daß EMPs bessere Waffen als HPMs sind, da sie über ein breiteres Frequenzspektrum arbeiten als HPM-Waffen. Es ist für einen Gegner schwieriger, seine Elektronik vor einem EMP zu schützen. Bei einer HPM-Waffe ist es einfacher, eine Abwehr zu finden, da man den Frequenzbereich sehr genau kennt.

Laut Terraneaus Informanten befindet sich der größte EMP-Generator auf der Luftwaffenbasis Kirtland in New Mexico. Er arbeitete für die DIA, und sein Gerät erzeugte Pulse von etwa 400 Nanosekunden. Der HPM-Simulator, an dem Chris Terraneau arbeitete, erzeugte Pulse im Bereich von 20 Nanosekunden. Auf die Frage, ob solche EMPs auch UFOs zum Absturz bringen könnten, meint der Informant, daß er nicht weiß, ob man solche Waffen gegen UFOs einsetzt. Weiter meint er, falls das der Fall sein sollte, wäre es aber durchaus möglich, daß ein EMP mit den von UFOs erzeugten elektromagnetischen Feldern in eine Wechselwirkung treten kann und das UFO schließlich abstürzen könnte.

Interessanterweise testet die Ballistic Missile Defense Organisation hochwertige Teleskop-Reflektoren, die einfliegende ballistische Raketen registrieren können, auf der Luftwaffenbasis Eglin. Diese Teleskope sind vom Reflektor-Typus und bestehen aus Zillionen hexagonaler Segmente, die sich unter Computerkontrolle befinden. Ein Laserstrahl mißt atmosphärische Turbulenzen, die sich im Winkelbereich des Spiegels befinden, und adjustiert über Computer die Segmente. Mit diesen Teleskopen kann man sehr schnell seine Raketenabwehr auf einfliegende Ziele richten. Chris Terraneau sah ein kleines Modell von so einem Teleskop unter einem Glassturz im Gebäude der Firma, die diese Zielerfassungssysteme für die BMDO erzeugt. Er ist der Meinung, daß dieses Modell genauso aussah wie der Antennentisch auf Leah Haleys Fotos.[17] Diese Zielerfassungssysteme können auf einem speziellen Lastwagen angebracht werden und sind somit mobil einsetzbar.

Wenn Leah Haleys Erlebnisse real stattfanden, ist es durchaus möglich, daß das Militär mit dieser für das BMDO entwickelten Zielerfassungseinrichtung UFOs registriert und danach mit EMPs abzuschießen versucht. Möglicherweise ist auf Leah Haleys Fotos nur das Zielerfassungssystem zu sehen, und die eigentliche EMP-Waffe befindet sich im Hintergrund. Der UFO-Forscher David Spencer untersuchte die Sichtungsdaten des Mutual UFO Networks (MUFON) zwischen 1987 und 1994. Er fand heraus, daß es in der Gegend um Gulf Breeze, Florida, eine Häufung von UFO-Sichtungen gibt und dieses Gebiet ein UFO-Hot-Spot zu sein scheint.[22] Auch wenn Leah Haleys Erlebnisse schwer zu glauben sind, scheint das amerikanische Militär im Besitz von Waffen zu sein, die das von Leah geschilderte Szenario durchaus real erscheinen lassen.

6 Die Eastlund-Patente: Leitfaden für einen globalen Schutzschirm?

Dr. Bernhard Eastlund ist ein Physiker mit Abschlüssen vom Massachusetts Institute of Technology und der Columbia University. Weiter arbeitete er acht Jahre für die Atomic Energy Commission bei Fusionsprogrammen. Anfang der achtziger Jahre hatte Dr. Eastlund einige auf Nikola Teslas Technologien aufbauende Ideen, die für SDI-Zwecke genutzt werden können.[23] Teile seiner Forschungen wurden von der Defense Advanced Research Projects Agency (DARPA) unter dem Projekttitel »Alaska North Slope Electric Missile Shield« unterstützt.[24] Aufgrund seiner Forschungen ließ Dr. Eastlund zwölf geophysikalische Methoden patentieren, die die Erdionosphäre für militärische Verteidigungszwecke und geophysikalische Kriegsführung ausnutzen. Gegenwärtig werden diese zwölf Patente im Rahmen des *High-frequency Active Auroral Research Programmes (HAARP)* im Norden von Alaska getestet. Bei diesem Projekt werden mehrere Milliarden Watt Energie fokussierend in die Ionosphäre abgestrahlt. Zum besseren Verständnis dieser zwölf Patente wollen wir einen kurzen Ausflug in die Geophysik machen.[25]
Die intensive Sonnenstrahlung bewirkt eine teilweise Ionisierung der Luft in der hohen Atmosphäre. Aus physikalischen Gründen ist es zweckmäßig, für den ionisierten Anteil und für die Neutralgaskomponente unterschiedliche Einteilungen der Atmosphäre zu benutzen. Nach dem Temperaturverlauf mit der Höhe unterscheidet man: Troposphäre, Stratosphäre, Mesosphäre, Thermosphäre und Exosphäre. Die Troposphäre ist der Schauplatz des Wettergeschehens, der Bereich der Hoch- und Tiefdruckgebiete und der mit ihnen verbundenen Wetterfronten. Die Dynamik und Thermodynamik der Troposphäre wird wesentlich durch die nahe Erdoberfläche und die Erdrotation beeinflußt. In der darüberliegenden Stratosphäre befindet sich die Ozonschicht. In der Thermosphäre sind die einzelnen Neutralgasbestandteile im Erdschwerefeld so sortiert, daß die prozentualen Anteile der leichteren Gase auf Kosten der schwereren nach oben zunehmen.

In diesen Bereichen wird die Dichte so gering, daß die einzelnen Neutralgasbestandteile Keplerbahnen im Erdschwerefeld einnehmen, ohne daß sie mit anderen Teilchen zusammenstoßen. Atome, deren Geschwindigkeiten über der Fluchtgeschwindigkeit liegen, können in den interplanetaren Raum entweichen. Dafür werden andere Teilchen von der Erde eingefangen. Diesen Bereich der hohen Atmosphäre nennt man Exosphäre. Die Exosphäre beginnt auf der Erde etwa in einer Höhe von 550 Kilometern. Die Fluchtmöglichkeit von Atmosphärenbestandteilen existiert jedoch nur für Neutralgasteilchen. Ionisierte Teilchen verhalten sich hingegen ganz anders.

E. V. Appleton gab 1925 den ersten direkten, experimentellen Beweis für die Existenz einer Ionisationsschicht. In der Ionosphäre sind geladene Teilchen mit thermischer Energie vorhanden. Diese Teilchen werden durch ionisierende Strahlung erzeugt. Dadurch entstehen leitende Schichten in der Atmosphäre, die die verschiedensten Effekte verursachen. Die Obergrenze der Ionosphäre ist durch die Wechselwirkung mit dem interplanetaren Raum gegeben.

Auf geladene Teilchen, die sich quer zu einem Magnetfeld bewegen, wirkt eine ablenkende Kraft senkrecht zum Magnetfeld und Teilchengeschwindigkeit. Leichte Teilchen werden ihrer geringeren Masse wegen stärker von dieser Kraft beeinflußt als Ionen gleicher Geschwindigkeit. Die Bewegungen aller ionisierten Teilchen werden im wesentlichen vom Magnetfeld der Erde gelenkt. Diesen Bereich nennt man Magnetosphäre. Da vom Weltraum kommende Teilchen ionisiert sind, werden sie schon in mehreren Erdradien Abstand vom Erdmittelpunkt durch das Erdmagnetfeld abgelenkt. Die Erde bildet deshalb ein Hindernis für den solaren Wind, dessen Teilchen aufgrund des Dipolcharakters des Erdmagnetfeldes nur an den Polen in tiefere Atmosphärenschichten eindringen können. Auf der der Sonne zugewandten Seite bildet sich ein Stau, an den Seiten können die von der Sonne kommenden Partikel vorbeistreichen.

Die Magnetosphäre wird außerdem von nieder- und hochenergetischen geladenen Teilchen bevölkert, die auf Schraubenlinien um die magnetischen Feldlinien des Erdmagnetfeldes herumkreiseln und abwechselnd von einer Hemisphäre zur anderen reflektiert werden. Den Bereich, den diese Teilchen einnehmen, bezeichnet man nach ihrem Entdecker Dr. Van Allen als *Van-Allen-Gürtel*. Die Entdeckung des *Van-Allen-Gürtels* war eines der wichtigsten Ergebnisse des Internationalen Geophysikalischen Jahres (IGJ) 1957/58.

Nach diesen geophysikalischen Grundlagen wollen wir uns nun den von Dr. Eastlund entwickelten Methoden zuwenden. Das US-Patent Nummer 4,686,605 wurde am 11. August 1987 an Dr. Eastlund verliehen. Es trägt den Titel: »Methoden und Verfahren zur Änderung einer Region in der Erdatmosphäre, Ionosphäre und Magnetosphäre.«[26]

In diesem Patent wird ein ionosphärischer Heizer beschrieben, der hohe Energien an einem Punkt in der Ionosphäre fokussiert. Herkömmliche Ionosphären-Heizer strahlen ihre Energien kegelförmig ab, weil man einen großen Bereich in der Ionosphäre untersuchen möchte. Die dabei verwendete Energie wird nicht konzentriert, sondern verteilt sich. Das von Dr. Eastlund entwickelte Verfahren erzeugt eine Energie von einem Watt pro Kubikzentimeter. Die für Forschungszwecke verwendeten ionosphärischen Heizer erzeugen etwa ein Millionstel Watt pro Kubikzentimeter. Die von Dr. Eastlunds Patent erzeugten Energien sind groß genug, um die Ionosphäre am beheizten Ort anzuheben und zu verändern.

Wenn man solch große Energien an strategischen Punkten in die Erdatmosphäre pumpt, kann man den Funkverkehr stören oder die fortgeschrittensten Steuersysteme von Raketen und Flugzeugen zerstören. Andererseits kann man, wenn die verschiedensten Frequenzen für die Ausbreitung von elektromagnetischen Wellen in der manipulierten Atmosphäre bekannt sind, ein Kommunikationssystem aufrechterhalten – sogar wenn das Nachrichtensystem der restlichen Welt zerstört ist. Weiter kann man durch einen künstlichen Eingriff in diesen Atmosphärenregionen das Wetter beeinflussen, indem die Windgeschwindigkeiten geändert werden. Das ist möglich, wenn man fokussierende Partikelkonzentrationen erzeugt. Solche Wetteränderungen kann man für positive, aber auch für negative Zwecke nutzen. Die Konsequenzen solcher globalen Eingriffe sind aber nicht abzusehen. Weitere Patente, die Dr. Eastlund zwischen 1987 und 1994 erhalten hat, behandeln die Ausbreitung von elektromagnetischen Wellen durch die Ionosphäre.[24]

Von militärischem Interesse sind besonders die Erzeugung und Ausbreitung von extremen niederfrequenten Wellen (ELF-Wellen, 1–100 Hertz). Da diese tief unter die Erdoberfläche oder ins Meer eindringen, können sie zur Kommunikation mit Unterseebooten oder unterirdischen militärischen Anlagen verwendet werden. Außerdem kann man mit diesen Wellen auch unterirdische Militärbasen von Gegnern aufspüren oder sie für *Mind Control*-Methoden verwenden. ELF-Wellen decken nämlich den Frequenzbereich ab, der auch von den Gehirnwellen von Lebewesen beansprucht wird. Wellen, die sich in diesem Frequenzbereich ausbreiten, verursachen Übelkeit, Müdigkeit, Konzentrationsstörungen und andere biologische Störungen an Menschen und Tieren.

Weitere Patente beschreiben künstliche ionosphärische Spiegel, die durch gekrümmte Plasmaschichten erzeugt werden, sowie elektromagnetische Wellen für Radar und Nachrichtenübertragung über weite Entfernungen. Mit Hilfe solcher Verfahren könnte man auch ELF-Wellen auf feindliche Gebiete richten, um die biologischen Funktionen der Einwohner zu manipulieren.[24]

Ein Patent, das einen hochauflösenden gerichteten Gammastrahlen-Detektor beschreibt, könnte in die Erdatmosphäre eindringende Flugobjekte registrieren, sofern sie atomare Antriebe oder Nuklearsprengköpfe an Bord haben.[27] Ein anderes Patent schildert eine Methode, mit der man Explosionen von der Stärke mehrerer Atombomben erzeugen kann, wobei aber keine radioaktive Strahlung frei wird.[28]

Die US-Patente 5,068,669[29] und 5218,374[30] beschreiben Methoden, die man für fortgeschrittene Antriebe verwenden kann. Solche Methoden werden als *Power Beaming Systems (PBS)* bezeichnet. Laut der Patente werden Verfahren beschrieben, bei denen Energien durch elektromagnetische Wellen übertragen werden, um Flugobjekte anzutreiben. Dr. Eastlunds Patente be-

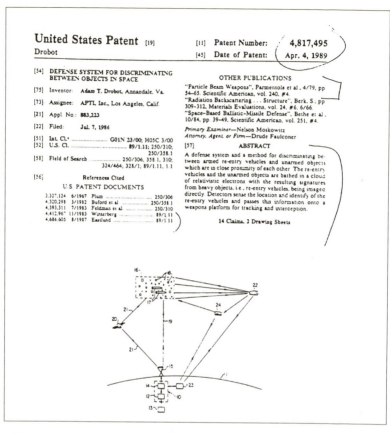

Abb. 60: Dieses amerikanische Patent vom 4. April 1989 beschreibt ein Verfahren, mit dem man feindliche, in die Erdatmosphäre eindringende Flugkörper von unbewaffneten Flugobjekten unterscheiden kann. Die Unterscheidung erfolgt anhand der Signatur, die beide Flugobjekte hinterlassen, nachdem sie in eine Plasmawolke aus relativistischen Teilchen gehüllt wurden.

handeln Methoden, die hochfrequente elektromagnetische Wellen erzeugen, abstrahlen und in Gleichströme umwandeln, damit unbemannte Flugkörper betrieben werden können. Diese Patente könnten für die in Kapitel IV beschriebenen Flugkörper, die gegenwärtig in unterirdischen Forschungseinrichtungen wie der

Forschungseinrichtung Lockheed Hellendale entwickelt werden,
Anwendung finden.

Im Anschluß soll auf zwei Patente genauer eingegangen werden,
da sie möglicherweise so wie EMP-Waffen oder HPM-Waffen
hypothetisch auch gegen UFOs eingesetzt werden könnten. Das
US-Patent Nummer 4,817,495[31] wurde am 4. April 1989 unter
dem Titel »Defense System for Discriminating Between Objects
in Space« angenommen. Diese Erfindung arbeitet mit Hilfe von
Gammastrahlen-Detektoren, die radioaktive Bestandteile registrieren. Es beschreibt eine Methode, bei der atomar bestückte, in
die Erdatmosphäre einfliegende Flugkörper registriert werden,
obwohl sich in deren Nähe unbewaffnete Objekte befinden können. Die bewaffneten und unbewaffneten Flugobjekte werden in
eine Wolke von relativistischen Elektronen gehüllt. Die resultierenden Signaturen werden sofort registriert und dargestellt. De-
tektoren registrieren die Position und Identität der eindringenden
Flugkörper und informieren Waffenplattformen, die diese Objekte zerstören.

Ein weiteres Einsatzgebiet für diese Verteidigungsmethode ist die
Erzeugung einer relativistischen Elektronenwolke um einen
Raumflugkörper. Mit dieser Methode kann man ebenfalls bestimmen, ob ein Satellit oder ein Raumfahrzeug nuklear betrieben
wird oder Atomwaffen an Bord hat. Die durch die Wolke erzeugte Signatur des Flugkörpers gibt über diese Bestandteile
Auskunft. Diese Patente sind besonders für die BMDO interessant, um interkontinentale ballistische Raketen registrieren zu
können. Als idealer Ort für die Stationierung dieses Systems wird
Alaska angegeben. Es wäre durchaus denkbar, daß diese Verteidigungseinrichtung auch gegen UFOs eingesetzt werden kann, da
es genug Hinweise gibt, daß UFOs radioaktive Strahlung aussen-
den. Zum Abschluß wollen wir noch ein Verfahren zur Erzeugung eines globalen Schutzschildes vorstellen.

Dr. Eastlunds Patent Nummer 5,038,664[32] mit der Bezeichnung
»Method for Producing a Shell of Relativistic Particles at an Altitude above the Earth's Surface« beschreibt ein Partikelstrahlver-
fahren, mit dem man die Erde gegen jeden Flugkörper, der vom

United States Patent [19]

Eastlund

[11] Patent Number: 5,038,664

[45] Date of Patent: Aug. 13, 1991

[54] METHOD FOR PRODUCING A SHELL OF
RELATIVISTIC PARTICLES AT AN
ALTITUDE ABOVE THE EARTHS SURFACE

[75] Inventor: Bernard J. Eastlund, Spring, Tex.

[73] Assignee: APTI, Inc., Washington, D.C.

[21] Appl. No.: 690,354

[22] Filed: Jan. 10, 1985

[51] Int. Cl.⁵ F41B 15/00
[52] U.S. Cl. 89/1.11; 376/100;
                                              376/123
[58] Field of Search 376/100, 123; 89/1.11;
                                              361/231; 342/352

[56] References Cited

U.S. PATENT DOCUMENTS

4,042,196 8/1977 Brice .... 244/158 R

OTHER PUBLICATIONS

"A Theoretical Study of Electron-Cyclotron Absorption in Elmo Bumpy Torus", D. B. Batchelor et al., *Nuclear Fusion*, vol. 20, No. 4, 1980.
"The Radiation Belt & Magnetosphere", W. N. Hess, Blaisdell Publishing Co.; 1968, pp. 155 et sec.
"Ionospheric Modification Theory", G. Meltz et al.; *Radio Science*, vol. 9, No. 11, pp. 885–888; Nov. 1974.
"The Platteville High Power Facility", *Radio Science*, J. Carrdi et al.; vol. 9, No. 11, pp. 889–894, Nov. 1974.
"Arecibo Heating Experiment", W. Gordon et al., *Radio Science*, vol. 9, No. 11, pp. 1041–1047, Nov. 1974.
"Ionospheric Heating by Powerful Radiowaves", Meltz et al., *Radio Science* vol. 9, No. 11, pp. 1049–1063; Nov. 1974.
"Plasma Accleration with Microwaves Near Cyclotran

Resonance", Kosmahl et al., *Journal of Applied Phsics*, vol. 38, No. 12, Nov. 1967; pp. 4576–4582.
"Particle Beam Weapons", J. Parmentola et al.; *Scientific American*; Apr. 1979, vol. 240, No. 4.
"Controlled Thermonuclear Reactions", S. Glasstone et al.; Robert Krieger Publishing Co.; Malabar, FLA; pp. 136–145; 1960.
"The MST Radar at Poke Flat"; *Radio Science*; vol. 15, No. 2; Mar.–Apr. 1980; pp. 213–223.
"A New Mechanism for Acclerating Electrons in the Outer Ionosphere"; Journal of Geophysical Research, R. Helliwel et al., vol. 65, No. 6, Jun. 1960.
"The Golden Book of Astronomy a Comprehensice & Prtical Survey"; S. Dunlop; Golden Press/New York; pp. 239–244.

Primary Examiner—Salvatore Cangioalosi
Attorney, Agent, or Firm—Roderick W. MacDonald

[57] **ABSTRACT**

A method for establishing a region of a high density, high energy plasma at an altitude of at least about 1500 kilometers above the earth's surface. Circularly polarized electromagnetic radiation is transmitted at a first frequency substantially parallel to an earth's magnetic field line to excite electron cyclotron resonance heating in normally occurring plasma at an altitude of at least about 250 kilometers to generate a mirror force which lifts said plasma to said altitude of at least about 1500 kilometers. Heating is continued at a second frequency to expand the plasma to the apex of said field line whereupon at least some of the plasma is trapped and oscillates between mirror points on said lines. The plasma will be contained within adjacent field lines and will drift to form a shell of relativistic particles around a portion of the earth.

7 Claims, 2 Drawing Sheets

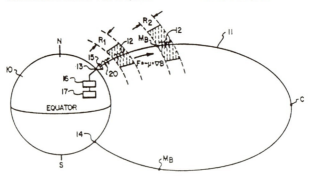

*Abb. 61: Das unter SDI entwickelte amerikanische Patent vom
13. August 1991 beschreibt die Erzeugung eines globalen Schutzschirmes
gegen eindringende Flugkörper. Die Wissenschaftler beschreiben, wie
die natürlich vorhandenen Strahlungsgürtel der Erde mit relativistischen
Partikeln aufgefüllt werden.*

28 Die Untergrundbasen von Northrop, McDonnell Douglas und Lockheed sind bei der Edwards-Luftwaffenbasis in Kalifornien angesiedelt. Diese Aufnahme zeigt eine im Boden angebrachte Schiebetür, durch deren Öffnung Flugobjekte mit einer Vorrichtung an die Oberfläche gehoben werden. Einige der geheimen Forschungseinrichtungen sind offiziell als Rinderfarmen deklariert. Das Foto im Insert veranschaulicht diese Tarnung (© Norio Hayakawa).

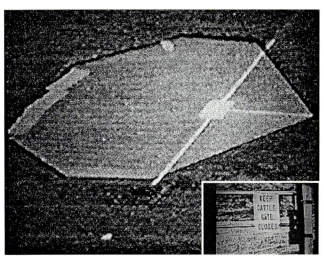

28

29 Dieses Foto zeigt den Eingang der Lockheed-Hellendale-Forschungsanlage. Unter dieser Anlage verbirgt sich eine ganze Fabrik, in der UFO-ähnliche Flugkörper entwickelt und gebaut werden. Es liegt nahe, daß diese Flugobjekte nach ihrer Fertigstellung zur AREA-51 gebracht und dort getestet werden (© Dr. Richard Sauder).

29

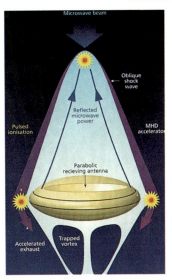

30 Die Antriebe dieser Flugkörper beruhen möglicherweise auf der »Air Spikes«-Technologie. Hier werden Mikrowellen von einem Satelliten abgestrahlt, so daß sich eine Schockwelle vor dem Flugobjekt bildet, wobei die umgebende Luft ionisiert wird. Die Mikrowellenenergie kann in Verbindung mit Elektroden und supraleitenden Magneten als Antrieb für untertassenförmige Flugobjekte dienen (© New Scientist).

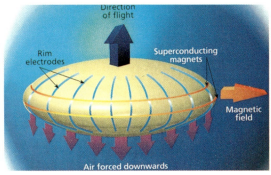

30

31

31 Diese Fotos zeigen zwei Flugkörper, die an der Spitze einer Hebevorrichtung befestigt sind. Bei diesen Flugobjekten handelt es sich möglicherweise um die zuvor erwähnten in einer Testphase befindlichen »Air Spikes«. Im Insert ist über den Bergen der AREA-51 ein Flugobjekt im Flug zu sehen (© Dr. Richard Sauder, Norio Hayakawa).

32 Diese Aufnahmen sowie die vorige zeigen futuristische Flugkörper auf der Lockheed Hellendale Untergrundbasis, Kalifornien, die hydraulisch an die Oberfläche gehoben und für Testzwecke von den im Hintergrund sichtbaren Antennenanordnungen mit elektromagnetischen Wellen bestrahlt werden, um Radarquerschnitte und ähnliche Dinge zu messen. Im Insert ist ein mit ionisierter Luft umgebener Flugkörper im Flug zu sehen. Er wurde von Gary Schulz nahe AREA-51 fotografiert. Geheim entwickelte »Air Spikes« sollen laut Fachleuten auf bis zu 25-fache Schallgeschwindigkeit beschleunigen können und sind deshalb von UFOs im eigentlichen Sinne kaum zu unterscheiden. Ob in diesen geheimen unterirdischen Forschungseinrichtungen wirklich UFO-Technologie erforscht und nachgebaut wird, bleibt reine Spekulation (© Dr. Richard Sauder, Norio Hayakawa).

32

33 Diese Aufnahme zeigt einen dreieckförmigen Testkörper an der Spitze einer Hebevorrichtung an der Oberfläche einer kalifornischen Untergrundbasis von Northrop. In den Inserts sind ähnliche von Lockheed getestete Objekte zu sehen. Die Entwicklung dieser Flugkörper und der Bau dieser unterirdischen Fabriken wird zum Großteil aus schwarzen Budgets finanziert und bleibt deshalb auch dem US-Kongreß verborgen (© Dr. Richard Sauder, Norio Hayakawa).

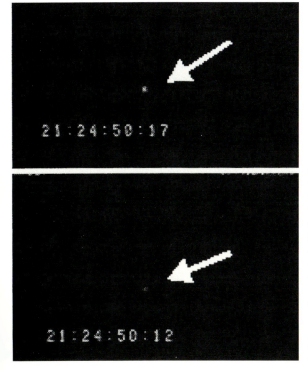

34 Diese Aufnahmen stammen von einem Video, das Forscher des Civilian Intelligence Network und ein japanisches Fernsehteam nahe der AREA-51 filmten. Das auf den Fotos zu sehende Flugobjekt sprang innerhalb einer Sekunde vom schwebenden Zustand über den Bildschirm, ohne daß die am Stativ befestigte Kamera bewegt wurde. Ob »Air Spikes« ein solches Manöver durchführen können, bleibt dahingestellt (© Norio Hayakawa).

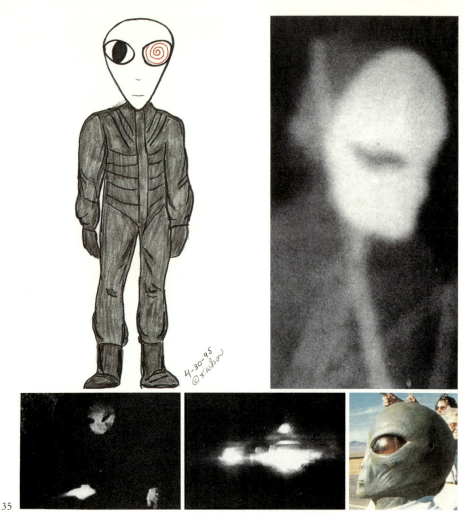

35

35 *Die Fotos wurden einigen UFO-Forschern in Kanada zugespielt und sollen angebliche UFO-Insassen und ein vor einer Militärbasis gelandetes UFO zeigen. Nachforschungen ergaben, daß es sich bei diesem vermeintlichen »Alien-Zwischenfall« mit großer Wahrscheinlichkeit um eine militärisch inszenierte Desinformationsaktion mit Alien-Masken handelt. Militärisch deshalb, da Zivilpersonen einige Meter vor einem militärischen Stützpunkt keinen groß inszenierten Schwindel durchführen können, ohne daß sie bemerkt werden. Die linke Illustration stammt von Katharina Wilson, die während einer traumatischen Rückblende erlebte, wie Männer mit schwarzen Overalls das abgebildete Wesen durch eine militärische Untergrundbasis eskortierten. Da der Fremde außer seinem Kopf einem Menschen glich und militärische Uniform trug, meint sie, daß es ein Mensch mit einer Maske war. Die durchaus realistisch erscheinende Maske im Insert rechts unten stützt solche Spekulationen (© Katharina Wilson/Guardian).*

Weltraum eindringt, vollständig abschotten kann. Andererseits kann aber auch niemand die Erde verlassen. Diese Erfindung erzeugt einen Bereich in der Atmosphäre, der mit relativistischen Partikeln aufgefüllt ist. Dieser Bereich hüllt die gesamte Erde ein, da die relativistischen Teilchen zwischen den Polen ähnlich den in den *Van-Allen-Gürteln* befindlichen Partikeln driften. Jeder Flugkörper, der diese Partikelhülle durchfliegt, wird vernichtet, da diese relativistischen Teilchen die elektrischen Komponenten des Objektes zerstören.

Mit der Erzeugung von künstlichen *Van-Allen-Gürteln* wurde schon in den fünfziger Jahren experimentiert. Beide Supermächte ließen zu dieser Zeit Atombomben in der Atmosphäre explodieren, um solche künstlich erzeugten Partikelzonen zu studieren. Nach Ende der Atombombentests wurden die Experimente in den Weltraum verlagert. Die Versuche wurden von militärischen Satelliten aus unternommen. Partikel wurden von Satelliten in den *Van-Allen-Gürtel* gestrahlt, um darin die Teilchendichte zu erhöhen, damit man die dabei auftretenden Veränderungen studieren kann.

Beim Eastlund-Patent werden die relativistischen Teilchen nicht vom Weltraum aus erzeugt, sondern von einer Bodenstation. Das Patent beschreibt, wie zirkular polarisierte, elektromagnetische Wellen entlang den magnetischen Feldlinien des Erdmagnetfeldes gesendet werden. Diese Wellen heizen durch Elektron-Zyklotron-Resonanz das Plasma, das sich in der Ionosphäre befindet, auf und transportieren die Elektronen in einen Bereich von etwa 1500 Kilometer Höhe. Die Erwärmung mittels eines ionosphärischen Heizers wird in einem anderen Frequenzbereich solange fortgeführt, bis ein Teil der von der Ionosphäre stammenden, auf hohe Energien beschleunigten Elektronen in der *Van-Allen-Zone* gefangen wird und zwischen den an den Polen befindlichen Spiegelpunkten beider Hemisphären hin und her driftet. Wenn die Elektronen eine Energie zwischen zwei und fünf Mega-Elektronenvolt erreichen, werden sie als relativistisch bezeichnet. In diesem Energiebereich ist ihre Masse durch relativistische Effekte angestiegen, und die Elektronenkonzentration würde etwa eine Milliarde Teilchen pro Kubikzentimeter betragen.

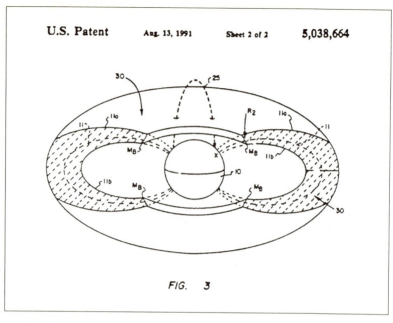

FIG. 3

Abb. 62: Diese Skizze ist eine detailliertere Betrachtungsweise des in Abbildung 61 beschriebenen Patents. Die hochenergetischen Teilchen bewegen sich oszillierend entlang den magnetischen Feldlinien der Erde hin und her. Jeder eindringende oder von der Erde aus in den Weltraum startende Flugkörper würde durch die großen Teilchenenergien beim Durchfliegen der künstlich erzeugten hochenergetischen Regionen zerstört werden.

Das hochenergetische Plasma wird aufgrund der Dipolstruktur des Erdmagnetfeldes zwischen den magnetischen Feldlinien gehalten und formt die zuvor beschriebene Hülle. Diese hochenergetischen Teilchen würden mit Interkontinentalraketen, Trägerraketen und hypothetisch auch mit UFOs kollidieren, ihre Energien abgeben und die eindringenden Flugkörper vernichten. Die für diesen Schutzschirm aufzubringenden Leistungen sind sehr groß und die Umweltbeeinträchtigungen unbekannt. Eines ist jedenfalls sicher, alle diese von Dr. Eastlund entwickelten Patente beeinträchtigen die Erdionosphäre signifikant, so daß sie schließlich uns alle betreffen. Zum Abschluß wollen wir nun die seltsamen Umstände für die Errichtung einer Forschungsanlage in Alaska betrachten, mit deren Hilfe diese bodengestützten, auf Tesla-Technologien beruhenden SDI-Konzepte auf deren Sinnhaftigkeit getestet werden können.

7 Die Eastlund-Patente im Test: Das High-frequency Active Auroral Research Projekt (HAARP)

Die zuvor beschriebenen Patente von Dr. Eastlund haben eines gemeinsam, nämlich einen nördlichen Teststandort. Die meisten Patente können nur von Orten nahe den Polen getestet werden. Der Grund dieser Standorte ist die dipolförmige Magnetfeldkonfiguration des Erdmagnetfeldes. Gegenwärtig ist ein militärisch finanziertes Forschungsprojekt mit der Bezeichnung *High-frequency Active Auroral Research Projekt (HAARP)* an der Universität von Alaska in Fairbanks in Entwicklung. Mit diesem 30-Millionen-Dollar-Projekt ist es möglich, die von Dr. Eastlund patentierten Erfindungen durch Aufheizen der Ionosphäre zu testen. Dr. Nick Begich und Jeane Manning haben ihre Bedenken bezüglich dieses Projektes ausführlich in ihrem Buch *Angels Don't Play This HAARP* dargelegt.[24]
Das erste Mal wurde von *HAARP* am 20. November 1994 in den *Anchorage Daily News* berichtet.[33] In dem Zeitungsartikel, der von Eric Naeslund verfaßt wurde, ist von den künstlich erzeugten Störungen der Erdionosphäre in bezug auf militärische Experimente die Rede. Interessanterweise war der Inhaber der Eastlund-Patente eine Firma mit der Bezeichnung ARCO Power Technologies Inc. (APTI). Nachforschungen von Dr. Begich ergaben, daß die Firma APTI eine Tochtergesellschaft der Atlantic Richfield Oil Company (ARCO) ist. APTI hat einen Präsidenten in Los Angeles und etwa 25 Mitarbeiter in Washington DC mit einem Jahresbudget von ungefähr fünf Millionen Dollar.

Nachforschungen ergaben, daß ARCO große Erdölvorkommen im Norden von Alaska besitzt. Die Erschließung dieser Ölquellen und der Transport des Erdöls in andere Bundesstaaten der USA sind zu kostspielig. Deshalb ist es für ARCO besonders günstig, wenn sie ihre Ölvorkommen vor Ort verwenden kann, um zum Beispiel den *HAARP*-Ionosphärenheizer zu betreiben. In den neunziger Jahren wurde APTI von der Firma E-Systems, die viele Militäraufträge innehat, aufgekauft. Viele Aufträge dieser Firma stammen von der NSA und der CIA. Die Mitarbeiter unterstehen einer *Need to Know*-Befugnis und haben ein offizielles Jahresbudget von etwa zwei Milliarden Dollar. Diese Firma entwickelte Abhörgeräte und die satellitengestützte Ortsbestimmungsmethode Global Positioning System (GPS). 1995 kaufte Raytheon für etwa 2,3 Milliarden Dollar E-Systems und erhielt somit den *HAARP*-Auftrag und die APTI/Eastlund-Patente. Das Budget von Raytheon beträgt im Jahr 20 Milliarden Dollar und beschäftigt etwa 600 000 Mitarbeiter. Somit war *HAARP* innerhalb von einigen Jahren im Besitz einer der größten Rüstungsfirmen der Welt.

Diese dubiosen Transaktionen zeigen, wie eine Erdölfirma in das *Star Wars*-Geschäft einsteigt. Die kleine unbedeutende ARCO-Filiale APTI hätte vom Militär niemals einen Auftrag mit dem Fünffachen ihres Jahresbudgets erhalten, wenn sie sich nicht im Besitz der Eastlund-Patente befunden hätte. APTI wurde von ARCO gegründet, um Möglichkeiten für eine Nutzung der Erdölvorkommen in Alaska zu finden. APTI stieß auf Dr. Eastlunds Patente und kaufte sie, damit die Mutterfirma ihr Öl wirtschaftlich am besten nutzen kann.

Das Militär behauptet, daß diese Umstände auf Zufällen beruhen und die Aufträge nicht wegen Dr. Eastlunds Patenten erteilt wurden. Die amerikanische Luftwaffe behauptet, daß *HAARP* nur zum Studium der Erdatmosphäre dient.[24] Für das Militär wären nur neue Erkenntnisse für die Ausbreitung von elektromagnetischen Wellen für Kommunikationszwecke mit Unterseebooten interessant. Ende 1993 wurde mit der Konstruktion des ionosphärischen Heizers in Kooperation mit der Navy und der

Luftwaffe in Gakona, Alaska, begonnen. Die Universität von Alaska ist von diesem Forschungsprojekt begeistert, da die Finanzierung bestimmter Institute die nächsten Jahre hindurch gesichert ist.

Seit den letzten Jahren wird der Widerstand gegen *HAARP* immer größer. Viele Umweltorganisationen wie die Trustees for Alaska, Greenpeace, die National Audubon Society, das Alaska Center for the Environment, der Sierra Club, die Alaska Wildlife Alliance, das Northern Alaska Environmental Center und die National Wildlife Federation treten gegen *HAARP* auf. Die Auswirkungen der Eastlund-Patente auf die Umwelt und auf Lebewesen ist unbekannt. Mögliche Nebeneffekte könnten Wetteränderungen, Störungen an den Gehirnwellen von Lebewesen, Störungen an Nachrichtenübertragungssystemen und unbekannte Effekte in der Erdionosphäre hervorrufen.

Das Szenario und die Vorgehensweise um die Eastlund-Patente und das *HAARP*-Projekt geben Auskunft, wie eine mächtige *Elite* aus dem militärisch-industriellen Umfeld vorgeht, damit man solche Experimente durchführen kann. Wie es aussieht, kommt nach der atomaren Gefahr eine neue auf uns zu. Dient die Errichtung eines globalen Schutzschildes wirklich nur zum Schutz gegen einfliegende Atomraketen, wie die BMDO behauptet, oder will man die Erde gegen eine weitaus größere Gefahr verteidigen? Steht die Entwicklung solcher High-Tech-Waffen mit den Bemerkungen über eine *außerirdische Gefahr*, die der amerikanische Präsident Ronald Reagan während der achtziger Jahre mehrmals von sich gab, in Zusammenhang? Am 4. Mai 1988 sagte Reagan vor Mitgliedern des Nationalen Strategieforums:

»Ich habe mich oft gefragt, was geschehen würde, wenn wir alle auf der Erde erfahren würden, daß wir (die Menschheit) von außen bedroht werden, von einer Macht im Weltraum, von einem anderen Planeten … würden wir diese Gefahr nicht gemeinsam bekämpfen?«[34]

Die zuvor aufgezeigten Hinweise, daß EMP- und HPM-Waffen gegen UFOs eingesetzt werden, daß eine seit Anfang der achtziger Jahre verdeckt operierende militärische Einsatztruppe die Personen kidnapped, die behaupten, daß sie von UFO-Insassen entführt wurden, und daß etwa zur gleichen Zeit Ronald Reagan das eingesetzte globale Verteidigungskonzept SDI propagiert, legen es nahe, daß man möglicherweise gegen eine Gefahr, die von UFOs und deren Insassen ausgeht, gerüstet sein will.

Nachwort

Dieses Buch mag sich für manche Leser wie ein Drehbuch für vergangene oder kommende Folgen der erfolgreichen Fernsehserie *Akte-X* gelesen haben. Im Gegensatz zu den meisten von Mulder und Scully gemachten Entdeckungen sind die in unserem Buch präsentierten Fälle und Fakten *keine* Fiktionen. Es ist zu hoffen, daß die in diesem Buch behandelten Themen und Personen nicht, so wie die in der Einleitung beschriebenen Opfer, weitere 30 Jahre warten müssen, bis die Regierungen zugeben, daß man auch während der achziger und neunziger Jahre bei den eigenen Einwohnern verdeckte Operationen und Experimente durchgeführt hat.

Es mag ein Zufall sein, daß der Zeitpunkt eines anscheinenden militärischen Interesses an Personen mit UFO-Entführungserlebnissen mit dem Zeitpunkt der unter SDI begonnenen Entwicklung von exotischen High-Tech-Waffensystemen Anfang der achziger Jahre zusammenfällt. Die verschiedenen Hinweise für einen Zusammenhang mit dem UFO-Phänomen scheinen das Gegenteil zu belegen. Sollten UFO-Entführungen *real* ablaufen, wären UFOs und deren Insassen für die Militärs die größte Bedrohung, der die Menschheit bisher gegenüberstand. Die Konsequenzen dieser Erkenntnis würden genau den gegenwärtigen militärischen Aktivitäten entsprechen. Die Entwicklung von geeigneten Abwehrmaßnahmen müßte verdeckt durchgeführt werden, um die UFO-Angelegenheit so lange wie möglich von der Öffentlichkeit fernzuhalten.

Die verdeckten Operationen im eigenen Land sowie die Entwicklung von neuartigen Superwaffen und *Mind Control*-Technologien sind mit großer Wahrscheinlichkeit die Hauptgründe für das Zurückhalten von Informationen durch die USA. Wie es scheint, haben sich während des Kalten Krieges Machtstrukturen gebildet, die von nicht gewählten Personen besetzt sind, welche ihr erworbenes Wissen über diese Phänomene und geheim durchgeführte *Mind Control*-Experimente aus reinem Machtstreben vor der Öffentlichkeit zurückhalten. Neben der in der Einleitung erwähnten Rockefeller-UFO-Initiative möchte auch das Center for the Study of Extraterrestrial Intelligence (CSETI) mit Unterstützung des Astronauten Edgar Mitchell UFO-Anhörungen vor dem US-Kongreß durchsetzen. CSETI hat gegenwärtig etwa 120 Militärs, Wissenschaftler und Geheimdienstler unter ihren Zeugen, die ihr UFO-Wissen dem Kongreß und der Öffentlichkeit mitteilen wollen. Dr. Steven Greer und Shari Adamiak teilten uns mit, daß sich unter den CSETI-Zeugen auch Militärs befinden, die bei Kidnapping-Projekten im Zusammenhang mit UFO-Entführungen beteiligt waren. Andere Zeugen arbeiten an streng geheimen militärischen Waffenprojekten und bestätigen, daß exotische High-Tech-Waffen von militärischen Spezialeinheiten gegen UFOs eingesetzt wurden. Da diese Projekte sogenannte Unacknowledged Special Access-Projekte (USAPs) sind, wissen viele Regierungsvertreter nicht, daß solche USAPs existieren. Somit wird der Inhalt dieses Buches auch von Personen mit *top secret*-Klassifikationen bestätigt. Man darf gespannt sein, wie sich die uninformierte Clinton-Administration in dieser Angelegenheit verhalten wird und ob es in naher Zukunft tatsächlich zu Anhörungen vor dem US-Kongreß kommt.

Sollte sich jemals herausstellen, daß das *komplette* UFO-Entführungsphänomen von einer mächtigen militärisch/politischen Gruppe künstlich aufgezogen wurde, sind die Konsequenzen genauso weitreichend wie bei real existierenden *Aliens*. Aufgrund dieser Erkenntnis läßt sich schwer abschätzen, ob nicht diese Personen gefährlicher sind als hypothetische UFO-Insassen.

Anhang

Erklärung der wichtigsten Abkürzungen

AFOSI: Air Force Office of Special Investigations: Das AFOSI ist eine Abteilung der amerikanischen Luftwaffe, die für diese spezielle Untersuchungen ausführt.

AMC: Air Material Command: Das AMC hatte seinen Sitz in Wright Field und war 1947 nachweislich in UFO Untersuchungen verwickelt.

ATIC: Air Technical Intelligence Center: Das ATIC am Wright Patterson Luftwaffenstützpunkt war der Sitz der anfänglichen UFO-Projekte der amerikanischen Regierung.

CIA: Central Intelligence Agency: Die CIA ist der amerikanische Geheimdienst und koordiniert seit 1953 die UFO-Untersuchungen der amerikanischen Regierung. Die CIA war nach dem Krieg an *Mind Control*-Methoden interessiert und führte im verborgenen Versuche an Menschen durch.

DARPA: Defense Advanced Research Projects Agency: Diese Behörde scheint eine Verbindungsorganisation zwischen schwarzer und weißer Welt zu sein. Die in der schwarzen Welt entwickelten und getesteten Technologien fließen mit Hilfe dieser Behörde in die offizielle Wissenschaft ein.

DIA: Defense Intelligence Agency: Die DIA ist eine nachrichtendienstliche Organisation innerhalb des amerikanischen Verteidigungsministeriums und koordiniert alle Geheimdienstaktivitäten innerhalb der Luftwaffe, der Armee und der Marine. Die DIA hatte während der achtziger Jahre *Remote Viewer* unter ihren Bediensteten und scheint auch in *Mind Control*-Experimente und in das UFO-Phänomen verwickelt zu sein.

FBI: Federal Bureau of Investigations: Das FBI ist die amerikanische Bundespolizei und war in den vierziger und fünfziger Jahren ebenfalls auf unterster Ebene in UFO-Untersuchungen verwickelt. Das FBI untersucht seit Ende der siebziger Jahre erfolglos Tierverstümmelungen und versucht dabei, die Zusammenhänge mit dem UFO-Phänomen zu vertuschen.

FEMA: Federal Emergency Management Agency: Die FEMA ist die Katastrophenbehörde der amerikanischen Regierung. Diese Behörde übernimmt im Kriegsfall oder bei Katastrophen die Regierungstätigkeit. FEMA besitzt viele unterirdische Anlagen und unterhält auch dunkle unmarkierte Helikopter.

FOIA: Freedom of Information Act (Gesetz zur Freigabe von Informationen: 5USC-552, vom 4. Juli 1974). Dieses Gesetz ermöglicht die Herausgabe von Dokumenten durch die amerikanischen Bundesbehörden, die auf Anfrage an jeden amerikanischen Bürger erfolgt, sofern durch die Freigabe nicht die nationale Sicherheit, die Privatsphäre von Personen und Wirtschaftsgeheimnisse der USA gefährdet werden.

MJ-12: *Majestic-12* war eine Gruppe von zwölf Personen, die sich mit der Untersuchung von UFOs nach dem Roswell-Zwischenfall beschäftigten. *MJ-12* ist bis jetzt aber noch nicht von offiziellen Stellen bestätigt. Es ist zur Zeit ebenfalls nicht sicher, ob diese Gruppe wirklich *MJ-12* hieß, eine andere Bezeichnung hatte oder überhaupt existierte. Viele Forscher sind der Meinung, daß die nicht über den gesetzlichen Weg freigegebenen *MJ-12*-Dokumente aus unbekanntem Grund gefälscht wurden.

NORAD: North American Aerospace Defence Command: NORAD ist die nordamerikanische Luft- und Weltraumüberwachungsbehörde der USA. NORAD registriert in die Erdatmosphäre eindringende Flugkörper sowie den Flugverkehr bis weit in den russischen Luftraum. Die NORAD-Bodenstationen erhalten ihre Daten von AWACS-Aufklärungsflugzeugen und von Satelliten des Verteidigungsministeriums. Seit Ende der achtziger Jahre weiß man, daß NORAD massiv an der Zurückhaltung von UFO-Daten beteiligt ist.

NRO: National Reconnaissance Office: Die Existenz des NRO wurde am 18. September 1992 offiziell bekanntgegeben. Das NRO existierte aber schon seit 1962. Diese Behörde arbeitet mit Spionagesatelliten und Aufklärungsflugzeugen.

NSA: National Security Agency (nationale Sicherheitsbehörde der USA): Die NSA ist die weltgrößte Abhörorganisation. Sie besitzt die Möglichkeiten, mittels Spionagesatelliten Telefongespräche und andere Kommunikationsmethoden weltweit abzuhören. Die NSA hält UFO-Dokumente mit einer Sicherheitseinstufung, die höher als TOP SECRET klassifiziert ist, von der Öffentlichkeit fern.

Danksagung

Die beiden Autoren wollen ihren Dank den folgenden Personen, ohne deren Mithilfe dieses Buch in dieser Art nicht zustande gekommen wäre, aussprechen:

Shari Adamiak, der Forschungsdirektorin vom Center for the Study of Extraterrestrial Intelligence (CSETI); *Walter Andrus Jr.*, dem internationalen Direktor der UFO-Forschungsorganisation Mutual Ufo Network (MUFON); *Brian Bard* (*Mind Control*-Opfer), für sein MRI-Foto; *Dave Bader* (*Mind Control*-Opfer), für die Unterstützung unseres Buches durch seine Röntgenaufnahmen; *Keith Basterfield*, (MUFON-Australien); *Graham Birdsall*; *Walter Boward*, von der Freedom of Thought Foundation; *Dr. Richard Boylan*, für FOIA-Kopien und Fotomaterial; *Glenn Campbell* für Insiderinformationen über AREA-51; *John Carpenter*, dem Direktor für UFO-Entführungsforschung des Mutual UFO Network; *Dr. Aphrodite Clamar*; *Blanche Chavoustie* (*Mind Control*-Opfer/ACHES-MC); *Darlene* (MILAB-Opfer); *Padrick J. Delaney* (IUFOPRA); *Delora* (MILAB-Opfer); *Ann Druffel*; *Mr. American Experiment* (*Mind Control*-Opfer), für die ausführlichen Informationen bezüglich seines Falles; *Raymond Fowler*; *Harlan Girard*, vom International Committee for the Convention Against Offensive Microwave Weapons; *Dr. Steven Greer*, dem internationalen Direktor von CSETI; *David Guyatt*; *Dr. Richard Haines*; *Leah Haley* (MILAB-Opfer), für das Vorwort des Buches und die Unterstützung durch Fotomaterial; *Norio Hayakawa*, vom Civilian Intelligence Network für die Informationen über Untergrundbasen und die Unterstützung des Buches durch Fotomaterial; unserem Lektor *Hermann Hemminger*; *Cindia Hind* (MUFON-Afrika); *Richard Hall* (FUFOR); *William Hamilton III*; *Dr. James Harder*; *Linda Moulton Howe*; *Prof. David Jacobs*; *Rick Jones*, für die sehr gut gelungenen Illustrationen; *Dr. William E. Jones*; *Kathy Kasten* (*Mind Control*-Opfer); *Edward und Jay Kats* (*Mind Control*-Opfer), für die Unterstützung des Buches mit Fotomaterial und einem persönlichen FBI-Dokument; *Klaudia Kats*; *Martti Koski* (*Mind Control*-Opfer); *John Gregory Lambros* (*Mind Control*-Opfer), für die Unterstützung unseres Buches mit Fotomaterial; *Herta Lammer*; *Helmut Lammer*; *Ed Light* (*Mind Control*-Opfer), dem Web Master des *Mind Control*-Forums für die Informationen und Fotos; *Michael Lindemann*; *Edith Lindtner*; *Josef Lindtner*; *Lisa* (MILAB-Opfer), für die Informatio-

332

nen aus ihrem persönlichen Tagebuch und die Unterstützung unseres Buches mit Fotomaterial; dem Leiter von MUFON-CES *Dipl.-Phys. Illobrand v. Ludwiger; Philip Mantle*, dem Director of Investigations der British UFO Research Association (BUFORA), und seiner Frau *Susan; Glanis Mackay* (MUFON-Australien); *Michelle* (MILAB-Opfer); *Dr. Gilda Moura; Robert Naeslund* (*Mind Control*-Opfer), von der schwedischen Organisation gegen *Mind Control*-Experimente *Gruppen*, für die vielen Informationen und die Unterstützung unseres Buches durch Fotomaterial; *Ted Oliphant III*, für die Informationen über Tierverstümmelungen und die Unterstützung durch Fotomaterial; *Jeffrey Orren; Patty* (MILAB-Opfer); *Dr. Richard Sauder*, für die Informationen über militärische Untergrundbasen und für die Verwendung von Fotomaterial; *Derrel* und *Doris Sims* für die Informationen über die angeblichen *Alien*-Implantate; *Barbara Spellerberg; Dr. Leo Sprinkle; Dipl.-Ing. Oliver Sidla*; *Cory Sine*, dem Direktor der Alberta UFO Research Association (AUFORA); *Michael Strainic* (MUFON-Kanada); *Oliver Stummer* (ZEUS); *Dipl.-Ing. Willibald Stumptner*, für die Übersetzung der beiden Vorworte; *Chris Terraneau*, für die Informationen über High-Tech-Waffen; *Dr. Karla Turner; Dr. Jacques Vallée; Armen Victorian; Katharina Wilson* (MILAB-Opfer), für das Vorwort des Buches und die Unterstützung unseres Buches durch Fotomaterial; ihrem Ehemann *Erik Wilson; Sam Wright*, von der Lancaster Aerial Phenomena Investigation Society (LAPIS); *Dan Wright*, dem Leiter des MUFON Abduction Transcription Projectes; *Lt. Col. Alan Yu; Mag. Dipl.-Ing. Hannes Fürpaß* und *Mag. Martina Manges*, für die Korrekturarbeiten an dem Manuskript, sowie allen weiteren Forschern und Opfern, die an dieser Studie teilnahmen oder behilflich waren.

Ebenfalls wollen wir folgenden Organisationen, Zeitungen und Zeitschriften für ihre direkte oder indirekte Unterstützung an unserem Buch danken: *Advocacy Committee for Human Experimentation Survivors-Mind Control* (ACHES-MC), USA; *Alberta UFO Research Association* (AUFORA), Kanada; *British UFO Research Association* (BUFORA), England; *Center for the Study of Extraterrestrial Intelligence* (CSETI), USA; *Center for UFO Studies* (CUFOS), USA; *Citizen for the Convention Against UFO Secrecy* (CAUS), USA; *Computer UFO Network* (CUFON), USA; *Freedom of Thought Foundation*, USA; *Fund for UFO Research* (FUFOR), USA; *Gruppen*, Schweden; *International Committee against Offensive Microwave Weapons*, USA; *International UFO Reporter*, USA; *Just Cause; Linda Moulton Howe Productions*, Pennsylvania, USA; *Mind Control Forum*, USA; *MindNet Journal*, USA; *Mutual UFO Network* (MUFON), Texas USA; *Mutual UFO Network Central European Section* (MUFON-

CES), Deutschland, Österreich, Schweiz; *MUFON Ufo Journal,* USA; *New Scientist,* England; *Quest International,* Leeds, England; *Society for Scientific Exploration* (SSE), Stanford University, USA; *Journal of Scientific Exploration,* (JSE), Stanford University, USA; *UFO Reality,* Somerset, England; *UFO Magazine,* Leeds, England.

UFO-Organisationen

British UFO Research Association (BUFORA): 1 Woodhall Drive, Batley, West Yorkshire, WF17 7SW, England.

Citizens against UFO Secrecy (CAUS): P.O. Box 176, Stoneham, MA 02180, U.S.A.

Center for the Study of Extraterrestrial Intelligence (CSETI): CSETI, P.O. Box 587, Englewood CO 80151, U.S.A. World Wide Web: http://www.CSETI.ORG.

Center for UFO Studies (CUFOS): 2547 West Peterson Avenue, Chicago, Illinois, 60659, U.S.A.

Deutschsprachige Gesellschaft für UFO Forschung (DEGUFO): P.O. Box 2831, D-55516 Bad Kreuznach, Deutschland.

Fund for UFO Research (FUFOR): P.O. Box 277, Mount Rainer, Maryland 20712, U.S.A. World Wide Web: http://www.FUFOR.ORG.

Mutual UFO Network (MUFON): 103 Oldtowne Road, Seguin, Texas 78155-4099, U.S.A., World Wide Web: http://mufon.com.

Mutual UFO Network Central European Section (MUFON-CES): Gerhart-Hauptmann-Straße 5, D-83620 Feldkirchen-Westerham, Deutschland.

Society for Scientific Exploration (SSE): P.O. Box 5848, Stanford, CA 94309-5848, U.S.A., World Wide Web: http://www.jse.com.

Quest International: Wharfebank House, Wharfebank Business Center, Ilkley Road, Otley, near. Leeds, LS21, 3JP, England, World Wide Web: http://www.ufomag.co.uk.

Militärische Studien

Air Force 2025, World Wide Web: http://www.fas.org/spp/military/docops/usaf/2025/.

Federation of American Scientists (FAS), World Wide Web: http://www.fas.org.

UFO-Zeitschriften/UFO-Informationen

DEGUFORUM (DEGUFO): P.O. Box 2831, D-55516 Bad Kreuznach, Deutschland.

International UFO Reporter (CUFOS): 2547 West Peterson Avenue, Chicago, Illinois, 60659, U.S.A.

Just Cause (CAUS): P.O. Box 178, Stoneham, MA 02180, U.S.A.

Linda Moulton Howe Productions: Videodokumentationen und Bücher über Tierverstümmelungen, P.O. Box 300, Jamison, PA 18929-0300, U.S.A.

MUFON UFO Journal (MUFON): 103 Oldtowne Road, Seguin, Texas 78155-4099, U.S.A., World Wide Web: http://mufon.com.

MUFON-CES Berichte (MUFON-CES): Gerhart-Hauptmann-Straße 5, D-83620 Feldkirchen-Westerham, Deutschland.

Journal of Scientific Exploration (SSE): P.O. Box 5848, Stanford, CA 94309-5848, U.S.A., World Wide Web: http://www.jse.com.

UFO-BC/MUFON Canada: World Wide Web: http://www.renaissoft.-com/ufobc/.

Wilson, Katharina: Puzzle Publishing, P.O. Box 230023, Portland, OR 97281-0023, U.S.A., World Wide Web: http://alienjigsaw.com.

UFO MAGAZINE (Quest International): Wharfebank House, Wharfebank Business Center, Ilkley Road, Otley, near. Leeds, LS21, 3JP, England, World Wide Web: http://www.ufomag.co.uk.

UFO Reality: P.O. Box 1998, Glastonbury, Somerset, BA6 9FE, England.

UFO Times (BUFORA): BM BUFORA, WC1N 3XX, England, World Wide Web: http://www.citadel.co.uk/citadel/eclipse/future/bufora/bufora.htm

Flying Saucer Review: FSR Publications Ltd., P.O. Box 162, High Wycombe, Buckinghamshire, HP13 5DZ, England, World Wide Web: http://www.angel.co.uk/archmage/fsr/fsrhome.htm.

UFO-Kurier: Kopp Verlag, Hirschauer Straße 10, D-72108, Rottenburg, Deutschland, World Wide Web: http://www.ufos.de.

Wissenschaft ohne Grenzen: WOG-Verlag, Neuer Friedberg 1, D-98527, Suhl, Deutschland.

Jones, Rick: Cartoons & Illustration for Printed Media, 38 ODO Road, Dover, Kent CT17 0DP, England.

Organisationen gegen Mind Control-Experimente

Advocacy Committee for Human Experimentation Survivors-Mind Control (ACHES-MC): P.O. Box 108, Syosset N.Y. 11791, U.S.A.
Gruppen: P.O. Box 136, 114 79 Stockholm, Schweden.
Freedom of Thought Foundation: P.O. Box 35072, Tucson, Arizona, 85740-5072, U.S.A.
International Committee for the Convention against Offensive Microwave Weapons: P.O. Box 58700, Philadelphia, P.A. 19102-8700, U.S.A.
Human Rights Watch: c/o Mr. William Arkin, 1522 K St, NW 910 Washington, DC 20005-1202, U.S.A.
ai amnesty international: Apostelg. 25–27, A-1030 Wien.

Informationen über Mind Control

ACHES-MC: World Wide Web: http://www.ACHES-MC.ORG
Mind Control-Forum: World Wide Web: http://www.mk.net/~mcf.
MindNet Journal: Ftp Archive site: ftp://idiom.com/users/vericomm/mindnet/.
Vericomm: P.O. Box 23314, Oakland, CA 94604-2314, U.S.A.
Wilson, Katharina: Project Open Mind, Puzzle Publishing, P.O. Box 230023, Portland, OR 97281-0023, U.S.A., World Wide Web: http://alienjigsaw.com.
Bader, Dave: World Wide Web: http://www.nwlink.com/~dbader.
Hayakawa, Norio: c/o CIVINT OPS, P.O. Box 599, Gardena, CA, 90248, USA.
BoycotBrazil (Informationen über John Gregory Lambros): World Wide Web: http://members.aol.com/BrazilByct.
Ed & Jay Kats: World Wide Web: http://www.jps.net/edwardj

Bibliographie

Literatur zur Einleitung

[1] *Time to Come Clean on Radiation Tests,* New Scientist, Nr. 2058, 30. November, 1996.

[2] Edwards, Rob: *Written out of History,* New Scientist, Nr. 2030, 18. Mai, 1996.

[3] Estling, Ralph: *Whatever Made Them Do It?,* New Scientist, Nr. 1961, 21. Januar, 1995.

[4] Marks, John: *The Search for the Manchurian Candidate,* Norton, New York, 1991.

[5] Concar, David: *Ethics Code Spells Disaster for Canadian Psychologists,* New Scientist, Nr. 2059, 7. Dezember, 1996.

[6] Jones, Scott C. B.: Brief an Dr. John Gibbons, Assistant to the President for Science and Technology, 17. Februar, 1994.

[7] Wilson, Katharina: *The Alien Jigsaw,* Puzzle Publishing, P.O. Box 230023, Portland, OR 97281-0023, USA, 1993, World Wide Web: http://www.alienjigsaw.com (deutsch: *Tagebuch einer Entführten,* Kopp Verlag, Rottenburg, 1996).

[8] Haley, Leah: *Lost Was the Key,* Greenleaf Publications, P.O. Box 8152, Murfreesboro, TN 37133, USA, 1993 (deutsch: *Meine Entführung durch Außerirdische und das U.S. Militär,* Kopp Verlag, Rottenburg, 1996).

[9] Lammer, Helmut, und Sidla, Oliver: *UFO-Geheimhaltung: Die Hintergründe des weltweiten Komplotts,* Herbig, München, 1995 (als Taschenbuch: Heyne Sachbuch, Nr. 466, Wilhelm Heyne Verlag, München, 1996).

I   Bewußtseinskontroll-Experimente

[1] Marks, John: *The Search for the Manchurian Candidate,* Norton, New York, 1991.

[2] Smith, Marcus J.: *Dachau: The Harrowing of Hell,* State University of New York Press, New York, 1995.

[3] Lifton, R. J.: *The Nazi Doctors: Medical Killing and the Psychology of Genocide,* BASC, USA, 1988.

⁴ *Questions about the Holocaust,* The Simon Wiesenthal Center, 9760 West Pico Boulevard, Los Angeles, California 90035, USA, 1995.

⁵ Clay, Caterine, und Leapman, Michael: *Master Race: The Lebensborn Experiment in Nazi Germany,* Coronet Books, London, 1995.

⁶ Boward, Walter: *Operation Mind Control,* Researchers Edition, Tucson Arizona, USA, 1996.

⁷ Estling, Ralph: *Whatever Made Them Do It?,* New Scientist, Nr. 1961, 21. Januar, 1995.

⁸ War Department-Dokument über Project *Paperclip* vom 1. Oktober, 1945.

⁹ Sheldon, Harris H.: *Factories of Death: Japanese Biological Warfare, 1932–45, and the American Cover-up,* Routledge, London, New York, 1994.

¹⁰ Memorandum von Edwin, V. Hill, Chief, Basic Sciences, Camp Detrick, to General Alden C. Waitt, Chief, Chemical Corps, 12. Dezember 1947, The National Archives.

¹¹ Lammer, Helmut, und Sidla, Oliver: *UFO-Geheimhaltung: Die Hintergründe des weltweiten Komplotts,* Herbig, München 1995 (als Taschenbuch: Heyne Sachbuch, Nr. 466, Wilhelm Heyne Verlag, München, 1996).

¹² Lammer, Helmut, und Sidla, Oliver: *UFO-Nahbegegnungen: Unidentifizierte Flugobjekte hinterlassen Spuren,* Herbig, München, 1996 (als Taschenbuch: Heyne Sachbuch, Wilhelm Heyne Verlag, München, 1997).

¹³ Fidler, Dr.: *Medical Experiments on Humans,* 17. April 1947 (Dokument der Atom-Energiebehörde bezüglich Versuchen an Menschen).

¹⁴ CIA Memorandum vom 14. Juli 1952 bezüglich narkohypnotischer Methoden.

¹⁵ Concar, David: *Ethics Code Spells Disaster for Canadian Psychologists,* New Scientist, Nr. 2059, 7. Dezember, 1996.

¹⁶ Cannon, Martin: *The Controllers: A New Hypothesis of Alien Abduction,* USA, 1991, am: Mind Control Forum, World Wide Web: http://www.mk.net/~mcf, 1996.

¹⁷ Collins, Beth, and Jamerson, Anna: *Connections: Solving Our Alien Abduction Mystery,* Wild Flower Press, P.O. Box 726, Newberg, OR 97132, USA, 1996.

¹⁸ Kasten, Kathy: Persönliche Mitteilungen an die Autoren, 1996.

¹⁹ Hopkins, Budd: *UFO Abduction Cases in the Gulf Breeze, Florida Area,* in: UFOs: *The Impact of E.T. Contact upon Society,* MUFON International UFO Symposium Proceedings, Pensacola Florida, USA, 1990.

²⁰ Walters, Ed, und Walters, Frances: *UFO Abductions in Gulf Breeze,* Avon Books, New York, USA, 1994.

²¹ Walters, Ed, und Walters, Frances: *UFOs – Es gibt Sie,* Knaur, München, 1990.

²² Maccabee, Bruce S.: *Gulf Breeze without Ed,* in: *UFOs the Big Picture,* MUFON International Symposium Proceedings, Chicago, Illinois, USA, 1991.

²³ Maccabee, Bruce S.: *Acceleration,* in: *Ufology: A Scientific Enigma,* MUFON International Symposium Proceedings, Greensboro, North Carolina, USA, 1996.

²⁴ Wilson, Katharina: *Project Open Mind,* World Wide Web: http://www.alienjigsaw.com, Puzzle Publishing, P.O. Box 230023, Portland, OR 97281-0023, USA, 1996.

²⁵ Springmeier, Fritz: *Project Monarch,* in: *Cult Rapture* by Parfrey, Adam, Feral House, P.O. Box 3466, Portland, OR 97204, USA, 1995.

²⁶ Cannon, Martin: *Project Monarch: The Tangled Web,* MindNet Journal, Vol. 1, Nr. 76, Juni, 1996.

²⁷ Grandt, Guido, und Grandt, Michael: *Schwarzbuch Satanismus: Innenansicht eines religiösen Wahnsystems,* Pattloch, Augsburg, 1995.

²⁸ Harr, Dan: *CIA Programming,* MindNet Journal, Vol. 1, Nr. 47, Februar, 1996.

²⁹ Epping, Bernd: *Informationsfluß: 100 Millionen Zellen und ein bißchen Strom,* in: CHIP-Special aktiv Bild der Wissenschaft, *Gehirn, Gedächtnis, Neuronale Netze,* 1996.

³⁰ Lawrence, Lincoln: *Were We Controlled?,* New Hyde Park, University Books, New York, 1967.

³¹ Hopkins, Budd: *Witnessed: The True Story of the Brooklyn Bridge UFO Abductions,* Pocket Books, New York, USA, 1996.

³² Carpenter, John S.: *Investigating and Correlating Simultaneous Abductions,* in: *Alien Discussions,* Proceedings of the Abduction Study Conference held at MIT, Cambridge, MA, North Cambridge Press, P.O. Box 241, North Cambridge Post Office, Massachusetts 02140, USA, 1994.

³³ Flanagan, Patrick, und Flanagan, Crystal Gael: *The Neurophone: Speed Learning, New Hearing, and Electronic Telepathy,* in: Earthpulse Flashpoints, Nr. 1, USA, 1996, Earthpulse Press, P.O. Box 916, Homer, AK 99603, USA.

³⁴ Begich, Nick: *Towards a New Alchemy: The Millennium Science,* Earthpulse Press, P.O. Box 916, Homer, AK 99603, USA, 1996.

340

35 Frey, Allan H.: *Human Auditory System Response to Modulated Electromagnetic Energy,* J. Appl. Physiol. 17, S. 689–692, 1962.

36 Guyatt, David: *Some Aspects of Anti-Personnel Electromagnetic Weapons,* in: Earthpulse Flashpoints, Nr. 2, USA, 1996, Earthpulse Press, P.O. Box 916, Homer, AK 99603, USA.

37 Bader, Dave: *Modern Human Experimentation/Torture,* World Wide Web: http://www.nwlink.com/~dbader, 1996.

38 Bader, Dave: Persönliche Mitteilungen an die Autoren, 1996.

39 Koski, Martti: *My Life Depends on You,* am: Mind Control Forum, World Wide Web: http://www.mk.net/~mcf, 1996.

40 *New World Vistas, Air and Space Power for the 21st Century,* USAF Scientific Advisory Board, Juni, 1996.

41 Girard, Harlan: *Biological Process Control Weapons,* 1993, International Committee for the Convention Against Offensive Microwave Weapons, P.O. Box 58700, Philadelphia, PA 19102-8700, USA.

42 Tyler, Paul E.: *The Electromagnetic Spectrum in Low-Intensity Conflict,* in: *Low-Intensity Conflict and Modern Technology,* Editor: Lt. Col. David J. Dean, USAF, Foreword by Congressman Newt Gingrich, Air University Press, Center for Aerospace Doctrine, Research and Education, Maxwell Air Force Base, Alabama, Juni, 1996.

43 Mr. American Experiment: Persönliche Mitteilungen an die Autoren, 1995–1997.

44 Anderson, Ian: *Mind Switch Could Help Disabled Regain Control,* New Scientist, Nr. 2028, 4. Mai 1996.

45 Thomas, Peter: *Thought Control,* New Scientist, Nr. 2020, 9. März 1996.

46 Schmitz, Ulrich: *Mindpower: Die Kraft der Gedanken,* in: CHIP-Special aktiv Bild der Wissenschaft, *Gehirn, Gedächtnis, Neuronale Netze,* 1996.

47 Weiner, Tim: *Blanck Check – The Pentagon's Black Budget,* Warner Books, New York, 1991.

48 Akwei, John St. Clair: *Covert Operations of the US National Security Agency,* NEXUS New Times, Vol. 3, Nr. 3, April-Mai, 1996.

49 Bamford, James: *The Puzzle Palace: Inside the National Security Agency, America's most Secret Intelligence Organisation,* Penguin Books, New York, USA, 1982.

50 Turner, Karla: *Expanding the Parameters of the Alien-Human Abduction Agenda,* in: *Ufology: A Historical Perspective,* MUFON International Symposium Proceedings, Austin, Texas, USA, 1994.

II Implantate

1 Reye, Barbara: *Neuroimplantate: Blinde sehen, Lahme gehen,* in: CHIP-Special aktiv Bild der Wissenschaft, *Gehirn, Gedächtnis, Neuronale Netze,* 1996.

2 Thomas, Peter: *Thought Control,* New Scientist, Nr. 2020, 9. März, 1996.

3 Newman, Richard J.: *Battles without soldiers? Military Planners Have Some Futuristic Weapons in Mind,* U.S. News & World Report, 5. August, 1996.

4 Levy, Adrian, und Rayment, Tim: *Chip Will Plug Human Minds into Computers,* Sunday Star-Times, London, England, 7. Mai, 1995.

5 Auszug aus einem Kongreßbericht, am: Mind Control Forum, World Wide Web: http://www.mk.net/~mcf, 1996.

6 Delgado, Jose M. R.: *Man's Intervention in Intracerebral Functions,* Department of Psychiatry, Yale University, School of Medicine, New Haven, Connecticut, USA, 1967.

7 Delgado, Jose M. R.: *Physical Control of the Mind, Toward a Psychocivilized Society,* Harper & Row, New York, 1969.

8 Boward, Walter: *Operation Mind Control,* Researchers Edition, Tucson Arizona, USA, 1996.

9 Delgado, Jose M. R.: *Radio Stimulation of the Brain in Primates and Man,* Department of Psychiatry, Yale University, School of Medicine, New Haven, Connecticut, USA, 1969.

10 Cannon, Martin: *The Controllers: A New Hypothesis of Alien Abduction,* USA, 1991, am: Mind Control Forum, World Wide Web: http://www.mk.net/~mcf, 1996.

11 Schwitzgebel, Robert L., und Bird, Richard M.: *Sociotechnical Design Factors in Remote Instrumentation with Humans in Natural Environments, Behavior Research Methods and Instrumentation,* Vol. 2, 1970.

12 Delgado, Jose M. R., Lipponen, Vaino, Weiss, Gerhard, Fransisco del Pozo, Monteagudo, McMahon, Robert: *Two-Way Transdermal Communication with the Brain,* Medical University of Madrid, Spain, and Yale University Medical School, USA, 1975.

13 Fryer, Thomas B., und Sandler, Harold: *A Review of Implant Telemetry Systems,* NASA Ames Research Center, Biotelemetry, 1 (3), 1974.

14 Kimmich, H. P.: *Biotelemetry Based on Optical Transmission,* Department of Physiology, University of Nijmegen, Netherlands, 1983.

15 Jutter, Dean C., Ko, Wen H., und Spear, Thoms M.: *Telemetry Is Comming of Age,* Engineering in Medicine and Biology Magazine, März, 1983.

16 Sanders, Carl W.: *The Microchip and the Mark of the Beast,* NEXUS New Times, Vol. 2, Nr. 20, Juni/Juli, 1994.

17 Laugesen, Wayne: *Satan's Leash: The Specter of Biometric Identification,* Encounter Chronicles, September/Oktober 1996.

18 Mobility of Blind and Elderly People Interacting with Comp (MOBIC), World Wide Web: http://www.cs.uni-magteburg.de, 1996.

19 Saunders, Renee: *Tracking Firm Anticipates Link to LEO Systems,* Space News, 26. August–1. September, 1996.

20 Destron-Fearing Electronic ID Background, Electronic ID, Inc., 131 East Exchange Avenue, Suite 116, Fort Worth, Texas 76106, USA.

21 Lindquist, Lennart, Taylor, Evamarie, Naeslund, Robert: *Cybergods,* Gruppen, Box 136, 114 79 Stockholm, Schweden, 1996.

22 Hardy, J.: *Transsphenoidal Hypophysectomy,* J. Neurosurg, 34, S. 582–594, 1971.

23 Griffith, H. B., et al.: *A Direct Transnasal Approach to the Sphenoid Sinus,* Technical Note, J. Neurosurg, 66, S. 140–142, 1987.

24 Rabadan, A., et al.: *Transmaxillary, Transnasal Approach to the Anterior Clivus, A Microsurgical Anatomical Model,* Neurosurgery, 30, S. 473–482, 1992.

25 Lammer, Helmut, und Sidla, Oliver: *UFO-Geheimhaltung: Die Hintergründe des weltweiten Komplotts,* Herbig, München, 1995 (als Taschenbuch: Heyne Sachbuch, Nr. 466, Wilhelm Heyne Verlag, München, 1996).

26 Jacobs, David: *Secret Life, Firsthand Accounts of UFO Abductions,* Simon & Schuster, New York, 1992.

27 *Alien Discussions,* Proceedings of the Abduction Study Conference held at MIT, Cambridge, MA, North Cambridge Press, P.O. Box 241, North Cambridge Post Office, Massachusetts 02140, USA, 1994.

28 Constantine, Alex: *Psychic Dictatorship in the U.S.A.,* Feral House, P.O. Box 3466, Portland, OR 97208, 1995.

29 Fryer, Thomas B.: *Implantable Biotelemetry Systems,* NASA SP-5094, 1970.

30 Fratus, David: Brief an Mind Control Organisationen, 18. Oktober, 1988, Box 250, Draper, Utah 84020, USA.

343

³¹ Brief an Attorney General Magnus Sjöberg, bezüglich geheim durchgeführter Mind Control Experimente in Schweden, Gruppen, Box 136, 114 79 Stockholm, Schweden, 1996.

³² Naeslund, Robert: *Branded by the Security Police,* Gruppen, Box 136, 114 79 Stockholm, Schweden, 1996.

³³ Naeslund, Robert: Persönliche Mitteilungen an die Autoren, 1996.

³⁴ Lindstrom, P. A.: Brief an Robert Naeslund, 27. Juli 1983, Gruppen, Box 136, 114 79 Stockholm, Schweden, 1996.

³⁵ Barnett, Gene H., et al.: *Epidural Peg Electrodes, Neurology and Biomedical Engineering,* Department of Neurosurgery, Cleavland, Ohio, USA, 1990.

³⁶ Lambros, Gregory John: *Boycott Brazil,* World Wide Web: http://members.aol.com/BrazilByct.

³⁷ United States of America (Appellee) vs. John Gregory Lambros (Appellant), Case Nr. 94-1332MNMI, Mai, 1995.

³⁸ Ingraham, Barton L., und Smith, Gerald W.: *The Use of Electronics in the Observation and Control of Human Behaviour and Its Possible Use in Rehabilitation and Control,* Law Review, 1972.

³⁹ *Secret Implants Illegally Used on Prisoners, Eyes Only:* Project Group 7A, Oktober 1995, NEXUS New Times, Vol. 3, Nr. 6, Oktober/November, 1996.

⁴⁰ Sutton, Antony C.: *A Report of the Abuse of Power: Congress Asleep at the Switch again,* Phoenix Letter, August, 1995.

⁴¹ Kats, Ed, und Kats, Jay: Persönliche Mitteilungen an die Autoren, 1996.

⁴² SPIE's First Annual Symposium on Enabling Technologies for Law Enforcement & Security, Hynes Convention Center, Boston, Massachusetts, USA, 19.–21. November, 1996.

⁴³ Girard, Harlan: Persönliche Mitteilung an die Autoren, 1996, International Committee for The Convention Against Offensive Microwave Weapons, P.O. Box 58700, Philadelphia, PA 19102-8700, USA.

⁴⁴ Crutcher, R. I., Emery, M. S., Falter, K. G., Rochelle, J.: *Micro-Miniature Radio Frequency Transmitter for Communication and Tracking Applications,* Oak Ridge National Lab., Command, Control, Communications, and Intelligence Systems for Law Enforcement, SPI Proceedings Vol. 2938, 1996.

⁴⁵ Lammer, Helmut, und Sidla, Oliver: *UFO-Nahbegegnungen: Unidentifizierte Flugobjekte hinterlassen Spuren,* Herbig, München, 1996 (als Taschenbuch: Heyne Sachbuch, Wilhelm Heyne Verlag, München, 1997).

46 Turner, Karla: *Taken: Inside the Alien-Human Abduction Agenda,* Kelt Works, 1994 (deutsch: *Eingriff: Verstrickt in den Plan der Außerirdischen,* Kopp Verlag, Rottenburg, 1996).

47 Walters, Ed, und Walters, Frances: *UFO Abductions in Gulf Breeze,* Avon Books, New York, USA, 1994.

48 Hopkins, Budd: *Witnessed: The True Story of the Brooklyn Bridge UFO Abductions,* Pocket Books, New York, USA, 1996.

49 N'Tumba: Röngtenaufnahmen und Informationen über Herrn N'Tumba erhält man von: Gruppen, Box 136, 114 79 Stockholm, Schweden, 1996.

50 Haley, Leah: *Lost Was the Key,* Greenleaf Publications, P.O. Box 8152, Murfreesboro, TN 37133, USA, 1993 (deutsch: *Meine Entführung durch Außerirdische und das U.S. Militär,* Kopp Verlag, Rottenburg, 1996).

51 Haley, Leah: Persönliche Mitteilung an die Autoren, 1996.

52 *Unidentified Foreign Objects,* UFO Magazine, England, Januar/Februar, 1996.

53 Dodd, Tony: *Alien Implant Discovered: The Story of Richard Price,* UFO, The Journal of UFO Investigation, Quest International, Vol. 10, Nr. 3, 1991.

54 Pritchard, David E.: *Physical Evidence and Abductions,* in: *Alien Discussions,* Proceedings of the Abduction Study Conference held at MIT, Cambridge, MA, North Cambridge Press, P.O. Box 241, North Cambridge Post Office, Massachusetts 02140, USA, 1994.

55 Lewis, Rod: *Implant: Technical Analysis Report,* 20. April, 1993.

56 Leir, Roger: *In Search of Hard Evidence,* Mufon UFO Journal, Nr. 336, April, 1996.

57 Leir, Roger: *Medical and Surgical Aspects of the UFO Abduction Phenomenon, Ufology: A Scientific Enigma,* in: MUFON International UFO Symposium, Greensboro, North Carolina, 5.–7. Juli, USA, 1996.

58 Sims, Derrel W.: *Criteria and Protocol: The Medical-Surgical Intervention into Implantation that Is Alien to the Human Organism,* P.O. Box 60944, Houston, TX 77205.

59 Lindemann, Michael: *More Implants Removed from Possible Abductees: But Metal Object in Man's Jaw Might Have Human Source,* ISCNI-Flash, Vol. 2, Nr. 6, Juni, 1996.

60 Lammer, Helmut, und Lammer, Marion: Gespräche mit Derrel Sims und Michael Lindemann bei der Lancashire Aerial Phenomena In-

vestigation Society (LAPIS) UFO-Konferenz in Lytham St. Annes on Sea am 16./17. November, 1996.

[61] Brown, Kathryn: *Tugboat Drags Drug to the Tumor,* New Scientist, Nr. 2033, 30. März, 1996.

[62] Janot, C.: *The Properties and Applications of Quasicrystals,* europhysics news, Vol. 27, Nr. 2, März/April, 1996.

III   Das Mysterium der dunklen unmarkierten Helikopter

[1] Adams, Tom: *Mysterious Helicopters,* in: *Glimpses of Other Realities, Volume 1: Facts and Eyewitnesses,* by Linda Moulton Howe, Post Office Box 300, Jamison, PA 18929-0300, USA, 1993.

[2] Lammer, Helmut, und Sidla, Oliver: *UFO-Geheimhaltung: Die Hintergründe des weltweiten Komplotts,* Herbig, München, 1995 (als Taschenbuch: Heyne Sachbuch, Nr. 466, Wilhelm Heyne Verlag, München, 1996).

[3] Keith, Jim: *Black Helicopters over America: Strikeforce for the New World Order,* IllumiNet Press, USA, 1994.

[4] Howe, Linda Moulton: *A Strange Harvest,* Post Office Box 300, Jamison, PA 18929-0300, USA.

[5] Howe, Linda Moulton: *Strange Harvest, 1993:* Post Office Box 300, Jamison, PA 18929-0300, USA.

[6] Clarke, David, und Watson, Nigel: *Phantom Helicopters over Britain: A Review of the 1973–1974 Scare and an Overview of the Phantom Helicopter Phenomena,* Fund For UFO Research (FUFOR), P.O. Box 277, Mount Rainer, Maryland 20712, USA.

[7] Victorian, Armen: Persönliche Mitteilungen an die Autoren, 1996.

[8] Scharsach, Hanns-Henning: *Motiv Haß: Nach dem Terror von Oklahoma,* NEWS, Nr. 21, 24. Mai, 1995.

[9] Pitcavage, Mark: *The Militia Watchdog,* Rottenburg, USA, 1995.

[10] Koernke, Mark: *Towards the New World Order,* NEXUS New Times, Vol. 2, Nr. 18, Februar/März, 1994.

[11] Junas, Daniel: *The Rise of the Militias,* Rottenburg, USA, 1995.

[12] Cooper, Milton William: *Behold a Pale Horse,* Light Technology Publishing, USA, 1991.

[13] *Arizonans Forming Militias to Oppose Perceived Invasion,* Las Vegas Review Journal, 18. Februar, 1995.

[14] Howe, Linda Moulton: *Glimpses of Other Realities,* Volume 1: Facts

and Eyewitnesses, Post Office Box 300, Jamison, PA 18929-0300, USA, 1993.

Oliphant III, Ted: *Persönliche Mitteilungen an Dr. Lammer*, 1994–1996.

Cow Mutilations in Alabama: Close Encounters of the Herd Kind?, *The Providence*, Sunday Journal, 7. März, 1993.

Howe, Linda Moulton: *Moving Lights, Discs and Animal Mutilations in Alabama*, in: *Ufology: The Emergence of a New Science*, MUFON International UFO Symposium Proceedings, Richmond, Virginia, 2.–4. Juli, USA, 1993.

Astrup, Joni: *More UFO Sightings Reported: Four People Say They Saw Flying Objects in Elk River Area*, Star News, September, 1993.

Baker, Carey H.: *The Fyffe Alabama Experience*, in: *UFOs: The Impact of E.T. Contact upon Society*, MUFON International UFO Symposium Proceedings, Pensacola, Florida, 6.–8. Juli, 1990.

The Report on Cattle Mutilations, Press Conference at Fyffe, Alabama, 7. April, 1993.

Wolverton, Keith, und Danenhower, Thom: *Montana Mutilations on the Rise?*, Mufon UFO Journal, Nr. 323, März, 1995.

Sauder, Richard: *Underground Bases and Tunnels: What Is the Government Trying to Hide*, Dracon Press, Abingdon, Virginia, USA, 1995.

Fulgiium, David A., Morrocco, John D., Scott, William B.: *U.S. Black Programs Stress Lean Projects: Standoff Weapons Dominate U.S. Military Black Program Development, but Fixed-wing Aircraft and Helicopter Continue to Draw Pentagon Investments*, Aviation Week & Space Technology, 6. Februar, 1995.

Reuter, Heiko: *Erster Kampfhubschrauber mit Stealth Eigenschaften*, Flug Revue, Juli, 1995.

Howe, Linda Moulton: *1994 Animal Mutilation Research Grant: Summary of Case Studies*, in: *Ufology: A Scientific Paradigm*, MUFON International UFO Symposium Proceedings, Seattle, Washington. 7.–9. Juli, USA, 1995.

Vallée, Jacques: *Messengers of Deception-UFO Contacts and Cults*, Berkeley, California, 1973.

Sundberg, Jan-Ove: *Last Night of the Moose and other Animal Mutilations in Sweden*, UFO Magazine (England), September/Oktober, 1996.

Linda, Thompson: *F.E.M.A.*, Nexus New Times, Vol. 2, Nr. 18, Februar/März, 1994.

²⁹ Turner, Karla: *Taken: Inside the Alien-Human Abduction Agenda,* Kelt Works, 1994 (deutsch: *Eingriff: Verstrickt in den Plan der Außerirdischen,* Kopp Verlag, Rottenburg, 1996).

³⁰ Friedman, Stanton T.: *Top Secret/Majic,* Marlow & Company, New York, 1996.

IV   Hinweise auf eine verdeckt operierende militärisch/geheimdienstliche UFO-Einsatztruppe

¹ Lammer, Helmut, und Sidla, Oliver: *UFO-Geheimhaltung: Die Hintergründe des weltweiten Komplotts,* Herbig, München, 1995 (als Taschenbuch: Heyne Sachbuch, Nr. 466, Wilhelm Heyne Verlag, München, 1996).

² Lammer, Helmut, und Sidla, Oliver: *UFO-Nahbegegnungen: Unidentifizierte Flugobjekte hinterlassen Spuren,* Herbig, München, 1996 (als Taschenbuch: Heyne Sachbuch, Wilhelm Heyne Verlag, München, 1997).

³ Stone, Clifford E.: *UFOs Let the Evidence Speak for Itself, A Collection of Former Secret Military and Intelligence Agencies UFO Documents,* Image Color Graphic, USA, 1991.

⁴ *The University of Colorado Report on Unidentified Flying Objects,* by a Panel of the National Academy of Sciences, 1969.

⁵ NSA Dokument über UFO-Entführungen (Draft-Report: UFO Hypothese and Survival Questions), 1968.

⁶ Fuller, John: *The Interrupted Journey,* Souvenir Press, London, 1980.

⁷ Defense Intelligence Agency DD 1480 Form, Defense Information Report Evaluation, 22. August, 1974.

⁸ Fowler, Raymond E.: *Watchers II,* Wild Flower Press, P.O. Box 726, Newberg, OR 97132, USA, 1995.

⁹ Victorian, Armen: Persönliche Mitteilungen an Dr. Helmut Lammer, 1996.

¹⁰ Fawcett, Lawrence, und Greenwood, Barry: *Clear Indent,* Prendice Hall, New Jersey, 1984.

¹¹ Blum, Howard: *Out There: The Government's Secret Quest for Extraterrestrials,* Pocket Star Books, New York, 1990.

¹² Puthoff, H. E.: *CIA-Initiated Remote Viewing Program at Stanford Research Institute,* Journal of Scientific Exploration, Vol. 10, Nr. 1, S. 63–77, 1996.

¹³ Haisch, Bernd: *Reports on the Covernment-Sponsored Remote*

Viewing Programs, Journal of Scientific Exploration, Vol. 10, Nr. 1, 1, 1996.

[14] May, Edwin C.: *The American Institutes for Research Review of the Department of Defense's STAR GATE Program: A Comentary,* Journal of Scientific Exploration, Vol. 10, Nr. 1, S. 89–109, 1996.

[15] Victorian, Armen: *The Pentagon's Psychic Research,* Lobster, Nr. 30, 1996.

[16] Victorian, Armen: *Remote Viewing and the US Intelligence Community,* Lobster, Nr. 31, 1996.

[17] Swann, Ingo: *The CIA/ESP Connection: Statement by Ingo Swann on Remote Viewing,* 10. Dezember, 1995.

[18] Victorian, Armen: *Birds,* UFO Magazine (England), Vol. 11, Nr. 3, Juli/August, 1992.

[19] Horgan, John: *Bang! You're Alive: An Unusual Trio Wins Support for Nonlethal Weapons,* Scientific American, April, 1994.

[20] Victorian, Armen: *Britan in the 90s: Up Against the State,* Lobster, Nr. 28, 1995.

[21] Victorian, Armen: *The Persecution of Armen Victorian,* Lobster, Nr. 29, 1995.

[22] Friedman, Stanton T.: *Top Secret/Majic,* Marlow & Company, New York, 1996.

[23] Memorandum von Harry Truman, 9. Juli, 1947 (Authentizität bis jetzt nicht offiziell bestätigt).

[24] *Majestic-12 Group Special Operations Manual, Extraterrestrial Entities and Technology, Recovery and Disposal, Top Secret/Majic Eyes only, Majestic-12,* April, 1954 (Authentizität bis jetzt nicht offiziell bestätigt).

[25] Fowler, Raymond E.: Persönliche Mitteilung an die Autoren, 1996.

[26] Fowler, Raymond E.: *The Andreason Affair: The Documented Investigation of a Woman's Abduction Aboard a UFO,* Wild Flower Press, Newberg, Oregon, (1979), 1994.

[27] Fowler, Raymond E.: *The Andreason Affair Phase Two: The Continuing Investigation of a Woman's Abduction by Extraterrestrials,* Wild Flower Press, Newberg, Oregon, (1982), 1994.

[28] Hopkins, Budd: *Eindringlinge, Die unheimlichen Begegnungen in den Copley Woods,* Kellner, Juli, 1991.

[29] Jordan, Debbie, und Mitchel, Kathy: *Abducted! The Story of the Intruders Continues...,* Carroll & Graf Publishers, New York, 1994 (deutsch: *Entführung! Die Geschichte der Eindringlinge geht weiter,* Kopp Verlag, Rottenburg, 1996).

30 Bullard, Thomas E.: *UFO Abductions: The Measure of a Mystery; Volume 1: Comparative Study of Abduction Reports,* Fund For UFO Research (FUFOR), P.O. Box 277, Mount Rainer, Maryland 20712, USA.

31 Bullard, Thomas E.: *UFO Abductions: The Measure of a Mystery; Volume 2: Catalogue of Cases,* Fund For UFO Research (FUFOR), P.O. Box 277, Mount Rainer, Maryland 20712, USA.

32 Wright, Dan: *Commonalities & Disparities: Findings of the MUFON Abduction Transcription Project,* in: *Ufology: A Scientific Paradigm,* MUFON International Symposium Proceedings, Seattle, Washington, 7.–9. Juli, USA, 1995.

33 Wright, Dan: Persönliche Mitteilung an die Autoren, 1996.

34 Boylan, Richard J.: Persönliche Mitteilung an die Autoren, 1996.

35 Sprinkle, Leo: Persönliche Mitteilung an die Autoren, 1996.

36 Hall, Richard: Persönliche Mitteilung an die Autoren, 1996.

37 Strieber, Whitley: *Die Besucher: Eine wahre Geschichte,* Heyne Verlag, München, 1988.

38 Conroy, Ed: *Report on Communion,* William Morrow, New York, 1989.

39 Strieber, Whitley: Breakthrough: The Next Step, Harper Collins, New York, 1995.

40 Frey, Allan H.: *Human Auditory System Response to Modulated Electromagnetic Energy,* J. Appl. Physiol. 17, S. 689–692, 1962.

41 Cannon, Martin: *The Controllers: A New Hypothesis of Alien Abduction,* USA 1991, am: Mind Control Forum, World Wide Web: http://www.mk.net/~mcf, 1996.

42 Bryan, C. D. B.: *Close Encounters of the Fourth Kind: Alien Abduction and UFOs – Witnesses and Scientists Report,* Weidenfield & Nickolson, London, 1995.

43 Turner, Karla: *Taken: Inside the Alien-Human Abduction Agenda,* Kelt Works, 1994 (deutsch: *Eingriff: Verstrickt in den Plan der Außerirdischen,* Kopp Verlag, Rottenburg, 1996).

44 Jacobs, David: Persönliche Mitteilung an die Autoren, 1996.

45 Kleiner, Kurt: *Battle Scars Take Jears to Surface,* New Scientist, Vol. 147, Nr. 1991, 19. August, 1995.

46 Turner, Karla: *Into the Fringe: A True Story of Alien Abduction,* Berkeley Books, New York, 1992.

47 Collins, Beth, and Jamerson, Anna: *Connections: Solving Our Alien Abduction Mystery,* Wild Flower Press, P.O. Box 726, Newberg, OR 97132, USA, 1996.

⁴⁸ Lammer, Helmut: *Preliminary Findings of Project MILAB: Evidence for Military Kidnappings of Alleged UFO Abductees,* Mufon UFO Journal, Nr. 344, Dezember, 1996.

⁴⁹ Druffel, Ann: Persönliche Mitteilungen an die Autoren, 1996.

⁵⁰ Carpenter, John: Persönliche Mitteilungen an die Autoren, 1996.

⁵¹ Harder, James: Persönliche Mitteilungen an die Autoren, 1996.

⁵² Strainic, Michael: Persönliche Mitteilungen an die Autoren, 1996.

⁵³ Sine, Cory: Persönliche Mitteilungen an die Autoren, 1996.

⁵⁴ IUFOP: Persönliche Mitteilungen an die Autoren, 1996.

⁵⁵ Moura, Gilda: *Abduction Phenomena in Brazil,* in: *Alien Discussions,* Proceedings of the Abduction Study Conference held at MIT, Cambridge, MA, North Cambridge Press, P.O. Box 241, North Cambridge Post Office, Massachusetts 02140, USA, 1994.

⁵⁶ Moura, Gilda: Persönliche Mitteilungen an die Autoren, 1996.

⁵⁷ Granchi, Irene: *UFOs and Abuctions in Brazil,* Horus House Press, Madison, Wisconsin, USA, 1995.

⁵⁸ Basterfield, Keith: Persönliche Mitteilungen an die Autoren, 1996.

⁵⁹ Sauder, Richard: *Underground Bases and Tunnels: What Is the Government Trying to Hide,* Dracon Press, Abingdon, Virginia, USA, 1995.

⁶⁰ Sauder, Richard: Persönliche Mitteilungen an die Autoren, 1996.

⁶¹ Hayakawa, Norio: Persönliche Mitteilungen an die Autoren, 1996.

⁶² *England's Secret Nuclear Bunker,* Underground Nuclear Command Centre, Keveldon Hall Lane, Keveldon Hatch, Brentwood, Essex, CM15 0LB, England.

⁶³ Armstrong, et al.: *Method and Apparatus for Tunneling by Melting,* United States Patent, Nr. 3,693,731, 26. September, 1972.

⁶⁴ Andrus, Walt: *Independence Day-ID4,* Mufon UFO Journal, Nr. 339, Juli, 1996.

⁶⁵ Ross, Mike: *Rider on the Shock Wave,* New Scientist, Nr. 2017, 17. Februar, 1996.

⁶⁶ Hamilton III, William F.: *Alien Magic: UFO Crashes-Abductions-Underground Bases,* Global Communications, New Brunswick, 1996.

⁶⁷ Hall, Richard: *Testing Reality: A Research Guide for the UFO Abduction Experience,* 1993, Fund For UFO Research (FUFOR), P.O. Box 277, Mount Rainer, Maryland 20712, USA.

⁶⁸ Wilson, Katharina: Persönliche Mitteilungen an die Autoren, 1996.

⁶⁹ Wilson, Katharina: *The Alien Jigsaw,* Puzzle Publishing, P.O. Box 230023, Portland, OR 97281-0023, USA, 1993, World Wide Web:

http://www.alienjigsaw.com (deutsch: *Tagebuch einer Entführten*, Kopp Verlag, Rottenburg, 1996).

[70] Boward, Walter: *Operation Mind Control*, Researchers Edition, Tucson Arizona, USA 1996.

[71] Parfrey, Adam: *Cult Rapture*, Feral House, P.O. Box 3466, Portland, OR 97204, USA, 1995.

[72] Haley, Leah: *Lost Was the Key*, Greenleaf Publications, P.O. Box 8152, Murfreesboro, TN 37133, USA, 1993 (deutsch: *Meine Entführung durch Außerirdische und das U.S. Militär*, Kopp Verlag, Rottenburg, 1996).

[73] Haley, Leah: Persönliche Mitteilungen an die Autoren, 1996.

[74] Boylan, Richard J., und Boylan, Lee K.: *Close Extraterrestrial Encounters: Positive Experiences with Mysterious Visitors*, Wild Flower Press, Oregon, 1994.

[75] Hamilton III, William F.: Persönliche Mitteilungen an die Autoren, 1996.

[76] Wilson, Katharina: *Project Open Mind*, World Wide Web: http://www.alienjigsaw.com, Puzzle Publishing, P.O. Box 230023, Portland, OR 97281-0023, USA, 1996.

[77] Wilson, Katharina: *The Alien Jigsaw: Researcher's Supplement*, Puzzle Publishing, P.O. Box 230023, Portland, OR 97281-0023, USA, 1993, World Wide Web: http://www.alienjigsaw.com (deutsch: *Tagebuch einer Entführten: Ergänzendes Material*, Kopp Verlag, Rottenburg, 1996).

[78] Lisa: Auszüge aus Lisas Aufzeichnungen und persönliche Mitteilungen an die Autoren, 1996.

[79] Tilton, Christa: *The Bennewitz Papers: A Special Report*, Quest International Publications LTD, England, 1992.

V   Mögliche Gründe für ein militärisch/geheimdienstliches Interesse an UFO-Entführungen

[1] Newman, Richard J.: *Battles without soldiers? Military Planners Have Some Futuristic Weapons in Mind*, U.S. News & World Report, 5. August, 1996.

[2] Metz, Steven, und Kevit, James: *The Revolution in Military Affairs und Conflict Short of War*, US Army War College, Strategic Studies Institute, SSI, 25. Juli, 1994.

[3] Kessler, Roland: *Inside the CIA*, Bocket Books, New York, 1992.

4 *Non-Lethal Weapons and* Operations, Congressional Research Service, 95-974S, CRS-Report for Congress, 14. September, 1995.

5 *Hologram i luften* (Holograms in Mid-Air), NY TEKNIK, Vol. 32, Schweden, 1986.

6 Keith, Jim: *OKBOMB! Conspiracy and Cover-up*, IllumiNet Press, USA, 1996.

7 *Uncovering the Guardian Caper*, Mufon UFO Journal, Nr. 313, Mai, 1994.

8 Boward, Walter: *Operation Mind Control*, Researchers Edition, Tucson Arizona, USA, 1996.

9 McKinney, Julianne: *Microwave Harassment and Mind Control Experimentation*, Dezember, 1992, am: Mind Control Forum, World Wide Web: http://www.mk.net/~mcf, 1996.

10 CIA Dokument an dem Direktor Walter B. Smith, 1952.

11 Meckelburg, Ernst: *PSI-Agenten*, Langen Müller, München, 1994.

12 Naeslund, Robert: *Branded by the Security Police*, Gruppen, Box 136, 114 79 Stockholm, Schweden, 1996.

13 Verney, Antony: *The Happy Retirement*, Open Eye, P.O. Box 3069, SW9 8LU, London, England.

14 Wilson, Katharina: *The Alien Jigsaw*, Puzzle Publishing, P.O. Box 230023, Portland, OR 97281-0023, USA, 1993, World Wide Web: http://www.alienjigsaw.com (deutsch: *Tagebuch einer Entführten*, Kopp Verlag, Rottenburg, 1996).

15 Bullard, Thomas E.: *UFO Abductions: The Measure of a Mystery; Volume 1: Comparative Study of Abduction Reports*, Fund For UFO Research (FUFOR), P.O. Box 277, Mount Rainer, Maryland 20712, USA.

16 Bullard, Thomas E.: *UFO Abductions: The Measure of a Mystery; Volume 2: Catalogue of Cases*, Fund For UFO Research (FUFOR), P.O. Box 277, Mount Rainer, Maryland 20712, USA.

17 Lammer, Helmut, und Sidla, Oliver: *UFO-Nahbegegnungen: Unidentifizierte Flugobjekte hinterlassen Spuren*, Herbig, München, 1996 (als Taschenbuch: Heyne Sachbuch, Wilhelm Heyne Verlag, München, 1997).

18 Guyatt, David: *Some Aspects of Anti-Personnel Electromagnetic Weapons*, in: Earthpulse Flashpoints, Nr. 2, USA, 1996, Earthpulse Press, P.O. Box 916, Homer, AK 99603, USA.

19 Constantine, Alex: *Psychic Dictatorship in the U.S.A.*, Feral House, P.O. Box 3466, Portland, OR 97208, 1995.

20 Cameron, Grant, und Scott, Crain T. Jr.: *UFOs, MJ-12 and the*

Government: A Report on Government Involvement in UFO Chrash Retrievals, MUFON, Seguin Texas, USA, 1991.

21 Pollmer, Udo: E-Nummern-Liste, Lebensmittel-Zusatzstoffe, ÖKO-TEST Magazin, Postfach 900766,60447, Frankfurt, Deutschland.

22 Delgado, Jose M. R.: Physical Control of the Mind, Toward a Psychocivilized Society, Harper & Row, New York, 1969.

23 Cannon, Martin: The Controllers: A New Hypothesis of Alien Abduction, USA 1991, am: Mind Control Forum, World Wide Web: http://www.mk.net/~mcf, 1996.

24 New World Vistas, Air and Space Power for the 21st Century, USAF Scientific Advisory Board, Juni, 1996.

25 Girard, Harlan: Persönliche Mitteilungen an die Autoren, 1996.

26 Yu, Alan: The Thought Machine, Mind Control Forum, World Wide Web: http://www.mk.net/~mcf, 1996.

27 Walters, Ed, und Walters, Frances: UFOs – Es gibt Sie, Knaur, München, 1990.

28 Yu, Alan: Persönliche Mitteilungen an die Autoren, 1996.

29 Blackmore, Susan: Alien Abduction: The Inside Story, New Scientist, Vol. 144, Nr. 1952, 19. November, 1994.

30 Harris, Harry: Alien Analysis, UFO Magazine (England), Mai/Juni, 1996.

31 Clay, Caterine, und Leapman, Michael: Master Race: The Lebensborn Experiment in Nazi Germany, Coronet Books, London, 1995.

32 Questions about the Holocaust, The Simon Wiesenthal Center, 9760 West Pico Boulevard, Los Angeles, California 90035, USA, 1995.

33 Galton, Francis: Hereditary Genius, London, 1869.

34 Haeckel, Ernst: Die Lebenswunder, Deutschland, 1904, in: Master Race: The Lebensborn Experiment in Nazi Germany, Coronet Books, London, 1995, S. 14.

35 Kühl, Stefan: The Nazi Connection, Oxford University Press, Oxford, 1994.

36 Mechsner, Franz: Medizin: Der lange Arm der Apparate, in: Das 21. Jahrhundert: Faszination Zukunft, GEO Extra, Nr. 1, 1995.

37 Artikel über mögliche Auswüchse in der Medizin, Kurier, Wien, 18. August, 1996.

38 Sauder, Richard: Underground Bases and Tunnels: What Is the Government Trying to Hide, Dracon Press, Abingdon, Virginia, USA, 1995.

39 Neuman, Peter: Other Men's Graves, Weidenfeld & Nickolson, England, 1958.

⁴⁰ Wilson, Katharina: *Project Open Mind,* World Wide Web: http://www.alienjigsaw.com, Puzzle Publishing, P.O. Box 230023, Portland, OR 97281-0023, USA, 1996.

⁴¹ Wilson, Katharina: Persönliche Mitteilungen an die Autoren, 1996.

⁴² Lammer, Helmut, und Sidla, Oliver: *UFO-Geheimhaltung: Die Hintergründe des weltweiten Komplotts,* Herbig, München, 1995 (als Taschenbuch: Heyne Sachbuch, Nr. 466, Wilhelm Heyne Verlag, München, 1996).

⁴³ Hamilton III, William F.: *Alien Magic: UFO Crashes-Abductions-Underground Bases,* Global Communications, New Brunswick, 1996.

⁴⁴ Howe, Linda Moulton: *An Alien Harvest,* Post Office Box 300, Jamison, PA 18929-0300, USA, 1989.

⁴⁵ Tilton, Christa: *The Bennewitz Papers: A Special Report,* Quest International Publications LTD, England, 1992.

⁴⁶ Wright, Dan: Persönliche Mitteilung an die Autoren, 1996.

⁴⁷ Haley, Leah: *Lost Was the Key,* Greenleaf Publications, P.O. Box 8152, Murfreesboro, TN 37133, USA, 1993 (deutsch: *Meine Entführung durch Außerirdische und das U.S. Militär,* Kopp Verlag, Rottenburg, 1996).

⁴⁸ Haley, Leah: Persönliche Mitteilung an die Autoren, 1996.

⁴⁹ Weiner, Tim: *Blanck Check – The Pentagon's Black Budget,* Warner Books, New York, 1991.

⁵⁰ Strieber, Whitley: *Breakthrough: The Next Step,* Harper Collins, New York, 1995.

⁵¹ Greer, Steven: Persönliche Mitteilungen an die Autoren, 1996.

VI   High-Tech-Waffensysteme

¹ Tesla, Nikola, und Childress, Hatcher Davis: *The Fantastic Inventions of Nicola Tesla,* Adventures Unlimited Press, Illinois, 1993.

² Tesla, Nikola: *Transmissions of Electricity without Wires,* Electrical World and Engineer, 5. März, 1904.

³ *Tesla at 78, Bares New Death-Beam,* The New York Times, 11. Juli, 1934.

⁴ Seifer, Marc J.: *Nikola Tesla: The History of Lasers and Particle Beam Weapons,* Proceedings of the International Tesla Symposium, 1988.

⁵ Broad, William J.: *Teller's War: The Top-Secret Story Behind the Star Wars Deception,* Touchstone, New York, 1993.

⁶ Kitts, Brendan: *The Strategic Defense Initiative: A Case Study in Failure*, Center for Complex Systems, Brandeis University, Waltham, MA. 02254, USA.

⁷ Hecht, Jeff: *Pentagon Hot Shots Take Aim at Asteroids*, New Scientist, Vol. 149. Nr. 2022, 23 März, 1996.

⁸ Constantine, Alex: *Psychic Dictatorship in the U.S.A.*, Feral House, P.O. Box 3466, Portland, OR 97208, 1995.

⁹ Saucier, Aldric: *Lost in Space*, New York Times, 3. März, 1993.

¹⁰ Non-Lethal Defense Conference, John Hopkins Applied Research Lab., Laurel, MD, November, 1993.

¹¹ Alexander, John B.: *Government/Military*, Aviation Week & Space Technology, 24. Januar, 1994.

¹² Lammer, Helmut, und Sidla, Oliver: *UFO-Nahbegegnungen: Unidentifizierte Flugobjekte hinterlassen Spuren*, Herbig, München, 1996 (als Taschenbuch: Heyne Sachbuch, Wilhelm Heyne Verlag, München, 1997).

¹³ *The Safety of Electromagnetic Pulse Simulators, Position Statement*, United States Activities Board, IEEE, 1992.

¹⁴ Oechsler, Robert, und Regimenti, Debby: *The Chesapeake Connection: An Implication of Corporate Involvement in the Cover-up*, in: *The UFO Cover-up: A Government Conspiracy?*, MUFON International Symposium Proceedings, Las Vegas, Nevada, USA, 1989.

¹⁵ Thompson, Jane: *UFO Sightings Reported Around Bay Bridge*, The Capital, Annapolis, Maryland, Monday, 11. April, 1988.

¹⁶ Scarton, Kyra: *Small Plane Plunges into Chesapeake: 2 Missing, Search Goes on*, The Capital, Annapolis, Maryland, Monday, 25. Juli, 1988.

¹⁷ Terraneau, Chris: Persönliche Mitteilungen an die Autoren, 1996.

¹⁸ Haley, Leah: *Lost Was the Key*, Greenleaf Publications, P.O. Box 8152, Murfreesboro, TN 37133, USA, 1993 (deutsch: *Meine Entführung durch Außerirdische und das U.S. Militär*, Kopp Verlag, Rottenburg, 1996).

¹⁹ Haley, Leah: Persönliche Mitteilung an die Autoren, 1996.

²⁰ Haley, Leah: *Lost Was the Key*, Video, Produced and Distributed by: AFS/Dialogue Productions, P.O. Box 8391, Minneapolis, MN 55408, USA.

²¹ Fulghum, David A.: *EMP Weapons Lead Race for Non-Lethal Technology*, Aviation Week & Space Technology, 24. Mai, 1993.

²² Spencer, David T.: *Examining MUFON's Computerized Data: Section 5, Part 1: Multiple Sightings and Correlations*, Mufon UFO Journal, Nr. 342, Oktober, 1996.

23 Begich, Nick: *Angels Don't Play this HAARP: Advances in Tesla Technology,* Patent Package, Earthpulse Press, P.O. Box 201393, Anchorage, Alaska 99520, USA, Juni, 1996.

24 Manning, Jeane, und Begich, Nick: *Angels Don't Play this HAARP: Advances in Tesla Technology,* Earthpulse Press, P.O. Box 201393, Anchorage, Alaska 99520, USA, Juni, 1996.

25 Kerz, Walter: *Einführung in die Geophysik I,* B.I.-Wissenschaftsverlag, Hochschultaschenbücher, Band 275, Rottenburg, USA, 1985.

26 Eastlund, Bernhard J.: *Method and Apparatus for Altering a Region in the Earth's Atmosphere, Ionosphere and or Magnetosphere,* invented by: Bernhard J. Eastlund and Simo Ramo, United States Patent, 4,686,605, 11. August, 1987.

27 Eastlund, Bernhard J.: *High Resolution Directional Gamma Dedector,* invented by: Arie Zigler and Yossef Elsen, United States Patent, 4,954,709, 4. September, 1990.

28 Eastlund, Bernhard J.: *Nuclear Sized Explosions without Radiation,* invented by: Frank E. Lowther, United States Patent, 4,873,928, 17. Oktober, 1989.

29 Eastlund, Bernhard J.: *Power Beaming System,* invented by: Peter Koert and James T. Cha, United States Patent, 5,068,669, 26. November, 1991.

30 Eastlund, Bernhard J.: *Power Beaming System with Printed Circuit Radiating Elements Having Resonating Cavities,* invented by: Peter Koert and James T. Cha, United States Patent, 5,218,374, 8. Juni, 1993.

31 Eastlund, Bernhard J.: *Defense System for Discriminating between Objects in Space,* invented by: Adam T. Drobot, United States Patent, 4,817,495, 4. April, 1989.

32 Eastlund, Bernhard J.: *Method for Producing a Shell of Relativistic Particles at an Altitude above the Earth's Surface,* invented by: Bernhard J. Eastlund, United States Patent, 5,038,664, 13. August, 1991.

33 Erster Zeitungsartikel über HAARP, in: Anchorage Daily News, 20. November, 1994.

34 Reagan, Ronald: Ansprache bei einer Versammlung vor Mitgliedern des Nationalen Strategieforums, 4. Mai, 1988.

Eine Bitte der Autoren

Wenn Sie selbst außergewöhnliche Erfahrungen, wie sie in diesem Buch geschildert wurden, hatten, schreiben Sie an:

Dr. Helmut Lammer und Marion Lammer
c/o Herbig Verlag
Thomas-Wimmer-Ring 11
D-80539 München

Wenn Sie eine UFO-Nahbegegnung hatten, wenden Sie sich an MUFON-CES:

Für Deutschland:

Dipl.-Phys. Illobrand v. Ludwiger
Gerhart-Hauptmann-Straße 5
D-83620 Feldkirchen-Westerham

Für Österreich:

Dr. Helmut Lammer
Postfach 76
A-8600 Bruck/Mur
Österreich

oder an:

Z.E.U.S.
Schulgasse 43
Postfach 96
A-1180 Wien

Für die Schweiz:

Roland Keller
Postfach 1620
CH-4001 Basel

358

Register

A
ABC (Fernsehsender) 42
Advanced Research Project Agency (APRA)
  60
Afrika 141, 202, 204
Air Force Philips Laboratorium 302
Air Force Space Command 302
Air Spikes 219
Akte-X 120, 327
Akwei, John St. Clair (Mind Control-Opfer)
  72–74, 76
Alabama 144 f.
Alaska 323 f.
Alaska Center for the Environment 325
Alberta (Kanada) 63
Alberta UFO Research Association
  (AUFORA) 203
Albertville (Alabama) 144 f.
Alexander, John B. (Colonel) 169, 303 f.
Alien-Implantate 78, 82, 122–136, 188, 290
Alien-Implantatentnahmen 131 f.
Alien-Invasion 143
Alien-Hypothese 136
Alien-Masken 226, 234–235, 239, 253, 270, 287
Allen, Van 316
Alternative Control Technology Laboratory
  71
Amnesie 48
Amphetamine 39
Amy (MILAB-Opfer) 123, 207
Andreason, Betty 175 f., 222–224
Andrus (Luftwaffenstützpunkt) 27
Angie (MILAB-Opfer) 182 f., 198 f., 207
Anti-Satelliten-Waffen (ASAT) 299, 301
Antimaterielle nicht letale Waffen 303–304
Appleton, E. V. 315
ARCO Power Technologies Inc. (APTI)
  323 f.
AREA-51 218 f., 237, 263
Armed Forces Medical Intelligence Center
  (AFMIC) 161, 170
Armstrong, Gerry 179
Aspartam (E951) 264
Association of National Security Alumni 253
Atomwaffen 302
Atmosphäre 314–317
außerirdische Gefahr 325–326
Aquarius (Remote Viewing) 163
Aquarius (UFOs) 163

Aquarius-Gruppe (Mind Control) 256
Aquarius Group Operations (AGO) 256
Aquino, Michael (Colonel Lieutenant) 49
Army Chemical Center 41
ARTICHOKE (Mind Control-Experiment)
  39, 40, 43, 49
Asteroide 302
Atom-Energie-Kommission 37
Atombombentests 149
Atlanta 30
auditorischer Cordex 61, 74
Austin-Walker, John 26
Australien 179, 202, 205, 262
Aviation Week & Space Technology 150, 295,
  304
Axone 53

B
Bader, Dave (Mind Control-Opfer) 60, 62, 68,
  97, 133, 135
Ballistic Missile Defense Organisation (BMDO)
  302, 313, 319, 325
Barbiturate 39
Barks, Melinda 220
Barnett, Gene H. 104
Bartholic, Barbara 187 f., 207
Basterfield, Keith 205
Bailey, Harrison 262
Beautismus 276
Becker, Robert O. 60
Begich, Nick 323
Belgien 90
Berlin 71
Berliner, Don 171 f.
Beth (MILAB-Opfer) 207, 223
Bigelow Foundation 151
Bio-Chips 87 f., 94 f.
Bio-Telemetrie 25, 26, 86–92, 93 f., 284, 286
Blackmore, Susan 269 f.
Blacksheaa (Colonel) 108 f.
Bluebird (Mind Control-Projekt) 39
Blue Book 158, 161
Blum, Howard 163 f.
Bonacci, Paul (Mind Control-Opfer) 252 f.
Boston Psychopathic Hospital 39
Bowart, Walter 52, 54, 256
Boylan, Richard 180, 202, 234
Braun, Wernher von (Raketenkonstrukteur)
  31

Brasilien 105 f., 202
Brilliant Bebbels 301
British UFO Research Association (BUFORA) 204
Bryant, Larry 171
Bullard, Thomas 64, 179, 183, 202, 221 f., 261 f.
Bund Deutscher Mädchen (BMD) 278
Bundesarchive, Koblenz 273
Bush, Vannevar 170, 173
Byrd, Robert (Senator) 294

C
California Department of Corrections 116
Callimahos, Lambros D. 157
Cameron, Even D. 40 f.
Camp LeJeune, Luftwaffenstützpunkt 228
Canadian UFO Research Network (CUFORN) 251 f.
Canavan, Gregory 301
Cannon, Martin 45, 52, 85, 220, 267 f.
Carnegie-Stiftung (Eugenik) 274
Carp 251 f.
Carpenter, John 56, 202, 287 f.
Cartwright, Purvis 107 f.
Castro, Fidel 249
Casey, William (CIA-Direktor) 293
Cedar Bluff (Alabama) 146
Gersten, Peter 156
Central Intelligence Agency (CIA) 21, 32, 36, 39 f., 45 f., 50 f., 85, 96, 104 f., 118, 156, 162 f., 174, 293, 324
CIA-UFO-Experten 162 f.
Cibola (EMP/HPM-Testgelände) 308
CHATTER (Mind Control-Projekt) 37, 39
chemische Laserwaffen 299, 300
Chesapeake Bay 306 f.
China 34 f.
China Lake Naval Weapons-Testgelände 282
Citizen against UFO Secrecy (CAUS) 156 f.
Clarke, David 140
Clarke, Luftwaffenstützpunkt 236
Clinton, Bill (amerikanischer Präsident) 21, 164
Cochlea-Implantat 79 f.
Coimbra, Rick (UFO-Forscher) 22
Coker, Gary 145
Cole, Tommy 144
Collins, Beth (MILAB-Opfer) 44, 193–195
Collins, Carter 86
Colorado 138, 151, 214 f.
COM-12-Dokumente 255 f., 263 f., 267
Communications Intelligence (COMINT) 73
Computer Aided Locomotion by Implanted Electro-Stimulation (CALIES) 80
Connecticut 175 f., 186

Condon Report 157
Conroy, Ed 180 f.
Cooper, Bill 143
Cooper, Tim 170 f.
Cornell-Universität 60
Corpus Christi 67
Cortile, Linda 55, 124 f.
Costa Rica 48
Cyborg-Soldaten 248

D
D'Amato, Dick 294
Dachau 28–31
Dames, Ed (Major) 165
Dannborg, Vera (Mind Control-Opfer) 96
Dannenhower, Thom 148
Darwin, Charles 273
Davis, Miles 42
Dayton, Ohio 71
DeKalb County (Alabama) 146
Deckerinnerungen 43 f., 57
Defense Advanced Research Project Agency (DARPA) 90, 121, 263, 314
Defense Intelligence Agency (DIA) 59, 161 f., 185, 256, 312
Delgado, Jose 83, 94, 98, 102, 116, 266, 268
Dendriten 53
Desoxyribonukleinsäure (DNS) 275 f.
Destron/IDI 91 f.
Detroit Psychiatric Clinic 39
Deutschland 25, 27 f., 67, 68, 90, 109, 152, 231, 271
Department of Energy 21
Diane (MILAB-Opfer) 282
Djakarta 103
DNS-File 279
DNS-Probe 279 f.
Domestic Intelligence (DOMINT) 73
Donwell, Collete 128
Draper, Wickliffe 275
Drug Enforcement Agency 165
Druffel, Ann 202
Duke Universität 262
Dulce-Papiere 282 f.
Duncan, Dale C. (Colonel) 292 f.
dunkle unmarkierte Helikopter 137–153, 174–185 f., 218, 228 f., 242 f., 287 f., 305 f.

E
E-Systems 324
Eagle, Eye 90
Eastlund, Bernhard 314, 317 f., 322 f.
Eastlund Patente 314, 317–323
Edgewood 41
Edwards, Luftwaffenstützpunkt 218
Einheit 731 34 f.

Eisenhower (General) 171
elektromagnetische Kriegsführung 255–271
elektromagnetische Railgun 300, 302
elektromagnetische Pulswaffen (EMPs) 304–313, 325
Elektronic Dissolution of Memory (EDOM) 52–55, 98, 100, 121, 265
Elektroenzephalogramm (EEG) 70 f.
Elektroden 79, 86 f., 93 f., 107, 125
Electron Microprobe 131
Elly Lilly & Company 41
Emerich, Roland 298
EMP-Simulator 304–306
EMPRESS 305–307, 310
Energy Dispersive Spectrometer (EDS) 127
England 21, 90, 140 f., 202, 215, 258 f., 275
Environmental Prodection Agency (EPA) 149 f.
Eugenics Education Society 274
Eugenik 271 f.
Europa 141, 179, 202, 262
Experimente 21 f., 29 f., 34 f., 37 f., 58 f., 204, 242 f., 247, 264 f.
extreme niederfrequente Wellen (ELF-Wellen) 317 f.

F
Federal Bureau of Investigations (FBI) 54, 118 f., 168, 183
Federal Bureau of Prisons 116
Federal Emergency Management Agency (FEMA) 143, 152 f., 215
Finnland 63
Flanagan, Patrick 59
FOA 94
FOIA-Akte 30, 31, 39, 94, 108, 156–163
Forrestal, James 170, 173
Fort Harrison, 179
Fort Riley 109
Fowler, Raymond E. 175, 180
Franco-Regime 83
Frankreich 109
Fratus, David (Mind Control-Opfer) 97
Fraunhofer Institut 78
Freedom of Thought Foundation 96
Frey, Allen 60, 181
Friedman, Stanton 171
Fund for UFO Research (FUFOR) 44, 173, 221
Fryer, Thomas 95
Fyffe (Alabama) 144 f.

G
Galton, Francis 273
geheime Armee 292–294
Gehirnwellen 70 f., 76, 325

Gehirnströme 71 f.
General Atomics Corporation 309
General Electric 87
Genetik 275 f., 286
Genmanipulation 42, 276 f., 284
genetisch manipulierte Impfstoffe 248
geophysikalische Kriegsführung 314–326
gerichtete Energiewaffen 247, 253 f., 260–261, 268, 303 f.
gespaltene Persönlichkeit 43
Gewebeanalysen (Tierverstümmelungen) 147 f.
Gibbons, John (wissenschaftlicher Berater des Präsidenten) 22
Gingrich, Newt 66
Girard, Harlan 69, 121, 247, 268
Gliazellen 52
Global Positioning System (GPS) 90, 324
globaler Schutzschirm 319–323
Golfkriegsveteranen 186
Gottlieb, Sidney 41, 56, 58
Green, Sarah (Mind Control-Opfer) 258
Greenham Common, Luftwaffenstützpunkt 258
Greenpeace 325
Greenwich Village (New York) 42
Griechenland 99
Gruppen 93 f.
Guardian 251
Gulf Breeze 311, 313

H
Hansen, Myrna 282
Haeckel, Ernst 274
Haggerty, Alice 128
Haley, Leah (MILAB-Opfer) 23, 127, 131, 207, 234, 287–292, 309–313
Hall, Richard 180, 202
Halluzinogene 97, 249
Hamilton, Bill 237 f.
Harbin (Nordchina) 34
Harder, James 202
Harr, Dan (Mind Control-Opfer) 49 f.
HATTER (Mind Control-Projekt) 266 f.
Heath, Robert G. 86
Heidelberg 32
Heroin 39
High Active Auroral Research Program (HAARP) 314, 323–325, 323–325
High-Tech-Waffen 72, 248, 294–327
Hill, Betty 180
Hillenkoetter, Roscoe (Admiral) 170
Himmler, Heinrich 29, 272 f.
hochfrequente Mikrowellen-Pulswaffen (HPMs) 304–309, 325
Hofmann, Albert (LSD-Entdecker) 28 f., 41

Hologramme 250, 253, 270
Holocaust 31
Honeywell 87
Hopkins, Budd 45, 55, 177, 229
Howe, Linda Moulton 139, 151
HUFON 131
Humanoide (Zellspender) 276–277
Huxley, Aldous 25, 42
Hypnose 42 f., 56 f., 175, 187 f., 228, 234, 287 f.
Hypnose-Programme 56, 226, 234, 263, 270

I
IBM (Implantierungs-Projekte) 87, 116
imaginäre Person 43
Implantate 26, 52, 54, 67, 76–135, 192, 200 f., 209, 250, 286, 288, 290
implantierbares Identifikationssystem 91 f., 250
Implantierungs-Projekte 87–121, 250, 265 f.
Independence Day (Science-fiction-Film) 298
Individual Position Locator Device (IPLD) 250 f., 286
Indonesien 103
Internationales Geophysikalisches Jahr (IGJ) 316
International Network against Mind Control, 260
Ingraham, Barton L. 115
Intelligence Support Activity (ISA) 292
International Committee for the Convention against Offensive Microwave Weapons 121, 247, 268
International Society for Optical Engineering 121
Innere Stimmen 58
Intelligence Manned Interface (IMI)-Bio Chip 88, 93
Interface (Mensch/Maschine) 80–82
ionosphärische Spiegel 317 f.
Ionosphärenheizer 316 f., 324
Iran Contra-Affäre 292–294
Irische Republikanische Armee (IRA) 141
Irland 202

J
Jacobs, David 185
Jacobson, Bertil 87
Jamerson, Anna 193
Jane (MILAB-Opfer) 182
Japan 25, 30, 34 f., 71
Joint Chiefs of Stuff 165
Johns Hopkins-Universität 303
Jones, Scott 22–25,
Jordan, Debbie (MILAB-Opfer) 177 f., 191, 207, 229

Juden 28
Jutter, Dean C. 77, 87

K
Kaiser-Spital 118
Kaiser-Wilhelm-Institut 275
Kalifornien 149, 218
Kanada 63, 141, 179, 202, 206, 212, 251, 275
Kansas 151
Kargokulte 158
Karolinska-Spital 93
Kasten, Kathy (Mind Control-Opfer) 45
Kats-Familie (Ed, Jay und Klaudia, Mind Control-Opfer) 117–121, 127
Keith, Jim 138
Kelvedon Hatch 215 f.
Keratin 134
Keyworth, George (wissenschaftlicher Berater von Reagan) 164
KGB 118
Kievit, James (Colonel) 248, 250, 253
Kirtland, Luftwaffenstützpunkt 171, 312
Kinderpornos 49
Klonexperimente 276, 282 f.
Klonierungstechniker 276
Koestler, Arthur 42
Kohl, Herb (Senator) 50
Konzentrationslager (KZ) 28 f.
Koski, Martti (Mind Control-Opfer) 63 f., 97

L
La Mothe, John, D. (Captain) 161
Lager-Ärzte 29 f.
Lambros, John Gregory (Mind Control-Opfer) 105–107
Lancashire Aerial Phenomena Investigation Society (LAPIS) 133
Larson, Sandy 223
Las Vegas 151
Laser (Tierverstümmelungen) 140
Laserwaffen 298 f.
Laurentian-Universität 269
Lawrence, Lincoln 54
Lawrence Livermore Laboratorium 302
Leary, Timothy 42
Lebensborn-Projekt 271 f., 280
Lebensmittelzusatzstoffe (E-Nummern) 264 f.
Leir, Roger 132 f.
Lennon, John 42
Les Aspin 303
Levengood (Bio-Physiker), 151
Lewis, Rod 131
Life Magazine 59
Light, Ed (Mind Control-Opfer) 75
Lightfoot, Graham 251
Lindstrom, P. A. 101 f.

362

Lisa (MILAB-Opfer) 182, 207, 241–246
Livermore National-Laboratorien 301
Lockheed Hellendale 218, 319
Long Island 297
Los Alamos National Laboratorien (LANL) 169, 171, 216
Los Angeles 45
Low-Earth-Orbit-Satelliten (LEO) 90
Lowenstein, Fritz 296
Löfelnarben 134
Luca, Bob 175 f.
Luftfahrtmedizin 29
Lysergsäurediäthylamid (LSD) 21, 28, 39 f., 249
Lytham St. Annes on Sea 133

M
Mackay, Stuart 86 f., 116
Madrid 83
Magnet-Implantat 135
Magnet-Resonanz-Verfahren 128
Maguire, Chip 81
Majestic-12-Gruppe 168, 255 f.
Magnetosphäre 315 f.
Malaria 31
Man, Daniel 89 f., 117, 238
Man in Black (MIB) 183 f.
Mandschurei 34
Manhattan-Projekt 30
Manich, Jeane 323
Marcel Jr., Jesse 294
Marcowich, Marina 277
Marihuana 29, 30
Marionetten-Programmierung 49
Marshall, George (General) 170 f.
Marks, John 40, 42
Marsh Jr., John, O. (General) 293
Massachusetts 175
Massachusetts Department of Correction 116
Massachusetts Institute of Technology (MIT) 56, 182, 193, 205, 314
Maura, Gilda 204 f.
Maxwell, Luftwaffenstützpunkt 66
May Edwin 165
McDonnel, Douglas 218
McGill Universität 40
McKinney Julianne (Army Intelligence) 253, 267
McVeigh, Timothy 251
McMoneagle, John (Remote Viewer) 165
Meckelburg, Ernst 166
Mengele, Josef (KZ-Arzt) 31, 273
Memphis 30
Meskalin 28, 31
Metz, Steven 248, 250, 253

MI5 125
Michigan-Miliz 143
Mikrowellen 58, 60 f., 63 f., 85, 181, 219, 256–262, 310
Mikrowellen-Pulswaffen 303, 304, 310
militärische Kidnappings (MILAB) 185–246, 279 f., 282 f., 284–291
Milizen 51, 141 f., 152
Milizen-Führer 138
Mind Control (Bewußtseinskontrolle) 21–26, 28 f., 37–42, 43–76, 93 f., 122, 153, 180 f., 185 f., 190, 199, 203, 231 f., 241–270, 284, 294
Mind Scan 199
Missouri 139
Mitchell, Kathy 177 f.
MJ-12-Dokumente 168, 170–174, 255 f.
MJ-12-Operationsmanual 172–174
MKACTION (Mind Control-Projekt) 58
MKDRACO (Mind Control-Project) 266 f.
MKNAOMI (Mind Control-Projekt) 58
MKSEARCH (Mind Control-Projekt) 58
MKULTRA (Mind Control-Projekt) 37, 40–42, 49, 56, 85, 93 f.
MOBIC-Projekt 90
Modern Times 58
Monarch (Mind Control-Projekt) 48 f., 253
Montana 148
Montana-Miliz 142
Moore, James 54
Morgan, Andy 186
Morison, Jim 42
Morse, Allen 43
Moskau-Signal 257, 263
Motorola 88
Mount Sinai Hospital 39
Mr American Experiment (Mind Control-Opfer) 65–69, 75, 97
Mutual UFO Network (MUFON) 148, 306, 312, 313
MUFON-Abduction Transcription-Project (MATP) 180, 206–211, 220, 241, 284
MUFON-CES 124
MUFON-Kanada 202
multiple Persönlichkeiten 42 f., 52

N
Nacken-Implantat 123 f., 136
Naeslund, Robert (Mind Control-Opfer) 98–105, 260–261
National Aeronautics and Space Administration (NASA) 95 f., 245
National Institute of Health 39, 264
National Rifles Organisation (NRO) 143
National Security Agency (NSA) 50, 72 f., 75, 156–161, 256, 269, 293, 324

National Security Council (NSC) 294
NATO 142, 169
Navy 21, 32, 37, 109, 143, 228, 245, 305 f., 324
Need to Know-Befugnis 25, 26, 58, 117, 121, 263, 294, 324
Neo-Lebenborn-Hypothese 277 f., 281
Nervenzellen 52 f., 79 f.
neue Weltordnung 142 f.
Neumann, Peter 278 f.
Neuro-Chip 2020 116
Neuro-Computer 78
Neuronen 53, 70
Neurophone 59 f., 65
Nevada 149, 151
New Age 62, 283
New Mexico 151, 169 f., 283, 302, 312
New Orleans 30
New World Visitas (USAF) 268, 270
New York 42, 297
Nicaragua 47
nicht lethale Waffensysteme 169, 249, 295
Niles, Rex 182
Non Official Cover (NOC) 50 f.
North American Aerospace Defense Command (NORAD) 214
North Carolina 228
Noriega, Manuel 165
Normann, Richard 79
Northrop 218
Norwegen 273
Nova Scotia 164
N'Tumba (Mind Control-Opfer) 125 f.
Nürnberger Prozesse 31

O
Oakland Naval Hospital 50
Occipitallappen 125
Office of Research and Development (ORD) 42
Office of Strategic Services (OSS) 29, 30
Ohr-Implantat 79, 89, 123 f., 136, 209
Oklahoma 187
Oklahoma City 142
Oliphant III, Ted 137, 144 f., 150
Olson, Norman 143
Orne, Martin 48
Orwell, George 25
Otherworldly Journey (unirdische Reisen) 221–227
Overlade, Dan 46, 230
Ömer, Yaggi Haci (Mind Control-Opfer) 97
Österreich 27, 152, 272, 296

P
Page, Forrest 171
Pamela (MILAB-Opfer) 237 f.

Pandora-Projekt 258 f., 263
Paperclip 25, 27, 30 f., 36 f., 49 f., 275
Partikelstrahlwaffen 298 f., 300, 302, 310
Pat (MILAB-Opfer) 195, 207
Pawlow 28
PEG-Elektrode 104
Pioneer Fund 275
Pelican Bay 116
Pennella, John J. 121
Persinger, Michael 269 f.
PET-Scanner 58
Philips, Harold E. (DIA-Colonel) 164, 167 f.
Plötner, Kurt (KZ-Arzt) 29
Polen 27, 272 f.
Polly (MILAB-Opfer) 207
posttraumatisches Streßsyndrom (PTSS) 186
Power Beaming Systems 317 f.
Prauty, Fletcher (Colonel Lieutenant) 27
Price-Implantat 130
Price, Richard 129 f.
Pritchard, David 129 f.
Psi-Tech 165
Psychedelik-Bewegung 28
PSYWAR (psychologische Kriegsführung) 143, 152, 234, 248–255 f., 263, 267, 287
Puthoff, Hal 165, 169

Q
Quest International 204
Quasikristalle 135

R
Radio Hypnotic Intracerebral Control (RHIC) 52–55, 98, 100, 121, 265
RAND-Corporation 214–215
Randles, Jenny 203
Rambo-Chip 88
Randolph, Luftwaffenstützpunkt 32
Raytheon 324
Reagan, Ronald (amerikanischer Präsident) 164, 292, 298, 303, 325–326
Redwood City 118
Reed, Bob 312
Remote-Motor-Control (RMC) 58, 65, 68, 69, 72
Remote-Neural-Monitoring (RNM) 69, 72–75, 269
Remote Viewing 163 f.
Replewski, Neal 129
Retina-Implantat 78 f.
Robot-Soldaten 78, 80
Rockefeller-UFO-Initiative 22
Rockefeller-Stiftung (Eugenik) 274
Roswell 170, 294
Royal Canadian Mountain Police (RCMP) 63

364

Royal Institute of Technology (Schweden) 80
Röntgenlaserwaffen 300–302
Rußland 27

S
Sanders, Carl W. 87 f., 94, 117
Sandia AEC 171
Sandinisten 47
Sandoz (Chemiekonzern) 28, 41
satanische Sekten 49, 147
Sauder, Richard 149 f., 212 f., 216 f., 220, 277 f.
Saucier, Aldric 303
SÄPO (schwedische Geheimdienst) 104, 260
Scanate (Scanning by Coordinate) 164
Scanning Electron Microprobe (SEM) 134
schizophren 43
schizoparanoide Symptome 59 f., 68, 69
Schutzstaffel (SS) 28, 272
schwarzes Budget 25, 36, 72, 121, 292 f.
schwarze Programme 293 f.
Schweden 80, 90, 93 f., 98 f., 102 f.
Schweiz 41, 152
Schwitzgebel, Ralph 86
Scientific Application International Corporation (SAIC) 165
Seifer, Mark J. 298
Segal, Paul 276, 282
Semipalatinsk (Remote Viewing-Target) 166, 167
Sharp, Joseph 60, 181
Sheldon, Harris H. 34 f.
Signals Intelligence (SIGNIT) 73
Sikorsky (Stealth-Helikopter) 151
Sine, Cory 203
Sims, Derrel 131 f.
Sims, Doris 133
Sinus-Ausbuchtung 123 f., 136
Sirius Communications 90
Sjöberg, Magnus 98
Skandinavien 152
Skinner Box 231 f.
Skinner, Frederick 232
Skoog, Tord 90
Smith, Walter B. (CIA Direktor) 255
Smith, Gerald W. 115
Smith, Marcus (Lieutenant) 30
Smith, Yvonne 237
Soft Kill-Waffen 65, 66
Somoza (Diktator) 47
Sodium Pentothal 40, 50, 284
Sowjetunion 21, 32, 109, 257 f., 302
Space News 90
Spanien 161
Special Access Programs (SAP) 293
Special Operations Division (SOD) 292

Special Weapons Attack Teams (SWAT) 233
Sprinkle, Leo 180, 202
St. Elizabeth-Spital (Washington DC) 29
Stanford Research Institute (SRI) 164 f.
Stanford-Spital 117
Star Wars 294 f., 324
Steinhöring 271 f.
Stimoceiver 77, 83 f., 88, 94, 98, 266, 268, 286
Stössel, Walter 258
Strainic, Michael 202
Strand, Curt 99
Strategic Defense Initiative (SDI) 263, 292, 298–303, 326
Strieber, Whitley 180 f., 294
Stubblebine, Albert (Major General) 165
Südamerika 108, 141, 179, 204, 262
Swan, Ingo (Remote Viewer) 165 f.
Synapsen 54 f.
Synthetische Telepathie 58 f., 62 f., 64 f.

T
Technische Universität Graz 296
Telemetrie 77, 85 f., 94 f.
Teledyne 87
Teller, Edward 301, 303
Temple of Seth 49
Terraneau, Chris 307–309
Tesla, Nikola 295–298
Tesla-Technologien 298, 314
Texas Department of Safty 116
Texas-Gefängnis 96
Theofanus, Tom 251
Thurman, Maxwell (General) 293
Tierverstümmelungen 137 f., 175, 282
Tilton, Christa (MILAB-Opfer) 282 f.
Todesfabriken 34 f.
Todesstrahlen 295
Tottori, Osaka 71
Townsend, Terry 146
Transmitter 96
Trancereisen 224
transnasale Implantation 94, 96, 100 f., 105 f., 123 f., 136, 201
Truman, Harry S. (amerikanischer Präsident) 170 f.
Tunnelbaumaschinen 216
Turner, Casey (MILAB-Opfer) 187 f., 207
Turner, Karla (MILAB-Opfer) 74, 155, 182, 187 f., 202, 207, 241
Twining (General) 170
Tyler, Paul E. (Capt. USAF) 66

U
UFO-Aktivität 144 f., 164, 170 f., 286, 304–307, 310–313, 319, 325–326

UFO-Arbeitsgruppe (DIA) 163 f., 168 f.
UFO-Beobachtungen 137, 144 f., 228 f.
UFO-Einsatztruppen 155, 172 f., 185–246
UFO-Entführungsphänomen 26, 44 f., 52,
54 f., 69, 85 f., 94, 121 f., 131 f., 156 f.,
174–246, 255, 262, 265 f., 277, 282 f.,
284–291
UFO-Forschung 72
UFO-Insassen 24, 25, 44 f., 46 f., 54 f., 94,
122 f., 156, 174 f., 201, 242 f., 291
UFO-Nahbegegnungen 55 f.
UFO-Technologie 219
Ukraine 117
Universität von Houston 131
Universität von Kalifornien 100
Universität von Minnesota 39
Universität von New York 99
Universität von Utah 78
Untergrundbasen 153, 189, 192, 197, 212–220,
221–227, 232 f., 238 f., 282 f.
Unterseeboote 164 f., 301, 324
USA 25, 27 f., 34, 48, 68, 94, 98, 105, 118,
138 f., 156 f., 179, 201, 206, 212,
246, 275, 296 f.
US Army Chemical Corps 32
US Army Corps of Engineers 107 f., 212 f.
US Army Intelligence and Security Command
(INSCOM) 165
US Army Medical Intelligence and Information
Agency (MIIA) 161, 169, 170
US Army Rangers Intelligence Division 108 f.
US Army War College 248
US Atomic Energy Commission 216
US Energy Research and Development
Administration 216
US Food and Drug Administration 90
US Special Forces 149, 169
US War Department 32–34
Utah 78, 149

V
Vallée, Jacques 157, 247
Valley Forge General Hospital 39
Van Allen-Gürtel 316, 321
Vereinte Nationen (UNO) 142

verlorene Zeit 52, 56, 238, 265
Verney Antony (Mind Control-Opfer) 259
Verschuer, Freiherr v. 275
Victorian, Armen 165, 169
Vinson, Derek (Mind Control-Opfer)
96 f.
Virginia 245
Virtual Reality (VR) 75, 81, 269
virtuelle UFO-Entführung 74, 75, 269
visueller Cortex 74, 79
Voice Cloning 250
Vögel (angebliche UFO-Desinformations-
gruppe) 169

W
Wahrheitsdroge 28, 30, 37, 39
Walker-Fall 163
Walters, Ed 46 f., 124, 269
Ware, Donald 312
Washington DC 29
Watson, Nigel 140
Wavies 60–69, 73 f., 85, 97, 100, 133
Wendt, Richard G. 39
West House Veteran's Affairs Medical Center
186
Wickbom, Ingmar 102
Wickham, John (General) 293
Wilson, Erik 229 f., 238 f., 260
Wilson, Katharina (MILAB-Opfer) 23, 207,
227–241, 245, 260, 278–281
Wood, Lowel 301
Wolverton, Keith 148
Wrange, Brian (Mind Control-Opfer) 117
Wright, Dan 180, 202, 241, 284
Wright Patterson, Luftwaffenstützpunkt 71

Y
Yale-Universität 83
Yellow Fruit 292, 293
Yu, Alan (Colonel) 269

Z
Zellkörper 53
Zigeuner 28
Zombie-Soldaten 54, 267

*Fakten,
die die welt-
umspannende
Vertuschung
des UFO-
Phänomens
belegen*

Herbig

Dieses umfassende, wissenschaftlich recherchierte Buch
belegt mit freigegebenen Ge-
heimdienstdokumenten, wie
abgestürzte und vom Militär
geborgene UFOs, weltweite
mysteriöse Organentnahmen
an Tieren und Entführungen
von Menschen durch UFO-
Insassen auf einen gemeinsamen Nenner zu bringen sind.

Ein Meilen-stein der UFO-Forschung

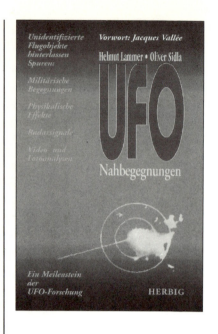

Herbig

Diese wissenschaftliche Dokumentation beweist, daß UFOs ihre Spuren im optischen, Radar-, UV- und infraroten Spektrum sowie am Boden hinterlassen und sogar Menschen verletzen können. Sie zeigt auf, wieso viele Medienvertreter trotz all dieser Fakten bei der UFO-Thematik ihre journalistische Sorgfaltspflicht nicht wahrnehmen.